Jane, warum kommst Du nicht zurück nach Schottland?

…Wir vermissen Dich alle schrecklich, und es gibt eine Menge für Dich zu sehen. Ich habe eine neue Rosenrabatte angelegt…

... und Sinclair wird den August
bei uns verbringen.

Rosamunde Pilcher

Ende eines Sommers

◇

Wolken am Horizont

Zwei Romane

Deutsch von
Claudia Preuschoft und
Dietlind Kaiser

WUNDERLICH
TASCHENBUCH

Ende eines Sommers
Die Originalausgabe erschien unter dem Titel
«The End of Summer» bei
St. Martin's Press, New York

Wolken am Horizont
Die Originalausgabe erschien 1986 unter dem Titel
«Voices in Summer» bei
St. Martin's Press, New York

Veröffentlicht im
Rowohlt Taschenbuch Verlag GmbH,
Reinbek bei Hamburg,
Januar 1999
Ende eines Sommers

Umschlaggestaltung
Barbara Hanke
Foto TONY STONE IMAGES / James F. Housel

Gesamtherstellung Clausen & Bosse, Leck
Printed in Germany
ISBN 3 499 26121 9

Rosamunde Pilcher

Ende eines Sommers

Roman

Deutsch von Claudia Preuschoft

Für Di und John

1

Den ganzen Sommer über war das Wetter drückend und diesig gewesen, die Hitze der Sonne wurde gedämpft von Nebeln, die unablässig vom Pazifik an Land getrieben worden waren. Aber wie so oft in Kalifornien verzogen sich die Nebel im September weit hinaus auf den Ozean, wo sie als lange dunkle Streifen den Horizont verdüsterten.

Im Landesinnern, hinter dem Küstengebiet, brutete das Ackerland ernteschwer im Sonnenschein mit schwellenden Früchten und Mais, Artischocken und orangefarbenen Kürbissen. Kleine Dörfer voller Holzhäuser dösten und rösteten in der Hitze vor sich hin, grau und staubig wie aufgespießte Falter. Die Ebene breitete sich reich und fruchtbar nach Osten zu den Ausläufern der Sierra Nevada hin aus, und der große Freeway des Camino Real schoß durch sie hindurch wie ein Pfeil, nach San Francisco im Norden und Los Angeles im Süden, glitzernd vom heißen Stahl unzähliger Autos.

Der Strand war während der Sommermonate leer gewesen, denn Reef Point war Endstation und wurde nur selten von Tagesausflüglern heimgesucht. Zum einen war die Straße nicht befestigt, unsicher und wenig einladend. Zum anderen lag der kleine Ort La Carmella, mit seinen bezaubernden, von Bäumen beschatteten Straßen, seinem exklusiven Country Club und den sauberen Motels gerade jenseits der Landzunge, und jeder, der Verstand und ein paar Dollars übrig hatte, blieb dort. Nur wer sehr abenteuerlustig war oder pleite, oder verrückt aufs Surfen, riskierte die letzte Meile und fuhr schlitternd über den steilen, unbefestigten Weg, der zu der vom Sturm ausgewaschenen Bucht hinunterführte.

Aber jetzt, bei dem schönen, heißen Wetter und den sauberen Brechern, die an den Strand rollten, wimmelte es von Menschen. Autos aller Art schlingerten den Hügel hinab, parkten im Schatten der Zedern und spien Picknickfreunde, Zelter, Surfer und ganze Hippiefamilien aus, die San Francisco wieder einmal über hatten und in den Süden aufgebrochen waren, nach New Mexico in die Sonne, wie so viele Zugvögel. An den Wochenenden kamen die Universitätsstudenten von Santa Barbara herauf, in ihren alten Cabrios und ihren mit Blumenaufklebern übersäten Volkswagen, die alle vollgepackt waren mit Mädchen und Kisten voller Dosenbier, und den großen, leuchtfarbenen Malibu-Surfbrettern. Sie errichteten überall auf dem Strand kleine Lager; die Luft war erfüllt von ihren Stimmen, ihrem Gelächter und dem Geruch von Sonnenöl.

Nach all den Wochen und Monaten, in denen wir so gut wie allein gewesen waren, umgaben uns nun Menschen und Betriebsamkeit jeglicher Art. Mein Vater arbeitete hart, er versuchte, das Drehbuch, an dem er schrieb, termingerecht fertigzustellen und war in einer unmöglichen Gemütsverfassung. Ohne daß er es bemerkte, zog ich hinaus an den Strand, nahm mir etwas zu essen mit (Hamburger und Coca-Cola), ein Buch, ein großes Badehandtuch für die Bequemlichkeit und Rusty als Gesellschaft.

Rusty war ein Hund. Mein Hund. Ein braunes, wollenes Etwas von unbestimmter Rasse, aber hoher Intelligenz. Als wir damals im Frühjahr in das Strandhaus einzogen, hatten wir keinen Hund. Sobald er uns erspäht hatte, beschloß Rusty, diesem bedauerlichen Mangel abzuhelfen. Ich verscheuchte ihn, Vater warf alte Schuhe nach ihm, aber er kam wieder, ohne Vorwurf und ohne Arg, setzte sich ein oder zwei Yards vor der hinteren Veranda hin, lächelte und klopfte mit dem Schwanz auf den Boden. An einem heißen Morgen hatte ich Mitleid mit ihm und brachte ihm eine Schüssel mit kaltem Wasser. Er schlappte sie leer, grinste und fing wieder an, mit dem Schwanz zu klopfen. Am nächsten Tag gab ich ihm einen alten Schinkenknochen, den er artig annahm, forttrug und vergrub, nach fünf Minuten war er wieder da. Lächelnd. Klopf, klopf, ging der Schwanz.

Mein Vater kam aus dem Haus und warf einen Stiefel nach ihm, aber ohne große Begeisterung. Es war lediglich eine halbherzige Demonstration von Macht. Rusty spürte das und rückte ein bißchen näher.

Ich sagte zu meinem Vater: «Was glaubst du, wem er gehört?»

«Weiß der Himmel.»

«Er denkt offenbar, er gehöre uns.»

«Stimmt nicht», sagte mein Vater. «Er meint, wir gehören ihm.»

«Er ist nicht bösartig oder sonstwas, und er stinkt auch nicht.»

Mein Vater sah von der Zeitschrift auf, die er zu lesen versuchte. «Willst du damit sagen, daß du diesen verdammten Köter behalten willst?»

«Es ist nur, ich weiß nicht… ich weiß nicht, wie wir ihn loswerden sollen.»

«Kurzer Prozeß und erschießen.»

«O nein, bitte nicht!»

«Wahrscheinlich hat er Flöhe. Bringt Flöhe ins Haus.»

«Ich kaufe ihm ein Flohhalsband.»

Dad betrachtete mich über seine Brille hinweg. Ich konnte sehen, daß er allmählich lachen mußte. «Bitte», sagte ich. «Warum nicht? Er kann mir Gesellschaft leisten, wenn du weg bist.»

«In Ordnung», sagte Dad. Also zog ich auf der Stelle Schuhe an, pfiff dem Hund und ging mit ihm über den Hügel nach La Carmella, wo es einen sehr feinen Tierarzt gibt. Dort wartete ich in einem kleinen Zimmer inmitten verhätschelter Pudel und siamesischer Katzen samt deren Besitzern. Schließlich wurde ich ins Sprechzimmer gelassen, der Tierarzt sah sich Rusty an, erklärte ihn für gesund, gab ihm eine Spritze und sagte mir, wo ich ein Flohhalsband kaufen könne. Ich bezahlte den Tierarzt, ging das Flohhalsband kaufen, dann kehrten wir nach Hause zurück. Als wir in das Haus kamen, las Dad immer noch seine Zeitschrift, der Hund trat höflich ein, und nachdem er eine Weile herumgestanden und gewartet hatte, bis er aufgefordert würde, sich zu setzen, ließ er sich auf dem alten Vorleger vor dem leeren Kamin nieder.

«Wie heißt er?» fragte mein Vater, und ich antwortete: «Rusty», denn ich hatte einmal ein Nachthemd gehabt, auf dem ein Hund aufgedruckt war, der Rusty hieß, und dies war der erste Name, der mir in den Sinn kam.

Ohne Frage paßte er zur Familie, denn es sah so aus, als habe er schon immer dazugehört. Wo ich auch ging und stand, Rusty kam mit. Er liebte den Strand, grub dort ständig wertvolle Schätze aus und brachte sie uns nach Hause, damit wir sie bewundern konnten. Altes Strandgut, Plastikflaschen für Spülmittel, lange baumelnde Streifen Seetang. Und manchmal auch Dinge, die er offenbar nicht ausgegraben hatte. Einen neuen Turnschuh, ein helles Badehandtuch und einmal einen durchlöcherten Wasserball, den mein Vater ersetzen mußte, als ich den weinenden kleinen Besitzer schließlich ausfindig gemacht hatte. Er schwamm auch gern und bestand immer darauf, mich zu begleiten, obwohl ich viel schneller und weiter schwimmen konnte als er und er jedesmal abgeschlagen hinter mir herpaddeln mußte. Man sollte meinen, das hätte ihm den Mut genommen, aber er gab nie auf.

An diesem Tag, einem Sonntag, waren wir schwimmen

gewesen. Dad hatte es geschafft, den Termin einzuhalten, und war nach Los Angeles gefahren, um das Skript persönlich abzugeben. Rusty und ich hatten einander den ganzen Nachmittag im und am Meer Gesellschaft geleistet, Muscheln gesucht und mit einem alten Treibholzstock gespielt. Aber nun wurde es kühler, ich hatte mir wieder etwas übergezogen, und wir saßen nebeneinander, wurden von der goldenen untergehenden Sonne geblendet und beobachteten die Surfer.

Sie waren schon den ganzen Tag auf dem Wasser, und es schien, als würden sie nie müde werden. Auf ihren Brettern kniend paddelten sie hinaus aufs Meer, durch die Brandung zu dem glatten grünen Wasser dahinter. Dort warteten sie geduldig, thronten auf der Horizontlinie wie Kormorane, bis die Dünung anlief und eine Welle bildete, die schließlich brach. Sie standen auf, wenn das Wasser sich aufwölbte, hochwogte und der Kamm weiß wurde, und wenn die Welle sich überschlug und auf den Strand donnerte, dann kamen die Surfer mit, auf der Welle reitend, in einem geradezu poetischen Balanceakt, voll jugendlicher Zuversicht. Sie ließen sich von der Welle bis auf den Sand tragen, stiegen dann lässig ab, griffen sich ihr Brett und paddelten wieder hinaus aufs Meer, denn nach dem Glaubensbekenntnis des Surfers kommt, jetzt gleich, immer noch ein größerer und besserer Brecher. Die Sonne ging unter, kein Augenblick durfte jetzt noch vertan werden.

Ein Junge hatte meine Aufmerksamkeit erregt. Er war blond und sehr braun gebrannt, trug das Haar militärisch kurz geschnitten, seine dünnen Shorts leuchteten im gleichen Blau wie sein Surfbrett. Er war ein großartiger Surfer, neben seinem Stil und Schwung sahen all die anderen aus wie ungeschickte Amateure. Nach einiger Zeit entschloß er sich offenbar, es gut sein zu lassen. Er ritt auf einer letzten Welle ans Ufer, ließ sich sauber auf den Strand gleiten, sprang vom Surfbrett, drehte sich nach einem letzten langen Blick über das rosaverwaschene abendliche Meer um, hob das Surfbrett auf und kam über den Strand auf mich zu.

Ich sah verlegen weg. Er kam in meine Nähe, ging dann ein paar Schritte weiter, wo ein Stapel säuberlich gefalteter Kleider auf ihn wartete, ließ das Surfbrett fallen und fischte ein verschossenes College-Sweatshirt aus dem Stapel. Ich blickte wieder in seine Richtung, und als sein Gesicht in der Halsöffnung seines Sweatshirts erschien, sah er mich direkt an. Entschlossen hielt ich seinem Blick stand.

Er schien amüsiert. «Hi», sagte er.

«Hallo.»

Er zog sein Sweatshirt über die Hüften. «Willst du 'ne Zigarette?»

«Ja, gern.»

Er bückte sich, nahm ein Paket Lucky Strike und ein Feuerzeug aus einer Tasche, schnippte zwei Zigaretten hoch, zündete sie beide an und ließ sich dann neben mir nieder. Bequem streckte er sich in voller Länge aus und lehnte sich auf die Ellenbogen zurück. Seine Beine, sein Hals und sein Haar waren hell, mit Sand bestäubt, er hatte blaue Augen und das saubere, frischgewaschene Aussehen, das auf dem Campus amerikanischer Universitäten immer noch so häufig zu finden ist.

«Du hast den ganzen Nachmittag hier herumgesessen», sagte er. «Ab und zu bist du mal schwimmen gegangen.»

«Ich weiß.»

«Warum hast du nicht bei uns mitgemacht?»

«Ich habe kein Surfboard.»

«Du könntest dir eins besorgen.»

«Kein Geld.»

«Dann borg dir eins.»

«Ich kenne niemanden, von dem ich eins borgen könnte.»

Der junge Mann zog die Stirn kraus. «Du bist Engländerin, oder?»

«Ja.»

«Zu Besuch?»

«Nein, ich lebe hier.»

«In Reef Point?»

«Ja.» Ich deutete zu der Reihe verblichener, mit Schindeln verkleideter Häuschen, die hinter dem Bogen der Dünen gerade noch zu sehen waren.

«Wie kommt's, daß du hier lebst?»

«Wir haben ein Strandhaus gemietet.»

«Wer ist ‹wir›?»

«Mein Vater und ich.»

«Wie lange seid ihr schon hier?»

«Seit dem Frühling.»

«Aber ihr bleibt nicht den Winter über.»

Das war eher eine sachliche Feststellung als eine Frage. Niemand blieb den Winter über in Reef Point. Die Häuser waren nicht dafür gebaut, Stürmen zu widerstehen, die Zugangsstraße wurde unpassierbar, die Telefonleitung umgeweht, die Elektrizität fiel aus.

«Ich glaube doch. Wenn wir nicht beschließen weiterzuziehen.»

Er runzelte die Stirn. «Seid ihr Hippies oder so was?»

Ich wußte, wie ich gerade aussah, und konnte ihm diese Frage nicht verdenken.

«Nein. Mein Vater schreibt Filmdrehbücher und solches Zeug fürs Fernsehen. Aber er haßt Los Angeles so sehr, daß er sich weigert, dort zu leben, darum... haben wir das Strandhaus gemietet.»

Er schien fasziniert. «Und was machst du?»

Ich nahm eine Handvoll Sand, ließ ihn, grob und grau, durch meine Finger rieseln.

«Nicht viel. Ich kauf Essen und leere die Mülltonne aus und versuche, den Sand aus dem Haus zu fegen.»

«Ist das dein Hund?»

«Ja.»

«Wie heißt er?»

«Rusty.»

«Rusty. Hey, Rusty, alter Junge!» Rusty nahm seine Annäherungsversuche mit einem Nicken zur Kenntnis, das einer königlichen Hoheit alle Ehre gemacht hätte, und starrte dann weiter aufs Meer hinaus. Um seinen Mangel an guten Manieren wettzumachen, fragte ich: «Bist du aus Santa Barbara?»

«Mhm.» Aber der Junge wollte nicht über sich sprechen. «Wie lange lebst du schon in den Staaten? Du hast immer noch einen schrecklich britischen Akzent.»

Ich lächelte höflich über diese Bemerkung, die ich schon viele Male vorher gehört hatte. «Seit meinem vierzehnten Lebensjahr. Sieben Jahre.»

«In Kalifornien?»

«Überall. New York. Chicago. San Francisco.»

«Ist dein Vater Amerikaner?»

«Nein. Es gefällt ihm einfach hier. Zuerst kam er vor allem, weil er einen Roman geschrieben hatte, der von einer Filmgesellschaft gekauft wurde. Er ging nach Hollywood, um das Drehbuch zu schreiben.»

«Im Ernst? Habe ich von ihm gehört? Wie heißt er?»

«Rufus Marsh.»

«Du meinst ‹Morgen ist auch noch ein Tag›?» Ich nickte. «Junge, Junge, ich habe es von vorn bis hinten verschlungen, als ich noch auf der High-School war. Meine gesamte Sexualaufklärung hatte ich aus diesem Buch.» Er sah mich mit neuem Interesse an, und ich dachte, daß es doch immer das gleiche war. Sie waren freundlich und ganz nett, nie aber interessiert, bis ich «Morgen ist auch noch ein Tag» erwähnte.

Ich nehme an, es hat etwas mit meinem Aussehen zu tun, denn meine Augen sind hell wie Silbermünzen, meine Wimpern ziemlich farblos, und mein Gesicht wird nicht braun, sondern ist übersät mit Hunderten riesiger Sommersprossen. Außerdem bin ich zu groß für ein Mädchen, und die Knochen in meinem Gesicht stehen alle hervor.

«Er muß ja ein ziemlich ausgefallener Typ sein.» Ein neuer Ausdruck war in sein Gesicht getreten, eine Mischung aus Verwirrung und Fragen, die er offenbar aus Höflichkeit nicht stellte.

Wenn du Rufus Marshs Tochter bist, wie kommt es, daß du an diesem gottverlassenen Strand im hintersten Kalifornien herumsitzt, geflickte Jeans und ein Männerhemd anhast, das schon vor Jahrzehnten in die Lumpenkiste gehört hätte, und nicht einmal genug Dollars zusammenkratzen konntest, um dir ein Surfbrett zu kaufen?

Es war schon zum Lachen, wie deutlich man ihm seine Gedanken ansehen konnte. Schließlich fragte er: «Was für ein Mensch ist er denn so? Ich meine, außer daß er ein Vater ist?»

«Ich weiß nicht.» Ich konnte ihn nie beschreiben, nicht einmal für mich selbst. Ich nahm eine weitere Handvoll Sand, ließ ihn zu einem Miniaturberg rinnen, drückte meine Zigarette auf seiner Spitze aus und formte so einen kleinen Krater, einen winzigen Vulkan mit dem Zigarettenstummel als rauchendem Inneren. Ein Mann, der immer in Bewegung sein muß. Ein Mann, der leicht Freundschaften schließt und sie am folgenden Tag ebenso schnell verliert. Ein streitsüchtiger und kampflustiger Mann, talentiert, wenn nicht genial, dem die kleinen Probleme des täglichen Lebens aber ein völliges Rätsel sind. Ein Mann, der bezaubern und einen zur Weißglut treiben kann. Ein Widerspruch auf zwei Beinen.

Ich sagte noch einmal: «Ich weiß nicht» und wandte mich

dem Jungen neben mir zu. Er war nett. «Ich würde dich ja zu einem Bier nach Hause einladen, dann könntest du ihn kennenlernen und es selbst herausfinden. Aber er ist gerade in Los Angeles und kommt vor morgen früh nicht nach Hause.»

Er dachte darüber nach und kratzte sich gedankenverloren am Hinterkopf, wobei er einen kleinen Sandsturm auslöste.

«Weißt du, was», sagte er, «wenn das Wetter so bleibt, komme ich nächstes Wochenende wieder.»

Ich lächelte. «Wirklich?»

«Ich werde nach dir Ausschau halten.»

«In Ordnung.»

«Ich bringe noch ein Brett mit, das ich übrig habe. Dann kannst du surfen.»

«Du brauchst mich nicht zu bestechen.»

Er tat, als sei er beleidigt. «Was meinst du mit bestechen?»

«Ich nehme dich nächstes Wochenende mit, damit du ihn kennenlernst. Er hat gern neue Gesichter um sich.»

«Ich wollte dich nicht bestechen. Ehrlich.»

Ich gab nach. Außerdem wollte ich gern surfen. «Ich weiß», sagte ich.

Er grinste und drückte seine Zigarette aus. Die Sonne sank dem Meeresspiegel entgegen, nahm Gestalt und Farbe an und wurde zu einem orangefarbenen Kürbis. Er setzte sich auf, kniff gegen das grelle Licht seine Augen zusammen, gähnte leicht und streckte sich. «Ich muß gehen», sagte er, stand auf und zögerte einen Augenblick, als er vor mir stand. Sein Schatten schien sich endlos auszudehnen. «Wiedersehen dann.»

«Wiedersehen.»

«Nächsten Sonntag.»

«Okay.»

«Das ist eine Verabredung. Nicht vergessen.»

«Vergesse ich schon nicht.»

Er drehte sich um, sammelte seine Klamotten auf und sah

sich noch einmal um, bevor er davonging, am Strand entlang, dorthin wo die alten, sandverwehten Zedern den Weg markierten, der zur Straße hinaufführte.

Ich sah ihm nach, und mir wurde bewußt, daß ich seinen Namen nicht kannte. Und, was noch schlimmer war, er hatte sich nicht einmal die Mühe gemacht, nach meinem zu fragen. Ich war einfach Rufus Marshs Tochter. Aber trotzdem, wenn das Wetter so blieb, würde er nächsten Sonntag vielleicht wiederkommen. Wenn das Wetter so blieb. Immerhin etwas, worauf man sich freuen konnte.

2

Der Grund dafür, daß wir in Reef Point wohnten, war Sam Carter. Sam war der Agent meines Vaters in Los Angeles, und als er schließlich anbot, uns eine billige Unterkunft zu suchen, tat er das aus schierer Verzweiflung, denn Los Angeles und mein Vater waren einander so heftig zuwider, daß er kein verkäufliches Wort schreiben konnte, solange wir dort wohnten. Sam lief also Gefahr, sowohl wertvolle Kunden als auch Geld zu verlieren.

«Es gibt da dieses Haus in Reef Point», hatte Sam gesagt. «Es ist eine gottverlassene Gegend, aber wirklich friedlich... so friedlich wie am Ende der Welt», fügte er hinzu und beschwor damit Visionen einer Art gauguinschen Paradieses.

Und so hatten wir das Strandhaus gemietet, packten all unsere weltliche Habe, die jämmerlich gering war, in Dads alten klapprigen Dodge, ließen den Smog und die Hektik von Los Angeles hinter uns und fuhren hierher, aufgeregt wie Kinder, als wir zum erstenmal den Geruch des Meeres wahrnahmen.

Zuerst war es auch aufregend. Nach der Großstadt war es zauberhaft, nur von den Schreien der Seevögel und dem endlosen Donnern der Brandung geweckt zu werden. Es tat gut, am frühen Morgen über den Sand zu laufen und zu beobachten, wie die Sonne über den Bergen aufging, Wäsche auf die Leine zu hängen und zuzusehen, wie sie sich mit dem Seewind füllte und sich weiß aufblähte wie neue Segel.

Unser Haushalt war gezwungenermaßen einfach. Ich war ohnehin nie eine besonders gute Hausfrau gewesen, und in Reef Point gab es nur einen kleinen Laden, einen Drugstore, der allerdings ein umfassendes Warenangebot auf Lager hatte

– von Waffenscheinen bis zu Hauskleidern, von Tiefkühlkost bis zu Kleenexpackungen. Er wurde von Bill und Myrtle eher nebenbei geführt; zum Einkaufen brauchte ich immer viel Zeit, denn jedesmal waren frisches Gemüse und Obst, Hühnchen und Eier, all die Dinge, die ich kaufen wollte, offenbar gerade ausgegangen. Allerdings entwickelten wir im Lauf des Sommers geradezu eine Vorliebe für Chili con carne aus der Dose, tiefgekühlte Pizza und die zahlreichen Sorten Eiscreme, die Myrtle offensichtlich besonders gern aß, denn sie war enorm fett, ihre breiten Hüften und Oberschenkel wölbten sich in extra weiten Jeans, und ihre schinkenförmigen Arme quollen aus den ärmellosen mädchenhaften Blusen, die sie dazu trug.

Aber jetzt, nach sechs Monaten Reef Point, wurde ich allmählich unruhig. Wie lange würde dieser schöne Spätsommer anhalten? Einen weiteren Monat vielleicht. Und dann würden die Stürme ernst machen, die Dunkelheit würde früher hereinbrechen, der Regen würde kommen, Matsch und Wind. Das Strandhaus hatte keine Zentralheizung, nur einen riesigen Kamin in dem zugigen Wohnzimmer, der in erschreckendem Tempo Treibholz verbrannte. Voller Sehnsucht dachte ich an heimelige Kohleeimer, aber es gab keine Kohle. Jedesmal wenn ich vom Strand kam, schleifte ich wie eine Pioniersfrau ein oder zwei Stücke Treibholz mit und stapelte sie auf der hinteren Veranda. Der Holzstoß wurde allmählich riesig groß, doch ich wußte, wenn wir erst einmal heizen mußten, würde der ganze Haufen in Null Komma nichts verfeuert sein.

Das Häuschen lag direkt hinter dem Strand, ein kleiner Wall von Sanddünen war der einzige Windschutz. Es war aus Holz, das zu einem silbrigen Grau verblichen war, und stand auf Pfeilern, so daß jeweils ein paar Stufen zu der vorderen und der hinteren Veranda hinaufführten. Innen gab es ein großes Wohnzimmer mit einem Panoramafenster zum Meer, eine winzige, enge Küche, ein Badezimmer – ohne Badewanne, aber mit einer Dusche – und zwei Schlafzimmer, ein großes «Elternschlafzimmer», wo mein Vater schlief, und einen kleineren Raum mit einer Koje, der vielleicht für ein kleines Kind oder einen unwichtigen älteren Verwandten gedacht war – das war mein Zimmer. Die Einrichtung war eher deprimierend, wie so oft in Sommerhäusern, alle Möbel schienen unerwünschte Relikte aus anderen, größeren Häusern zu sein. Vaters Bett war ein Monstrum aus Messing, dem die Knäufe fehlten, dafür hatte es eine Garnitur Sprungfedern, die jedesmal quietschten, wenn er sich umdrehte. In meinem Zimmer hing ein verschnörkelter goldener Spiegel, der aussah, als habe er sein Dasein in einem viktorianischen Bordell begonnen. Wenn ich hineinsah, schaute ich eine mit schwarzen Flecken übersäte Wasserleiche an.

Das Wohnzimmer war nicht viel besser – alte Sessel, deren verschlissene Stellen unter gehäkelten Decken versteckt waren, der Teppich vor dem Kamin hatte ein Loch, und die anderen Stühle waren roßhaargepolstert, wobei das Roßhaar keine Mühe mehr hatte, aus den Polstern herauszuquellen. Es gab nur einen Tisch, Dad benutzte ein Ende davon als Schreibtisch, so daß wir unsere Mahlzeiten in drangvoller Enge und mit angelegten Ellenbogen am anderen Ende einnehmen mußten. Der schönste Platz im Haus war die Fensterbank, die die gesamte Breite des Raums einnahm, sie war mit Schaumstoff, warmen Decken und Kissen gepolstert und so einladend wie ein altes Kinderzimmersofa, man konnte sich darauf zusammenrollen und lesen, den Sonnenuntergang betrachten oder einfach nachdenken.

Aber das Haus lag einsam. Nachts drang heulend der Wind durch die Ritzen in den Fensterrahmen, und in den Räumen raschelte und quietschte es seltsam wie auf einem Schiff auf hoher See. Wenn mein Vater da war, machte mir das alles nichts aus, aber wenn ich allein blieb, begann meine Einbildungskraft auf Hochtouren zu arbeiten, angeregt von all den Geschichten alltäglicher Gewalt, die ich aus den Spalten der Lokalzeitung gepickt hatte. Das Häuschen selbst war äußerst unsicher, keines der Schlösser an den Türen oder Fenstern hätte einen entschlossenen Eindringling abgehalten. Und jetzt, wo der Sommer vorbei war und die Bewohner der anderen Strandhäuser gepackt hatten und nach Hause zurückgekehrt waren, lag es vollständig von der Welt abgeschnitten. Selbst Myrtle und Bill wohnten eine gute Viertelmeile entfernt, und das Telefon war ein Gemeinschaftsanschluß und funktionierte nicht immer zuverlässig. Ich mochte gar nicht darüber nachdenken, was alles passieren konnte.

Ich sprach nie mit meinem Vater über diese Ängste – schließlich hatte er zu arbeiten, und im großen und ganzen war er recht scharfsichtig. Ich bin sicher, er wußte, daß ich mich in einen Zustand heilloser Angst hineinsteigern konnte. Das war wohl einer der Gründe, weshalb er zuließ, daß ich Rusty behielt.

An jenem Abend, nach dem Tag am überfüllten Strand, dem fröhlichen Sonnenschein und meiner Begegnung mit dem jungen Studenten aus Santa Barbara, schien mir das Strandhaus verlassener denn je.

Die Sonne war hinter dem Saum des Meeres verschwunden, eine Abendbrise erhob sich, und es würde bald dunkel sein. Deshalb zündete ich ein Feuer an, um mich weniger allein zu fühlen, schichtete unbekümmert Treibholz im Kamin auf, tröstete mich mit einer heißen Dusche, wusch mein Haar und ging dann, in ein Handtuch gehüllt, in mein Zimmer, um saubere Jeans und einen alten weißen Pullover anzuziehen, der meinem Vater gehört hatte, bevor ich ihn aus Versehen hatte einlaufen lassen.

Unter dem Bordellspiegel stand ein lackiertes Schränkchen, das als Frisierkommode dienen mußte. Darauf hatte ich, aus Mangel an anderen Möglichkeiten, meine Fotografien aufgestellt. Es waren zahlreiche Fotos, und sie beanspruchten viel Platz. Meistens schenkte ich ihnen nicht viel Beachtung, aber an diesem Abend war es anders. Während ich mein verfilztes nasses Haar auskämmte, betrachtete ich sie genau, eines nach dem anderen, als gehörten sie einer Person, die ich kaum kannte, und als wären darauf Orte dargestellt, die ich nie gesehen hatte.

Da war meine Mutter, auf einem offiziellen Porträt, in Silber gerahmt. Mutter mit bloßen Schultern, Diamantsteckern in den Ohren und von einem teuren Friseur frisch zurechtgemacht. Ich liebte das Bild, aber es entsprach nicht meiner Erinnerung an sie. Das andere war besser, ein vergrößerter Schnappschuß bei einem Picknick, wo sie ihren Schottenrock trug, bis zur Taille im Heidekraut saß und lachte, als ob gleich irgend etwas furchtbar Komisches passieren würde. Und dann war da die Sammlung – eher eine Collage –, mit der ich beide Seiten eines großen zusammenklappbaren Lederrahmens gefüllt hatte. Elvie, das weiße Haus, vor dem Hintergrund eines kleinen Wäldchens, dahinter erheben sich die Berge, der See glitzert am Ende des Rasens, wo der Anlegesteg ist und das lecke alte Dingi lag, das wir benutzten, wenn wir Forellen fischen gingen. Und meine Großmutter, an der offenen Fenstertür, die unvermeidliche Gartenschere in der Hand. Und eine kolorierte Postkarte von Elvie Loch, die ich im Postamt von Thrumbo gekauft hatte. Und ein weiteres Picknick, auf dem meine Eltern zusammen zu sehen waren, unser altes Auto im Hintergrund und ein dicker, rot-weißer Spaniel zu Füßen meiner Mutter.

Außerdem waren da die Fotografien von meinem Vetter Sinclair, Dutzende von Fotos. Sinclair, mit seiner ersten

Forelle, Sinclair im Kilt, vor irgendeinem Ausflug, Sinclair in einem weißen Hemd, als Kapitän der Cricket-Mannschaft seiner Schule. Sinclair, beim Skilaufen, am Steuer seines Wagens, mit einem Papierzylinder und ein bißchen betrunken bei irgendeiner Silvesterparty. (Auf dieser Fotografie hatte er seinen Arm um ein hübsches dunkelhaariges Mädchen gelegt, aber ich hatte die Bilder so angeordnet, daß man sie nicht sah.)

Sinclair war das Kind des Bruders meiner Mutter, Aylwyn. Aylwyn hatte – nach Ansicht aller anderen viel zu jung – ein Mädchen namens Silvia geheiratet. Diese Wahl wurde von der Familie mißbilligt, und zwar aus guten Gründen, wie sich unglücklicherweise herausstellte. Sobald sie ihrem Ehemann einen Sohn geboren hatte, verließ sie beide und ging fort, um mit einem Mann zu leben, der auf den Balearen Grundstücke verkaufte. Als der anfängliche Schock überwunden war, fanden alle übereinstimmend, dies sei das Beste, was hatte passieren können, insbesondere für Sinclair, der seiner Großmutter übergeben wurde und in Elvie unter den glücklichsten Umständen aufwuchs.

An seinen Vater, meinen Onkel Aylwyn, konnte ich mich überhaupt nicht erinnern. Als ich noch sehr klein war, ging er nach Kanada, vermutlich kam er von Zeit zu Zeit zurück, um seine Mutter und sein Kind zu besuchen, aber er war nie in Elvie, wenn wir dort waren. Ich hatte nur ein einziges Anliegen an ihn: Er sollte mir einen Indianerkopfschmuck schicken. Im Lauf der Jahre muß ich diesen Wunsch mehrere hundertmal geäußert haben, aber es war nie etwas daraus geworden.

Sinclair war also praktisch das Kind meiner Großmutter. Und solange ich denken konnte, war ich mehr oder weniger in ihn verliebt gewesen. Er war sechs Jahre älter als ich, und ich hatte wie zu einem großen Bruder zu ihm aufgeblickt, er war ungeheuer weise und unendlich mutig. Er hatte mir beigebracht, wie man einen Haken an einer Angelschnur befestigt, kopfüber auf einem Trapez schwingt, einen Cricketball wirft. Wir gingen zusammen schwimmen und Schlitten fahren, machten unerlaubterweise Lagerfeuer, bauten ein Baumhaus und spielten in dem leckenden alten Boot Piraten.

Als ich nach Amerika kam, schrieb ich ihm zu Anfang regelmäßig, allmählich aber entmutigte mich, daß er nie antwortete. Bald schrumpfte unsere Korrespondenz auf Weihnachtskarten oder gekritzelte Geburtstagsgrüße. Neuigkeiten über ihn wurden mir von meiner Großmutter berichtet, und von ihr hatte ich auch das Foto von der Silvesterparty erhalten.

Nachdem meine Mutter gestorben war, hatte sie – als sei die Sorge um Sinclair nicht genug – angeboten, auch mich bei sich aufzunehmen.

«Rufus, warum läßt du das Kind nicht bei mir?» Das war kurz nach dem Begräbnis, als wir wieder in Elvie waren und sie in ihrer üblichen praktischen Art den Schmerz beiseite schob und Pläne für die Zukunft machte. Das Gespräch war nicht für meine Ohren bestimmt, aber ich saß auf der Treppe, und ihre Stimmen drangen klar und deutlich durch die geschlossene Tür der Bibliothek.

«Weil es mehr als genug ist, daß du ein Kind auf dem Hals hast.»

«Aber ich hätte Jane sehr gern bei mir… und außerdem, sie würde mir Gesellschaft leisten.»

«Ist das nicht ein bißchen selbstsüchtig?»

«Ich finde nicht. Rufus, es ist ihr Leben, worüber du jetzt nachdenken solltest, ihre Zukunft…»

Mein Vater sagte ein einziges, unhöfliches Wort. Ich war entsetzt, nicht wegen des Wortes, sondern weil er es zu ihr gesagt hatte. Ich fragte mich, ob er wohl ein bißchen betrunken war…

Meine Großmutter ignorierte das und sprach in ihrer üblichen damenhaften Art weiter, aber ihre Stimme klang sehr verhalten, wie immer, wenn sie allmählich ärgerlich wurde.

«Du hast mir gerade gesagt, daß du nach Amerika gehen willst, um das Drehbuch zu deinem Roman zu schreiben. Du kannst doch eine Vierzehnjährige nicht nach Hollywood schleppen.»

«Warum nicht?»

«Was ist mit ihrem Schulunterricht?»

«Es gibt auch in Amerika Schulen.»

«Es wäre so einfach, wenn ich sie hierbehalten würde. Nur bis du dich eingerichtet hast, bis du ein Zuhause gefunden hast.»

Mein Vater stieß mit einem scharrenden Geräusch seinen Stuhl zurück. Ich hörte seine Schritte durch das Zimmer wandern.

«Und dann sage ich, sie soll kommen, und du setzt sie in das nächste Flugzeug?»

«Natürlich.»

«Es würde nicht klappen, das weißt du genau.»

«Warum sollte es nicht gehen?»

«Wenn ich Jane bei dir lasse, wie lange auch immer, würde Elvie ihr Zuhause werden, und sie würde nie wieder fortgehen wollen. Du weißt, daß sie lieber in Elvie ist als irgendwo sonst auf der Welt.»

«Dann um ihretwillen...»

«Um ihretwillen nehme ich sie mit mir.»

Ein langes Schweigen folgte. Dann sprach meine Großmutter wieder. «Das ist nicht der einzige Grund, nicht wahr, Rufus?»

Er zögerte, als wollte er sie nicht beleidigen. «Nein», sagte er schließlich.

«Trotz aller Bedenken, ich glaube immer noch, du machst einen Fehler.»

«Wenn dem so ist, dann ist es mein Fehler. So wie sie mein Kind ist und ich sie bei mir behalten werde.»

Ich hatte genug gehört. Ich sprang auf und rannte die dunkle Treppe hinauf. In meinem Zimmer warf ich mich mit dem Gesicht nach unten auf mein Bett und brach in bittere Tränen aus, weil ich Elvie verlassen mußte, weil ich Sinclair nie wiedersehen würde und weil die beiden Menschen, die ich auf der Welt am meisten liebte, sich meinetwegen gestritten hatten.

Natürlich schrieb ich, und meine Großmutter antwortete, und Elvie mit all seinen Geräuschen und Gerüchen war in ihren Briefen gegenwärtig. Und dann, nachdem ein oder zwei Jahre vergangen waren, schrieb sie:

> Warum kommst du nicht zurück nach Schottland? Nur für einen kurzen Ferienaufenthalt, einen Monat oder so. Wir vermissen dich alle schrecklich, und es gibt hier eine Menge für dich zu sehen. Ich habe in dem ummauerten Garten eine neue Rosenrabatte angelegt, und Sinclair wird den August bei uns verbringen... er hat eine kleine Wohnung in Earls Court und lud mich zum Mittagessen ein, als ich das letzte Mal in der Stadt war. Wenn es irgendwelche Schwierigkeiten mit den Flugkosten geben sollte, so weißt du, daß du es nur zu sagen brauchst. Dann werde ich Mr. Bembridge zum Reisebüro schikken, damit er dir ein Flugticket besorgt. Sprich mit deinem Vater darüber.

Der Gedanke an Elvie im August, mit Sinclair, war fast unwiderstehlich, aber ich konnte nicht mit meinem Vater darüber sprechen, weil ich die zornige Diskussion in der Bibliothek mit angehört hatte und nicht glaubte, daß er mich gehen lassen würde.

Außerdem war offenbar nie Zeit, und nie ergab sich die Gelegenheit, um die Reise nach Hause anzutreten. Es war, als wären wir Nomaden geworden – wir kamen an einem Ort an, ließen uns nieder, und dann war es Zeit, woanders hinzugehen. Manchmal waren wir reich, meist aber pleite. Ohne den einschränkenden Einfluß meiner Mutter gab mein Vater das Geld mit vollen Händen aus. Wir lebten in Villen, in Motels, in Wohnungen in der Fifth Avenue, in lausigen Mietskasernen. Im Lauf der Jahre kam es mir vor, als hätten wir unser gesamtes Leben damit zugebracht, durch Amerika zu reisen, und als würden wir uns nie wieder irgendwo niederlassen. Die Erinnerung an Elvie verblaßte und wurde unwirklich, als hätten sich die Wasser von Elvie Loch erhoben und das ganze Anwesen verschlungen. Ich mußte mich gewaltsam daran erinnern, daß es immer noch da war, bewohnt von lebendigen Menschen, die zu mir gehörten und die ich liebte, daß es nicht untergegangen und für immer verloren war, durch die tiefen Wasser irgendeiner schrecklichen Naturkatastrophe nur noch verschwommen und undeutlich zu sehen.

Zu meinen Füßen winselte Rusty. Aufgeschreckt sah ich zu ihm hinunter, einen Augenblick lang wußte ich gar nicht, wer er war oder was er hier tat – so weit weg war ich gewesen. Und dann gab es, wie bei einem Filmprojektor, wenn der Film in der Mitte steckenbleibt, einen Klick in der Maschinerie, und das tägliche Leben ging weiter. Ich stellte fest, daß mein Haar fast trocken war, daß Rusty Hunger hatte und sein Abendessen wollte, und ich ebenfalls. So legte ich meinen Kamm hin, verbannte Elvie aus meinen Gedanken, stand auf, holte Holz für das Feuer und ging zum Kühlschrank auf der Suche nach etwas Eßbarem.

Es war fast neun Uhr, als ich das Auto auf dem Weg, der von La Carmella herführte, den Berg herunterkommen hörte. Wie alle Autos konnte es sich hier nur im niedrigsten Gang bewegen, deshalb war es nicht zu überhören.

Ich las ein Buch und wollte gerade eine Seite umblättern, erstarrte aber in dieser Haltung und spitzte die Ohren. Rusty spürte das und setzte sich sofort hin, sehr bedächtig, als wolle er niemanden aufschrecken. Gemeinsam lauschten wir. Ein Holzscheit glitt in die Glut, und in der Ferne donnerte die Brandung. Das Auto fuhr den Hügel herunter.

Ich dachte – *Myrtle und Bill. Sie waren im Kino, in La Carmella.* Aber das Auto hielt nicht am Drugstore an. Es fuhr weiter, immer noch mühsam im ersten Gang, an den Zedern vorbei, wo die Picknick-Ausflügler ihre Autos parkten, weiter auf der einsamen Straße, die nur noch zu mir führen konnte.

Mein Vater? Aber er sollte erst morgen abend wiederkommen. Der junge Mann, den ich heute getroffen hatte, der auf ein Bier zurückkehrte? Ein Landstreicher? Ein entflohener Sträfling? Ein gefährlicher Wahnsinniger?

Ich sprang auf, ließ mein Buch auf den Kaminläufer fallen und rannte los, um die Riegel an den Türen zu überprüfen. Sie waren beide verschlossen. Aber das Strandhaus hatte keine Vorhänge, jeder konnte hereinsehen – und dann würde er mich entdecken, und ich würde nichts sehen können. Wahnsinnig vor Angst schoß ich durch den Raum, um alle Lichter auszuknipsen, doch das Feuer brannte immer noch hell und erfüllte das Wohnzimmer mit flackerndem Licht… es spielte an den Wänden, an den Möbeln und gab den alten Sesseln ein finsteres, lauerndes Aussehen.

Die näherkommenden Scheinwerfer drangen draußen durch die Dunkelheit. Jetzt konnte ich sehen, wie das Auto näher kam, langsam holperte es über die eingetrocknete

Fahrspur. Es fuhr am letzten leeren Strandhaus neben unserem vorbei, rollte im Leerlauf langsam vor, und blieb quer vor unserer Eingangsveranda stehen. Es war nicht mein Vater.

Flüsternd rief ich Rusty an meine Seite und beruhigte mich damit, sein Flohhalsband festzuhalten und die Wärme seines pelzigen braunen Fells zu spüren. Ein Knurren kam tief aus seiner Kehle, aber er bellte nicht. Gemeinsam hörten wir, wie der Motor des Autos abgestellt wurde, wie dann die Autotür geöffnet und wieder zugeschlagen wurde. Einen Augenblick lang Stille. Dann kamen leise Schritte über den sandigen Boden zwischen der Hintertür und der Straße, und im nächsten Moment klopfte es an der Tür.

Mir entfuhr ein Schreckenslaut, und das genügte Rusty. Er riß sich von mir los, rannte auf die Tür zu, knurrte und bellte sich die Kehle aus dem Leib.

«Rusty!» Ich lief ihm nach, aber er bellte immer weiter. «Rusty, nicht... Rusty!»

Ich erwischte ihn am Halsband, zog ihn von der Tür zurück und schüttelte ihn, was ihn schließlich zum Schweigen brachte. Dann schluckte ich, holte tief Luft und sagte mit so fester und klarer Stimme, wie ich nur konnte: «Wer ist da?»

Eine Männerstimme antwortete. «Es tut mir leid, Sie zu stören. Aber ich suche nach dem Haus von Mr. Marsh.»

Ein Freund von Dad? Oder nur ein Trick, um hier einzudringen? Ich zögerte.

Er sprach wieder.

«Ist das das Haus, in dem Rufus Marsh wohnt?»

«Ja.»

«Ist er zu Hause?»

Ein weiterer Trick?

«Warum?» fragte ich.

«Nun, mir wurde gesagt, ich könnte ihn hier finden.» Ich versuchte immer noch zu entscheiden, was ich tun sollte, als er in fast sanftem Ton hinzufügte: «Sind Sie Jane?»

Es gibt nichts Entwaffnenderes, als wenn ein Fremder den eigenen Namen nennt. Außerdem, da war etwas in seiner Stimme... obwohl sie durch die festgeschlossene Tür so verschwommen klang... etwas...

«Ja», entgegnete ich.

«Ist Ihr Vater da?»

«Nein, er ist in Los Angeles. Wer sind Sie?»

«Mein Name ist David Stewart... Ich... sehen Sie, es ist recht schwierig, sich durch die Tür zu unterhalten...»

Seufzend schob ich den Riegel zurück und öffnete ihm die Tür. Ich beging diese Verrücktheit, weil er seinen eigenen Namen auf so besondere Weise ausgesprochen hatte. Stewart. Die Amerikaner finden es allesamt schwer auszusprechen... ‹Stoowart› sagen sie. Aber aus seinem Mund klang ‹Stewart› ebenso wie bei meiner Großmutter, also war er kein Amerikaner, er kam von zu Hause. Und mit einem solchen Namen stammte er möglicherweise aus Schottland.

Wahrscheinlich hatte ich gedacht, ich würde ihn sofort erkennen, tatsächlich hatte ich ihn aber nie zuvor gesehen. Er trug eine Hornbrille, und er war groß... größer als ich. Wir starrten einander an, er überrascht von meinem plötzlichen Sinneswandel und ich schlagartig von einer großen Welle kalter Wut überrollt. Nichts macht mich so wütend, als wenn man mir Angst einjagt, und ich war halb wahnsinnig gewesen vor Furcht.

«Wie kommen Sie dazu, sich mitten in der Nacht hier heranzuschleichen?» Selbst in meinen Ohren klang meine Stimme schrill und ziemlich unbeherrscht.

Er antwortete ganz vernünftig: «Es ist erst neun Uhr, und ich wollte mich durchaus nicht anschleichen.»

«Sie hätten anrufen und mir Bescheid sagen können, daß Sie kommen.»

«Ich konnte im Telefonbuch die Nummer nicht finden.»

Er hatte keine Bewegung gemacht, um einzutreten. Rusty hielt sich im Hintergrund, blickte aber immer noch finster drein. «Und ich hatte keine Ahnung, daß Sie allein sind, sonst hätte ich gewartet.»

Meine Wut legte sich, ich schämte mich ein bißchen für meinen Ausbruch. «Nun... da Sie schon einmal hier sind, kommen Sie wohl besser herein.» Ich trat zurück und griff nach dem Schalter. Kaltes, elektrisches Licht flackerte auf.

Aber er zögerte noch. «Wollen Sie keinen Identitätsnachweis... Sie wissen schon, Kreditkarte? Paß?»

Ich sah ihn scharf an. Hinter den Brillengläsern meinte ich einen Schimmer von Belustigung zu entdecken und fragte mich, was er wohl so verdammt komisch fand. «Wenn Sie so lange hier draußen gewohnt hätten wie ich, würden Sie die Tür auch nicht jedem Herumtreiber öffnen, der ums Haus schleicht.»

«Nun, bevor der ums Haus schleichende Herumtreiber eintritt, sollte er vielleicht besser die Scheinwerfer ausschalten. Ich habe sie angelassen, um den Weg zu finden.»

Ohne auf die schnippische Antwort zu warten, die ich ihm zu gern gegeben hätte, ging er wieder hinaus. Ich ließ die Tür offen, warf ein weiteres Scheit ins Feuer und stellte fest, daß meine Hände zitterten und mein Herz schlug wie eine Trommel. Hektisch zog ich den Läufer vor dem Kamin gerade, kickte Rustys Knochen unter den Sessel und zündete mir gerade eine Zigarette an, als er wieder ins Haus kam und die Tür der rückwärtigen Veranda hinter sich zuzog.

Ich drehte mich um und sah ihn an. Er war dunkelhaarig und hellhäutig wie so viele Leute aus dem schottischen Hochland, schlank, und sah auf eine lässige Weise gelehrt aus.

Er trug einen weichen Tweedanzug, der an Ellbogen, Knien und um die Knopflöcher leicht verschlissen war, ein braunkariertes Hemd und einen dunkelgrünen Schlips, und er sah aus, als könne er Lehrer oder Professor irgendeiner obskuren Wissenschaft sein. Sein Alter ließ sich nicht schätzen – irgendwo zwischen dreißig und fünfzig.

«Wie geht es Ihnen jetzt?» fragte er.

«Schon okay.» Meine Hand zitterte noch immer unübersehbar.

«Es könnte Ihnen nichts schaden, einen Schluck zu trinken.»

«Ich weiß nicht, ob wir irgend etwas im Haus haben.»

«Wo könnten wir nachsehen?»

«Unter dem Fenstersitz?»

Er ging hinüber, öffnete den Schrank, tastete ein bißchen herum und tauchte mit Staubflocken an den Ärmeln seines Jacketts und einer Viertelflasche Haig in der Hand wieder auf.

«Genau das richtige. Nun fehlt uns nur noch ein Glas.»

Ich holte aus der Küche zwei Gläser, eine Karaffe Wasser und den Eisbehälter und sah zu, wie er die Gläser füllte. Sie sahen verdächtig dunkel aus. «Ich trinke nicht gern Whisky», murmelte ich.

«Betrachten sie ihn als Medizin.» Er gab mir das Glas.

«Ich möchte mich nicht betrinken.»

«Damit betrinken Sie sich nicht.»

Das klang vernünftig. Der Whisky schmeckte rauchig und wärmte wunderbar. Getröstet vom Alkohol schämte ich mich, solch ein Dummkopf gewesen zu sein, und lächelte ihn versuchsweise an.

Er grinste zurück. «Warum setzen wir uns nicht?»

Also setzten wir uns, ich auf den Kaminläufer und er auf die Kante von Vaters großem Sessel, seine Hände baumelten zwischen den Knien, und das Glas stand auf dem Fußboden zwischen seinen Füßen. «Rein interessehalber», fragte er, «weshalb haben Sie plötzlich die Tür aufgemacht?»

«Es war die Art, wie Sie Ihren Namen sagten. Stewart. Sie kommen aus Schottland, nicht wahr?»

«Ja.»

«Aus welcher Gegend?»

«Caple Bridge.»

«Aber das ist ja ganz in der Nähe von Elvie.»

«Ich weiß. Sehen Sie, ich arbeite bei Ramsay, McKenzie und King...»

«Den Anwälten meiner Großmutter.»

«Stimmt.»

«Aber ich kann mich nicht an Sie erinnern.»

«Ich bin erst seit fünf Jahren in der Firma.»

Etwas Kaltes legte sich um mein Herz, aber ich zwang mich zu fragen: «Es ist doch nichts... passiert?»

«Nein, es ist nichts passiert.» Seine Stimme klang sehr beruhigend.

«Warum sind Sie dann gekommen?»

«Es geht», sagte David Stewart, «um eine Reihe unbeantworteter Briefe.»

3

Briefe?» sagte ich. «Ich verstehe nicht.» – «Vier, um genau zu sein. Drei von Mrs. Bailey selbst, und einen habe ich in ihrem Namen geschrieben.»

«An wen waren diese Briefe denn gerichtet?»

«An Ihren Vater.»

«Wann?»

«Im Lauf der vergangenen zwei Monate.»

«Haben Sie die Briefe hierhergeschickt? Ich meine, wir ziehen so oft um.»

«Sie selbst haben Ihrer Großmutter geschrieben und ihr diese Adresse angegeben.»

Das stimmte. Wenn wir umzogen, gab ich ihr immer Bescheid. Diese ganze Geschichte war höchst merkwürdig. Mein Vater war, bei all seinen Fehlern, nur sehr wenig geheimnistuerisch... er übertrieb allenfalls in der entgegengesetzten Richtung. Wenn ihn irgend etwas ärgerte, machte er seiner Wut lauthals Luft oder beklagte sich tagelang unablässig. Von irgendwelchen Briefen hatte ich jedoch nichts gehört.

David soufflierte mir. «Sie haben keine Briefe gesehen?»

«Nein. Aber das ist nicht weiter verwunderlich, denn Vater holt die Post jeden Tag selbst vom Drugstore ab.»

«Vielleicht hat er sie nicht geöffnet?»

Aber auch das lag nicht in seinem Charakter. Dad öffnete Briefe immer. Er las sie nicht unbedingt, aber immerhin bestand jedesmal die vielversprechende Möglichkeit, daß der Umschlag einen Scheck enthielt.

«Nein, das würde er nicht tun», sagte ich und schluckte den

Kloß in meiner Kehle herunter. «Worum ging es in den Briefen? Aber vielleicht wissen Sie das ja auch nicht.»

«Doch, natürlich weiß ich das.» Offenbar hatte er einen ziemlich trockenen Humor. Ich konnte mir gut vorstellen, wie er sich hinter einem altmodischen Schreibtisch zurechtsetzte, sich räusperte und kurzen Prozeß machte mit all den unverständlichen Fallstricken von Testamenten, eidesstattlichen Erklärungen, Verkäufen, Pachtverträgen und Verfügungen. «Es ist nur – Ihre Großmutter möchte, daß Sie nach Schottland zurückkommen, zu Besuch meine ich.»

«Ich weiß, daß sie das möchte», sagte ich, «sie spricht in all ihren Briefen davon.»

Er hob eine Braue. «Und? Wollen Sie nicht kommen?»

«Doch, natürlich will ich.»

Ich dachte an Dad, erinnerte mich an das Gespräch, das ich vor langer Zeit mitangehört hatte. «Ich weiß nicht... Ich meine, ich kann mich nicht einfach so entschließen.»

«Gibt es irgendeinen Grund, weshalb Sie nicht kommen können?»

«Nun, natürlich, da ist mein Vater.»

«Sie meinen, es gibt niemanden, der ihm den Haushalt führen kann?»

«Nein, das meine ich ganz und gar nicht.» Er wartete darauf, daß ich diese Feststellung weiter ausführte, ihm vielleicht erklärte, was ich meinte. Ich wandte mich ab und starrte ins Feuer. Wahrscheinlich machte ich eine ziemlich dämliche Figur.

«Wissen Sie, es gab keine nennenswerten Differenzen darüber, daß Ihr Vater Sie damals nach Amerika mitnahm», sagte er.

«Sie wollte, daß ich in Elvie blieb.»

«Das wissen Sie also?»

«Ja, ich hab gehört, wie sie sich stritten. Normalerweise

stritten sie nie. Ich glaube, sie kamen sonst sehr gut miteinander aus. Aber es gab einen furchtbaren Krach meinetwegen.»

«Nun, das ist sieben Jahre her. Es läßt sich doch sicherlich irgendwie einrichten...»

Mir fiel eine weitere Ausrede ein: «Es ist schrecklich teuer...»

«Mrs. Bailey wird Ihnen den Flug selbstverständlich bezahlen.» (Das würde Dad erst recht in Rage bringen.) «Sie brauchen nicht länger fortzubleiben als einen Monat.» Noch einmal fragte er: «Möchten Sie nicht kommen?»

Sein Verhalten entwaffnete mich. «Doch, natürlich möchte ich.»

«Weshalb dann dieser Mangel an Begeisterung?»

«Ich möchte meinen Vater nicht aufregen. Und er will offenbar nicht, daß ich fahre, sonst hätte er diese Briefe beantwortet, von denen Sie sprachen.»

«Ja, die Briefe. Ich frage mich, wo die wohl sind.»

Ich deutete auf den Tisch hinter ihm, den Haufen von Manuskripten und Nachschlagewerken, alten Akten, Umschlägen und leider auch unbezahlten Rechnungen. «Da drüben, nehme ich an.»

«Ich wüßte gern, weshalb er Ihnen nichts davon erzählt hat.»

Darauf sagte ich nichts, dachte aber, daß ich es wohl wüßte. Irgendwie hatte er etwas gegen Elvie und die Tatsache, daß es mir so viel bedeutete. Er war natürlich ein bißchen eifersüchtig auf die Familie meiner Mutter, und er hatte Angst, mich zu verlieren.

Ich zuckte die Achseln. «Keine Ahnung.»

«Wann erwarten Sie ihn aus Los Angeles zurück?»

«Ich glaube nicht, daß es gut wäre, wenn Sie ihm begegnen», antwortete ich. «Das hätte nur zur Folge, daß er sich elend fühlt. Und selbst wenn er so tut, als sei er einverstanden, könnte ich ihn hier nicht allein lassen.»

«Aber wir könnten doch sicherlich irgend etwas organisieren…»

«Nein, können wir nicht. Er braucht jemanden, der auf ihn aufpaßt. Er ist der unpraktischste Mensch der Welt. Niemals besorgt er irgend etwas zu essen, oder Benzin fürs Auto, und wenn ich ihn allein ließe, dann wäre ich ständig krank vor Sorge um ihn.»

«Jane, Sie müssen auch mal an sich selbst denken.»

«Ich werde später einmal kommen. Sagen Sie meiner Großmutter, ein andermal.»

Er trank aus und setzte das leere Glas ab. «Nun, belassen wir es dabei. Morgen früh fahre ich nach Los Angeles zurück, gegen elf. Ich habe für Dienstag morgen einen Platz für Sie gebucht in der Maschine nach New York. Es gibt keinen Grund auf Erden, weshalb Sie nicht darüber schlafen sollten, und wenn Sie Ihre Meinung ändern…»

«Ich werde meine Meinung nicht ändern.»

Er überhörte das. «Wenn Sie Ihre Meinung ändern, hindert Sie nichts daran, mit mir zu fliegen.» Er stand auf und wirkte plötzlich beängstigend groß. «Ich denke noch immer, Sie sollten mitkommen.»

Ich mag es nicht, überragt zu werden, deshalb stand ich ebenfalls auf.

«Sie waren wohl sehr sicher, daß ich mitkommen würde.»

«Ich hatte es gehofft.»

«Sie glauben, ich erfinde nur Ausreden, oder?»

«Nicht nur.»

«Ich habe ein schlechtes Gewissen, weil Sie so weit gereist sind, ohne etwas erreicht zu haben.»

«Ich war geschäftlich in New York. Und ich freue mich, Sie kennengelernt zu haben. Es tut mir nur leid, daß ich Ihren

Vater verpaßt habe.» Er streckte mir seine Hand hin. «Auf Wiedersehen, Jane.» Nach einer Sekunde des Zögerns legte ich meine hinein. Die Amerikaner halten nicht viel vom Händeschütteln, ich hatte es mir deshalb schon lange abgewöhnt. «Und ich werde Ihrer Großmutter liebe Grüße von Ihnen ausrichten.»

«Ja, und Sinclair.»

«Sinclair?»

«Sie sehen ihn doch, oder nicht? Wenn er nach Elvie kommt?»

«Ja. Ja, natürlich. Und ich werde ihm selbstverständlich herzliche Grüße von Ihnen ausrichten.»

«Sagen Sie ihm, er soll schreiben.» Ich bückte mich und machte mir mit Rusty zu schaffen, weil meine Augen voller Tränen standen und ich nicht wollte, daß David Stewart das sah.

Als er fort war, ging ich zu dem Tisch, wo mein Vater all seine Papiere aufbewahrte. Nach einer Weile fand ich die vier unbeantworteten Briefe, einen nach dem anderen, alle geöffnet und offenbar gelesen. Ich las sie nicht. Mein besseres Ich behielt die Oberhand – und ich wußte ja ohnehin, was darin stand, deshalb legte ich sie einfach wieder zurück.

Dann hockte ich mich auf die Sitzbank, öffnete das Fenster und lehnte mich hinaus. Es war sehr dunkel, der Ozean schimmerte tintenschwarz, die Luft zog kalt herein, aber meine Schrecken hatten sich in Luft aufgelöst. Ich dachte an Elvie und sehnte mich danach, dort zu sein. Ich dachte an vorbeifliegende Gänse am winterlichen Himmel und den Geruch des Torffeuers, das im Kamin in der Eingangshalle brannte. Ich dachte an das Loch, strahlend blau und ruhig wie ein Spiegel oder grau und von Nordböen zu weißen Wellen aufgeschäumt. Ich wünschte mir plötzlich so sehr, dort zu sein, daß es richtig weh tat.

Ich war wütend auf meinen Vater. Ich wollte ihn nicht verlassen, aber er hätte doch mit mir über die Sache sprechen und mir die Chance geben können, meine eigene Entscheidung zu treffen. Schließlich war ich einundzwanzig Jahre alt und kein Kind mehr.

Warte nur, bis er wiederkommt, schwor ich mir. Warte nur, bis ich ihn mit diesen Briefen konfrontiere. Ich werde ihm sagen... ich werde...

Aber meine Wut war nur von kurzer Dauer. Ich konnte nie lange wütend bleiben. Vielleicht war es die Nachtluft, die sie abkühlte, jedenfalls schwand sie dahin und starb, und ich fühlte mich merkwürdig leer. Es hatte sich doch schließlich nichts verändert. Ich würde bei ihm bleiben, weil ich ihn liebte, weil er wollte, daß ich dablieb, und weil er mich brauchte. Es gab gar keine andere Möglichkeit. Die Briefe würde ich ihm nicht unter die Nase reiben, denn es würde ihm peinlich sein und ihn demütigen, und wenn wir überhaupt irgendeine Zukunft miteinander haben sollten, war es wichtig, daß er immer größer und stärker und klüger war als ich.

Am nächsten Morgen war ich gerade dabei, den Küchenfußboden zu schrubben, als ich das unverkennbare Schnaufen des alten Dodge hörte, der über den Hügel und den Weg herunter nach Reef Point kam. Hastig wischte ich die letzten paar Quadratzentimeter des gesprungenen braunen Linoleums, goß das schmutzige Wasser in den Abfluß und ging über die hintere Veranda hinaus meinem Vater entgegen. Im Gehen wischte ich mir die Hände an der alten gestreiften Schürze ab.

Es war ein wunderschöner Tag, die Sonne brannte heiß, am blauen Himmel trieben tief ein paar weiße Wolken, der glitzernde Morgen war erfüllt von Wind und dem Donnern der Wellen, die sich über den Strand ergossen. Ich hatte bereits Wäsche aufgehängt, die an der Leine zerrte und flatterte, jetzt duckte ich mich darunter und ging auf die Straße. Das Auto kam auf der Fahrspur rumpelnd und schlingernd auf mich zu.

Ich sah sofort, daß mein Vater nicht allein war. Wegen des schönen Wetters hatte er das Verdeck aufgemacht, und neben ihm saß unverkennbar, mit wehendem rotem Haar, Linda Lansing. Als sie mich sah, beugte sie sich aus dem Auto, um zu winken, und der weiße Pudel, der auf ihren Knien saß, beugte sich ebenfalls heraus und kläffte mich zornig an, als hätte ich kein Recht, hier zu sein.

Rusty, der am Strand gewesen war, um mit den Überbleibseln eines alten Korbs zu spielen, hörte den Pudel und eilte zu meiner Rettung herbei. In wilder Jagd kam er um die Ecke des Strandhauses geschossen, zähnefletschend und bellend. Er konnte es gar nicht abwarten, dem Pudel seine Zähne ins Genick zu schlagen. Mein Vater fluchte, Linda kreischte und drückte den Pudel an sich, der Pudel kläffte, und ich mußte Rusty am Halsband packen, ihn ins Haus zerren und ihm befehlen, still zu sein und sich zu benehmen, bevor es auch nur die leiseste Chance zu irgendeiner Art menschlicher Unterhaltung gab.

Als ich wieder hinauskam, war mein Vater ausgestiegen. «Hallo, Liebes.»

Er ging um das Auto herum, um mich zu umarmen und mir einen Kuß zu geben. Es war ein bißchen so, als würde man von einem Gorilla in die Arme genommen, sein Bart kratzte an meinem Hals. «Alles in Ordnung?»

«Ja, alles prima.» Ich wand mich aus seiner Umarmung. «Hi, Linda.»

«Hallo, Schätzchen.»

«Tut mir leid, wegen des Hundes.» Ich ging, um ihr die Tür zu öffnen. Sie war aufgebrezelt bis an die Zähne, mit vollem Make-up, falschen Wimpern, einem hellblauen Overall und goldenen Ballerinas. Der Pudel trug ein pinkfarbenes Halsband, besetzt mit Straßsteinen.

«Ist schon okay. Mitzi ist ungeheuer nervös, sie ist eine hochsensible Züchtung, weißt du.» Sie streckte ihr Gesicht vor, die Lippen geschürzt, um meinen Begrüßungskuß entgegenzunehmen. Der Pudel fing sofort wieder an zu kläffen.

«Himmel noch mal», sagte mein Vater. «Bring diesen verdammten Hund zum Schweigen!», worauf Linda das sensible Tier ohne Umstände aus dem Auto warf und hinter ihm ausstieg.

Linda Lansing war Schauspielerin. Vor etwa zwanzig Jahren war sie als Starlet in Hollywood aufgetaucht. Das bedeutete eine gewaltige Promotion-Kampagne, gefolgt von einer Reihe unbedeutender Filme, in denen sie meistens eine Art Zigeunerin oder ein Mädchen vom Lande spielte, in einer schulterfreien, am Ausschnitt gerafften Bluse, mit dunkelroten Lippen und schmollendem Gesichtsausdruck. Dieser Typ von Film war jedoch inzwischen aus der Mode gekommen, ebenso wie ihr Stil zu spielen, und damit auch Linda. Klugerweise, denn dumm war sie nie, verheiratete sie sich rasch. «Mein Mann ist mir wichtiger als meine Karriere», hieß es in den Schlagzeilen unter ihren Hochzeitsfotos, und für einige Zeit verschwand sie völlig aus der Hollywood-Szene. Aber in letzter Zeit, nach der Scheidung von ihrem dritten Ehemann und bevor sie sich den vierten geangelt hatte, war sie wieder in kleinen Rollen und im Fernsehen aufgetreten. Einer neuen Generation von Zuschauern war ihr Gesicht unbekannt, und bei kluger Regie ließ sie ein völlig unerwartetes komödiantisches Talent erkennen.

Wir hatten sie bei einer jener langweiligen sonntäglichen Brunch-Parties am Pool kennengelernt, die ein unverzichtbarer Bestandteil der Szene in Los Angeles sind. Mein Vater hatte gefunden, sie sei die einzige anwesende Frau, mit der man sich unterhalten konnte. Ich mochte sie ebenfalls. Sie hatte einen vulgären Sinn für Humor, eine tiefe, volltönende Stimme und eine überraschende Fähigkeit, über sich selbst zu lachen.

Mein Vater hatte eine ziemliche Wirkung auf Frauen, behandelte aber seine Affären immer mit bewundernswerter Diskretion. Ich wußte, daß er ein Verhältnis mit Linda angefangen hatte, allerdings hatte ich kaum erwartet, daß er sie mit nach Reef Point bringen würde.

Ich beschloß, es gelassen zu nehmen. «Na, das ist aber eine Überraschung. Was machst du in dieser Gegend?»

«Ach, du weißt doch, wie es ist, Schätzchen, wenn dein Vater anfängt, jemandem die Pistole auf die Brust zu setzen. Und riech bloß diese Seeluft.» Sie sog einen tiefen Atemzug in die Lungen, hustete leicht und wandte sich wieder zum Auto, um ihre Handtasche daraus zu befreien. Erst jetzt bemerkte ich das aufwendige Gepäck auf dem Rücksitz. Drei Koffer, ein Kleidersack, ein Schminkkoffer, ein Nerzmantel in einer Plastikhülle und Mitzis Hundekörbchen, komplett mit einem pinkfarbenen Gummiknochen. Mir blieb angesichts dieser Mengen der Mund offenstehen, aber bevor ich irgend etwas sagen konnte, hatte mein Vater mich mit den Ellbogen aus dem Weg geschubst und bereits zwei Koffer herausgewuchtet.

«Na, steh hier nicht mit offenem Mund herum», sagte er. «Bring was rein.»

Und damit ging er auf das Strandhaus zu. Linda beschloß nach einem Blick auf meinen Gesichtsausdruck taktvoll, Mitzi müsse einen Spaziergang am Strand machen, und verschwand. Ich rannte hinter meinem Vater her, besann mich dann, ging zurück, um den Hundekorb zu holen, und sauste wieder los.

Ich fand ihn im Wohnzimmer. Er hatte die beiden Koffer

mitten auf dem Boden abgestellt, seine Pudelmütze auf einen Stuhl geworfen und lud einige Bündel alter Briefe und Papiere aus seinen Jackentaschen auf dem Tisch ab. Das Zimmer, das ich gerade erst saubergemacht und aufgeräumt hatte, verwandelte sich sofort in ein nomadenhaftes Chaos. Mein Vater besaß die Fähigkeit, jeden Raum derart zu verwandeln, durch bloßes Eintreten. Nun ging er zum Fenster, lehnte sich hinaus und atmete tief durch. Über seine breite Schulter hinweg konnte ich in der Ferne die Gestalt von Linda sehen, die mit dem Pudel am Wasser herumsprang. Rusty saß schmollend auf dem Fenstersitz und wedelte nicht einmal mit dem Schwanz.

Mein Vater griff in die Hemdtasche nach einer Zigarette. Er schien überaus zufrieden mit sich zu sein. «Nun», sagte er, «willst du gar nicht fragen, wie es gelaufen ist?» Er zündete sich die Zigarette an, sah dann auf, runzelte die Stirn und schnippte das Streichholz aus dem Fenster hinter sich. «Was stehst du da mit dem Hundekorb rum? Stell das verdammte Ding ab.»

Das tat ich jedoch nicht. «Was ist los?» wollte ich wissen.

«Was meinst du?»

Ich wußte nur zu gut, daß diese herzhafte gute Laune Teil eines großangelegten Täuschungsmanövers war.

«Du weißt sehr gut, was ich meine. Linda.»

«Was ist mit Linda? Du magst sie doch, oder?»

«Natürlich mag ich sie, aber darum geht es ja wohl kaum. Was macht sie hier?»

«Ich habe sie gebeten mitzukommen.»

«Mit all dem Gepäck? Für wie lange, um Himmels willen?»

«Nun...», er machte eine vage Handbewegung. «So lange sie will.»

«Muß sie nicht arbeiten?»

«Oh, sie hat das alles hingeschmissen.» Er schlurfte in die

Küche, auf der Suche nach einer Dose Bier. Ich hörte, wie der Kühlschrank auf- und wieder zuging. «Sie hat allmählich genauso die Nase voll von L. A. wie wir. Deshalb dachte ich, warum eigentlich nicht?» Er erschien wieder in der Küchentür, mit der geöffneten Bierdose in der Hand. «Ich hatte den Vorschlag kaum ausgesprochen, als sie schon jemanden hatte, der ihr Haus mietete, samt Hausmädchen, und fix und fertig mit den Koffern dastand.» Er runzelte wieder die Stirn. «Jane, hast du irgendwie eine besondere Neigung zu diesem Hundekorb gefaßt?»

Ich ignorierte ihn weiter. «Wie lange?» beharrte ich finster.

«Na, so lange wie wir hierbleiben. Ich weiß nicht. Vielleicht den Winter über.»

«Wir haben keinen Platz.»

«Natürlich haben wir Platz. Und außerdem, wem gehört das Haus?» Er leerte die Bierdose, schmiß sie säuberlich durch die Küche in den Abfalleimer und ging hinaus, um die nächste Ladung Gepäck hereinzuholen. Diesmal trug er die Koffer in sein Schlafzimmer. Ich stellte Mitzis Hundekorb ab und folgte ihm. Mit dem Bett, den Koffern und uns beiden blieb allerdings nicht viel Raum übrig.

«Wo soll sie schlafen?»

«Na, was glaubst du wohl, wo sie schlafen soll?» Er saß auf dem gigantischen Bett, und die Federn beklagten sich bitterlich. «Genau hier.»

Ich wußte nicht, was ich sagen sollte. Ich starrte ihn einfach an. Das war vorher noch nie passiert. Ich fragte mich, ob er verrückt geworden war.

Irgend etwas in meinem Gesicht muß dann wohl zu ihm durchgedrungen sein, denn er sah plötzlich zerknirscht aus und nahm meine Hände in seine.

«Janey, guck nicht so. Du bist kein Kind mehr, ich muß dir nichts vormachen. Du magst Linda, ich hätte sie nicht hergebracht, wenn ich nicht wüßte, daß du sie magst. Und sie wird dir Gesellschaft leisten, ich muß dich nicht mehr so oft allein lassen. Komm schon, mach nicht so ein trübseliges Gesicht, geh und koch eine Kanne Kaffee.»

Ich zog meine Hände aus seinen. «Ich hab keine Zeit.»

«Was soll das heißen?»

«Ich… ich muß gehen und packen.»

Hocherhobenen Hauptes verließ ich sein Zimmer und ging in mein eigenes, zog meinen Koffer unter dem Bett hervor und fing an zu packen. Ich packte wie die Leute in Filmen, indem ich eine Schublade nach der anderen aufzog und sie in den Koffer leerte.

Mein Vater stand in der offenen Tür hinter mir.

«Was soll das heißen, was machst du da?»

Ich drehte mich um, die Hände voller Hemden, Schals und Taschentücher. «Ich reise ab», sagte ich.

«Wohin?»

«Nach Schottland zurück.»

Er trat einen Schritt ins Zimmer und wirbelte mich herum, damit ich ihm ins Gesicht sehen konnte. Ohne ihn zu Wort kommen zu lassen, sagte ich schnell: «Du hast vier Briefe bekommen. Drei von meiner Großmutter und einen von ihren Anwälten. Du hast sie aufgemacht, du hast sie gelesen, und du hast mir nie ein Wort davon gesagt, weil du nicht wolltest, daß ich zurückgehe. Du hast nicht einmal mit mir darüber gesprochen.»

Sein Griff an meinem Arm lockerte sich nicht, aber ich merkte, daß sein Gesicht ein bißchen Farbe verlor.

«Woher weißt du von diesen Briefen?»

Ich berichtete ihm von David Stewart. «Er hat mir alles erzählt», schloß ich. «Nicht daß man es mir erzählen mußte», fügte ich verwegen hinzu, «ich wußte es ohnehin schon.»

«Und was genau wußtest du?»

«Daß du nie wolltest, daß ich in Elvie blieb, nachdem Mutter gestorben war. Daß du nie wolltest, daß ich zurückging.» Er betrachtete mich erstaunt. «Ich habe alles mitangehört», schrie ich ihn an, als wäre er plötzlich taub geworden. «Ich war in der Diele und konnte euch hören, und ich habe alles gehört, was Großmutter und du zueinander sagtet.»

«Und du hast nie ein Wort verraten?»

«Wozu wäre das schon gut gewesen?»

Er setzte sich sorgfältig auf die Kante meines Bettes, als wolle er mich nicht beim Packen stören. «Wäre es dir lieber gewesen, wenn ich dich zurückgelassen hätte?»

Seine Begriffsstutzigkeit machte mich rasend. «Nein, natürlich nicht. Ich war gern mit dir zusammen, ich wollte es gar nicht anders haben, aber das alles ist sieben Jahre her, jetzt bin ich erwachsen, und du hattest kein Recht, diese Briefe zu verstecken und mir nichts davon zu sagen.»

«Möchtest du so gern zurückgehen?»

«Ja, ich liebe Elvie, du weißt, wieviel es mir bedeutet.» Ich nahm eine Haarbürste und stopfte sie in den Koffer. «Ich... ich wollte nicht über die Briefe reden. Ich dachte, du würdest dich dann schlecht fühlen und ich könnte sowieso nicht fahren, weil du niemanden hättest, der sich um dich kümmert. Aber jetzt ist das etwas anderes.»

«Na gut, jetzt ist es etwas anderes, und du gehst. Ich werde dich nicht aufhalten. Aber wie willst du hinkommen?»

«David Stewart fährt um elf ab. Wenn ich mich beeile, erwische ich ihn gerade noch. Er hat einen Platz für mich gebucht, in der Maschine nach New York morgen früh.»

«Und wann kommst du zurück?»

«Oh, ich weiß nicht. Irgendwann, nehme ich an.» Ich quetschte ein Buch in den Koffer, Anne Morrow Lindberghs «Muscheln in meiner Hand», ohne das ich nie sein kann, und meine Simon und Garfunkel-Langspielplatte. Ich schloß den Deckel, aber der Inhalt quoll heraus, der Koffer wollte einfach nicht zugehen, also öffnete ich ihn noch einmal und drückte hektisch alles flach, aber es klappte immer noch nicht. Am Ende war es mein Vater, der ihn für mich zumachte, er drückte den Deckel des Koffers mit roher Gewalt herunter und zwang das Schloß zuzuschnappen.

Über den geschlossenen Koffer hinweg sah ich ihm ins Gesicht. «Ich würde nicht gehen, wenn Linda nicht gekommen wäre...» Meine Stimme verlor sich. Ich nahm meinen Regenmantel vom Haken an der Tür und zog ihn über mein Hemd und die Jeans.

«Du hast immer noch deine Schürze um», bemerkte mein Vater.

Über so etwas hätten wir früher gelacht. Jetzt griff ich schweigend nach hinten, band sie los, nahm sie ab und ließ sie auf das Bett fallen.

«Wenn ich das Auto nehme und es am Motel stehenlasse, könnte einer von euch beiden es abholen?»

«Natürlich», sagte mein Vater. «Warte...» Er verschwand wieder in seinem Zimmer, um mit einer Handvoll Geldscheinen zurückzukommen, fünf Dollar, zehn Dollar, ein Dollar, alle schmutzig und zerrissen wie ein Bündel alter Zeitungen. «Hier», sagte er und schob sie in die Tasche meines Regenmantels, «nimm das mit. Du wirst es vielleicht brauchen.»

«Aber, du...» Ich wurde von Linda und Mitzi unterbrochen, die vom Strand zurückkehrten. Mitzi vertreute Sand auf dem ganzen Boden, und Linda war entzückt von ihrem kurzen Einssein mit der Natur.

«Oh, diese Wellen, ich habe so etwas noch nie gesehen. Sie müssen zehn Fuß hoch sein.» Dann bemerkte sie meinen Koffer, meinen Regenmantel, mein vermutlich wenig glückliches Gesicht. «Jane, was hast du vor?»

«Ich gehe fort.»

«Wohin, um Himmels willen?»

«Nach Schottland.»

«Ich hoffe, nicht meinetwegen.»

«Zum Teil. Aber nur weil das bedeutet, daß jemand hier ist, der sich um Dad kümmern kann.»

Sie sah ein bißchen beunruhigt aus, als wäre das letzte, was sie vorgehabt hätte, sich um Vater zu kümmern. Fairerweise ließ sie sich jedoch nichts anmerken und machte gute Miene zum bösen Spiel. «Das ist ja aufregend für dich. Wann fährst du?»

«Heute. Jetzt. Ich nehme den Dodge mit nach La Carmella...» Dann ging ich in Richtung Tür. Dad nahm meinen Koffer und kam mir nach. «Und ich hoffe, du hast einen guten Winter. Und daß es nicht zu viele Stürme gibt. Und im Kühlschrank sind Eier und Thunfisch...»

Ich ging die Verandatreppe hinunter, duckte mich unter der Wäscheleine durch (würde Linda darauf kommen, die Wäsche abzunehmen?) und setzte mich hinter das Steuerrad. Mein Vater hievte den Koffer auf den Rücksitz.

«Jane –» setzte er an, aber ich war außerstande, mich zu verabschieden. Als ich an Rusty dachte, war es schon zu spät. Er hatte gehört, wie die Autotür zuschlug, wie der Motor ansprang, und war wie der Blitz aus dem Haus. Unter entrüstetem Gebell rannte er neben mir her, die Ohren flach am Kopf, bedroht von einem fast sicheren Tod.

Es war der letzte Tropfen. Ich hielt den Wagen an. Rusty stellte sich auf die Hinterbeine und kratzte und scharrte mit den Pfoten an der Autotür. Ich beugte mich hinaus und versuchte ihn wegzuschieben. «Rusty, nicht. Runter. Ich kann dich nicht mitnehmen. Du kannst nicht mitkommen.»

Inzwischen hatte Dad uns eingeholt. Er hielt Rusty fest, stand da und sah auf mich herab. Rusty war tief getroffen, sein

Blick war ein einziger Vorwurf, aber mein Vater hatte einen Ausdruck im Gesicht, den ich nie zuvor gesehen hatte und nicht völlig verstand. Es war zuviel. Ich brach in Tränen aus.

«Du wirst dich um Rusty kümmern, nicht wahr?» schluchzte ich. «Schließ ihn ein, damit er nicht hinter dem Auto herrennen kann. Und sorg dafür, daß er nicht überfahren wird. Und er mag nur Hundefutter von ‹Red Heart›, die anderen Sorten frißt er nicht. Und laß ihn nicht allein am Strand, sonst klaut ihn jemand.» Verzweifelt suchte ich nach einem Taschentuch. Wie üblich hatte ich keins, und wie üblich nahm mein Vater eins aus der Tasche und reichte es mir schweigend. Ich putzte mir die Nase, umarmte ihn und Rusty ebenfalls. Dann fuhr ich los und sah mich nicht um, aber ich wußte, daß sie stehenblieben und mir nachsahen, bis ich über den Hügelkamm außer Sicht war.

Es war Viertel vor elf, als ich in das Empfangsbüro des Motels eintrat. Der Mann hinter dem Schreibtisch betrachtete ohne jedes Interesse mein verquollenes und tränenverschmiertes Gesicht, als gingen weinende Frauen hier den ganzen Tag ein und aus.

«Ist Mr. David Stewart schon fort?» fragte ich.

«Nein, er ist noch da. Hat noch 'ne Telefonrechnung zu bezahlen.»

«Welche Nummer hat sein Zimmer?»

Er sah auf eine Tafel. «Zweiunddreißig.» Seine Augen glitten über meinen Regenmantel, meine Jeans, meine schmutzigen Turnschuhe. Er griff nach dem Telefonhörer. «Wollen Sie ihn besuchen?»

«Ja, bitte.»

«Ich ruf ihn an und sag ihm, daß Sie kommen. Wie heißen Sie?»

«Jane Marsh.»

Er winkte mit seinem Kopf in Richtung Tür und schickte mich auf den Weg. «Nummer zweiunddreißig», wiederholte er.

Ich machte mich auf den Weg, der mich durch einen überdachten Gang und an einem großen, sehr blauen Schwimmbecken vorbeiführte. Zwei Frauen aalten sich in Liegestühlen, ihre Kinder tobten im Wasser, schrien und stritten sich um einen Plastikschwimmring. Bevor ich die Hälfte des Weges gegangen war, kam mir David Stewart entgegen. Als ich ihn sah, begann ich zu laufen. Die beiden Frauen waren ebenso überrascht wie ich, als ich direkt in seinen Armen landete. Er fing mich auf und schob mich dann ein Stückchen von sich fort. «Was ist los?»

«Gar nichts ist los.» Ich hatte wieder angefangen zu weinen. «Ich komme mit Ihnen.»

«Warum?»

«Ich habe meine Meinung geändert, das ist alles.»

«Warum?»

Ich hatte es ihm nicht erzählen wollen, aber nun sprudelte nach und nach alles aus mir heraus. «Dad hat eine Freundin, sie ist aus Los Angeles mitgekommen... und sie... sie hat gesagt...»

Rasch sah er zu den beiden Frauen hinüber, die uns anstarrten. «Kommen Sie mit.» Er führte mich in sein Zimmer, wo wir ungestört waren, schob mich hinein und schloß die Tür hinter uns.

«Jetzt», sagte er.

Ich schneuzte mich und bemühte mich sehr, mich zusammenzunehmen.

«Es ist nur, daß er jemanden hat, der sich um ihn kümmern kann. Ich kann also mit Ihnen kommen.»

«Haben Sie mit ihm über die Briefe gesprochen?»

«Ja.»

«Und er hat nichts dagegen, daß Sie mitkommen?»

«Nein. Er sagt, es ist in Ordnung.»

David schwieg. Ich sah ihn an und bemerkte, daß er mich gedankenverloren aus dem rechten Augenwinkel betrachtete. Später fand ich heraus, daß das eine Angewohnheit war, die er wegen seiner Kurzsichtigkeit im Lauf der Jahre angenommen hatte. Im Augenblick aber empfand ich es als beunruhigend und unangenehm, fast als würde man an die Wand genagelt.

Mir war elend zumute. «Wollen Sie nicht, daß ich mitkomme?»

«Das ist es nicht. Es ist nur – ich kenne Sie nicht gut genug, um sicher zu sein, daß Sie die Wahrheit sagen.»

Ich war zu unglücklich, um beleidigt zu reagieren. «Ich lüge nie», sagte ich. «Und wenn ich es tue, werde ich ganz unsicher und erröte. Vater hat wirklich gesagt, es sei in Ordnung.» Wie zum Beweis steckte ich meine Hand in die Tasche meines Regenmantels und zog das schmutzige Bündel Dollarnoten heraus. Einige der Scheine fielen auf den Teppich wie alte Blätter. «Er hat mir sogar ein bißchen Geld mitgegeben.»

David bückte sich, sammelte sie auf und gab sie mir zurück. «Ich glaube immer noch, Jane, ich sollte mich mit ihm treffen, bevor wir abfliegen. Wir könnten...»

«Ich kann ihm nicht noch einmal auf Wiedersehen sagen.»

Sein Gesicht verlor den strengen Ausdruck. Er berührte meinen Arm. «Dann bleiben Sie hier. Ich werde nicht länger als eine Viertelstunde fort sein.»

«Versprechen Sie mir das?»

«Ich verspreche es.»

Er ging fort, und ich wanderte in dem Zimmer umher, das er bewohnt hatte, las ein bißchen Zeitung und sah aus der offenen Tür, ging dann ins Bad und wusch mir Gesicht und Hände, kämmte mein Haar, fand ein Gummiband und band es zurück. Schließlich ging ich hinaus und setzte mich an den

Pool, um auf ihn zu warten. Als er zurückkehrte und unser Gepäck eingeladen hatte, setzte ich mich neben ihn ins Auto. Wir fuhren los, auf die Autobahn und nach Süden in Richtung Los Angeles. Die Nacht verbrachten wir in einem Motel in der Nähe des Flughafens, flogen am nächsten Tag nach New York und am darauffolgenden Abend nach London. Erst als wir bereits halb über dem Atlantik waren, fiel mir der Junge ein, der am nächsten Sonntag kommen wollte, um mich zum Surfen mitzunehmen.

4

Ich hatte nahezu mein ganzes Leben in London verbracht, doch als ich zurückkehrte, war es, als käme ich in eine völlig unbekannte Stadt, so sehr hatte es sich verändert. Die Flughafengebäude, die Zubringerstraßen, die Skyline, die turmhohen Mietshäuser, das Verkehrsgewühl … all das hatte sich in den letzten sieben Jahren entwickelt. Ich saß im Taxi eingeklemmt in einer Ecke, meinen Koffer zu Füßen. Es war neblig, deshalb brannten die Straßenlaternen noch immer, ich hatte ganz vergesssen, wie feuchtkalt es sein konnte.

Im Flugzeug hatte ich nicht geschlafen, jetzt war ich benommen vor Erschöpfung. Außerdem war mir übel von der Mahlzeit, die mir, nach meiner Uhr, die ich noch nicht umgestellt hatte, um zwei Uhr morgens kalifornischer Zeit serviert worden war. Mein Körper, mein Kopf, meine Augen taten weh vom Reisen, meine Zähne fühlten sich pelzig an und meine Kleider, als trüge ich sie schon ewig.

Reklametafeln erschienen, Straßenüberführungen, Häuserreihen – London nahm uns auf. Das Taxi bog an irgendeiner Ampel ab, tastete sich voran, einen ruhigen, halbmondförmigen Straßenzug entlang, der von parkenden Autos gesäumt war, und blieb vor einer Reihe großer viktorianischer Häuser stehen.

Ich betrachtete sie teilnahmslos und fragte mich, was ich wohl jetzt tun sollte. David beugte sich an mir vorbei, öffnete die Tür und sagte: «Hier steigen wir aus.»

«Bitte?» Ich sah ihn an und fragte mich, wie ein Mensch, der wie ich nonstop halb um die Welt geflogen war, weiterhin derart sauber, entspannt und Herr der Lage sein konnte. Gehorsam stolperte ich aus dem Taxi, stand blinzelnd wie eine Eule auf dem Bürgersteig und gähnte, während er den Fahrer bezahlte, unsere Koffer einsammelte und auf einer Treppe ins Untergeschoß voranging. Die Geländer, die an der Treppe entlangliefen, waren glänzend schwarz, der kleine gepflasterte Vorplatz war sauber und gefegt, und es stand ein hölzerner Kübel voller Geranien da. David nahm einen Schlüssel aus der Manteltasche, die gelbe Tür schwang nach innen auf, und ich folgte ihm in die Wohnung.

Sie war weiß gestrichen, roch wie ein Landhaus, auf dem Boden lagen persische Läufer, das Sofa und die Sessel waren mit Chintz bezogen, überall standen antike Möbelstücke, über dem Kamin hing ein venezianischer Spiegel. Ich sah Bücher und einen Stapel Zeitschriften, eine Vitrine voll Meißener Porzellan hinter den Glastüren, kleine Stücke handgearbeiteter Gobelins... und durch das Fenster in der gegenüberliegenden Wand, in einem tiefliegenden Innenhof einen Miniaturgarten mit einer Platane, die von einer hölzernen Bank umrundet wurde, und einer kleinen Statue, die in eine Nische der ausgeblichenen Mauer gestellt war.

Gähnend blieb ich stehen. Er öffnete ein Fenster, und ich fragte: «Ist das Ihre Wohnung?»

«Nein, sie gehört meiner Mutter, aber ich benutze sie, wenn ich in London bin.»

Ich sah mich unsicher um. «Wo ist Ihre Mutter?» Es klang, als würde ich erwarten, daß sie sich unter dem Sofa versteckte, aber er lächelte nicht.

«Sie ist in Südfrankreich, in Ferien. Kommen Sie jetzt, ziehen Sie Ihren Mantel aus und machen Sie es sich bequem. Ich mache uns eine Tasse Tee.»

Er verschwand durch eine Tür. Ich hörte, wie der Wasserhahn aufgedreht, der Kessel gefüllt wurde. Eine Tasse Tee.

Allein schon die Worte klangen tröstlich und heimatlich. Eine Tasse Tee. Ich dachte an die Unterrichtsstunden in Sprecherziehung. «Ich steh im Schnee und seh zwei Tassen Tee.» Nervös fummelte ich an den Knöpfen meines Regenmantels, und schließlich gelang es mir, sie zu öffnen. Ich zog den Mantel aus, warf ihn über ein Möbelstück, das wie ein Chippendalesessel aussah, und ließ mich auf dem Sofa nieder. Es war mit resedagrünen Samtkissen bestückt. Ich nahm eins davon, zog es zurecht und legte meinen Kopf darauf. Wahrscheinlich war ich schon eingeschlafen, bevor ich Zeit hatte, meine Füße vom Boden zu heben. Jedenfalls erinnere ich mich nicht daran, das getan zu haben.

Als ich aufwachte, hatte sich das Licht verändert. Ein langer Sonnenstrahl, der Staubkörner in der Luft tanzen ließ, fiel wie ein Scheinwerfer quer durch mein Gesichtsfeld. Ich bewegte mich und rieb mir den Schlaf aus den Augen, öffnete sie wieder, und da lag eine Decke über mir, warm und leicht.

Im Kamin flackerte ein Feuer. Ich betrachtete es eine Weile, bevor ich feststellte, daß es ein elektrisches Feuer war mit künstlichen Scheiten, Kohlen und Flammen. Es wirkte unendlich behaglich. Ich wandte den Kopf und sah David, tief versunken in einem Lehnstuhl, übersät von Papieren und Aktenmappen. Er hatte sich umgezogen und trug ein blaues Hemd unter einem cremefarbenen Pullover mit V-Ausschnitt. Ohne große Anteilnahme fragte ich mich, ob er einer jener Menschen war, die nie Schlaf brauchen. Er hatte gehört, daß ich mich bewegt hatte, und betrachtete mich.

«Welcher Tag ist heute?» fragte ich.

Er grinste. «Mittwoch.»

«Wo sind wir?»

«London.»

«Nein, ich meine, in welcher Gegend?»

«Kensington.»

«Wir haben früher in der Melbury Road gewohnt», sagte ich. «Ist das weit?»

«Nein, das ist ziemlich in der Nähe.»

Nach einer Weile fragte ich: «Wie spät ist es?»

«Fast fünf Uhr.»

«Wann fahren wir nach Schottland?»

«Heute abend. Im *Royal Highlander* sind Schlafwagen für uns gebucht.»

Mit ungeheurer Anstrengung setzte ich mich auf, gähnte und versuchte, den Schlaf aus meinem Körper zu vertreiben und mir das Haar aus dem Gesicht zu streichen. «Ich könnte wohl nicht vielleicht ein Bad nehmen?»

«Natürlich können Sie das», sagte er.

Also nahm ich ein Bad in kochendheißem Wasser, das nicht richtig schäumte, obwohl ich ganze Hände voll von dem Badesalz seiner Mutter hineingeschüttet hatte. Als ich gebadet hatte, holte ich meinen Koffer, zog saubere Sachen an, stopfte die schmutzigen zurück in den Koffer und bekam den Deckel irgendwie wieder zu. Dann ging ich zurück ins Wohnzimmer und stellte fest, daß er Tee gemacht hatte. Es gab dazu heißen Toast mit Butter und einen Teller mit Schokoladenkeksen – richtigen Schokoladenkeksen, nicht Kekse mit Schokoladengeschmack, wie man sie in Amerika bekommt, sondern einfache Kekse, die mit Schokolade überzogen sind.

«Sind die von Ihrer Mutter?»

«Nein. Ich habe sie gekauft, als Sie geschlafen haben. Es gibt einen kleinen Laden um die Ecke, sehr praktisch, wenn irgend etwas fehlt.»

«Hat Ihre Mutter schon immer hier gewohnt?»

«Nein, sie wohnt hier erst seit etwa einem Jahr. Sie hatte früher ein Haus in Hampshire, aber es wurde zu groß für sie, und der Garten machte ihr Sorgen… Es ist nicht einfach,

Hilfe zu bekommen. Deshalb verkaufte sie es, behielt ein paar ihrer Lieblingsstücke und zog hierher.»

Das erklärte also die Landhausatmosphäre. Ich sah auf den Hof hinaus. «Und sie hat einen Garten.»

«Ja, einen kleinen. Aber damit wird sie allein fertig.»

Ich nahm eine weitere Scheibe Toast und versuchte, mir meine Großmutter in einer solchen Situation vorzustellen. Aber es war unmöglich. Großmutter würde sich nie geschlagen geben von der Größe ihres Hauses und den Schwierigkeiten, eine Köchin oder einen Gärtner zu bekommen oder zu behalten, nie würde ihr zuviel werden, was sie zu tun hatte. Mrs. Lumley war bei ihr, seit ich denken konnte, sie stand auf ihren geschwollenen Beinen am Küchentisch und rollte Teig aus. Und Will, der Gärtner, hatte ein kleines Cottage und sein eigenes Stück Land, wo er Kartoffeln und Karotten anbaute und enorme Chrysanthemen, deren Köpfe aussahen wie Putzmops.

«Sie haben also nie in dieser Wohnung gelebt?»

«Nein, aber ich wohne bei ihr, wenn ich in London bin.»

«Kommt das oft vor?»

«Ziemlich oft.»

«Sehen Sie Sinclair manchmal?»

«Ja.»

«Was macht er?»

«Er arbeitet bei einer Werbeagentur. Ich nahm an, Sie wüßten das.»

Mir fiel ein, daß ich ihn anrufen könnte. Schließlich lebte er in London, es würde nur Minuten dauern, seine Nummer herauszusuchen. Ich spielte einen Augenblick mit dem Gedanken, beschloß dann aber, es bleiben zu lassen. Ich war nicht völlig sicher, wie Sinclair reagieren würde, und wollte nicht, daß David Stewart womöglich Zeuge einer peinlichen Situation wurde.

«Hat er eine Freundin?» fragte ich.

Er zuckte die Achseln. «Ich weiß es nicht.»

Nachdenklich leckte ich heiße Butter von meinen Fingerspitzen.

«Glauben Sie, er wird nach Elvie kommen, wenn ich da bin?»

«Muß er wohl.»

«Und sein Vater? Ist Onkel Aylwyn immer noch in Kanada?»

David Stewart schob mit einem langen, gebräunten Finger seine Brille auf der Nase hoch. «Aylwyn Bailey ist gestorben», sagte er. «Vor etwa drei Monaten.»

Ich starrte ihn an. «Ach, das habe ich nicht gewußt. Oh, die arme Großmama. Hat es sie sehr mitgenommen?»

«Ja, das hat es...»

«Und die Beerdigung und alles...»

«Fand in Kanada statt. Er war einige Zeit krank gewesen. Er schaffte es nicht, nach Hause zu kommen.»

«Also hat Sinclair ihn nie wiedergesehen?»

«Nein.»

Ich versuchte diese Information zu verdauen. Unwillkürlich dachte ich an meinen eigenen Vater. Auch wenn er einen noch so sehr in Wut versetzen konnte, ich wußte doch, daß ich auf keinen Fall auch nur einen einzigen Augenblick unserer gemeinsamen Zeit hätte versäumen wollen, und ich bedauerte Sinclair mehr denn je. Doch dann erinnerte ich mich, daß ich ihn früher beneidet hatte, denn ich verbrachte nur die Ferien in Elvie, Sinclair hingegen war dort zu Hause. Und vielleicht konnten sie einen richtigen Vater nicht ersetzen, doch es waren immer jede Menge Männer dort. Außer Will, dem Gärtner – den wir liebten –, gab es Gibson, den Wildhüter, der zwar mürrisch, aber unendlich weise war, und Gibsons zwei Söhne, Hamish und George, die etwa in Sinclairs

Alter waren und ihn in all ihre Unternehmungen einbezogen, erlaubte wie unerlaubte. So hatte er schießen gelernt und eine Angel auswerfen, Cricket spielen und auf Bäume klettern. Alles in allem wurde ihm wohl sehr viel mehr Zeit und Aufmerksamkeit gewidmet als den meisten anderen Jungen in seinem Alter. Nein, insgesamt gesehen hatte Sinclair es eigentlich ganz gut gehabt.

Wir bestiegen den *Royal Highlander* in Euston, und ich verbrachte, wie mir schien, die halbe Nacht damit, immer wieder aus dem Bett zu klettern, aus dem Fenster zu sehen und mich darüber zu freuen, daß der Zug nach Norden raste, und nichts, außer einem schrecklichen Schicksalsschlag, ihn aufhalten konnte.

In Edinburgh wurde ich von einer weiblichen Stimme mit heimeligem schottischen Akzent geweckt. «Edinburgh Waverley. Hier ist Edinburgh Waverley», rief sie. Ich stand auf, zog meinen Regenmantel über mein Nachthemd, setzte mich auf die Abdeckung des Waschbeckens und sah hinaus. Die Licher von Edinburgh glitten vorbei, und ich wartete auf die Brücke, als der Zug plötzlich ein völlig anderes Geräusch machte und über den Forth schoß. Der Fluß strömte viele Meter unter uns dahin, dunkelschimmerndes Wasser, in dem die vorübergleitenden Lichter von Miniaturschiffen glitzerten.

Ich ging wieder ins Bett und döste, bis wir nach Relkirk kamen. Dort stand ich auf und öffnete das Fenster. Die Luft strömte herein, kalt und würzig vom Geruch nach Torf und Kiefern. Wir waren am Rand der Highlands. Es war erst Viertel nach fünf, aber ich zog mich an und verbrachte den letzten Teil der Reise damit, aus dem Fenster zu schauen, die Wange gegen die dunkle, regennasse Scheibe gepreßt. Erst konnte ich nur wenig erkennen, doch mit der Zeit, als wir uns über den Paß gemüht und den langen Abstieg begonnen hatten, das sanfte Gefälle hinab, das schließlich nach Thrumbo führte, wurde es Tag. Von der Sonne war keine Spur zu sehen, die Dunkelheit lichtete sich einfach unmerklich. Die Wolken hingen dick, grau und weich über den Gipfeln der Berge, aber als wir hinunter ins Tal sausten, wurden sie dünner, zerfaserten und lösten sich auf. Das große weite Tal, der Glen, lag nun vor uns, goldbraun und ruhig im frühen Morgenlicht.

Es klopfte an meine Tür, und der Schlafwagenschaffner sah herein. «Der Herr möchte wissen, ob Sie wach sind. Wir werden in etwa zehn Minuten in Thrumbo ankommen. Soll ich Ihr Gepäck nehmen?»

Er nahm den Koffer mit, die Tür schloß sich hinter ihm. Ich drehte mich wieder zum Fenster um, denn nun wurde mir die Landschaft allmählich sehr vertraut, und ich wollte mir nichts entgehen lassen. Auf diesem Stück Straße war ich gegangen, über dieses Feld auf einem Highland Pony geritten, war zum Tee in jenes weiße Cottage mitgenommen worden. Und dann war da die Brücke, die die Grenze des Dorfes markierte, die Tankstelle und die feinen Hotels, in denen fast nur ältere Leute wohnten und in denen man nie etwas zu trinken kaufen konnte.

Die Tür öffnete sich wieder, und David Stewart erschien in der Türöffnung.

«Guten Morgen.»

«Hallo.»

«Wie haben Sie geschlafen?»

«Ganz gut.»

Nun wurde der Zug langsamer, bremste. Wir rollten am Signalkasten unter der Brücke vorbei. Ich ließ mich von der Abdeckung des Waschbeckens gleiten, folgte David in den Korridor hinaus und sah über seiner Schulter das Schild mit der Aufschrift *Thrumbo* triumphierend vorbeisegeln. Dann hielt der Zug. Wir waren angekommen.

David hatte sein Auto in einer Garage untergestellt, deshalb ließ er mich auf dem Bahnhofsvorplatz warten. Ich saß auf meinem Koffer in dem verlassenen, erwachenden Dorf, sah, wie die Lichter angingen, eins nach dem anderen, sah den Rauch der Schornsteine und einen Mann, der auf einem Fahrrad die Straße heruntergeschwankt kam. Dann hörte ich weit über mir ein Schreien und Schnattern. Es wurde lauter und zog ganz eindeutig über meinem Kopf vorbei, aber ich konnte die Formation der Wildgänse nicht sehen, denn sie flogen über den Wolken.

Elvie Loch liegt etwa zwei Meilen hinter dem Dorf Thrumbo. Eine unregelmäßige ausgedehnte Wasserfläche mäandert Richtung Norden an der Hauptstraße nach Inverness entlang, am gegenüberliegenden Ufer begrenzt von den wuchtigen Massen der Cairngorms. Elvie selbst ist fast eine Insel, eine Insel in Form eines Pilzes, dessen Stiel mit dem Festland verbunden ist. Diese enge Landzunge ist nicht mehr als ein Damm zwischen dem mit Schilfgras bestandenen Marschland, das Hunderten von Vögeln Nistplätze bietet.

Viele Jahre lang hatte dieses Stück Land der Kirche gehört. Es gab tatsächlich noch die Ruinen einer kleinen Kapelle, die nun ohne Dach verlassen dastand, obwohl der kleine Kirchhof, der sie umgab, immer sauber und in Ordnung gehalten wurde, die Eiben akkurat beschnitten, das Gras kurzgemäht wie Samt, auf dem im Frühling heiter die Köpfe wilder Osterglocken wippten.

Das Haus, in dem meine Großmutter lebte, war das Pfarrhaus dieser kleinen Kirche gewesen. Im Lauf der Jahre jedoch war es aus seinen ursprünglich bescheidenen Ausmaßen herausgewachsen, es waren Flügel hinzugefügt und zusätzliche Räume geschaffen worden, vermutlich um große viktorianische Familien unterzubringen. Von hinten, von der Zufahrtstraße her, sah Elvie groß und abweisend aus, die wenigen Fenster nach Norden waren klein, um in den bitteren Wintern die Wärme besser im Haus zu halten, und der verborgene Vordereingang erschien wenig eindrucksvoll und war normalerweise fest verschlossen. Es wirkte wie eine Festung, und dieser Eindruck wurde noch verstärkt von den zwei hohen Gartenmauern, die wie Arme vom Haus nach Osten und Westen reichten. Nicht einmal meiner Großmutter war es gelungen, eine Kletterpflanze dazu zu bringen, daß sie sich daran hochrankte.

Von der Gartenseite her bot Elvie jedoch einen völlig anderen Anblick. Da döste das alte weiße Haus, geschützt und umfriedet und genau nach Süden blickend, behaglich im Sonnenlicht. Fenster und Türen standen offen, um frische Luft hineinzulassen. Der Garten fiel ab bis zu einem seichten Graben, der ihn von einem schmalen Feld trennte, auf dem ein benachbarter Bauer sein Vieh weidete. Das Feld senkte sich zum Ufer des Wassers, und das Plätschern der kleinen Wellen auf grobem Kies und das sanfte Muhen und Kauen der Kühe gehörten so sehr zu Elvie, daß man es nach einer Weile gar nicht mehr hörte. Erst wenn man fortgewesen war und zurückkehrte, wurde man sich dieser Geräusche wieder bewußt.

Das Auto von David Stewart war eine Überraschung: Ein dunkelblauer T. R. 4, unerwartet schnittig für einen Mann von so solider Ausstrahlung. Wir packten unsere Koffer hinein und fuhren aus Thrumbo heraus. Vertraute Wegzeichen tauchten auf und flogen an uns vorbei. Die Garage, der Süßigkeitenladen und die Farm der McGregors, dann waren wir auf dem offenen Land. Die Straße zog sich durch goldene Stoppelfelder, die Heckenrosenbüsche waren scharlachrot gefleckt von Hagebutten, in den Bäumen schimmerten golden und rot die ersten Herbstfarben.

Dann bogen wir um die letzte Kurve. Zu unserer Rechten erstreckte sich der See, grau an diesem grauen Morgen, und die Berge in der Ferne verloren sich in den Wolken. Und da, nicht einmal eine halbe Meile entfernt, stand Elvie. Das Haus lag in Bäumen versteckt, die Kirche erhob sich in romantischer Einsamkeit. Die Aufregung machte mich sprachlos, und David Stewart war offenbar rücksichtsvoll genug, ebenfalls zu schweigen. Wir hatten einen weiten Weg gemeinsam zurückgelegt, so weit, daß es kaum zu fassen war, aber wir sagten beide kein Wort, als wir schließlich an dem Cottage neben der Straße abbogen und das Auto durch die hohen Hecken fuhr, über den Damm zwischen den Marschen und unter den Blutbuchen wieder hoch, um vor der Vordertür anzuhalten.

Ich sprang sofort aus dem Wagen und rannte über den Kies, aber meine Großmutter war schneller als ich. Die Tür ging auf, und sie erschien, wir umarmten uns fest, und sie hörte nicht auf, meinen Namen zu sagen. Sie roch nach den Duftsäckchen, die sie zwischen ihre Kleidung legte, und ich wußte, es hatte sich nichts verändert.

5

Bei einem Wiedersehen nach so vielen Jahren herrscht wohl immer Verwirrung. Wir sagten Dinge wie: «Nun, du bist tatsächlich gekommen...» und «Ich glaubte schon, ich würde es nie mehr schaffen...» und «Hattest du eine gute Reise...» und «Alles ist genauso wie früher.» Und wir lösten uns voneinander, lachten über unsere Dummheiten und umarmten uns wieder.

Als nächstes beteiligten sich die Hunde an dem Tumult, sie schossen aus dem Haus, wuselten uns bellend um die Beine herum und forderten Aufmerksamkeit. Es waren braunweiße Spaniels. Ich kannte sie nicht, aber dennoch waren sie mir vertraut, denn es hatte in Elvie immer braun-weiße Spaniels gegeben, und diese stammten ohne Zweifel von jenen ab, an die ich mich erinnerte. Und kaum hatte ich angefangen, die Hunde zu begrüßen, als Mrs. Lumley sich zu uns gesellte. Sie hatte das Getöse gehört und konnte der Versuchung nicht widerstehen, bei der Wiedersehensfeier dabeizusein. Dicker denn je in ihrer grünen Kittelschürze kam sie aus dem Haus, von einem Ohr zum anderen lächelnd, um sich einen Begrüßungskuß geben zu lassen, mir zu sagen, daß ich furchtbar groß geworden sei, mehr Sommersprossen hätte als je zuvor und sie ein richtig großes Frühstück machen würde.

Hinter mir lud David ruhig meinen Koffer aus. Schließlich ging meine Großmutter zu ihm hin, um ihn zu begrüßen.

«David, Sie müssen erschöpft sein.» Zu meiner Überraschung gab sie ihm einen Kuß. «Vielen Dank, daß Sie sie heil zurückgebracht haben.»

«Sie haben mein Telegramm erhalten?»

«Natürlich. Ich bin schon seit sieben Uhr auf. Sie kommen mit herein und frühstücken mit uns, ja? Wir rechnen mit Ihnen.»

Aber er entschuldigte sich und sagte, seine Haushälterin erwarte ihn, er müsse nach Hause fahren, sich umziehen und dann ins Büro gehen.

«Nun, dann kommen Sie heute abend zum Abendessen wieder. Ich bestehe darauf. Gegen halb acht. Wir wollen alles ganz genau erzählt bekommen.»

Er ließ sich überreden, und wir sahen einander lächelnd an. Mir kam in den Sinn, daß ich ihn erst vor vier Tagen kennengelernt hatte. Jetzt, als es Zeit war, sich zu verabschieden, hatte ich das Gefühl, einen alten Freund zu verlassen, jemanden, den ich mein Leben lang kannte. Ihm war eine schwierige Mission anvertraut worden, er hatte sie taktvoll und mit Humor ausgeführt und war, soweit ich es beurteilen konnte, dabei niemandem zu nahe getreten.

«Äh, David...»

Er kam hastig meinem gestotterten Dank zuvor.

«Wir sehen uns heute abend, Jane.» Dann stieg er in sein Auto, schlug die Tür zu, und wir sahen zu, wie er wendete und davonfuhr, unter den Buchen entlang, die Straße hinunter.

«So ein netter Mann», sagte meine Großmutter. «Findest du nicht?»

«Ja», sagte ich. «Nett.» Ich bückte mich, um zu verhindern, daß Mrs. Lumley meinen Koffer nahm, und trug ihn selbst ins Haus. Großmutter und die Hunde kamen hinter mir her, die Tür wurde geschlossen, und David Stewart war – für den Augenblick – vergessen.

Der Geruch von Torffeuer drang aus dem Kamin in der Diele und vermischte sich mit dem Duft der Rosen aus einer großen Schale auf der Truhe. Einer der Hunde wedelte aufgeregt mit dem Schwanz, und ich blieb stehen, um ihn hinter den Ohren zu kraulen, als meine Großmutter sagte: «Ich habe eine Überraschung für dich, Jane.» Ich richtete mich auf und sah einen Mann die Treppe herunter auf mich zukommen, wie ein Schattenriß im Gegenlicht vor dem Treppenfenster. Für einen Augenblick wurde ich geblendet. «Hallo, Jane», sagte er. Es war mein Cousin Sinclair.

Mir blieb der Mund offenstehen, und Großmutter und Mrs. Lumley standen entzückt von dem Erfolg ihrer Überraschung um mich herum. Er trat auf mich zu, nahm meine Schultern zwischen seine Hände und küßte mich. «Aber ich dachte du wärst in London», murmelte ich schwach.

«Nein, bin ich nicht. Ich bin hier.»

«Aber wie...? Warum...?»

«Ich habe ein paar Tage frei.»

Für mich? Hatte er sich freigenommen, damit er bei meiner Wiederkehr in Elvie sein konnte? Die Möglichkeit war ebenso schmeichelhaft wie aufregend. Bevor ich noch irgend etwas sagen konnte, nahm meine Großmutter die Dinge in die Hand.

«Es gibt keinen Grund, hier herumzustehen. Sinclair, vielleicht trägst du Janes Koffer in ihr Zimmer hoch. Jane, wenn du dich ein wenig frisch gemacht hast, kommst du zum Essen herunter und frühstückst erst mal ordentlich. Du wirst todmüde sein nach der Reise.»

«Ich bin nicht müde.» Ich war es wirklich nicht. Ich fühlte mich voller Kraft, hellwach und zu allem bereit. Sinclair nahm meinen Koffer und ging hoch, zwei Stufen auf einmal, und ich folgte seinen langen Beinen, als hätte ich Flügel an den Fersen.

Mein Schlafzimmer, das auf den Garten und das Loch hinausging, war unfaßbar ordentlich und sauber, ansonsten aber unverändert. Immer noch stand das weißgestrichene Bett in dem Fenstererker, wo ich am liebsten schlief. Ein Nadelkissen lag auf der Frisierkommode, Lavendelsäckchen verströmten im Schrank ihren Duft, und nach wie vor verdeckte der blaue Läufer eine verschlissene Stelle im Teppich.

Ich zog den Mantel aus und wusch mir die Hände. Sinclair ließ sich auf mein Bett fallen, wobei er leider die gestärkte weiße Überdecke verknitterte, und sah mir zu. In den sieben Jahren, die vergangen waren, hatte er sich natürlich verändert, aber die Unterschiede, die ich an ihm wahrnahm, waren fast zu subtil, um sich genauer bestimmen zu lassen. Sicher, er war dünner, um den Mund und in den Augenwinkeln hatte er feine Linien, aber das war auch schon alles. Er sah sehr gut aus, mit dunklen Brauen und Wimpern und tiefblauen Augen, deren Winkel unwiderstehlich nach oben gingen. Seine Nase war gerade und sein Mund geschwungen und voll, die Unterlippe war etwas breiter, und als er noch klein war, konnte er sehr schmollend aussehen. Sein Haar war dick und glatt, er trug es lang, es lief hinten im Nacken in einer Spitze auf dem Kragen zusammen. An die Haartrachten von Reef Point gewöhnt, entweder militärisch kurz (Surfer) oder schulterlang (Hippies), fand ich, daß es sehr attraktiv wirkte. Er trug an diesem Morgen ein blaues Hemd, in dessen offenen Kragen er ein Baumwolltuch geknotet hatte, und eine verwaschene Cordhose mit einem Gürtel aus geflochtener Wolle.

Auf der Suche nach einer Bestätigung meiner Hoffnungen fragte ich ihn: «Hast du wirklich frei?»

«Natürlich», sagte er kurz, und bestätigte damit gar nichts.

Ich gab auf und sagte mir, daß ich es nie erfahren würde. «Du bist bei einer Werbeagentur?»

«Ja. Strutt und Seward. Persönlicher Assistent des geschäftsführenden Direktors.»

«Ist es ein guter Job?»

«Es gehört ein Spesenkonto dazu.»

«Du meinst feuchtfröhliche Mittagessen mit vielversprechenden Kunden?»

«Es muß kein feuchtfröhliches Mittagessen sein. Wenn der vielversprechende Kunde hübsch ist, kann es auch ein intimes Abendessen bei Kerzenlicht sein.»

Ich spürte einen Stich der Eifersucht. Er sah zu, wie ich vor der Frisierkommode mein Haar auskämmte, und sagte: «Ich hatte ganz vergessen, wie lang dein Haar ist. Du hast es früher in Zöpfen getragen. Es ist wie Seide.»

«Von Zeit zu Zeit schwöre ich, daß ich es abschneiden lasse, aber ich kann mich nie dazu durchringen.» Ich legte den Kamm hin, ging zu ihm und kniete mich neben ihn aufs Bett, um das Fenster aufzumachen und mich hinauszulehnen.

«Was für ein köstlicher Geruch», rief ich. «Ganz feucht und herbstlich.»

«Riecht es in Kalifornien nicht feucht und herbstlich?»

«Meist riecht es nach Benzin.» Ich dachte an Reef Point. «Oder manchmal auch nach Gummibäumen und dem Pazifik.»

«Und wie ist es so, bei den Rothäuten zu leben?»

Ich warf ihm einen scharfen Blick zu, und er lächelte. «Ehrlich, Jane, ich hatte schreckliche Angst, du würdest Kaugummi kauend und mit Kameras behängt zurückkommen und jedesmal, wenn du eine Bemerkung in meine Richtung machst, sagen ‹Yeah, wow!›» Er sagte das mit einem falschen amerikanischen Akzent, den ich ebenso unerträglich fand wie die Scherze in Kalifornien wegen meiner schrecklich britischen Aussprache.

Er nahm mein Mißfallen mit einem durchtriebenen Funkeln seiner Augen zur Kenntnis. «Wie geht es deinem Vater?» fragte er.

«Er hat sich einen Bart wachsen lassen und sieht aus wie Hemingway.»

«Kann ich mir vorstellen.» Ein Wildentenpaar flog vom Himmel herab, landete auf dem Wasser und wirbelte es bei der leichten Berührung zu weißem Schaum auf. Sinclair gähnte, streckte sich, gab mir einen brüderlichen Klaps und sagte, es sei Zeit fürs Frühstück.

Ich stellte fest, daß ich ausgehungert war. Es gab Eier und Speck, Coopers Orangenmarmelade und heiße bemehlte Brötchen, die, wie ich mich erinnerte, *baps* hießen. Während ich aß, unterhielten sich Sinclair und meine Großmutter über dies und das – Frühstücksgeplauder, das sich um die Nachrichten in der Lokalzeitung drehte, die Ergebnisse einer Blumenausstellung und einen Brief, den meine Großmutter von einem ältlichen Vetter erhalten hatte, der in einen Ort namens Mortar gezogen war.

«Weshalb, zum Teufel, ist er dort hingezogen?»

«Nun, es ist natürlich billiger dort und warm. Der gute Alte hat immer schrecklich unter Rheumatismus gelitten.»

«Und wie stellt er sich vor, seine Tage zu verbringen? Will er Touristen zur Besichtigung um den Grand Harbour rudern?»

Ich stellte fest, daß sie über Malta redeten. So wie sie es aussprachen, klang es wie Mortar. Ich war stärker amerikanisiert, als ich gedacht hatte.

Meine Großmutter schenkte Kaffee ein. Ich betrachtete sie und überlegte, daß sie nun siebzig Jahre alt sein mußte, aber sie sah immer noch genauso aus, wie ich sie in Erinnerung hatte. Sie war groß, würdevoll und eine beeindruckende Erscheinung. Ihr weißes Haar saß stets untadelig, ihre Augen lagen tief unter leicht gebogenen Brauen und waren von einem hellen, durchdringenden Blau. Im Augenblick wirkte sie bezaubernd jugendlich, aber ich wußte, daß sie mit einem einzigen Zucken der Brauen, begleitet von einem eisigen, durchdringenden Blick ihrer blauen Augen, unendliche Mißbilligung zum Ausdruck bringen konnte. Auch ihre Kleider waren alterslos und ausgesprochen vorteilhaft. Weiche Tweedröcke und Kaschmirpullover oder Strickjacken. Tagsüber trug sie immer ihre Perlen und ein Paar Korallenohrringe, die wie Tropfen geformt waren. Abends funkelten manchmal ein oder zwei bescheidene Diamanten an ihren dunklen Samtkleidern, denn sie war altmodisch genug, um sich jeden Abend zum Essen umzuziehen, selbst an Sonntagen, wenn wir nichts Aufregenderes aßen als Rühreier.

Als sie da behaglich am Kopfende ihres Tisches saß, dachte ich darüber nach, daß sie in ihrem Leben mehr als genug Tragödien hatte hinnehmen müssen. Ihr Mann war gestorben, dann hatte sie ihre Tochter verloren, und nun ihren Sohn Aylwyn, der sich entschlossen hatte, in Kanada zu leben. Sinclair und ich waren alles, was ihr geblieben war. Und Elvie. Aber ihr Rücken blieb ungebeugt und ihr Temperament ungebrochen, und ich war dankbar, daß sie nie eine jener trauernden alten Damen werden würde, die sich fortwährend an alte Zeiten erinnerten. Sie war zu interessiert, zu aktiv, zu intelligent. Unverwüstlich, sagte ich mir. Das ist sie. Unverwüstlich.

Nach dem Frühstück machten Sinclair und ich den obligatorischen Rundgang um die Insel, ohne etwas auszulassen. Wir traten durch das Tor, das zum Friedhof führte. Dort gingen wir um die alten Grabsteine, lugten durch die Fensteröffnungen der Kirchenruine, kletterten dann über die Mauer aufs Feld und gingen hinunter, an den Augen neugieriger Kühe vorbei, zum Ufer des Loch. Wir störten ein paar Wildenten auf, ließen um die Wette flache Steine übers Wasser tanzen und sahen zu, wessen Steine am weitesten kamen. Sinclair gewann. Als wir auf den Anlegesteg gingen, um nach dem lecken alten Boot zu sehen, das so verteufelt schwer zu rudern war, hallten unsere Tritte auf den durchhängenden Planken.

«Eines Tages», sagte ich, «wird es zusammenbrechen.»

«Es hat keinen Sinn, es reparieren zu lassen, wenn es nie gebraucht wird.»

Wir gingen weiter am Seeufer entlang, unter den ausladenden Buchen, wo wir unsere Baumhäuser gebaut hatten, und dann hoch durch das Birkengehölz, um das still die Blätter fielen, und zurück zum Haus, vorbei an einer Reihe von Nebengebäuden – verlassenen Ställen und einer alten Remise, die schon lange als Garage genutzt wurde.

«Komm, schau dir meinen Wagen an», sagte Sinclair.

Wir mühten uns mit Riegeln und der großen, altmodischen Tür ab, und schließlich schwang sie quietschend auf, um neben dem großen würdevollen Daimler meiner Großmutter den Blick auf einen dunkelgelben Lotus Elan freizugeben. Er lag sehr niedrig auf dem Boden, hatte ein schwarzes Verdeck und wirkte wie eine tödliche Waffe.

«Wie lange hast du den schon?»

«Oh, etwa sechs Monate.» Er setzte sich hinters Steuer und fuhr ihn rückwärts hinaus, der Motor knurrte wie ein wütender Tiger, und Sinclair führte mir, wie ein kleiner Junge mit einem neuen Spielzeug, die verschiedenen Vorzüge des Autos vor: die elektrisch zu bedienenden Fenster, den raffinierten Mechanismus, der das Verdeck betätigte, den automatischen Diebstahlalarm, die Klappen über den Scheinwerfern, die sich öffneten und schlossen wie riesige Augenlider.

«Wie schnell fährt er?» erkundigte ich mich nervös.

Er zuckte die Achseln. «Hundertzwanzig, hundertdreißig? Meilen natürlich.»

«Nicht wenn ich drin sitze, hörst du?»

«Warte, bis du eingeladen wirst, mein hasenherziges Mädchen.»

«Du kannst doch nicht mit sechzig die Straßen hier hochfahren, ohne ganz und gar von der Fahrbahn abzukommen.»

Er stieg aus dem Auto. «Willst du ihn nicht zurückstellen?»

«Nein.» Er warf einen Blick auf seine Uhr. «Ich habe eine Verabredung zum Taubenschießen.» Da wußte ich, daß ich zu Hause war. In Schottland gehen die Männer fortwährend irgend etwas schießen, ohne Rücksicht auf Pläne, die ihre Frauensleute möglicherweise für sie gemacht haben.

«Wann bist du zurück?»

«Vielleicht zum Tee.» Er grinste zu mir herunter. «Ich sag dir was, nach dem Tee werde ich mit dir hinaufgehen, um die Gibsons zu besuchen. Sie können es gar nicht abwarten; ich habe versprochen, mit dir vorbeizukommen.»

«In Ordnung. Gehen wir zu ihnen.»

Wir kehrten zum Haus zurück, Sinclair, um sich umzuziehen und seine Schießutensilien zusammenzusuchen, und ich, um in meinem Zimmer auszupacken.

Als ich durch die Tür trat, schlug mir eiskalte Luft entgegen, ich schauderte und stellte fest, daß ich den Sonnenschein Kaliforniens und die amerikanische Zentralheizung bereits vermißte. Überall im Haus brannten offene Feuer, und es gab immer Gallonen heißen Wassers, aber in den Schlafzimmern war es entschieden kühl. Ich legte meine Kleider in die leeren Schubladen und kam zu dem Schluß, daß sie zwar pflegeleicht, knitterfrei und formstabil, nicht aber warm waren. Für Schottland würde ich ein paar neue kaufen müssen. Vielleicht – eine erfreuliche Vorstellung – würde meine Großmutter das für mich tun.

Mit diesem Gedanken ging ich nach unten, um sie zu suchen. Ich traf sie, als sie in Gummistiefeln und einem uralten Regenmantel mit einem Korb in der Hand aus der Küche kam.

«Ich wollte gerade nach dir sehen», sagte sie. «Wo ist Sinclair?»

«Tauben schießen gegangen.»

«Stimmt, er sagte, er wäre zum Mittagessen nicht da. Komm mit und hilf mir, Rosenkohl zu pflücken.»

Wir wurden einen Augenblick aufgehalten, weil ich nach Gummistiefeln und einem alten Mantel suchen mußte, dann gingen wir wieder in den friedlichen Vormittag hinaus, nur lenkten wir diesmal unsere Schritte zu dem ummauerten Garten. Will, der Gärtner, war bereits dort. Er sah auf, als wir kamen, hörte auf zu graben und trottete freundlich über die frisch umgegrabene Erde, um mir eine sandige Hand zu reichen.

«Ah, ja», sagte er, «esch isch schon lange her, scheit Schie tschuletscht in Elvie waren.» Er sprach nicht immer sehr deutlich, denn er trug seine Zähne nur an Sonntagen. «Und wie isch dasch Leben in Amerika?»

Ich erzählte ihm ein bißchen von dem Leben in Amerika, er fragte nach meinem Vater, ich fragte nach Mrs. Will, die offenbar leidend war, wie immer. Schließlich wandte er sich wieder seiner Arbeit zu und grub weiter um, und meine Großmutter und ich gingen Rosenkohl pflücken.

Als wir den Korb gefüllt hatten, kehrten wir zum Haus zurück, aber der Vormittag war so frisch und ruhig, daß Großmutter sagte, sie wolle noch nicht hineingehen. Wir setzten uns auf eine weißgestrichene Eisenbank, blickten über den Garten und das Wasser bis zu den Bergen dahinter. Die Rabatten waren dicht bewachsen mit Dahlien, Zinnien und violetten Herbstastern, und das perlnasse Gras war übersät mit den dunkelroten Blättern kanadischer Ahornbäume.

«Ich finde immer, der Herbst ist eine vollkommene Jahreszeit», sagte sie. «Manche Leute finden ihn traurig, aber er ist wirklich viel zu schön, um traurig zu sein.»

Ich zitierte:

«Der September ist da, er gehört ihr,
Deren Leben stark wird im Herbst...»

«Wer hat das geschrieben?»

«Louis MacNeice. Wird dein Leben stark im Herbst?»

«Nun, vielleicht vor zwanzig Jahren.» Wir lachten, und sie drückte meine Hand. «Ach, Jane, was für eine Freude, dich wieder hier zu haben.»

«Du hast so oft geschrieben, und ich wäre schon früher gekommen... aber es war wirklich nicht möglich.»

«Nein, natürlich nicht. Ich kann das schon verstehen. Und es war selbstsüchtig von mir, immer wieder darauf zu bestehen.»

«Und... diese Briefe, die du an meinen Vater geschrieben hast. Ich wußte nichts davon, sonst hätte ich ihn dazu gebracht, sie zu beantworten.»

«Er war immer ein sehr eigensinniger Mann.» Sie warf mir einen Blick zu, scharf und blau. «Wollte er nicht, daß du kommst?»

«Ich hatte mich entschlossen. Er gab nach. Außerdem, David Stewart war gekommen und wollte mich mitnehmen, deshalb konnte er kaum zu viele Einwände erheben.»

«Ich hatte Angst, du würdest es nicht über dich bringen, ihn allein zu lassen.»

«Nein.» Ich beugte mich hinab, hob ein Ahornblatt auf und begann, es zwischen den Händen zu zerpflücken. «Nein. Eine Freundin ist bei ihm.»

Wieder dieser Seitenblick. «Eine Freundin?»

Ich sah reumütig auf. Sie hatte immer strenge Prinzipien gehabt, war aber nie prüde gewesen. «Linda Lansing», sagte ich. «Sie ist Schauspielerin. Und seine derzeitige Freundin.»

«Ich verstehe», sagte meine Großmutter nach einer Weile.

«Nein, vielleicht verstehst du es nicht. Ich glaube, das

kannst du nicht verstehen. Aber ich mag sie, und sie kümmert sich um ihn... Jedenfalls bis ich wieder nach Hause komme.»

«Ich kann mir nicht vorstellen», sagte meine Großmutter, «warum er nicht wieder geheiratet hat.»

«Vielleicht weil er nie lange genug an einem Ort war, um das Aufgebot zu bestellen?»

«Aber das ist egoistisch. Er hat dir keine Chance gegeben fortzugehen, hierher zurückzukehren und uns alle zu besuchen oder auch nur irgendeinen Beruf auszuüben.»

«Ich habe mir nie gewünscht, einen Beruf auszuüben.»

«Aber heutzutage sollte jedes Mädchen in der Lage sein, seinen Unterhalt selbst zu verdienen.»

Ich sagte, ich sei sehr glücklich, den Unterhalt von meinem Vater bezahlt zu bekommen, aber meine Großmutter meinte, ich sei ebenso eigensinnig wie er, und ob mich nie irgendein Beruf interessiert hätte?

Ich dachte angestrengt nach, aber ich konnte mich nur erinnern, daß ich mit acht Jahren zum Zirkus gehen und helfen wollte, die Kamele zu putzen. Allerdings glaubte ich nicht, daß meine Großmutter das gelten lassen würde, deshalb erwiderte ich: «Eigentlich nicht.»

«Oh, meine arme Jane.»

Ich sträubte zur Verteidigung meines Vaters die Nackenhaare. «Ich bin nicht arm. Überhaupt nicht arm. Ich habe nicht das Gefühl, daß mir auch nur das geringste gefehlt hat.» Um das etwas abzumildern, fügte ich hinzu: «Außer Elvie. Ich habe Elvie sehr vermißt. Und dich. Und alles hier.» Sie schwieg. Ich ließ das zerpflückte Blatt fallen und beugte mich hinunter, um ein anderes aufzuheben. Eifrig damit beschäftigt, sagte ich: «David Stewart hat mir von Onkel Aylwyn erzählt. Ich habe Sinclair gegenüber nichts erwähnt, aber... es tut mir leid... ich meine, weil er so weit fort war und alles.»

«Ja.» Ihre Stimme war ausdruckslos. «Aber andererseits, er

hat es so gewollt – in Kanada zu leben, meine ich, und schließlich ist er dort gestorben. Siehst du, Elvie hat Aylwyn nie viel bedeutet. Er war im Grunde ein sehr ruheloser Mensch. Er brauchte Gesellschaft mehr als alles andere. Er liebte Abwechslung in allem, was er tat. Und dafür war Elvie nie der geeignete Ort.»

«Merkwürdig, ein Mann, der sich in Schottland langweilt... Es ist doch eine ganz und gar passende Umgebung für einen Mann.»

«Ja, aber weißt du, er schoß nicht gern, und er wollte nie angeln, es langweilte ihn. Er mochte Pferde und Rennen. Er ging mit Begeisterung zu Pferderennen.»

Ich stellte mit einiger Überraschung fest, daß wir zum erstenmal über meinen Onkel Aylwyn sprachen. Das Thema war nicht gerade gemieden worden, doch früher war ich einfach überhaupt nicht neugierig gewesen. Jetzt aber merkte ich, wie unnatürlich es war, daß ich so wenig über ihn wußte... Ich wußte nicht einmal, wie er ausgesehen hatte, denn meine Großmutter war – im Gegensatz zu den meisten Frauen ihrer Generation – nicht sehr für Familienfotos. Und die, die sie hatte, waren ordentlich in Alben eingeklebt worden und standen nicht in Silberrahmen auf dem großen Flügel herum.

«Was für ein Mensch war er? Wie sah er aus?»

«Wie er aussah? Er sah so aus wie Sinclair jetzt. Und er war sehr charmant. Er betrat einen Raum, und man konnte sehen, wie alle Frauen aufmerkten, anfingen zu lächeln und sich in Szene setzten. Es war ziemlich amüsant zu beobachten.»

Ich war kurz davor, sie nach Silvia zu fragen, aber sie kam mir zuvor, indem sie einen Blick auf die Uhr warf und wieder geschäftsmäßig wurde.

«Oh, ich muß gehen und Mrs. Lumley diesen Rosenkohl bringen, sonst reicht es ihr nicht mehr bis zum Mittagessen.

Danke für deine Hilfe beim Pflücken. Und ich habe unseren kleinen Schwatz sehr genossen.»

Sinclair hielt sein Versprechen und kam zum Tee zurück. Danach zogen wir die Mäntel an, pfiffen nach den Hunden und machten uns auf den Weg, um die Gibsons zu besuchen.

Sie lebten in einem kleinen Wildhüter-Cottage in einer Senke des Berges, der sich im Norden von Elvie erhob. Wir mußten die Insel verlassen, die Hauptstraße überqueren und einem Weg folgen, der sich zwischen Gras und Heidekraut hinaufschlängelte und zweimal über den Wildbach führte. Der Bach hatte sich seinen Weg durch die Höhen und Tiefen der Berge ins Loch gebahnt, und das Glen, durch das er floß, sowie die Berge auf beiden Seiten gehörten alle zum Besitz meiner Großmutter.

In alten Zeiten gab es Jagdgesellschaften, bei denen Schulkinder als Treiber angeheuert wurden und Bergponies die älteren Herren zu ihren Ansitzgruben hochtrugen. Jetzt war das Moor an eine Gruppe von Geschäftsleuten aus der Gegend verpachtet worden, die zu ihrem Vergnügen an zwei oder drei Samstagen im August im Moor herumwanderten, aber offenbar auch zufrieden damit waren, ihre Familien zum Picknick herzubringen oder im Bach zu fischen.

Als wir auf das Cottage zukamen, ertönte vielstimmiges wildes Gebell aus dem Zwinger, und aufgestört von dem Krach, erschien die Gestalt von Mrs. Gibson durch die offene Tür. Sinclair winkte und rief: «Hallo, da oben!» Mrs. Gibson winkte zurück und verschwand hastig wieder im Haus.

«Ob sie den Kessel aufsetzen will?» fragte ich.

«Oder Gibson vorwarnen, damit er seine Zähne einsetzt.»

«Das ist gar nicht nett.»

«Nein, aber wahrscheinlich.»

Neben dem Haus war ein alter Landrover geparkt, um dessen Reifen ein halbes Dutzend weißer Leghorn-Hennen herumpickte. An der Leine hing von der Brise steif geblähte Wäsche. Als wir die Tür erreichten, kam Mrs. Gibson wieder heraus. Sie hatte ihre Schürze abgenommen, trug eine Bluse mit einer Kameenbrosche am Kragen und strahlte von einem Ohr zum anderen.

«Oh, Miss Jane, ich hätte sie sofort wiedererkannt. Will sagte, Sie haben sich überhaupt nicht verändert. Und Mr. Sinclair… Ich wußte gar nicht, daß Sie hochgekommen sind.»

«Hab mir ein paar Tage freigenommen.»

«Kommen Sie herein, Gibson trinkt gerade seinen Tee.»

«Ich hoffe, wir kommen nicht ungelegen…» Sinclair trat beiseite und wartete darauf, daß ich voranging. Ich zog meinen Kopf vorsichtig an der Tür ein und ging in die Küche, wo ein Feuer im Kamin brannte. Gibson stemmte sich hinter einem Tisch auf die Füße, der beladen war mit Scones, Kuchen, Butter und Marmelade, Tee und Milch und einer Wabe Honig. Außerdem roch es stark nach Schellfisch.

«Oh, Gibson, wir stören wirklich…»

«Überhaupt nicht, überhaupt nicht…» Er streckte die Hand aus, die sich trocken und knorrig anfühlte wie alte Baumrinde. Ohne seinen unvermeidlichen Tweedhut sah er seltsam und fremd aus, so verletzlich wie ein Polizist ohne Helm, sein kahler Kopf war nur von ein paar Strähnen weißen Haars geschützt. Ich stellte fest, daß er von all meinen Freunden in Elvie als einziger wirklich alt geworden war. Seine Augen waren blaß und weiß umrändert. Er war dünner, gebeugter, und seine Stimme hatte ihre männliche Tiefe verloren.

«Aye, wir haben gehört, Sie seien auf dem Weg nach Hause.» Er drehte sich um, als Sinclair uns in den heißen, überfüllten kleinen Raum folgte. «Und Sie auch, Sinclair.»

«Hallo, Gibson.»

Mrs. Gibson trat geschäftig hinter ihm herein und übernahm das Kommando über uns alle. «Er trinkt gerade seinen

Tee, Sinclair, aber Sie können sich für eine kleine Weile dazusetzen, Gibson wird nichts dagegen haben. Also, Sie setzen sich hierher, Jane, ans Feuer, wo es schön warm ist...» Ich setzte mich so dicht an den glühenden Kamin, daß ich fast geröstet wurde. «Möchten Sie eine Tasse Tee?»

«Ja, sehr gerne.»

«Und einen winzigen Happen zu essen.» Sie eilte geschäftig in die Spülküche, legte ihrem Mann im Vorbeigehen die Hand auf die Schulter und drückte ihn wieder zurück auf seinen Stuhl. «Setz dich, Lieber, und iß deinen Fisch auf, Jane hat wohl nichts dagegen...»

«Ja, bitte, essen Sie weiter.»

Aber Gibson sagte, er habe genug gegessen, und Mrs. Gibson nahm rasch den Teller an sich, als wäre er anstößig, und ging, um ihren Kessel aufzusetzen. Sinclair zog an der anderen Seite des Tisches einen Stuhl hervor und setzte sich Gibson gegenüber. Er holte seine Zigaretten heraus, bot dem alten Wildhüter eine an, nahm sich selbst eine und beugte sich dann vor, um sie anzuzünden.

«Wie ist es Ihnen ergangen?» fragte er.

«Oh, nicht schlecht... es war ein großartiger, trockener Sommer. Ich habe gehört, Sie waren hinter den Tauben her, heute – wie ist es gelaufen?»

Bald waren sie in eine Unterhaltung vertieft. Wenn man ihrem Gespräch zuhörte und sie so sah, der junge kräftige Mann und der alte zittrige, war es schwer, sich vorzustellen, daß Gibson einmal der einzige Mensch gewesen war, vor dem Sinclair als Junge wirklich Respekt gehabt hatte.

Mrs. Gibson kam zurückgeeilt mit zwei sauberen Tassen – ihren besten, wie ich feststellte –, schenkte Tee ein und bot uns Scones an, zuckerglasierte Törtchen und Shortbread, das urschottische Gebäck. Wir lehnten alles höflich ab. Dann setzte sie sich auf die andere Seite des Kamins, und wir schwatzten gemütlich. Wieder wurde ich gefragt, was es Neues von meinem Vater gebe, ich berichtete und fragte dann nach ihren beiden Söhnen. Ich erfuhr, daß Hamish beim Militär war, George es aber geschafft hatte, an der Universität von Aberdeen aufgenommen zu werden, wo er Jura studierte.

Ich war sehr beeindruckt. «Aber das ist wunderbar. Ich wußte gar nicht, daß er so klug ist!»

«Er hat immer schon hart gearbeitet... ein richtiger Bücherwurm.»

«Also werden weder Hamish noch George in die Fußstapfen ihres Vaters treten.»

«Och, für die Jungen ist es etwas anderes. Sie wollen ihr Leben nicht bei jedem Wetter auf dem Berg verbringen... das ist zu ruhig für sie. Und wissen Sie, man kann es ihnen nicht zum Vorwurf machen. Es ist kein Leben für einen jungen Mann, obwohl wir es ganz gut geschafft haben, sie großzuziehen. Es steckt kein Geld mehr darin heutzutage. Nicht wenn sie mit einem Job in der Stadt dreimal soviel verdienen können, als Geschäftsleute, in einer Fabrik oder in einem Büro.»

«Ist Gibson traurig darüber?»

«Nein.» Sie sah ihren Mann voll Zuneigung an, aber er war zu vertieft in sein Gespräch mit Sinclair, als daß er ihren Blick bemerkt hätte. «Nein, er war immer darauf bedacht, daß sie tun sollten, was sie wollten, damit sie selber gut zurechtkommen. Er hat Geordie immer ermutigt... und wissen Sie», fügte Mrs. Gibson hinzu, «es geht doch nichts über eine gute Ausbildung.»

«Haben Sie nicht Bilder von den beiden? Ich wüßte gern, wie sie aussehen.»

Begeistert sprang sie auf. «Sie liegen neben meinem Bett. Ich gehe sie holen.»

Schon eilte sie davon, und ich hörte ihre schweren Schritte auf der kleinen Treppe und dann im Zimmer über uns. Hinter mir sagte Gibson: «Wissen Sie, es ist alles in Ordnung mit den alten Schießständen … als sie gebaut wurden, wurden sie gebaut, um zu halten … sie sind nur ein kleines bißchen zugewachsen.»

«Und die Vögel?»

«Aye, es gibt jede Menge Vögel. Wissen Sie, ich hatte im Frühjahr ein paar Füchse mit ihren Jungen.»

«Wie steht es mit den Kühen?»

«Ich habe dafür gesorgt, daß sie da nicht herumtrampeln. Und die Heide ist großartig, sie wurde gut abgebrannt am Beginn der Saison …»

«Wird Ihnen die Arbeit nicht zuviel?»

«Noch bin ich fit genug dafür.»

«Meine Großmutter erzählte, daß Sie im letzten Winter ein oder zwei Wochen im Bett lagen.»

«Das war nur ein bißchen Grippe. Der Doktor hat mir eine Flasche Medizin gegeben, und ich war wieder kerngesund. Sie müssen nicht auf alles hören, was die Frauen sagen.»

Mrs. Gibson, die mit den Fotos zurückkehrte, runzelte die Stirn.

«Was ist das mit den Frauen?»

«Ihr seid ein Haufen alter Glucken», sagte ihr Mann. «Macht eine große Geschichte wegen einem kleinen bißchen Grippe …»

«Es war durchaus nicht nur ein bißchen. Und was ich mich anstrengen mußte, damit er im Bett blieb!» Sie reichte mir die Fotos, damit ich sie betrachten konnte, und erwärmte sich für das Thema. «Ich war gar nicht so sicher, daß es nur Grippe war … Ich hab darauf gedrängt, daß er sich röntgen läßt, aber er wollte nichts davon hören.»

«Das sollten Sie aber, Gibson.»

«Ach, ich habe keine Zeit, wegen solcher Schnapsideen nach Inverness zu fahren …» Als wollte er dringend das

Thema wechseln, schob er seinen Stuhl näher zu mir, um über meine Schulter auf die Fotos seiner Söhne zu schauen: Hamish war ein solide aussehender Unteroffizier bei den *Camerons*, und George posierte formell in einem Fotostudio. «Geordie ist auf der Universität, hat Mrs. Gibson Ihnen das erzählt? Im dritten Jahr jetzt, und am Ende wird er Jurist. Wissen Sie noch, wie er Ihnen geholfen hat, das Baumhaus zu bauen?»

«Und es steht heute noch. Es ist nicht runtergeweht worden.»

«Alles was Geordie anfaßt, macht er ordentlich. Er ist ein großartiger Kerl.»

Wir blieben noch eine Zeitlang, um zu plaudern, dann schob Sinclair seinen Stuhl zurück und sagte, es sei Zeit zu gehen. Die Gibsons kamen mit heraus, um uns zu verabschieden. Sofort fingen die Hunde wieder mit ihrem Gebell an, so daß wir alle hinüber zu den Zwingern gingen, um mit ihnen zu sprechen. Es waren zwei, beides Hündinnen, die eine schwarz, die andere goldfarben. Die eine hatte ein weiches, cremiges Fell und einen liebenswerten Gesichtsausdruck mit schwarzen, leicht nach oben gebogenen Augen.

«Sie sieht aus wie Sophia Loren», stellte ich fest.

«Oh, aye», sagte Gibson. «Sie ist ganz hübsch. Sie ist gerade läufig, deshalb bringe ich sie morgen rüber nach Braemar. Da ist ein Mann mit einem guten Hund. Ich dachte, wollen wir doch mal sehen, ob wir nicht einen Wurf Welpen bekommen.»

Sinclair hob seine Augenbrauen. «Sie fahren morgen? Um wieviel Uhr?»

«Ich fahre gegen neun Uhr los.»

«Was sagt der Wetterbericht? Was wird morgen für ein Tag?»

«Wir sollten heute abend ein bißchen Wind bekommen,

der all diesen trüben Dunst fortweht. Für das Wochenende sind die Aussichten gut.»

Sinclair drehte sich um und lächelte mich an. «Was meinst du?»

Ich hatte mit dem Hund gespielt und kaum zugehört. «Wie bitte?»

«Gibson fährt morgen früh nach Braemar. Er könnte uns mitnehmen, und wir könnten über den Lairig Ghru nach Hause laufen...» Er drehte sich wieder Gibson zu. «Könnten Sie abends nach Rothiemurchus kommen, und uns dort abholen?»

«Oh, aye, das könnte ich. Wann ungefähr wäre das?»

Sinclair dachte nach. «Gegen sechs? Bis dahin sollten wir es schaffen.» Er sah mich wieder an. «Was meinst du, Jane?»

Ich war nie über den Lairig Ghru gegangen. In den alten Zeiten ging von Elvie aus jeden Sommer jemand diesen Weg, ich hatte mir jedesmal gewünscht, mitgehen zu dürfen, wurde aber nie mitgenommen, weil, wie es hieß, meine Beine nicht lang genug dafür seien. Jetzt aber...

Ich sah zum Himmel hoch. Die Wolkendecke vom Morgen war den ganzen Tag über nicht aufgerissen und wurde jetzt, als der Tag seinem Ende zuging, zu feinem Nebel. «Wird es wirklich ein schöner Tag?»

«Oh, aye, und sehr warm.»

Gibsons Meinung genügte mir. «Gern! Ich kann mir nichts Schöneres vorstellen.»

«Nun, dann ist das abgemacht. Dann um neun Uhr am Haus?»

«Ich werde dasein», versprach Gibson. Wir dankten ihnen für den Tee und gingen den Berg hinunter, über die nasse Straße und weiter nach Elvie. Die naßkalte Luft war schwer von Feuchtigkeit, und unter den Blutbuchen lag der Weg im Dunkeln. Ich war plötzlich niedergeschlagen. Ich hatte mir so gewünscht, daß sich nichts geändert hätte... hatte gewünscht, daß es in Elvie genauso sein würde, wie ich es in Erinnerung hatte, aber Gibson so gealtert zu sehen hatte mich mit einem Ruck erwachsen werden lassen. Er war krank gewesen, sagte er. Eines Tages würde er sterben. Und der Gedanke an den Tod in dieser eisigen Stunde zwischen Tag und Nacht ließ mich erschauern.

«Kalt?» fragte Sinclair.

«Mir geht's gut. Es war ein langer Tag.»

«Bist du sicher, daß du morgen gehen willst? Es ist ein teuflischer Weg.»

«Ja, natürlich.» Ich gähnte. «Wir müssen Mrs. Lumley dazu bringen, daß sie uns ein Picknick mitgibt.»

Wir kamen unter den Buchen hervor, und die abweisende Nordfront des Hauses erhob sich vor uns, eine schwarze Silhouette vor dem finsteren Himmel. Ein einziges Licht schimmerte gelb durch die blaue Dämmerung. Ich beschloß, vor dem Abendessen ein heißes Bad zu nehmen, gegen die Kälte und gegen die Niedergeschlagenheit.

6

Das Bad munterte mich wirklich auf. Ich plätscherte in dem seidigen schottischen Wasser und döste vor mich hin. Es war noch früh, deshalb nahm ich eine Wärmflasche aus dem Badezimmerschrank, füllte sie mit Leitungswasser und legte mich für eine Stunde ins Bett. Ich hatte die Vorhänge nicht vorgezogen, lag im Dunkeln und lauschte dem endlosen Geschnatter der Wildgänse.

Dann zog ich mich wieder an. In dem vagen Verlangen, aus meinem ersten Abend zu Hause irgendwie einen besonderen Anlaß zu machen, mühte ich mich, mein Haar hochzustekken, und verwendete eine gute halbe Stunde auf mein Augen-Make-up. Dann holte ich mein einziges festliches Kleidungsstück hervor, einen schwarzgoldenen Kaftan aus schwerer Seide, über und über mit goldenen Stickereien und Schnüren verziert. Mein Vater hatte ihn in einem düsteren chinesischen Laden in San Francisco gefunden und ihm nicht widerstehen können.

Ich sah darin ziemlich majestätisch aus. Nach eingehender Prüfung meines Erscheinungsbildes im Spiegel befestigte ich meine Ohrringe, tupfte mir Parfum hinters Ohr und ging nach unten. Ich war zu früh, aber mit voller Absicht. Während meiner Siesta hatte ich einen Plan geschmiedet, und dazu wollte ich ungestört sein.

Das Wohnzimmer meiner Großmutter war für den Abend vorbereitet und bot einen bezaubernden Anblick, wie eine Bühnendekoration. Die Samtvorhänge waren vor die dunklen Fenster gezogen worden, die Kissen waren aufgeschüttelt, und die Zeitschriften lagen ordentlich aufeinander. Im Kamin flackerte ein Feuer. Das Zimmer wurde von einem Paar Lampen sanft beleuchtet, und das Licht der Flammen spiegelte sich in dem messingnen Kamingitter, dem Kohleneimer und den liebevoll polierten Holzmöbeln im Zimmer. Überall waren Blumen, Schachteln voller Zigaretten, und auf einem kleinen Tisch, der als Bar diente, standen ordentlich in einer Reihe Flaschen und Gläser, ein Eiskübel und eine kleine Schale Nüsse.

Auf der anderen Seite des Zimmers, neben dem Kamin, stand eine bauchige alte Vitrinenkommode mit verglasten Bücherregalen oben und drei tiefen, schweren Schubladen darunter. Ich ging hinüber, rückte einen kleinen Tisch aus dem Weg und kniete mich hin, um die unterste Schublade zu öffnen. Einer der Griffe war kaputt, die Schublade war sehr schwer, und ich kämpfte damit, als ich hörte, wie die Tür aufging und jemand hereinkam. Ich fühlte mich ertappt und fluchte insgeheim, hatte aber nicht mehr genug Zeit, um auf die Füße zu kommen. Genau hinter mir ertönte eine amüsierte Stimme: «Guten Abend.»

Es war David Stewart. Ich drehte mich zu ihm um und stellte fest, daß er unerwartet romantisch aussah in seinem dunkelblauen Dinnerjackett.

Zu überrascht, um höflich zu sein, stotterte ich: «Äh, ich hatte vollkommen vergessen, daß Sie zum Essen kommen.»

«Ich fürchte, ich bin ein bißchen zu früh. Es schien niemand dazusein, deshalb habe ich mich selbst hereingelassen. Was machen Sie da? Suchen Sie einen Ohrring, oder spielen Sie Verstecken?»

«Weder noch. Ich versuche, diese Schublade aufzubekommen.»

«Weshalb?»

«Sie war früher immer voller Fotoalben. Und sie ist so schwer, daß ich annehme, sie ist es immer noch.»

«Lassen Sie es mich mal versuchen.»

Ich rückte gehorsam zur Seite. Er hockte sich auf seinen langen Beinen hin, nahm die beiden Griffe, lockerte die Schublade sanft und zog sie auf.

«Es sieht so einfach aus», sagte ich, «wenn es jemand anders macht.»

«Ist es das, wonach Sie gesucht haben?»

«Richtig.» Es waren drei alte, mit Fotos vollgestopfte Alben, die zusammen ungefähr eine Tonne wogen.

«Hatten Sie vor, sich einer langen nostalgischen Sitzung hinzugeben? Angesichts dieser Menge werden Sie dafür wohl den Rest des Abends brauchen.»

«Nein, natürlich nicht. Aber ich möchte nachsehen, ob ein Bild von Sinclairs Vater dabei ist... Ich dachte, vielleicht gibt es irgendein Gruppenfoto von einer Hochzeit.»

Es entstand ein kurzes Schweigen. Dann fragte er: «Woher dieser plötzliche Wunsch, ein Foto von Aylwyn Bailey zu finden?»

«Nun, es hört sich vielleicht lächerlich an, aber ich habe nie eins gesehen. Ich meine, Großmutter hatte nie eins rumstehen. Ich glaube nicht einmal, daß in ihrem Zimmer eins ist... Ich kann mich nicht daran erinnern. Das ist doch komisch, oder nicht?»

«Nicht unbedingt. Nicht wenn man sie kennt.»

Ich beschloß, ihn ins Vertrauen zu ziehen. «Wir haben heute über ihn gesprochen. Sie sagte, er sah aus wie Sinclair, und er sei sehr charmant gewesen. Ihr zufolge brauchte er nur einen Raum zu betreten, und die Frauen lagen ihm scharenweise zu Füßen. Ich habe ihm nicht viel Beachtung geschenkt, als ich klein war... er war einfach Sinclairs Vater in Kanada. Aber... ich weiß auch nicht... plötzlich wurde ich ganz neugierig.»

Ich hob den obersten Band hoch und schlug ihn auf, doch

die Fotos waren erst zehn Jahre alt, deshalb griff ich weiter unten in die Schublade und holte den untersten hervor. Es war ein hübsches Album, in Leder gebunden, und alle Fotografien – inzwischen verblaßt und mit einem leichten Stich ins Sepiafarbene – waren mit geometrischer Präzision eingeklebt und mit weißer Tinte beschriftet worden.

Ich schlug die Seiten um. Jagdgesellschaften und Picknicks, Gruppenfotos und Studioporträts mit gemalten Hintergründen und Topfpalmen. Ein Mädchen in einer Federboa und ein schwarzbestrumpftes Kind (meine Mutter) als Zigeunerin verkleidet.

Und dann eine Hochzeitsgesellschaft. Meine Großmutter, stattlich in einem sehr langen Kleid und einem Kopfputz, der wie ein Samtturban aussah. Meine Mutter, heiter lächelnd, als sei sie finster entschlossen, amüsiert auszusehen. Mein Vater, jung und schlank, sauber rasiert und mit Leidensmiene. Vielleicht war sein Kragen zu eng. Ein unbekanntes Mädchen als Brautjungfer und schließlich die Braut und der Bräutigam, Silvia und Aylwyn. Ihre jungen Gesichter waren rund und erstaunlich unberührt von irgendwelcher Erfahrung. Silvia, mit einem kleinen, bemalten dunkelroten Mündchen. Aylwyn, der komplizenhaft in die Kamera lächelte, sah aus, als halte er die ganze Angelegenheit für einen überaus amüsanten Scherz.

«Nun?» sagte David schließlich.

«Großmutter hat recht... er sieht genauso aus wie Sinclair... nur daß sein Haar kürzer ist und anders geschnitten, und vielleicht ist er nicht ganz so groß. Und Silvia –» ich mochte Silvia nicht – «Silvia hat ihn verlassen, als sie erst ungefähr ein Jahr verheiratet waren. Wußten Sie das?»

«Ja, das wußte ich.»

«Deshalb war Sinclair immer in Elvie. Was machen Sie da?» Er tastete hinten in der Schublade herum. «Hier sind noch ein paar», sagte er und brachte einen Haufen auf dicken Karton aufgezogene Fotos zum Vorschein, die ganz nach hinten gesteckt worden waren.

«Was sind das für welche?» Ich legte das Album nieder, das ich in der Hand hielt.

Er drehte sich um. «Noch eine Hochzeit. Wenn ich raten müßte, würde ich sagen, die Ihrer Großmutter.»

Aylwyn war vergessen. «Oh, lassen Sie mal sehen.»

Wir waren nun in den Jahren des Ersten Weltkriegs, der Zeit unpraktischer langer Röcke und riesiger Hüte. Die Gesellschaft war um Stühle gruppiert wie königliche Hoheiten, hohe Kragen, Cutaways und Gesichter mit ungeheuer feierlichem Ausdruck. Meine Großmutter als junge Braut, vollbusig und in Spitzen gehüllt, ihr frischgebackener Ehemann sah kaum älter aus als sie. Er hatte ebenfalls diesen amüsierten, fröhlichen Ausdruck, den auch seine düstere Kleidung und der ungeheure Schnurrbart nicht auslöschen konnten.

«Er sieht sehr heiter aus», stellte ich fest.

«Ich glaube, das war er wohl auch.»

«Und wer ist das? Der alte Kerl mit Backenbart und Kilt?»

David sah mir über die Schulter. «Vermutlich der Vater des Bräutigams. Ist er nicht großartig?»

«Wer war er?»

«Ich glaube, ein ziemliches Original – nannte sich selbst Bailey of Cairneyhall. Er gehörte zu einer alten Familie hier aus der Gegend. Der Legende zufolge trat er immer mit ungeheuren Allüren und herrschaftlichem Gebaren auf, obwohl er keinen halben Penny in der Tasche hatte.»

«Und der Vater meiner Großmutter?»

«Dieser eindrucksvoll aussehende Gentleman, nehme ich an. Nun, er war von einem völlig anderen Schlag. Ein Börsenmakler aus Edinburgh. Er machte eine Menge Geld und starb als reicher Mann. Und Ihre Großmutter», fügte er im Anwaltston hinzu, «war sein einziges Kind.»

«Sie meinen ... sie war eine reiche Erbin.»

«Das kann man wohl so sagen.»

Ich betrachtete das Bild wieder, die ernsten, unvertrauten Gesichter. Das waren also meine Vorfahren, die Menschen, die mich gemacht hatten, mit all meinen Fehlern und meinen wenigen Stärken, die mir mein Gesicht und meine Sommersprossen und mein helles nordisches Haar vererbt hatten.

«Ich habe noch nicht einmal von Cairneyhall gehört.»

«Können Sie auch gar nicht. Es war so baufällig und klapprig, daß es schließlich abgerissen werden mußte.»

«Dann hat meine Großmutter nie dort gelebt?»

«Ich glaube, ein oder zwei Jahre, vermutlich unter den unbequemsten Umständen. Als ihr Mann starb, zog sie in diese Gegend, kaufte Elvie und ließ ihre Kinder hier aufwachsen.»

«Also ...» Ich unterbrach mich und stellte fest, daß ich, ohne viel darüber nachzudenken, es immer für selbstverständlich gehalten hatte, meine Großmutter sei von ihrem Mann finanziell gut versorgt worden. Aber jetzt sah alles ganz anders aus. Elvie, mit allem Drum und Dran, war von ihrem eigenen Erbe erworben worden und gehörte ausschließlich ihr. Es hatte keine wie auch immer geartete Verbindung zu ihrer Ehe mit Aylwyns Vater.

David sah mich an. «Also?» drängte er sanft.

«Nichts.» Es war mir peinlich. Alles was mit Geld zusammenhängt, verursacht mir Unbehagen, ein Zug, den ich von meinem Vater geerbt habe, und so wechselte ich hastig das Thema. «Woher wissen Sie überhaupt soviel über meine Verwandtschaft?»

«Weil ich mich um die Familienangelegenheiten kümmere.»

«Ich verstehe.»

Er klappte das Fotoalbum zu. «Vielleicht sollten wir sie jetzt wegpacken...»

«Ja, natürlich. Und, David... Großmutter muß nicht unbedingt wissen, daß ich all diese Fragen gestellt habe.»

«Ich werde kein Wort verraten.»

Wir legten die Alben und die Fotografien dorthin zurück, wo wir sie gefunden hatten, und schlossen die Schublade. Ich rückte den Tisch wieder an seinen Platz, bezog dann vor dem Feuer Posten, nahm eine Zigarette und zündete sie mit einem Fidibus an. Als ich mich aufrichtete, bemerkte ich, daß David mich beobachtete. «Sie sehen sehr schön aus», bemerkte er. «Schottland bekommt Ihnen offenbar gut.»

«Danke», entgegnete ich, wie es wohlerzogenen amerikanischen Mädchen beigebracht wird. (Englische Mädchen geben auf ein Kompliment Antworten wie: «Oh, überhaupt nicht, ich sehe schrecklich aus» oder «Wie können Sie nur sagen, daß Ihnen dieses Kleid gefällt? Es ist scheußlich.» Das – so wurde mir versichert – kann sehr abschreckend wirken.)

Um meine plötzliche Verlegenheit zu überbrücken, schlug ich ihm vor, ihm einen Drink zu mixen. Er lächelte. «In Schottland mixt man keinen Drink, man schenkt ein Glas ein.»

«Martinis aber nicht», beharrte ich. «Man kann einen Martini erst einschenken, nachdem man ihn gemixt hat. Das ist doch logisch.»

«Ein Punkt für Sie. Wollen Sie einen Martini?»

«Wissen Sie, wie man einen macht?» fragte ich unsicher.

«Das möchte ich doch annehmen.»

«Mein Vater sagt, es gibt nur zwei Männer in Großbritannien, die einen Martini mixen können, und einer davon sei er.»

«Dann muß ich der andere sein.» Er ging hinüber zu dem

Tisch und machte sich mit den Flaschen, dem Eiskübel und kleinen Spiralen aus Zitronenschale zu schaffen. «Was haben Sie heute gemacht?»

Ich erzählte es ihm, bis hin zu dem heißen Bad und meiner Siesta. Dann sagte ich: «Und Sie werden nicht erraten, was wir für morgen geplant haben.»

«Nein, das kann ich nicht. Erzählen Sie es mir.»

«Sinclair und ich werden über den Lairig Ghru wandern.»

Er war gebührend beeindruckt. «Wirklich?»

«Ja, wirklich. Gibson fährt uns nach Braemar hinüber und holt uns dann abends in Rothiemurchus ab.»

«Wie wird denn das Wetter morgen?»

«Gibson meint, es wird schön. Er sagt, der ganze Dunst wird fortwehen, und es wird sehr warm.» Ich betrachtete ihn. Ich mochte seine gebräunten Hände und sein dunkles, ordentlich gekämmtes Haar und die breiten Schultern unter dem weichen blauen Samt. Einem plötzlichen Impuls folgend sagte ich: «Sie sollten mitkommen...»

Er kam durch den Raum, die beiden blaßgoldenen, eiskalten Getränke in der Hand. «Das würde ich liebend gern tun, aber ich werde morgen den ganzen Tag beschäftigt sein.»

Ich nahm das Glas. «Vielleicht ein andermal.»

«Ja, vielleicht.»

Wir lächelten uns an und tranken. Der Martini war köstlich, er war eiskalt und stieg zu Kopf wie Feuer. «Ich werde meinem Vater sagen, daß ich den anderen Martini-Mixer gefunden habe», sagte ich. Dann fiel mir etwas anderes ein. «David, ich muß mir dringend was zum Anziehen besorgen...»

Er bewältigte den abrupten Themenwechsel spielend. «Was brauchen Sie denn?»

«Pullover und so etwas. Mein Vater hat mir Geld gegeben, aber es sind alles Dollarscheine. Glauben Sie, Sie könnten sie für mich wechseln?»

«Natürlich. Wann haben Sie vor, einkaufen zu gehen? Caple Bridge ist nicht gerade das Modezentrum des Nordens.»

«Ich will nichts Modisches, ich möchte nur etwas Warmes.»

«In diesem Fall wird es wohl gehen. Wann wollen Sie Ihren Einkaufsbummel machen?»

«Samstag?»

«Können Sie mit dem Auto Ihrer Großmutter fahren?»

«Ich kann damit fahren, aber ich darf nicht. Ich habe keinen britischen Führerschein... aber das macht nichts. Ich nehme den Bus...»

«In Ordnung. Dann kommen Sie ins Büro, ich sage Ihnen, wie Sie es finden. Dann gebe ich Ihnen Ihr Geld. Und wenn Sie sich mit Wollzeug eingedeckt und nichts Besseres zu tun haben, lade ich Sie zum Mittagessen ein.»

«Oh, wirklich?» Das hatte ich nicht erwartet, ich war begeistert. «Wo?»

Er kratzte sich gedankenverloren im Nacken. «Es gibt wirklich nicht viel Auswahl. Entweder das *Crimond Arms* oder bei mir. Aber meine Haushälterin kommt samstags nicht.»

«Ich kann kochen. Kaufen Sie etwas ein, und ich bereite es zu. Außerdem würde ich sowieso gern sehen, wo Sie wohnen.»

«Es ist nicht sehr aufregend.»

Trotzdem war ich einigermaßen aufgeregt. Ich fand immer schon, daß man einen Menschen erst kennt, wenn man sein Zuhause gesehen hat, seine Bücher, seine Bilder, die Art, wie er seine Möbel aufstellt. David war in Kalifornien und auf unserer Reise nach Hause immer nett und zuvorkommend gewesen, aber auch sehr korrekt, fast geschäftsmäßig. Nun aber hatte er mir geholfen, die Fotos zu suchen, die ich ansehen wollte, mit großer Geduld all meine Fragen beantwortet und mich schließlich zum Essen eingeladen. Ich hatte das Gefühl, daß sehr viel mehr an ihm dran war, als ich zuerst gedacht hatte, und die Vorstellung, daß er über mich vielleicht ebenso dachte, war keineswegs unangenehm.

Nach dem Abendessen wurde ich wieder überwältigt von Erschöpfung, Jet-lag oder wie immer man es nennen will. Ich schob die Anstrengungen des morgigen Tages als Entschuldigung vor, sagte den anderen gute Nacht und ging zu Bett, wo ich sofort fest einschlief.

Einige Zeit später weckte mich das Geräusch des Windes, den Gibson prophezeit hatte. Er rüttelte am Haus, pfiff unter meiner Tür durch und schäumte die Wasser des Lochs zu kleinen Wellen auf, die gegen den Kies klatschten. Und neben den Geräuschen der Nacht hörte ich Stimmen.

Ich sah auf die Uhr, stellte fest, daß es noch nicht Mitternacht war, und horchte wieder. Die Stimmen wurden deutlicher, und ich erkannte, daß es die von meiner Großmutter und Sinclair waren. Sie standen draußen auf dem Rasen unter meinem Zimmer, zweifellos hatten sie die Hunde auf eine Runde im Garten hinausgelassen, bevor sie das Haus für die Nacht abschlossen.

«... fand, daß er sehr alt geworden ist.» Das war Sinclair.

«Ja, aber was soll man denn machen?»

«Ihn in den Ruhestand schicken. Such dir jemand anderes.»

«Aber wo sollen sie denn hin? Von den Jungen hat keiner Familie, sie können sie nicht bei sich aufnehmen. Außerdem, er ist seit fast fünfzig Jahren hier ... so lange wie ich. Ich kann ihn doch nicht einfach fortschicken, bloß weil er alt wird. Außerdem, wenn er nichts zu arbeiten hat, wäre er in zwei Monaten tot.»

Voller Unbehagen erkannte ich, daß sie über Gibson sprachen.

«Aber er ist zu dieser Art von Arbeit nicht mehr fähig.»

«Welche Gründe hast du, das zu sagen?»

«Das ist doch ganz offensichtlich. Es ist ihm zuviel geworden.»

«Soweit es mich betrifft, erledigt er seine Arbeit immer noch zu meiner vollständigen Zufriedenheit. Es ist doch nicht so, daß er ständig riesige Jagdgesellschaften organisieren muß. Die Pächter sind –»

Sinclair unterbrach sie. «Das ist auch so eine Sache. Es ist völlig unrentabel, ein fabelhaftes Moor wie dieses an einen oder zwei Geschäftsleute aus Caple Bridge zu verpachten. Was sie dir zahlen, deckt nicht einmal annähernd die Kosten für Gibsons Unterhalt.»

«Die ein oder zwei Geschäftsleute, Sinclair, sind zufällig meine Freunde.»

«Das hat damit nichts zu tun. Soweit ich sehen kann, betreiben wir eine Art Wohltätigkeitsorganisation.»

Es entstand eine Pause, dann korrigierte ihn meine Großmutter kühl: «*Ich* scheine eine Art von Wohltätigkeitsorganisation zu betreiben.»

Die eisige Kälte ihrer Stimme hätte mich zum Schweigen gebracht, Sinclair jedoch war dagegen offenbar unempfindlich. Ich fragte mich, wieviel von seinem Mut den Brandys nach dem Essen zu verdanken war.

«In diesem Fall», sagte er, «schlage ich vor, daß du damit aufhörst. Schick Gibson in Pension und verkauf das Moor oder verpachte es wenigstens an jemanden, der in der Lage ist, eine vernünftige Pacht dafür zu bezahlen.»

«Ich habe dir bereits gesagt ...»

Ihre Stimmen wurden schwächer und entfernten sich. Ich stellte fest, daß ich starr in meinem Bett lag, mir war elend, weil ich gezwungen gewesen war, etwas zu hören, was nicht für meine Ohren bestimmt war. Der Gedanke, daß sie sich stritten, machte mich ganz krank, aber schlimmer war der Anlaß, aus dem sie sich stritten.

Gibson. Ich dachte daran, wie er früher gewesen war, stark und unerschütterlich, ein nie versiegender Quell alter Bauernregeln, volkstümlicher Weisheiten und Überlieferungen. Ich erinnerte mich daran, wie er – unendlich geduldig – Sinclair Schießen und Angeln beigebracht und unzählige Fragen beantwortet hatte und wir uns an seine Fersen hefteten wie junge Hunde. Und Mrs. Gibson, die uns verwöhnt und gehätschelt hatte, uns Süßigkeiten gekauft und mit heißen, ofenfrischen Scones gefüttert hatte, von denen die dicke gelbe, selbstgemachte Butter tropfte.

Es war unmöglich, die Vergangenheit und die Gegenwart in Übereinstimmung zu bringen – den Gibson, an den ich mich erinnerte, und den alten Mann, den ich heute gesehen hatte. Noch schwerer aber wurde ich damit fertig, daß mein Vetter Sinclair so selbstverständlich davon sprach, Gibson fortzuschicken, als wäre die Zeit gekommen, sich möglichst schmerzlos eines übelriechenden alten Hundes zu entledigen.

7

Wieder wachte ich auf, irgendeine unbewußte Unruhe hatte mich aus dem Schlaf gerissen. Ich wußte, daß es hell geworden war, drehte mich um und öffnete die Augen. Ein Mann stand am Fußende meines Bettes und betrachtete mich kühl. Ein Laut des Schreckens entfuhr mir, mit klopfendem Herzen setzte ich mich auf, aber es war Sinclair, der gekommen war, um mich zu wecken.

«Es ist acht Uhr», sagte er. «Um neun müssen wir los.»

Ich rieb mir den Schlaf aus den Augen und ließ mir Zeit, damit die panische Angst sich legen konnte, die mir in die Glieder gefahren war. «Du hast mich fürchterlich erschreckt.»

«Tut mir leid, das wollte ich nicht... ich wollte dich nur wecken.»

Er lehnte mit verschränkten Armen über dem Fußende meines Bettes, und seine leicht schrägen Augen funkelten vor Vergnügen. Er trug einen ausgeblichenen Kilt, einen weiten gerippten Pullover und hatte einen Schal um den Hals geknotet. Er sah sauber und gebürstet aus und roch köstlich nach Rasierwasser.

Ich stand auf und lehnte mich aus dem offenen Fenster, um nach dem Wetter zu sehen. Es war ein vollkommen schöner Tag, hell, strahlend und kalt, keine Wolke stand am Himmel. «Gibson hatte recht», murmelte ich.

«Natürlich hatte er recht. Er hat immer recht. Hast du heute nacht den Wind gehört? Und es gab Frost, bald werden sich alle Bäume verfärben.»

Das Loch, in dem sich blau der Himmel spiegelte, war mit

kleinen weißen Schaumtupfen übersät. Die Berge dahinter waren nicht mehr von Dunst verschleiert, sondern klar und glitzernd, mit großen Flächen violetten Heidekrauts gefleckt, und in der kristallenen Morgenluft konnte ich jeden Felsen, jeden Spalt und jeden kleinen Talkessel genau erkennen, bis hoch zu den Gipfeln.

An einem solchen Tag mußte man einfach guter Laune sein. Die Ängste der Nacht waren mit der Dunkelheit verflogen. Ich hatte etwas gehört, was nicht für meine Ohren bestimmt gewesen war. Im klaren Licht des Morgens jedoch schien es durchaus möglich, daß ich mich geirrt, mich verhört hatte. Schließlich hatte ich weder den Beginn der Diskussion noch deren Ende mitbekommen... und da ich nur die Hälfte der Tatsachen kannte, durfte ich mir kein Urteil erlauben.

Vor Erleichterung, meine geheimen Befürchtungen so leicht losgeworden zu sein, war ich plötzlich ungeheuer glücklich. Ich drehte mich um und machte mich im Nachthemd auf die Suche nach meinen Kleidern. Sinclair, der seine Mission erfolgreich ausgeführt hatte, ging nach unten, um zu frühstücken.

Wir aßen in der Küche, am Ofen war es warm und gemütlich. Mrs. Lumley hatte Würstchen gebraten, ich aß vier davon und trank zwei riesige Tassen Kaffee. Dann stöberte ich einen alten Rucksack auf, und wir packten ihn voll Proviant für das Mittagessen: belegte Brote, Schokolade, Äpfel und Käse.

«Wollt ihr eine Thermoskanne mitnehmen?» erkundigte Mrs. Lumley sich.

«Nein», sagte Sinclair, der immer noch Toast und Marmelade in sich hineinstopfte. «Stecken Sie ein paar Plastikbecher ein, dann können wir aus dem Fluß trinken.»

Draußen hupte ein Auto, und unmittelbar danach erschien Gibson an der Hintertür. Er hatte seine ausgebeulten grünlichen Tweedsachen an, die Knickerbocker schlotterten um seine dünnen Waden, und auf dem Kopf trug er einen alten Tweedhut.

«Sind Sie soweit?» fragte er, wobei er offenbar kaum damit rechnete.

Aber wir waren bereit. Wir nahmen wasserdichte Anoraks und den Rucksack mit der Verpflegung, sagten Mrs. Lumley auf Wiedersehen und gingen in den strahlenden Morgen hinaus. Eisig drang die Luft in meine Nase, sie schnitt tief in die Lungen und gab mir das Gefühl, ich könne über das Haus springen.

«Haben wir nicht Glück?» jubelte ich. «Was für ein wunderschöner Tag.»

«Es ist ganz in Ordnung», sagte Gibson, und das war für ihn als Schotten das größte Maß an Begeisterung, das er aufbringen konnte.

Wir kletterten in den Landrover. Auf dem Vordersitz war genug Platz für uns drei, aber Gibsons Hündin war nervös und sah so aus, als brauche sie Gesellschaft, deshalb beschloß ich, mich zu ihr nach hinten zu setzen. Am Anfang jaulte sie und war unruhig und ängstlich, aber nach einer Weile gewöhnte sie sich an das Rumpeln des Autos und legte sich hin, um zu schlafen, ihren weichen, samtigen Kopf auf meinem Schuh. Gibson nahm die Straße nach Braemar über Tomintoul, fuhr nach Süden über die Berge und rollte etwa gegen elf Uhr in das goldene, sonnendurchflutete Tal des Dee hinab. Der Fluß führte Hochwasser, tief und klar wie braunes Glas wand er sich durch Felder, Ackerland und hohe schottische Kiefern. Wir kamen nach Braemar, fuhren hindurch und noch etwa drei Meilen weiter, bis wir zu der Brücke kamen, die den Fluß überquert und nach Mar Lodge führt.

Dort hielten wir an und stiegen aus. Der Hund wurde von der Leine gelassen, und Gibson holte den Schlüssel für die

Wildgatter. Dann gingen wir alle in eine Bar, wo Sinclair und Gibson Bier tranken. Ich bekam ein Glas Cidre.

«Wie weit ist es noch?» wollte ich wissen.

«Noch ungefähr vier Meilen», antwortete Gibson. «Aber die Straße ist sehr schlecht, vielleicht setzen Sie sich besser zu uns nach vorn.»

Also ließ ich den Hund allein und setzte mich zwischen die beiden Männer auf den Vordersitz. Die Straße war kaum als solche zu bezeichnen, es war nicht mehr als ein Weg, den die Forstarbeiter ausgefahren hatten. Dann und wann fuhren wir an einer Gruppe Waldarbeiter vorbei, die mit riesigen Kettensägen und Traktoren arbeiteten. Wir winkten, sie winkten zurück, und ein- oder zweimal mußten sie ihren großen, am Weg abgestellten Lastwagen zurücksetzen, damit wir vorbeifahren konnten. Die Luft war erfüllt vom würzigen Geruch der Bäume. Als wir schließlich zu der kleinen Hütte kamen, die von den Bergsteigern und Wochenendausflüglern benutzt wurde, kletterten wir steif und mit von der Fahrt schmerzenden Gliedern aus dem Landrover. Unendliche Ruhe breitete sich um uns aus. Wir waren umgeben von Wald, Moor und Bergen, und nur ein entferntes Plätschern von Wasser und das Rauschen der Kiefern weit über uns unterbrachen die Stille.

«Ich hole Sie dann am Loch Morlich ab», sagte Gibson. «Meinen Sie, daß Sie es bis sechs Uhr schaffen können?»

«Wenn nicht, warten Sie auf uns. Und wenn wir bis zum Dunkelwerden nicht zurück sind, rufen Sie die Bergwacht an.» Sinclair grinste. «Wir werden auf dem Weg bleiben, es sollte also nicht schwer sein, uns zu finden.»

«Verknacksen Sie sich nicht den Fuß», warnte mich Gibson. «Ich wünsche Ihnen einen schönen Tag.»

Er stieg in sein Auto und fuhr auf dem Weg davon, den wir gekommen waren. Das Geräusch des Motors erstarb in der Unendlichkeit des Morgens. Ich sah zum Himmel auf und dachte, nicht zum erstenmal, daß es in Schottland geradezu eine Überfülle an Himmel gibt... er dehnt sich in die Weite und in die Höhe und scheint sich ins Grenzenlose zu erstrekken. Ein paar Brachvögel flogen vorüber, und in der Ferne konnte ich das Blöken von Schafen hören. Sinclair lächelte zu mir herab. «Gehen wir?»

Wir gingen los, Sinclair voran, ich folgte ihm. Der Weg führte an einem Bach entlang, der zwischen Binsen dahinfloß. Wir kamen zu einer einsam gelegenen Schaffarm mit hölzernen Schafhürden, ein Hund rannte heraus und bellte uns an. Wir gingen weiter, an der Farm vorüber, und der Hund zog sich in seinen Zwinger zurück. Wieder senkte sich die Stille herab. Hier und dort zeigten sich kleine Farbtupfen, blühende Glockenblumen, riesige violette Disteln und dunkle Flächen voll Heidekraut, in dem Bienen summten. Die Sonne stieg hoch in den Himmel, wir schälten uns aus unseren Pullovern und banden sie uns um die Taille. Vor uns zog sich der Weg den Berg hoch, wir kletterten durch ein kleines Waldstück, und vor mir begann Sinclair leise zu pfeifen. Ich erkannte die Melodie, «Mairis Hochzeit». Wir hatten das Lied als Kinder gesungen, nach dem Tee im Wohnzimmer, und Großmutter hatte uns auf dem Klavier begleitet:

«Freudig schreiten wir voran,
Schritt für Schritt, Mann für Mann,
jeder läuft so schnell er kann
hin zu Mairis Hochzeit.»

Wir kamen zu einer Brücke und einem Wasserfall. Das Wasser war nicht braun, sondern grün wie chinesische Jade und fiel zwanzig Fuß oder mehr hinab in ein Becken aus blassem Gestein. Wir standen auf der Brücke und betrachteten den Bogen aus Wasser, hell wie ein Edelstein. Durchsichtig und schillernd im Sonnenlicht und von einem Miniaturregenbogen umrandet, ergoß es sich in das brodelnde Becken. So etwas Hübsches hatte ich noch nie gesehen. Um das Tosen des Wassers zu übertönen, fragte ich schreiend: «Warum hat das Wasser diese Farbe? Warum ist es nicht braun?» Sinclair erklärte mir, das sei so, weil das Wasser hier frisch über die Kalksteinfelsen flösse und nicht vom Torf verschmutzt sei. Wir blieben eine Weile stehen, bis er mahnte, wir hätten keine Zeit zu verlieren und müßten uns auf den Weg machen.

Um uns anzuspornen, sangen wir wieder, wobei wir darin wetteiferten, wer sich besser an die Texte erinnerte. Irgendwann stieg unser Weg steil an, er führte über die Schulter eines hohen Berges, und wir hörten auf zu singen, denn wir brauchten alle Luft, um nicht aus der Puste zu kommen. Der Boden war dick mit alten Heidekrautwurzeln gepolstert und sehr sumpfig, bei jedem Schritt quoll dunkler Schlamm neben meinen Schuhen auf. Meine Beine und mein Rücken begannen zu schmerzen, und ich bekam kaum noch Luft. Ich versuchte mir Nahziele zu setzen – diese Bergschulter noch und dann die folgende Höhe, aber es schien, als gäbe es immer einen weiteren Gipfel, der dahinter wartete. Es war sehr entmutigend.

Und dann, als ich schon die Hoffnung aufgeben wollte, jemals an irgendein Ziel zu kommen, tauchte vor uns ein schwarzer Bergzacken auf. Die zerklüftete Spitze stach in das Blau des Himmels, und die steile Wand fiel mindestens tausend Fuß ab in ein enges braunes Tal.

Ich blieb stehen und streckte die Hand aus. «Sinclair, was ist das?»

«Der Teufelsgipfel.» Er hatte eine Karte. Wir setzten uns, er entfaltete sie, strich sie gegen den Wind glatt und sah nach, wie die Gipfel um uns herum hießen: Ben Vrottan und Cairn Toul, Ben Macdui und der lange Kamm, der zu den Cairngorms führte.

«Und dieses Tal?»

«Glen Dee.»

«Und der kleine Bach?»

«Der kleine Bach, wie du ihn nennst, ist der mächtige Dee höchstpersönlich, natürlich in seinem Frühstadium.» Es war allerdings kaum zu glauben, daß dieser bescheidene Bach mit dem majestätischen Fluß identisch war, den wir am Morgen gesehen hatten.

Wir aßen etwas Schokolade und setzten uns wieder in Marsch. Glücklicherweise ging es nun bergab, jetzt hatten wir den langen Weg vor uns, der zum Lairig Ghru führte. Er wand sich wie eine weiße Kritzelschrift im braunen Gras, stieg sanft an zu einem entfernten Punkt am Horizont, wo Berge und Himmel sich zu treffen schienen. Wir gingen und gingen, der Teufelsgipfel türmte sich vor uns auf und blieb hinter uns zurück. Wir waren allein – wirklich allein. Keine Kaninchen, keine Hasen, kein Wild, kein Moorhuhn. Kein Adler. Nichts durchbrach die Stille. Keine lebende Kreatur rührte sich. Nur das Geräusch unserer eigenen Schritte und Sinclairs Pfeifen waren zu hören.

«Viel Fleisch und viel Fisch,
gut zu essen auf dem Tisch,
viele Söhne hübsch und frisch,
das wünschen wir dir, Mairi.»

Jetzt kam eine Hütte in Sicht, ein steinerner Unterstand, der sich auf der gegenüberliegenden Seite des Flusses an den Fuß des Berges duckte.

«Was ist das?» fragte ich.

«Eine Schutzhütte, die Bergsteiger oder Wanderer bei schlechtem Wetter benutzen.»

«Wie sind wir in der Zeit?»

«Gut.»

«Ich hab ein bißchen Hunger.»

Er grinste mich über die Schulter an.

«Wenn wir bei der Hütte ankommen, essen wir», versprach er.

Nach dem Essen lagen wir träge auf dem Rücken, mit dem blühenden Gras als Polster, Sinclair hatte den Kopf auf seinen Pullover gebettet. Ich lag nun mit dem Kopf auf seinem Bauch, sah zu dem wolkenlosen blauen Himmel auf und überlegte, wie seltsam es doch war, mit einem Vetter zusammenzusein – manchmal waren wir uns so nah wie Bruder und Schwester, aber dann wieder gab es eine merkwürdige Befangenheit zwischen uns. Ich dachte, das müsse daran liegen, daß wir keine Kinder mehr waren... daran, daß ich Sinclair ungeheuer attraktiv fand. Aber auch das konnte meine instinktive Zurückhaltung nicht völlig erklären, es war mir, als schlüge irgendwo ganz hinten in meinem Kopf eine Glocke Alarm.

Eine Fliege, eine Mücke, irgendein Insekt landete auf meinem Gesicht, und ich wischte es fort. Es setzte sich wieder. «Verflixt», sagte ich.

«Was ist?» kam es schläfrig von Sinclair.

«Eine Fliege.»

«Wo?»

«Auf meiner Nase.»

Seine Hand erschien, um die Fliege wegzuscheuchen. Sie legte sich um meine Wange und blieb da liegen, seine Finger umfaßten mein Kinn.

«Wenn wir einschlafen, werden wir beim Aufwachen feststellen, daß Gibson mit der gesamten Mannschaft der Bergwacht über den Paß angerückt kommt, um nach uns zu suchen», murmelte er.

«Wir schlafen schon nicht ein.»

«Wie kannst du so sicher sein?»

Ich antwortete nicht, ich konnte nicht von meinen inneren Spannungen sprechen, dem Zusammenziehen meines Magens bei der Berührung seiner Hand... Tatsache war, daß ich nicht wußte, ob dieses Zusammenziehen etwas mit Sex zu tun hatte oder – Angst? Merkwürdig, daß mir dieses Wort beim Gedanken an Sinclair einfiel. Auf einmal drängte das Gespräch, das ich letzte Nacht mitangehört hatte, aus den Tiefen meines Unterbewußtseins wieder an die Oberfläche, und ich quälte mich damit wie ein Hund mit einem alten, unappetitlichen Knochen. Ich sagte mir, ich hätte nach meiner Großmutter sehen sollen, bevor ich am Morgen aufgebrochen war. Ein Blick auf ihr Gesicht, und ich hätte gewußt, wo der Hase im Pfeffer lag. Aber sie war vor unserem Aufbruch nicht erschienen, und wenn sie schlief, wollte ich sie nicht stören.

Ich bewegte mich unbehaglich, und Sinclair sagte: «Was ist los? Du bist ganz verspannt. Hast du irgendwelche geheimen Ängste? Eine Art Schuldkomplex?»

«Weshalb sollte ich mich wohl schuldig fühlen?»

«Das mußt du mir sagen. Vielleicht weil du deinen Vater allein gelassen hast?»

«Dad? Du machst wohl Witze.»

«Du meinst, du warst ganz glücklich, den Staub von Reef Point, Kalifornien, von deinen hübschen Fersen zu schütteln?»

«Ganz und gar nicht. Aber Dad wird im Augenblick mehr als gut versorgt, und einen Schuldkomplex hat er absolut nicht verdient.»

«Dann muß es etwas anderes sein.» Sein Daumen bewegte sich leicht über meine Wange. «Ich weiß, es ist der liebeskranke Rechtsanwalt.»

«Der was?» Jetzt war meine Überraschung wirklich echt.

«Der Rechtsanwalt. Du weißt schon, der alte, trockene Rankeillor persönlich.»

«Zitate von Robert Louis Stevenson bringen uns auch nicht weiter! Ich weiß immer noch nicht, wovon du sprichst.» Aber natürlich wußte ich es.

«David Stewart, mein Schatz. Hast du nicht gemerkt, daß er gestern abend seine Augen nicht von dir abwenden konnte? Während des gesamten Abendessens hat er dich angesehen, mit einem lüsternen Funkeln im Auge. Ich muß schon sagen, du warst auch ein reichlich appetitlicher Anblick. Wo hast du dieses orientalisch anmutende Gewand her?»

«Aus San Francisco. Du bist einfach albern.»

«Überhaupt nicht... ehrlich, man konnte es schon von weitem sehen. Wie gefällt dir die Idee, einem alten Mann den zweiten Frühling zu versüßen?»

«Sinclair, er ist nicht alt.»

«Ich nehme an, so ungefähr fünfunddreißig, meine Liebe.» Seine Stimme nahm den zuckersüßen Ton einer vertrockneten Herzogswitwe an. «Und so ein netter Junge.»

«Du bist einfach gemein.»

«Das bin ich.» Ohne die Miene zu verändern, fuhr er fort: «Wann gehst du zurück nach Amerika?»

Ich war überrumpelt. «Warum?»

«Ich will es nur wissen.»

«In einem Monat?»

«So bald schon? Ich hatte gehofft, du bleibst. Verläßt deinen Vater und schlägst Wurzeln im Land deiner Ahnen.»

«Ich mag meinen Vater zu sehr, um ihn zu verlassen. Und außerdem, was sollte ich hier tun?»

«Einen Job annehmen?»

«Du sprichst wie Großmutter. Ich kann gar keinen Job annehmen, denn ich habe nichts gelernt.»

«Du könntest Sekretärin werden.»

«Nein, das kann ich nicht. Jedesmal wenn ich versuche etwas zu tippen, kommt ein Haufen Fehler dabei heraus.»

«Du könntest heiraten.»

«Ich kenne niemanden.»

«Du kennst mich», sagte Sinclair.

Sein Daumen, der meine Wange streichelte, hielt plötzlich still. Nach einer Weile setzte ich mich auf und drehte mich um, damit ich ihn ansehen konnte. Seine Augen waren blauer als der Himmel, aber ihr klarer Blick verriet absolut nichts.

«Was hast du gesagt?»

«Ich sagte, du kennst mich.» Seine Hand bewegte sich, er ergriff mein Handgelenk und umringte es leicht mit seinen Fingern.

«Das kann nicht dein Ernst sein.»

«Wirklich? Na gut, dann tun wir so, als wäre es mein Ernst. Was würdest du sagen?»

«Na ja, zunächst einmal wäre das praktisch Inzest.»

«Blödsinn.»

«Und warum ich?» Allmählich erwärmte ich mich für das Thema. «Du weißt sehr gut, daß du mich immer häßlich fandest wie die Nacht, schließlich hast du mir das ständig erzählt...»

«Jetzt nicht mehr. Du bist nicht mehr häßlich. Du hast dich in eine hinreißende Wikingerin verwandelt.»

«...und ich habe nicht eine einzige Begabung. Ich kann noch nicht einmal Blumen arrangieren.»

«Warum, zum Teufel, sollte ich wollen, daß du Blumen arrangierst?»

«Und außerdem – ich kann mir nicht vorstellen, daß du nicht überall im Land scharenweise bereitwillige weibliche Wesen an der Hand hast, die aus lauter Liebe zu dir dahinschmachten und von dem Tag träumen, an dem du sie fragen wirst, ob sie Mrs. Sinclair Bailey werden wollen.»

«Kann sein», sagte Sinclair aufreizend selbstbewußt. «Aber ich will sie nicht.»

Ich dachte über die Idee nach und fand sie, gegen meinen Willen, verlockend.

«Wo würden wir wohnen?»

«In London natürlich.»

«Ich möchte nicht in London wohnen.»

«Du bist verrückt. London ist der einzige Ort, wo man leben kann. Dort ist immer was los.»

«Mir gefällt es auf dem Land.»

«Wir fahren am Wochenende aufs Land – das tue ich ohnehin –, um es mit Freunden zu verbringen...»

«Und was zu tun?»

«Die Zeit zu vertreiben. Segeln vielleicht. Zu Rennen gehen.»

Ich spitzte die Ohren. «Rennen?»

«Warst du noch nie bei einem Rennen? Das ist die aufregendste Sache der Welt.» Er setzte sich hin, lehnte sich zurück auf die Ellenbogen, so daß seine Augen mit meinen auf gleicher Höhe waren. «Kann ich dich überreden?»

«Da gibt es noch eine klitzekleine Überlegung, die du nicht erwähnt hast.»

«Und was ist das?»

«Liebe.»

«Liebe?» Er lächelte. «Aber Janey, natürlich lieben wir einander. Das haben wir doch immer getan.»

«Aber das ist etwas anderes.»

«Inwiefern ist das etwas anderes?»

«Ich kann es dir nicht erklären, wenn du es nicht schon weißt.»

«Versuch's.»

Ich saß da und schwieg verstört. Mir war klar, daß er in gewisser Weise recht hatte. Ich hatte ihn immer geliebt. Als Kind war er der wichtigste Mensch in meinem Leben gewesen. Aber ich war mir nicht völlig sicher, was den Mann betraf, zu dem er geworden war. Aus Angst, er könne mir all das vom Gesicht ablesen, sah ich nach unten und begann, an dem harten Gras zu zupfen. Ich zog ganze Büschel an den Wurzeln aus, ließ sie los, und der Wind wehte sie fort.

Schließlich sagte ich: «Weil wir uns beide verändert haben. Du bist ein anderer Mensch geworden. Und ich bin praktisch Amerikanerin ...»

«Ach, Janey ...»

«Nein, es ist wahr. Ich bin dort aufgewachsen, wurde dort erzogen – die Tatsache, daß ich einen britischen Paß habe, ändert daran nichts. Auch nicht an der Art, wie ich denke.»

«Du redest im Kreis herum. Das weißt du, oder?»

«Vielleicht tue ich das. Aber vergiß nicht, daß dieses ganze Gespräch sowieso hypothetisch ist. Wir diskutieren doch bloß über eine Annahme ...»

Er holte tief Luft, als wolle er die Auseinandersetzung fortführen, schien dann aber seine Meinung zu ändern und lachte. «Wir könnten hier den ganzen Tag sitzen, was? Und die Sonne ermüden mit Reden.»

«Sollten wir nicht gehen?»

«Ja, wir haben noch einmal mindestens zehn Meilen vor uns. Aber wir sind schon weit gekommen, und zu deiner Information, diese Bemerkung ist durchaus zweideutig gemeint.» Er legte seine Hand um meinen Nacken, zog mein Gesicht zu sich heran und küßte meinen offenen, lächelnden Mund.

Ich hatte das halb erwartet, dennoch war ich nicht vorbereitet auf meine eigene panische Reaktion. Ich mußte mich regelrecht zwingen, in seinen Armen stillzuhalten und abzuwarten, bis er mich freigab. Als er sich schließlich zurückzog, blieb ich einen Augenblick, wo ich war, und begann dann langsam, das Butterbrotpapier und die roten Plastikbecher in den Rucksack zu packen. Ganz plötzlich war unsere Einsamkeit beängstigend geworden. Ich sah uns beide winzig wie Ameisen, die einzigen lebenden Kreaturen in dieser ungeheuren und verlassenen Landschaft, und fragte mich, ob Sinclair mich heute hierhergebracht hatte mit der Absicht, diesen außerordentlichen Vorschlag zu erörtern, oder ob die Idee zu heiraten, bloß eine Laune war, die vom Wind herbeigeweht war.

«Sinclair, wir müssen gehen. Wir müssen wirklich gehen.»

Sein Blick war nachdenklich, doch er lächelte nur, stand auf, nahm mir den Rucksack ab und ging voran, den Weg hinauf zu dem in der Ferne liegenden Paß.

Wir kamen an, als es dunkel wurde. Die letzten paar Meilen hatte ich blind einfach einen Fuß vor den anderen gesetzt. Ich hatte nicht gewagt anzuhalten, denn wenn ich stehengeblieben wäre, hätte ich nicht weitergehen können. Als wir endlich um die letzte Kurve bogen und durch die Bäume die Brücke und das Tor sahen, und Gibson mit dem Landrover, der auf der Straße wartete, konnte ich kaum glauben, daß wir es tatsächlich geschafft hatten. Ich lief die letzten paar Schritte, kletterte über das Tor und fiel ins Auto. Mir tat jeder Muskel weh, und als ich versuchte, mir eine Zigarette anzuzünden, merkte ich, daß meine Hände zitterten.

Wir fuhren durch die blaue Dämmerung nach Hause. Im Osten hing eine feine Mondsichel niedrig am Himmel, blaß und zart wie eine Augenwimper. Die Scheinwerfer drangen durch das Dunkel der Straße vor uns, ein Kaninchen hoppelte in Sicherheit, die Augen eines streunenden Hundes glitzerten wie Zwillingsperlen und huschten vorbei. Über mich hinweg unterhielten sich die beiden Männer, aber ich sackte in mich zusammen, niedergedrückt von einer Erschöpfung, die nicht ausschließlich körperliche Ursachen hatte.

In dieser Nacht wurde ich vom Klingeln des Telefons geweckt. Das Schrillen schnitt durch meine Träume und riß mich wie einen Fisch am Haken aus dem Schlaf. Ich hatte keine Ahnung, wie spät es war, aber als ich den Kopf hob, sah ich, daß der Mond hoch über dem Loch hing, sein Spiegelbild betupfte das schwarze Wasser mit kleinen silbernen Pinselstrichen.

Es klingelte immer weiter. Benommen stolperte ich aus dem Bett, durch mein Zimmer und auf den dunklen Treppenabsatz. Das Telefon war unten, in der Bibliothek, aber es gab auch oben einen Anschluß, in dem Korridor, der zu den alten Kinderzimmern führte, und dorthin wendete ich mich in meinem halbwachen Zustand.

Irgendwann mußte inzwischen das Klingeln aufgehört haben, aber ich war zu schläfrig, um das zu registrieren. Als ich das Telefon erreichte und den Hörer aufnahm, sprach bereits jemand. Es war eine weibliche Stimme, mir unbekannt, aber sie hatte eine angenehme Tonlage und klang sehr anziehend. «Natürlich bin ich sicher. Ich war heute nachmittag beim Arzt, und er sagt, es gäbe überhaupt keinen Zweifel. Sieh mal, ich finde, wir sollten über all das sprechen... ich möchte dich ohnehin gern sehen, aber ich kann nicht weg...»

Benommen lauschte ich. Ich vermutete, daß es eine falsche Verbindung war. Das Mädchen bei der Vermittlung in Caple Bridge mußte einen Fehler gemacht haben, vielleicht war sie auch eingeschlafen oder so etwas. Dieser Anruf war nicht für uns. Ich wollte schon sprechen, als die Stimme eines Mannes die Frau unterbrach. Plötzlich war ich bei klarem Bewußtsein.

«Ist das wirklich so dringend, Tessa? Kann es nicht warten?»

Sinclair. Am anderen Apparat.

«Natürlich ist es dringend... Wir haben keine Zeit zu verlieren...» Und dann, weniger ruhig, fast ängstlich: «Sinclair, ich bekomme ein Kind...»

Vorsichtig legte ich den Hörer zurück. Das Gerät machte ein leises Klick, und die Stimmen waren ausgelöscht. Zitternd stand ich in der Dunkelheit, drehte mich dann um, ging zurück zum Treppenabsatz und beugte mich über das Geländer, um zu horchen. Unter mir gähnten schwarz die Treppen und die Halle. Durch die geschlossene Tür der Bibliothek aber drang unmißverständlich das Gemurmel von Sinclairs Stimme.

Meine Füße waren eiskalt. Frierend ging ich zurück in mein Zimmer, schloß leise die Tür und legte mich zurück ins Bett. Jetzt hörte ich, wie das Telefon ein einziges Mal klingelte, und wußte, daß das Gespräch beendet war. Kurz darauf kam Sinclair leise die Treppe hoch. Er ging in sein Zimmer, und ich hörte gedämpfte Geräusche, als er umherging, Schubladen öffnete und schloß. Dann kam er wieder heraus und ging hinunter. Die Vordertür öffnete und schloß sich wieder, und Augenblicke später hörte ich, wie mit dem Grollen eines Tigers der Lotus anfuhr, den Weg hinunterbrummte auf die Hauptstraße – dann war er fort.

Ich merkte, daß ich zitterte, so heftig, wie ich zuletzt in meiner Kindheit gezittert hatte, wenn ich aus einem Alptraum aufwachte und überzeugt war, in meinem Schrank würden sich Gespenster verstecken.

8

Als ich am nächsten Morgen hinunterkam, saß meine Großmutter bereits am Frühstückstisch. Ich beugte mich zu ihr, um ihr einen Kuß zu geben.

«Sinclair ist nach London gefahren», sagte sie.

«Woher weißt du das?»

«Er hat in der Diele einen Brief hinterlassen...» Sie fischte ihn aus der übrigen Post und reichte ihn mir. Er hatte dickes Schreibpapier benutzt, auf dessem Kopf *Elvie* geprägt war, seine Handschrift war fest und kräftig.

Tut mir furchtbar leid, muß ein oder zwei Tage südwärts. Bin vermutlich Montag abend oder Dienstag morgen wieder zu Hause. Paßt gut auf Euch auf, wenn ich weg bin, und geratet nicht in Schwierigkeiten. Alles Liebe, Sinclair.

Das war alles. Ich legte den Brief hin, und meine Großmutter sagte: «Gestern nacht gegen halb eins hat das Telefon geklingelt. Hast du es gehört?»

Ich ging, um mir Kaffee einzuschenken, dankbar, daß ich einen Grund hatte, ihr nicht in die Augen sehen zu müssen.

«Ja, ich habe es gehört.»

«Ich wollte schon drangehen, aber ich war ziemlich sicher, daß es für Sinclair war, deshalb ließ ich es klingeln.»

«Ja...» Ich trug die volle Tasse zum Tisch zurück. «Macht er... macht er das öfter?»

«Hin und wieder.» Sie sortierte einige Rechnungen aus. Mir wurde klar, daß ihr offenbar ebenso daran lag, sich zu beschäftigen, wie mir. «Er führt ein so erfülltes Leben. Und dieser Job scheint ungeheuer viel Zeit zu beanspruchen... Es ist nicht wie in einem Büro, wo es feste Arbeitszeiten gibt, von neun bis fünf.»

«Nein, das ist es wohl nicht.» Der Kaffee war heiß und stark und half, den Knoten in meinem Hals zu lösen. «Vielleicht ist eine Freundin der Grund.»

Meine Großmutter warf mir einen scharfen blauen Blick zu. «Ja, vielleicht.»

Ich stützte die Ellenbogen auf den Tisch und versuchte, leichthin zu klingen. «Ich nehme an, er hat etwa hundert Freundinnen. Er ist immer noch der bestaussehende Mann, den ich je gesehen habe. Bringt er seine Freundinnen mit nach Hause? Bist du mal einer begegnet...?»

«Oh, manchmal, wenn ich in London war... er bringt sie zum Abendessen mit, oder wir gehen ins Theater.»

«Hattest du geglaubt, er würde eine von ihnen heiraten?»

«Man weiß ja nie, nicht wahr?» Ihre Stimme klang kühl, beinahe desinteressiert. «Sein Leben in London ist so verschieden von dem, das er hier führt. Elvie ist, wenigstens für Sinclair, eine Art Erholungskur... er trödelt einfach herum. Ich glaube, er ist ganz froh, von den durchfeierten Nächten und Spesenessen fortzukommen.»

«Es gab also niemand Besonderes? Kein Mädchen, das dir besonders gefiel?»

Meine Großmutter legte ihre Briefe hin. «Doch, es gab ein Mädchen.» Sie nahm ihre Brille ab und sah aus dem Fenster, über den Garten, wo das Loch im Sonnenlicht eines weiteren vollkommenen Herbsttages blau funkelte. «Er hat sie in der Schweiz kennengelernt, beim Skilaufen. Ich glaube, sie haben sich oft gesehen, als sie nach London zurückkam.»

«Beim Skilaufen?» fragte ich. «Hast du mir nicht ein Foto geschickt?»

«Stimmt, das habe ich, es war Silvester in Zermatt. Dort sind sie sich begegnet. Ich glaube, sie hat an irgendwelchen Wettrennen oder so teilgenommen, weißt du, bei einem dieser internationalen Wettkämpfe, die da veranstaltet werden...»

«Dann muß sie sehr gut sein.»

«O ja, das ist sie. Sie ist recht berühmt...»

«Bist du ihr je begegnet?»

«Ja, Sinclair brachte sie zum Mittagessen mit ins *Connaught*, als ich in der Stadt war. Sie ist ein reizendes Mädchen.»

Ich nahm eine Scheibe Toast und begann, sie mit Butter zu bestreichen. «Wie heißt sie?»

«Tessa Faraday... du hast vielleicht von ihr gehört.»

Ich hatte von ihr gehört, aber nicht so, wie meine Großmutter glaubte. Ich sah den Toast an, den ich bestrich, und hatte plötzlich das Gefühl, mir würde übel, wenn ich ihn äße.

Nach dem Frühstück ging ich wieder nach oben, nahm meinen Klapprahmen mit den Familienbildern hervor und zog das Foto von Sinclair heraus, das meine Großmutter mir geschickt hatte und das ich in meiner Collage so angeordnet hatte, daß nur Sinclair zu sehen, seine Begleiterin jedoch verdeckt war.

Jetzt aber war ich ausschließlich an ihr interessiert. Ich sah ein kleines, schmales Mädchen mit dunklen Augen, sie lachte, ihr Haar hatte sie mit einer Schleife aus dem Gesicht gebunden, und sie trug dicke goldene Ringe in den Ohren. Sie hatte einen Hosenanzug aus Samt an, dessen Säume mit Stickerei eingefaßt waren, und Sinclair hielt sie im Arm. Beide waren eingewickelt und verstrickt in endlos lange festliche Luftschlangen. Sie sahen heiter und lebenslustig aus, sehr glücklich, und als ich mich an ihre bedrückte Stimme letzte Nacht am Telefon erinnerte, hatte ich plötzlich Angst um sie.

Die Tatsache, daß Sinclair so prompt nach Süden gefahren

war – vermutlich um sie zu sehen –, hätte mich beruhigen sollen, aber irgendwie war ich nicht beruhigt. Er war zu überstürzt abgefahren, zu geschäftsmäßig, ohne irgendwelche persönlichen Rücksichten zu nehmen, weder auf meine Großmutter noch gar auf mich. Widerstrebend erinnerte ich mich an seine Bemerkungen über Gibson, als er mit meiner Großmutter darüber diskutierte, ob der alte Wildhüter in den Ruhestand geschickt werden sollte. Mir wurde klar, daß ich unbewußt Entschuldigungen für Sinclair gefunden hatte.

Nun aber war es etwas anderes, und ich war gezwungen, mir gegenüber ehrlich zu sein. Das Wort «skrupellos» kam mir in den Sinn. Wenn es um gewöhnliche Leute ging, konnte er vollkommen rücksichtslos sein. Ich machte mir Sorgen um dieses unbekannte Mädchen und hoffte nur, daß er auch mitfühlend sein konnte.

Aus der Halle rief meine Großmutter nach mir. «Jane!»

Ich schob die Bilder hastig in den Rahmen, stellte ihn wieder auf die Frisierkommode und ging zurück in den Flur.

«Ja?»

«Was hast du heute vor?»

Ich ging zum Treppenabsatz hinunter, setzte mich auf die Stufen und sprach von da aus mit ihr. «Ich gehe einkaufen. Ich muß mir ein paar Pullover besorgen, sonst sterbe ich vor Kälte.»

«Wohin willst du gehen?»

«Nach Caple Bridge.»

«Liebes, in Caple Bridge gibt es nichts zu kaufen.»

«Einen Pullover wird's doch bestimmt geben.»

«Ich muß nach Inverness wegen einer Sitzung des Krankenhausausschusses. Warum fährst du nicht mit?»

«Weil David Stewart Geld für mich hat. Er hat die Dollars umgetauscht, die Vater mir mitgab. Und er sagte, er würde mich zum Essen einladen.»

«Wie nett! Aber wie kommst du nach Caple Bridge?»

«Ich nehme den Bus. Mrs. Lumley sagt, er fährt jede Stunde am Ende der Straße ab.»

«Nun, wenn du so sicher bist...» Es klang zweifelnd. Sie stand da, eine Hand auf dem Geländerpfosten, nahm die Brille ab und betrachtete mich nachdenklich unter ihren feingeschwungenen Brauen hervor. «Du siehst müde aus, Jane. Es war gestern wirklich zuviel für dich, nach der ganzen Reise.»

«Nein, gar nicht. Es hat mir viel Spaß gemacht.»

«Ich hätte Sinclair drängen sollen, einen oder zwei Tage zu warten...»

«Aber dann hätten wir vielleicht das schöne Wetter verpaßt.»

«Ja. Vielleicht. Aber mir ist aufgefallen, daß du nichts zum Frühstück gegessen hast.»

«Das tue ich nie. Ehrlich.»

«Nun, du mußt darauf achten, daß David dir etwas Anständiges zu essen gibt.» Sie drehte sich um, dachte an etwas anderes und wandte sich wieder mir zu. «Oh, und Jane – wenn du einkaufen gehst, warum läßt du dir nicht von mir einen neuen Regenmantel schenken? Du brauchst wirklich etwas Warmes zum Anziehen.»

Trotz allem mußte ich grinsen. Ich liebte es, wenn sie so zu voller Form auflief. Boshaft fragte ich: «Stimmt irgend etwas nicht mit dem, den ich habe?»

«Wenn du es unbedingt wissen willst, du siehst darin aus wie ein Landstreicher.»

«In den ganzen zehn Jahren, in denen ich ihn trage, hat das noch nie jemand zu mir gesagt.»

Sie seufzte. «Du wirst deiner Familie von Tag zu Tag ähnlicher», sagte sie, ging zu ihrem Schreibtisch und schrieb einen Scheck aus, mit dem ich einen pelzgefütterten, bodenlangen Regenmantel mit Zobelkapuze hätte kaufen können, wenn mir zufällig der Sinn danach gestanden hätte.

In strahlendem Sonnenschein wartete ich am Ende der Straße auf den Bus, der mich nach Caple Bridge fahren sollte. Ich konnte mich nicht an einen Tag erinnern, der so hell und frisch und voller Farbe gewesen wäre. Es hatte in der Nacht ein wenig geregnet, so daß alles frisch gewaschen glänzte, und auf den feuchten Straßen spiegelte sich das Blau des Himmels. Die Hecken waren voller scharlachroter Hagebutten, das Farngestrüpp leuchtete golden, und das Laub hatte von tief Karminrot bis Buttergelb alle Farben angenommen. Die Luft, die von Norden herwehte, war klar und süß wie eisgekühlter Wein, sie hatte einen Biß, der darauf schließen ließ, daß weiter oben im Norden bereits der erste Schnee des Winters gefallen war.

Der Bus bog um die Kurve, hielt für mich an, und ich stieg ein. Er war vollgepackt mit Bauern, die nach Caple Bridge fuhren, um ihre wöchentlichen Einkäufe zu erledigen. Ein einziger Sitzplatz war noch frei, neben einer dicken Frau, die einen Korb auf den Knien trug. Sie hatte einen blauen Filzhut auf und war so korpulent, daß ich nur zur Hälfte auf dem Sitz Platz fand und jedesmal, wenn der Bus um eine Ecke bog, Gefahr lief, ganz herunterzufallen.

Bis Caple Bridge waren es fünf Meilen, und ich kannte die Straße ebensogut wie Elvie. Ich war sie entlanggelaufen, mit meinem Fahrrad dort gefahren, hatte die Wegzeichen vom Autofenster aus vorbeifliegen sehen. Ich kannte die Namen der Leute, die in den Cottages am Weg wohnten... Mrs. Dargie, Mrs. Thomson und Mrs. Willie McCrae. Und da war das Haus mit dem bösartigen Hund, und dort das Feld, wo eine Herde weißer Ziegen graste.

Wir kamen zum Fluß, fuhren etwa eine halbe Meile neben ihm her, dann machte die Straße eine tiefe S-Kurve, und eine enge, bucklige Brücke führte über das Wasser. Soweit hatte sich in all den Jahren, in denen ich fortgewesen war, offenbar nichts verändert, aber als der Bus vorsichtig über die Brücke rollte, sah ich vor uns die Warnleuchten einer Baustelle. Offenbar waren Straßenbauarbeiten im Gange, um eine gefährliche Kurve zu beseitigen.

Überall standen Schilder und Warnungen. Bulldozer hatten Hecken niedergewalzt und in ihrem Gefolge große Narben roher Erde hinterlassen. Mit Pickeln und Schaufeln arbeiteten die Bauarbeiter, riesige Erdbewegungsmaschinen brummten wie prähistorische Ungeheuer, und über allem hing der saubere, köstliche Geruch von heißem Teer.

Die Ampel stand auf Rot. Der Bus wartete mit laufendem Motor, dann sprang die Ampel auf Grün, der Bus rollte auf der engen Spur zwischen den Warnlampen weiter und bog schließlich wieder auf die Straße ein. Die Frau neben mir begann unruhig zu werden und versuchte, an die Gepäckablage heranzukommen.

«Brauchen Sie etwas?» fragte ich sie.

«Habe ich meinen Schirm da oben hingelegt?»

Ich stand auf, suchte den Schirm und überreichte ihn ihr, außerdem eine große Schachtel mit Eiern und ein Bündel struppiger Astern, recht lieblos in Zeitungspapier eingewickelt. Bis ich all das zusammengesammelt und abgeliefert hatte, waren wir am Ziel. Der Bus bog um das Rathaus, rollte auf den Marktplatz und hielt an der Endstation.

Weil ich keine Körbe oder Pakete hatte, war ich eine der ersten, die ausstiegen. Meine Großmutter hatte mir gesagt, wo das Anwaltsbüro lag, und von der Stelle, wo ich stand, konnte ich das viereckige Steingebäude sehen, das sie mir beschrieben hatte, genau gegenüber auf der anderen Seite des kopfsteingepflasterten Marktplatzes.

Ich wartete, um den Verkehr vorbeifahren zu lassen, ging

dann hinüber und las auf dem Schild in der Eingangshalle, Mr. D. Stewart sei in Raum Nr. 3 zu finden und «anwesend». Ich stieg das dunkle Treppenhaus hoch, das in wechselnden Schattierungen von Schlammbraun und Modergrün gestrichen war, ging unter einem farbigen Fenster hindurch, das keinen Lichtstrahl durchließ, und klopfte schließlich an die Tür.

«Herein», rief es von der anderen Seite.

Ich trat ein und stellte mit Begeisterung fest, daß wenigstens sein Büro voll Licht war, hell und freundlich, und einen Teppich hatte. Das Fenster ging auf den geschäftigen Marktplatz hinaus, ein Krug mit Herbstastern stand auf dem marmornen Kaminsims, und irgendwie war es ihm gelungen, eine Atmosphäre heiterer Geschäftigkeit zu erzeugen. Er trug, vermutlich weil Samstag war, ein sportlich wirkendes kariertes Hemd und ein Tweedjackett, und als er aufsah und mich zur Begrüßung anlächelte, schien mir das Gewicht, das mir den ganzen Morgen über in der Magengrube gelegen hatte, plötzlich gar nicht mehr so schwer.

Er stand auf. «Was für ein wunderschöner Morgen», sagte ich geistreich.

«Nicht wahr? Zu schön, um zu arbeiten.»

«Arbeiten Sie samstags immer?»

«Manchmal… hängt davon ab, wieviel zu tun ist. Man schafft eine Menge, wenn man nicht in einem fort angerufen wird.» Er zog eine Schublade in seinem Schreibtisch auf. «Ich habe das Geld für Sie zum gegenwärtigen Umtauschkurs gewechselt. Irgendwo liegt die Umrechnungstabelle.»

«Bemühen Sie sich deshalb nicht.»

«Sie sollten sich darum kümmern, Jane. Ihr schottisches Blut muß Ihnen doch sagen, daß Sie höllisch aufpassen müssen, auch nicht um einen einzigen Penny übers Ohr gehauen zu werden.»

«Na, und wenn schon, dann können Sie es als persönliche Provision betrachten.» Ich hielt die Hand auf, und er überreichte mir ein Bündel Banknoten und ein paar Münzen. «Nun sind Sie wirklich in der Lage, sich unter die großen Verschwender zu begeben, obwohl es mein Begriffsvermögen übersteigt, was Sie in Caple Bridge finden wollen.»

Ich stopfte das Geld in die Tasche meines Landstreichermantels.

«Das meinte meine Großmutter auch. Sie wollte mich nach Inverness mitnehmen, aber ich sagte, ich sei zum Essen mit Ihnen verabredet.»

«Essen Sie gern Steaks?»

«Ich habe kein Steak mehr gegessen, seit Vater mich an meinem Geburtstag zum Essen einlud. In Reef Point haben wir von Tiefkühlpizzas gelebt.»

«Wie lange werden Sie brauchen?»

«Eine halbe Stunde...»

Er sah erstaunt aus. «Ist das alles?»

«Ich hasse Einkaufen, vor allem zu den Hauptgeschäftszeiten. Nichts paßt, und wenn was paßt, dann mag ich es nicht. Ich werde mit einem Haufen Kleider wiederkommen, von denen keins die richtige Größe hat, und vermutlich mit der schlechtesten Laune.»

«Dann werde ich sagen, daß die Kleider bezaubernd sind, und Ihnen so lange schmeicheln, bis Sie wieder gute Laune haben.» Er sah auf seine Uhr. «Eine halbe Stunde... sagen wir, um zwölf? Hier?»

«Ja, prima.»

Ich ging wieder hinaus, die Tasche voller Geld, und schaute mich um, wo ich es ausgeben konnte. Da waren Metzgereien, Lebensmittelgeschäfte und Läden für Wildspezialitäten, ein Waffenschmied und eine Autowerkstatt. Schließlich machte ich zwischen der unvermeidlichen italienischen Eisdiele, die in keiner schottischen Stadt fehlen darf, und dem Postamt «Isabel McKenzie Moden» ausfindig. Oder vielmehr: «Isabel MODEN McKenzie». Ich trat durch eine Glastür ein, die bescheiden mit Tüllgardinen dekoriert war, und fand mich in einem kleinen Raum wieder, ringsum von Regalen gesäumt, deren Inhalt nur wenig Hoffnung erweckte. Es gab eine Glastheke, in der lachs- und beigefarbene Unterwäsche zur Schau gestellt war, und hier und da lagen ein paar traurige hanffarbene Pullover herum, geschmackvoll arrangiert.

Mein Mut sank, aber bevor ich entkommen konnte, öffnete sich ein Vorhang hinten im Laden, und eine kleine, graumäusige Frau in einem Jerseykostüm, das ihr zwei Nummern zu groß war, und einer riesigen Cairngorm-Brosche kam auf mich zu.

«Guten Morgen.» Ich nahm an, daß sie in Edinburgh das Licht der Welt erblickt hatte, und fragte mich, ob sie Isabel Moden McKenzie in Person war, und wenn, was sie nach Caple Bridge verschlagen hatte. Vielleicht hatte man ihr gesagt, das Oberbekleidungsgeschäft floriere hier besonders lebhaft.

«Oh... guten Morgen. Ich möchte einen Pullover.»

«Sehr gern. Wünschen Sie Wolle oder Bouclé?»

Ich teilte ihr mit, ich wünsche einen Wollpullover.

«Und welche Größe darf es sein?»

Ich sagte, vermutlich irgendeine mittlere Größe.

Sie fing an, Schubladen aufzuziehen, und bald kämpfte ich mich durch Pullover in Altrosa, Moosgrün und dem Braun toter Blätter.

«Äh – haben Sie keine anderen Farben?»

«Was für eine Farbe hatten Sie im Sinn?»

«Nun – Dunkelblau?»

«Oh, es wird sehr wenig Dunkelblau getragen in diesem

Jahr.» Ich fragte mich, wo sie ihre Information her hatte. Vielleicht verfügte sie über einen heißen Draht nach Paris.

«Dies hier ist ein bezaubernder Farbton...»

Es war Petrolblau, eine Farbe, von der ich überzeugt war, daß sie zu nichts und niemandem paßte.

«Ich möchte wirklich etwas Schlichteres – wissen Sie, warm und dick... vielleicht einen Rollkragenpullover?»

«O nein, wir haben keine Rollkragenpullover. Es werden sehr wenige Rollkragenpullover...»

Ich unterbrach sie, was unhöflich war, doch ich verzweifelte langsam.

«Macht nichts, ich lasse das mit dem Pullover. Vielleicht haben Sie ein paar Röcke?»

Es fing alles von vorne an. «Möchten Sie einen Schotten- oder Tweedrock?»

«Tweed, glaube ich.»

«Und welche Taillenweite haben Sie?»

Allmählich war ich am Ende meiner Geduld, aber ich verriet ihr auch noch meine Taillenweite. Wieder suchte sie lange herum, diesmal durchforstete sie einen wenig hoffnungsvoll aussehenden Kleiderständer. Sie brachte zwei Röcke zum Vorschein und legte sie mit großer Geste vor mich hin. Einer war unaussprechlich. Der andere nicht ganz so häßlich, in braun-weißem Fischgrät. Schwach erklärte ich mich bereit, ihn anzuprobieren, wurde in einen Raum gequetscht, der so klein war wie ein Schrank, von einem weiteren Vorhang eingeschlossen und meinem Schicksal überlassen. Unter einigen Schwierigkeiten kämpfte ich mich aus den Kleidern, die ich trug, und zog den Rock an. Der Tweed kratzte und zerrte an meinen Strümpfen, als sei er aus Disteln gewebt. Ich befestigte die Haken in der Taille und den Reißverschluß und betrachtete mich in dem hohen Spiegel. Der Effekt war überraschend. Der Tweed zickzackte um mich wie ein Op-art-

Kunstwerk, meine Hüften wirkten elefantenartig, und das Taillenband grub sich in mein mageres Fleisch wie ein Drahtschneider.

Isabel Moden McKenzie hustete diskret und zog den Vorhang zurück wie ein Zauberkünstler.

«Oh, Sie sehen bezaubernd darin aus», sagte sie. «Tweed steht Ihnen.»

«Finden Sie nicht, daß er... nun, ein kleines bißchen lang ist?»

«Die Röcke sind länger in dieser Saison, wissen Sie...»

«Ja, aber dieser bedeckt fast meine Knie...»

«Nun, wenn Sie wünschen, könnte ich ihn ein winziges Stückchen hochnehmen. Er sieht sehr gut aus. Es gibt nichts, was besser aussieht als ein hübscher Tweed.»

Fast hätte ich ihn gekauft, nur um davonzukommen, aber ich warf einen weiteren Blick in den Spiegel und war fest entschlossen.

«Nein. Nein, ich fürchte, es geht wirklich nicht. Es ist so gar nicht das, was ich wollte.» Ich zog den Reißverschluß auf und zog ihn aus, bevor sie mich dazu überreden konnte, das schreckliche Ding zu kaufen. Traurig nahm sie ihn wieder in Empfang, ihre Augen diskret von meiner Unterwäsche abwendend.

«Vielleicht möchten Sie ja einen Schottenrock anprobieren, diese alten Farben sind so vorteilhaft...»

«Nein...» Ich zog mein ausgewaschenes, amerikanisches, bügelfreies, nicht-warmes Hemd über, und es fühlte sich an wie ein alter Freund. «Nein, ich glaube, ich lasse es... Es war nur so eine Idee... Haben Sie vielen Dank.»

Ich zog meinen Regenmantel an, nahm meine Tasche, und wir schlängelten uns gemeinsam zur Tür. Sie erreichte sie zuerst und öffnete sie für mich, widerstrebend, als ließe sie ein preisgekröntes Tier aus der Falle.

«Vielleicht, wenn Sie ein andermal vorbeikommen...»

«Ja, vielleicht...»

«Ich werde nächste Woche meine nächste Lieferung bekommen.»

Frisch von Dior, zweifellos. «Vielen Dank... es tut mir leid... guten Morgen.»

Ich war entkommen. Wieder an der gesegneten frischen Luft, drehte ich mich um und ging fort, so schnell ich konnte. Ich kam beim Waffenschmied vorbei, machte dann auf eine plötzliche Eingebung hin kehrt, ging zurück, betrat den Laden und erstand in exakt zwei Minuten einen großen dunkelblauen Pullover, der ursprünglich für einen jungen Mann gedacht war. Unsäglich erleichtert, daß mein Vormittag nicht ein vollständiger Reinfall gewesen war, kehrte ich mit dem solide eingewickelten Päckchen in der Hand zu David zurück.

Während er Papiere stapelte und Aktenschränke zuschloß, saß ich auf seinem Schreibtisch und erzählte ihm von meiner katastrophalen Einkaufsexpedition. Gewürzt von seinen Kommentaren (er konnte den Edinburgher Akzent perfekt nachmachen), wurde die Geschichte beim Erzählen immer abenteuerlicher, und am Ende lachte ich so sehr, daß mir die Rippen weh taten. Schließlich rafften wir uns auf. David stopfte einen Stoß Papiere in seine überquellende Aktentasche, sah sich noch einmal um und schloß dann die Tür zu seinem Büro. Wir gingen die schmutzfarbenen Treppen hinunter und traten auf die überfüllte, sonnenbeschienene Straße.

Er wohnte nur etwa hundert Yards vom Zentrum der kleinen Stadt entfernt, wir gingen also diese kurze Entfernung zu Fuß. David schlenkerte die alte Aktentasche und stieß sie gegen seine langen Beine, hin und wieder wurden wir durch einen abgestellten Kinderwagen oder ein paar schwatzende Frauen getrennt. Schließlich kamen wir zu seinem Haus. Es stand in einer Reihe identischer kleiner, zweigeschossiger Steinhäuser, jedes auf seinem eigenen kleinen Grundstück. Vorn hatte es einen bescheidenen Vorgarten mit einem Kiesweg, der vom Gartentor zur Eingangstür führte. Davids Haus unterschied sich von denen seiner Nachbarn nur insofern, als er in den Zwischenraum zwischen seinem Haus und dem nächsten eine Garage angebaut hatte, mit einer Zufahrt zur Straße. Und er hatte seine Eingangstür in einem hellen, sonnigen Gelb gestrichen.

Er öffnete das Tor, ich folgte ihm den Weg hinunter und wartete, bis er die Tür aufschloß. Er trat beiseite und ließ mich vor ihm eintreten. Ich stand in einer engen Diele, aus der eine Treppe nach oben führte, rechts und links waren Türen, durch die offene Tür hinten konnte ich die Küche sehen. Eigentlich war es nichts Besonderes, und doch wirkte es wohnlich und schön, mit den Teppichböden, den Tapeten mit Blättermuster und präzis in Gruppen angeordneten Jagdszenen.

Er nahm mir mein Päckchen und meinen Regenmantel ab, legte sie zusammen mit seiner Aktentasche auf den Stuhl in der Diele und führte mich dann in ein langgestrecktes Wohnzimmer, das auf beiden Seiten Fenster hatte. Und erst jetzt konnte ich die einzigartige Lage des schlichten kleinen Hauses würdigen, denn die Fenster nach Süden vergrößerten sich zu einem tiefen Erker, und dieser ging hinaus auf einen langen schmalen Garten, der sanft zum Fluß hin abfiel.

Der Raum selber war verheißungsvoll. Regale voller Bücher, ein Stapel mit Platten, Zeitschriften auf dem niedrigen Tisch vor dem Kamin. Es gab weichgepolsterte Sessel und ein kleines Sofa, eine altmodische Vitrine voller Meißener Porzellan und über dem Kamin – ich ging näher heran, um besser sehen zu können …

«Ein Ben Nicholson?» Er nickte. «Aber doch kein Original.»

«Doch, es ist ein Original. Meine Mutter hat ihn mir zum einundzwanzigsten Geburtstag geschenkt.»

«Das Haus erinnert mich an die Wohnung Ihrer Mutter in London. Es hat die gleiche Atmosphäre...»

«Vielleicht weil die Einrichtung mehr oder weniger aus demselben Haus stammt. Und natürlich hat sie mir geholfen, die Vorhänge und Tapeten und so weiter auszusuchen.»

Insgeheim froh, daß es seine Mutter war und nicht jemand anders, ging ich zum Fenster hinüber. «Wer hätte gedacht, daß Sie einen solchen Garten haben?» Da war eine kleine Terrasse mit einem hölzernen Tisch und Stühlen, daran schloß ein Rasen an, der jetzt mit herabgefallenen Blättern bedeckt war, und Blumenbeete, die immer noch mit späten Rosen und Büscheln violetter Herbstastern gefüllt waren. Ich sah ein Vogelbad und einen alten, windschiefen Apfelbaum. «Gärtnern Sie selbst?»

«Man kann das wohl kaum Gärtnern nennen... wie Sie sehen, ist der Garten nicht sehr groß.»

«Aber mit dem Fluß und allem...»

«Das gab für mich den Ausschlag, als ich das Haus kaufte. Ich erzähle all meinen Freunden, daß ich Fischgründe am Caple habe, und sie sind ungeheuer beeindruckt. Allerdings sage ich ihnen nicht, daß es nur zehn Yards sind.»

Auf dem Bücherschrank waren unzählige Fotografien und Schnappschüsse aufgestellt, zu denen ich mich unwiderstehlich hingezogen fühlte. «Ist das Ihre Mutter? Und Ihr Vater? Und Sie?» Etwa zwölf Jahre alt, mit einem gewinnenden Grinsen. «Sind Sie das?»

«Ja.»

«Sie trugen damals keine Brille.»

«Die bekam ich erst mit sechzehn.»

«Was war passiert?»

«Ich hatte einen Unfall. Wir hatten in der Schule eine

Schnitzeljagd, ein Junge, der vor mir ging, ließ den Zweig eines Baums zurückschnappen, und der traf mein Auge. Es war nicht seine Schuld, es hätte jedem passieren können. Aber ich verlor auf einem Auge teilweise die Sicht, und seither muß ich eine Brille tragen.»

«Was für ein Pech!»

«Nicht so schlimm. Ich kann fast alles tun, was ich will – außer Tennis spielen.»

«Warum können Sie nicht Tennis spielen?»

«Ich weiß nicht genau. Aber wenn ich den Ball sehen kann, kann ich nicht schlagen, und wenn ich ihn schlagen kann, kann ich ihn nicht sehen. Das ist dem Spiel nicht gerade förderlich.»

Wir gingen durch die Küche, die so klein war wie die Kombüse einer Yacht und so blitzblank, daß ich mich schämte bei dem Gedanken an meine eigene Unordnung. Er sah in den Ofen, in dem er einige Kartoffeln hatte backen lassen, holte dann eine Bratpfanne heraus, nahm Butter und ein rosa eingewickeltes Paket aus dem Kühlschrank und packte es aus, wobei ein paar dicke Aberdeen Angus-Steaks zum Vorschein kamen.

«Wollen Sie sie braten oder soll ich?» fragte er.

«Braten Sie sie. Ich kann ja den Tisch decken.» Ich öffnete die Tür, die auf die Terrasse hinausführte. «Können wir nicht hier draußen essen? Es ist wie am Mittelmeer.»

«Wenn Sie möchten.»

«Es ist herrlich... Sollen wir diesen Tisch benutzen?»

Die nächste Viertelstunde stand ich ihm dauernd im Weg, fragte ihn, wo alles war, und es gelang mir schließlich, den Tisch zu decken. Inzwischen machte er einen Salat an, wikkelte ein knuspriges Baguette aus und holte in kleine Scheiben geschnittene, eiskalte Butter aus dem Kühlschrank. Als alles fertig war und die Steaks sanft in der Pfanne brutzelten, schenkte er zwei Gläser Sherry ein, und wir setzten uns hinaus in die Sonne.

Er zog sein Jackett aus, legte sich zurück, die langen Beine ausgestreckt, und drehte sein Gesicht der Wärme zu.

«Erzählen Sie mir von gestern», sagte er plötzlich.

«Gestern?»

«Sie sind über den Lairig Ghru gegangen –» er sah mich von der Seite an – «oder nicht?»

«Doch, sind wir.»

«Wie war es?»

Ich versuchte daran zu denken, wie es gewesen war, und stellte fest, daß ich mich an nichts erinnern konnte, außer an die merkwürdige Diskussion, die ich nach dem Mittagessen mit Sinclair gehabt hatte.

«Es war... sehr schön. Wunderbar, wirklich.»

«Das klingt aber nicht sehr begeistert.»

«Nun es war... wunderbar.» Mir fiel kein anderes Wort ein.

«Aber vielleicht sehr anstrengend.»

«Ja, ich war müde.»

«Wie lange haben Sie gebraucht?»

Wieder konnte ich mich kaum erinnern. «Nun, wir waren zurück, als es dunkel wurde. Gibson wartete auf uns am Loch Morlich...»

«Hmmm.» Er schien darüber nachzudenken. «Und was macht Vetter Sinclair heute?»

Ich beugte mich hinunter, hob einen Stein auf und begann ihn hochzuwerfen und auf der Rückseite meiner Hand aufzufangen, als würde ich Münzen werfen. «Er ist nach London gefahren.»

«Nach London? Ich dachte, er hat frei.»

«Ja, hat er auch.» Ich ließ den Stein fallen und hob einen anderen auf. «Aber er bekam gestern abend einen Telefonanruf. Wir wissen nicht, worum es ging. Als wir heute morgen zum Frühstück runterkamen, fanden wir eine Nachricht von ihm.»

«Ist er mit dem Auto gefahren?»

Ich erinnerte mich an das Tigerbrummen des Lotus in der Dunkelheit. «Ja, er hat das Auto genommen.» Ich ließ den zweiten Stein fallen. «Er wird in ein, zwei Tagen zurück sein. Montag abend, vielleicht, meinte er.» Ich wollte nicht über Sinclair reden. Ich fürchtete mich vor Davids Fragen und versuchte ungeschickt das Thema zu wechseln. «Fischen Sie wirklich unten in Ihrem Garten? Ich hätte gar nicht geglaubt, daß hier genug Platz ist, um eine Angel auszuwerfen. Die Leine verheddert sich bestimmt oft in Ihrem Apfelbaum...»

Und so ging das Gespräch aufs Angeln über, ich erzählte ihm vom Clearwater-Fluß in Idaho, wohin mein Vater mich einmal in den Ferien mitgenommen hatte.

«Er ist voller Lachse, man kann sie praktisch mit der bloßen Hand herausholen.»

«Sie mögen Amerika, nicht wahr?»

«Ja. Ja, es gefällt mir dort.»

Er schwieg. Träge im Sonnenschein, und ermutigt von seinem Schweigen fuhr ich fort: «Es ist merkwürdig, zwei Ländern anzugehören, es scheint so, als würde man in beide nicht richtig reinpassen. Als ich in Kalifornien war, wünschte ich mir immer, in Elvie zu sein. Aber jetzt, wo ich in Elvie bin...»

«...möchten Sie am liebsten in Kalifornien sein.»

«Nein, eigentlich nicht. Aber manches vermisse ich doch.»

«Zum Beispiel?»

«Nun, bestimmte Dinge. Meinen Vater natürlich. Und Rusty. Und das Geräusch des Pazifik, spät abends, wenn die Wellen über den Strand rollen.»

«Und was ist mit den nicht so bestimmten Dingen?»

«Das ist komplizierter.» Ich versuchte zu entscheiden, was

mir wirklich fehlte. «Eiswasser. Und die *Bell Telephone Company*. Und San Francisco. Und eine Zentralheizung. Und die Gartencenter, wo man Pflanzen und so weiter kaufen kann und alles nach Orangenblüten duftet.» Ich wandte mich David zu und stellte fest, daß er mich beobachtete. Unsere Augen trafen sich, er lächelte. «Aber das Leben hier hat auch Vorteile», beeilte ich mich zu versichern.

«Erzählen Sie mir davon.»

«Postämter. Man kann in einem Landpostamt einfach alles kaufen – sogar Briefmarken. Und das Wetter ist nie zwei Tage hintereinander gleich. Es ist so viel aufregender. Und der Fünfuhrtee, mit Scones und Keksen und durchgeweichten Honigkuchen...»

«Wollen Sie mich in Ihrer subtilen Weise daran erinnern, daß es Zeit ist, diese Steaks zu essen?»

«Nicht absichtlich.»

«Nun, wenn wir sie jetzt nicht essen, werden sie kaum noch genießbar sein. Kommen Sie.»

Das Essen war wunderbar. Er öffnete sogar eine Flasche Wein, trocken und rot, die perfekte Ergänzung zu Steaks und Baguette. Zum Abschluß gab es Käse und Cracker und eine Schale frischer Früchte, gekrönt von hellen Weintrauben. Ich stellte fest, daß ich völlig ausgehungert gewesen sein mußte, ich aß enorm viel, wischte meinen Teller mit einer dicken weißen Kruste sauber und schälte danach eine Orange, daß mir der Saft von den Fingerspitzen tropfte. Als er aufgegessen hatte, ging David hinein, um Kaffee zu machen.

«Sollen wir ihn draußen trinken?» fragte er durch die offene Tür.

«Ja, lassen Sie ihn uns am Fluß trinken.» Ich ging hinein zu ihm, um meine klebrigen Hände unter dem Wasserhahn abzuspülen.

«In einer Truhe in der Halle liegt eine Decke», sagte er.

«Nehmen Sie sie mit runter, und machen Sie es sich bequem, ich bringe den Kaffee.»

«Was ist mit dem schmutzigen Geschirr?»

«Lassen Sie es stehen. Der Tag ist zu schön, um ihn an einer heißen Spüle mit Sklavenarbeit zu verbringen.»

Es war eine Bemerkung, die mein Vater hätte machen können, und sie tat mir sehr wohl. Ich fand die Decke und nahm sie mit nach draußen, ging den abschüssigen Rasen hinunter und breitete sie auf dem sonnenbeschienenen Gras aus, nur ein paar Yards vom Wasser entfernt. Nach dem langen trokkenen Sommer war der Wasserstand des Caple sehr niedrig, ihr Kiesufer wirkte wie ein Miniaturstrand zwischen dem Gras und dem tiefbraunen Wasser.

Der Apfelbaum war mit Früchten beladen, um den Stamm herum lag Fallobst. Ich ging und schüttelte den Baum, und ein paar weitere Äpfel plumpsten mit sanften Geräuschen ins Gras. Unter dem Baum war es schattig und kühl und roch angenehm moderig, wie auf alten Dachböden. Ich lehnte mich gegen den Stamm und betrachtete durch das Spitzenwerk der Zweige den sonnenbeschienenen Fluß. Es war sehr friedlich.

Besänftigt vom guten Essen und angenehmer Gesellschaft, fühlte ich, wie meine Lebensgeister wieder erwachten. Ich beschloß, vernünftig mit meinen halbeingestandenen Ängsten umzugehen. Was half es, wenn ich sie in meinem Hinterkopf herumschwirren ließ, wo sie bohrten wie ein schlimmer Zahn und mir fortwährend Magenschmerzen verursachten?

Ich mußte, was Sinclair betraf, realistisch sein. Es gab keinen Grund anzunehmen, daß er die Verantwortung für das Kind, das Tessa Faraday erwartete, nicht übernehmen würde. Wenn er am Montag nach Elvie zurückkehrte, würde er uns vermutlich mitteilen, daß er heiraten wolle, und Großmutter würde entzückt sein (fand sie das Mädchen nicht reizend?).

Ich wäre ebenfalls entzückt und müßte nie ein Wort über den Telefonanruf sagen, den ich mitangehört hatte.

Und was Gibson betraf, er wurde nun einmal alt, das ließ sich nicht leugnen, und vielleicht war es wirklich für alle Beteiligten besser, wenn er sich zur Ruhe setzte. Und wenn er gehen würde, könnten Großmutter und Sinclair sicherlich irgendein kleines Cottage finden, vielleicht mit einem Garten, wo er Gemüse anbauen und ein paar Hühner halten konnte, dann wäre er glücklich und beschäftigt.

Und was mich selbst betraf... Das ließ sich nicht so einfach mit einem Schulterzucken abtun. Ich wünschte, ich hätte eine Ahnung, warum er gestern die Frage einer Heirat zwischen uns aufgebracht hatte. Vielleicht war es einfach eine amüsante Idee, um sich in der halben Stunde nach unserem Picknick die Zeit zu vertreiben. Ich war durchaus bereit, es so hinzunehmen. Sein Kuß jedoch war weder verwandtschaftlich gewesen noch leichtherzig... nur daran zu denken bereitete mir Unbehagen, und das war der Grund, weshalb ich so vollkommen verwirrt war. Vielleicht war das seine Absicht gewesen, vielleicht wollte er mich durcheinanderbringen. Er war immer ein Spötter gewesen. Vielleicht wollte er einfach meine Reaktion testen...»

«Jane.»

«Ja?» Ich drehte mich um und sah, daß David Stewart hinter dem durchbrochenen Schatten des Baums im Sonnenlicht stand und mich beobachtete. Hinter ihm sah ich neben der Decke das Kaffeetablett stehen und mir wurde bewußt, daß er meinen Namen schon vorher gerufen haben mußte, ich ihn aber nicht gehört hatte. Er zog den Kopf ein, um unter einem niedrigen Zweig durchzukommen, stellte sich vor mich und stützte sich mit einer Hand gegen den Baum.

«Stimmt irgend etwas nicht?»

«Warum fragen Sie das?»

«Sie sehen ein bißchen besorgt aus. Außerdem sind Sie sehr blaß.»

«Ich bin immer blaß.»

«Und immer besorgt?»

«Ich habe nicht gesagt, daß ich besorgt bin.»

«Ist... ist gestern irgend etwas passiert?»

«Was meinen Sie?»

«Sie waren ziemlich schweigsam, was den Ausflug angeht.»

«Nichts ist passiert...» Am liebsten wäre ich einfach weggegangen, aber sein Arm war über meiner Schulter, und ich konnte nicht fort, ohne mich umständlich zu bücken. Er wandte den Kopf, um mich aus dem Augenwinkel anzusehen, und unter diesem vertrauten, verwirrenden Blick spürte ich, wie mein Gesicht und mein Hals warm wurden.

«Sie haben mir einmal gesagt», bemerkte er freundlich, «daß Sie erröten, wenn Sie lügen. Irgend etwas stimmt nicht.»

«Nein, nein, es ist alles in Ordnung. Und wenn schon, es ist nichts...»

«Wenn Sie es mir erzählen wollten, würden Sie es tun, nicht wahr? Vielleicht könnte ich helfen.»

Ich dachte an das Mädchen in London und an Gibson, und all meine Ängste fluteten wieder an die Oberfläche. «Niemand kann helfen», sagte ich zu ihm. «Niemand kann auch nur das geringste tun.»

Er beließ es dabei. Wir traten wieder in den Sonnenschein, und ich stellte fest, daß ich fror, ich hatte eine Gänsehaut. Ich setzte mich auf die warme Decke und trank Kaffee, David gab mir eine Zigarette, um die Mücken zu vertreiben. Nach einer Weile legte ich mich hin, mit dem Kopf auf einem Kissen, den Körper der Sonne dargeboten. Ich war müde, der Wein hatte mich schläfrig gemacht. Ich schloß die Augen, die Geräusche des Flusses wurden lauter, und kurz darauf war ich eingeschlafen.

Etwa eine Stunde später wurde ich wach. David lag etwa einen Yard von mir entfernt, hatte sich auf einen Ellenbogen gestützt und las eine Zeitung. Als ich mich streckte und gähnte, sah er auf.

«Das ist nun schon zum zweitenmal passiert», murmelte ich. «Ich wache auf, und Sie sind neben mir.»

«Ich wollte Sie ohnehin gleich wecken. Wecken und nach Hause bringen.»

«Wie spät ist es?»

«Halb vier.»

Ich betrachtete ihn schläfrig. «Kommen Sie zum Tee mit nach Elvie? Großmutter würde Sie sicher gern sehen.»

«Ich würde gern mitkommen, aber ich muß einen alten Knaben besuchen, der am Ende der Welt wohnt. Er macht sich ab und zu Sorgen wegen seines Testaments, und ich muß ihn beruhigen.»

«Das ist wie schottisches Wetter, oder?»

«Was meinen Sie damit?»

«Eine Woche sind Sie in New York und machen weiß der Teufel was. In der nächsten ziehen Sie los zu irgendeinem abgelegenen Glen, um die Gemütsruhe eines alten Mannes wiederherzustellen. Sind Sie gern Anwalt auf dem Land?»

«Ja, wenn ich ehrlich bin, es gefällt mir.»

«Es paßt so gut zu Ihnen. Ich meine... Als wären Sie Ihr ganzes Leben lang hier gewesen. Und Ihr Haus und alles... und der Garten. Es paßt alles zusammen, als ob es jemand auf Sie zugeschnitten hätte.»

«Sie passen auch hierher», sagte David.

Ich wünschte mir, er würde das weiter ausführen, und einen Augenblick lang dachte ich, er würde es tun, aber er schien seine Meinung zu ändern, stand statt dessen auf, sammelte das Kaffeegeschirr und seine Zeitung ein und brachte alles ins Haus. Als er zurückkehrte, lag ich immer noch dort und blickte auf den Fluß. Er stand hinter mir, schob die Hände unter meine Schultern und zog mich auf die Beine. Ich drehte mich um und fand mich in seinen Armen wieder. «Auch das hatten wir schon einmal», sagte ich.

«Nur daß damals Ihr Gesicht geschwollen war vom Weinen, und heute...»

«Was ist heute?»

Er lachte. «Heute haben Sie etwa sechs Dutzend neue Sommersprossen bekommen. Und eine Menge alter Apfelblätter im Haar.»

Er fuhr mich heim. Das Verdeck seines Autos war offen, und mein Haar flog mir ins Gesicht. David fand einen alten Seidenschal im Handschuhfach, den er mir gab, damit ich ihn mir um den Kopf binden konnte.

Als wir zu der Baustelle kamen, stand die Ampel auf Rot, so warteten wir mit leerlaufendem Motor und beobachteten den Verkehr, der uns auf der einen Spur entgegenkam.

«Ich kann mir nicht helfen», sagte David, «ich finde, es wäre besser gewesen, die Brücke abzureißen und eine neue zu bauen, anstatt dieses Stück Straße zu begradigen... oder wenigstens etwas gegen diese höllische Kurve auf der anderen Seite zu tun.»

«Aber die Brücke ist so hübsch!»

«Sie ist gefährlich, Jane.»

«Aber jeder weiß das und fährt nur mit ein oder zwei Stundenkilometern darüber.»

«Nicht jeder weiß Bescheid», berichtigte er mich trocken. «Im Sommer ist jeder zweite Fahrer ein Tourist.»

Nachdem das Auto über die bucklige Brücke gerollt war, gab David Gas. Der Wind pfiff mir um die Ohren, und so fuhren wir zurück nach Elvie.

Später zeigte ich meiner Großmutter meine einzige Neuerwerbung, den marineblauen Pullover, den ich beim Waffenschmied gekauft hatte.

«Ich finde», sagte sie, «du hast es sehr klug angefangen, daß du in Caple Bridge überhaupt etwas gefunden hast. Und er sieht wirklich sehr warm aus», fügte sie freundlich hinzu, das formlose Kleidungsstück beäugend. «Was willst du dazu tragen?»

«Hosen... irgendwas. Eigentlich wollte ich einen Rock, aber ich konnte nichts Passendes finden.»

«Was für einen Rock?»

«Irgend etwas Warmes... Vielleicht wenn du nächstes Mal nach Inverness fährst...»

«Wie wär's mit einem Kilt?» sagte meine Großmutter.

Daran hatte ich nicht gedacht. Ich fand die Idee großartig. Kilts sind das Bequemste auf der Welt, und die Farben sind wunderschön. «Wo kann ich einen Kilt kaufen?»

«Oh, meine Liebe, du brauchst keinen zu kaufen, das Haus ist voll von Kilts. Wir haben keinen von Sinclairs abgetragenen Kilts weggeworfen.»

Ich hatte den glücklichen Umstand vergessen, daß ein Kilt, im Gegensatz zu einem Fahrrad, geschlechtsneutral ist. «Aber das ist eine wunderbare Idee! Warum sind wir nicht schon früher darauf gekommen? Ich gehe sofort nachsehen. Wo sind sie? Auf dem Speicher?»

«Keineswegs. Sie sind in Sinclairs Zimmer, in der Klappe über seinem Schrank. Ich habe sie alle mit Mottenkugeln weggepackt, aber wenn du einen möchtest, können wir ihn eine Weile draußen aufhängen, damit der Geruch herausgeht, und er wird so gut wie neu sein.»

Ich wollte keinen Augenblick verlieren und machte mich auf die Suche nach einem Kilt. Sinclairs Zimmer, im Augenblick herrenlos, war geputzt und ausgefegt worden und makellos ordentlich. Ich erinnerte mich daran, daß diese Ordnungsliebe ihm immer schon eigen war. Als Junge hatte er Unordnung nicht ertragen können, nie mußte jemand anders seine Kleider zusammenlegen oder seine Spielsachen wegräumen.

Ich hob einen Stuhl hoch und ging zum Schrank hinüber. Er war in den Alkoven auf der Seite des Kamins gebaut worden; der Raum zwischen der Oberseite des Schrankes und der Decke wurde als zusätzlicher Stauraum für Koffer benutzt und für Kleider, die in der Jahreszeit nicht getragen wurden. Ich stellte mich auf einen Stuhl, öffnete die Klappe und blickte auf einen ordentlichen Stapel Bücher, einige Autozeitschriften, einen Squashschläger, ein Paar Schwimmflossen. Starker Kampfergeruch strömte aus einer riesigen Kleiderschachtel, die mit einer Kordel verschnürt war, und ich langte hoch, um sie herunterzuheben. Sie war schwer und sperrig, und während ich damit kämpfte, stieß ich mit dem Ellenbogen gegen den Bücherstapel und brachte ihn ins Wanken. Durch den Karton behindert, konnte ich nichts dagegen tun, daß die Bücher hinunterfielen, ich stand einfach auf dem Stuhl und hörte zu, wie sie in fürchterlichem Durcheinander auf den Boden krachten.

Ich fluchte, packte den Karton fester, hob ihn herunter, legte ihn aufs Bett und bückte mich, um die Bücher aufzuheben. Es waren ungefähr zehn Bände, ein Wörterbuch, «Le Petit Larousse», ein «Leben Michelangelos» und, ganz unten...

Es war dick und schwer und in scharlachrotes Leder eingebunden, auf dem Deckel prangte ein privates Wappen, auf dem vorderen Umschlag und auf dem karminroten Rücken war in goldenen Lettern gepunzt: «Eine Geschichte der Erde und der belebten Natur, Band I und II».

Ich kannte das Buch. Ich war wieder sechs Jahre alt, und mein Vater hatte es gerade mitgebracht von einem seiner gelegentlichen Beutezüge in Mr. McFees Antiquariat in Caple Bridge. Mr. McFee war schon lange tot, sein Geschäft war jetzt ein Tabakladen, aber damals hatte mein Vater viele glückliche Stunden im Gespräch mit Mr. McFee verbracht, einem heiteren Exzentriker, der keine langweiligen Vorurteile gegen Schmutz oder Staub hatte.

Er hatte Goldsmiths «Belebte Natur» zufällig gefunden und es triumphierend nach Hause gebracht, denn es war nicht nur ein seltenes Werk, sondern von einem früheren Besitzer aus adliger Familie privat eingebunden worden und so an sich schon ein schöner Gegenstand. Mein Vater brachte es in seiner Begeisterung und in dem Wunsch, seine Freude zu teilen, als erstes ins Kinderzimmer, um es Sinclair und mir zu zeigen. Meine Reaktion war vermutlich enttäuschend. Ich strich über das hübsche Leder, betrachtete ein oder zwei Bilder von asiatischen Elefanten und wendete mich dann wieder meinem Puzzle zu.

Aber mit Sinclair war es etwas anderes. Sinclair liebte alles daran, den alten Druck, die dicken Seiten, die Aquatintastiche, jedes Detail der winzigen Zeichnungen. Er liebte den Geruch, das marmorierte Vorsatzblatt und das Gewicht des großen alten Buches.

Der Erwerb eines solchen Prachtstücks für die Sammlung meines Vaters war einer besonderen Zeremonie würdig. Also holte er einige seiner Ex-Libris-Aufkleber, einen Holzschnitt mit seinen Initialen, die von dekorativen Pflanzenornamenten umrankt wurden, und klebte ihn feierlich auf das marmorierte Vorsatzblatt von Goldsmiths Werk. Sinclair und ich sahen dieser Operation in ergriffenem Schweigen zu, und als er damit fertig war, stieß ich einen Seufzer der Befriedigung aus, weil damit alles seine Ordnung hatte und nicht der Schatten eines Zweifels bestand, daß das Buch nun meinem Vater gehörte.

Dann wurde das Buch nach unten gebracht und auf einen Tisch im Wohnzimmer gelegt, neben Zeitschriften und Tageszeitungen, wo es bewundert, in die Hand genommen und im Vorübergehen durchgesehen werden konnte. Es wurde nicht wieder davon gesprochen, bis mein Vater zwei oder drei Tage später feststellte, daß es verschwunden war.

Niemand war deswegen besonders beunruhigt. Goldsmiths «Belebte Natur» war einfach woandershin geraten. Vielleicht hatte es jemand ausgeliehen und vergessen zurückzulegen. Aber niemand hatte es ausgeliehen. Mein Vater begann nachzuforschen und zog nichts als Nieten. Meine Großmutter suchte stundenlang, aber das Buch kam nicht zum Vorschein.

Dann wurden Sinclair und ich hinzugezogen. Hatten wir das Buch gesehen? Natürlich hatten wir es nicht gesehen, und nachdem wir das einmal gesagt hatten, wurde unsere Unschuld nie in Frage gestellt. Meine Mutter sagte: «Vielleicht ein Einbrecher...», aber meine Großmutter tat das verächtlich ab. Welcher Einbrecher würde antikes Silber stehenlassen und sich nur mit einem alten Buch davonmachen? Sie bestand darauf, Goldsmiths «Belebte Natur» sei einfach verlegt worden. Es würde wiederauftauchen. Wie jede kleine Sensation starb diese mysteriöse Geschichte eines natürlichen Todes, das Buch aber wurde nie gefunden.

Bis jetzt. In Sinclairs Schrank, säuberlich weggeräumt mit einigen anderen Besitztümern, für die er keine rechte Verwendung mehr hatte. Es war schön wie eh und je, das rote Leder war glatt und fühlte sich weich an, die Buchstaben leuchteten golden. In meinen Händen wog es schwer wie Blei. Ich erinnerte mich an das Ex Libris meines Vaters, schlug den Vorderdeckel des Buches auf und sah, daß das marmorierte Vorsatzblatt mitsamt dem Ex Libris entfernt worden war, vorsichtig und genau, dicht an der Bindung, vielleicht mit einer Rasierklinge. Und auf dem weißen Deckblatt, das darunterlag, stand schwarz auf weiß in der festen Handschrift des zwölfjährigen Sinclair:

Sinclair Bailey
Elvie
Dies ist sein Buch

9

Das wunderschöne warme Wetter hielt an. Am Montag nachmittag ging meine Großmutter mit einem Spaten und einem Paar Gartenhandschuhen bewaffnet hinaus, um Blumenzwiebeln zu pflanzen. Ich bot ihr meine Hilfe an, aber sie lehnte ab. Wenn ich mitkäme, würden wir doch nur schwatzen, meinte sie, und es würde nichts geschafft. Allein sei sie schneller. Deshalb pfiff ich nach den Hunden und machte mich auf zu einem Spaziergang. Ich arbeite ohnehin nicht gern im Garten.

Ich ging mehrere Meilen und war zwei Stunden oder länger unterwegs. Als ich zurückkehrte, verblaßte der Sonnenschein, und es wurde kühl. Ein paar Wolken zeigten sich über den Gipfeln der Berge, sie waren von Norden herangeweht worden, und über dem Loch lag ein Nebelstreif. Aus dem ummauerten Garten, wo Will ein Feuer machte, stieg blauer Rauch auf und verwehte wie eine lange Feder, die Luft war erfüllt von dem Geruch brennenden Abfalls. Die Hände tief in den Taschen vergraben überquerte ich den Damm und kam zu der Straße unter den Blutbuchen. Einer der Hunde begann zu bellen, ich blickte auf und sah den dunkelgelben Lotus Elan vor dem Haus parken.

Sinclair war zurück. Ich ging weiter, über das Gras, watete knöcheltief in abgefallenen Blättern bis zum Kiesweg. Als ich am Auto vorbeiging, ließ ich meine Hand über einen glänzenden Kotflügel gleiten, als müßte ich mich versichern, daß er wirklich da war. Ich betrat die warme Diele, wo es nach Torffeuer roch, wartete auf die Hunde und schloß dann die Tür hinter mir.

Ich hörte Stimmengemurmel aus dem Wohnzimmer. Die Hunde liefen zu ihren Näpfen, tranken und ließen sich dann vor das Kaminfeuer in der Diele fallen. Ich löste den Gürtel meines Regenmantels, zog ihn aus, schüttelte die schmutzigen Schuhe von den Füßen und glättete mein Haar mit den Händen. Dann durchquerte ich die Diele, öffnete die Tür und sagte: «Hallo, Sinclair.»

Sie hatten links und rechts am Kamin gesessen, einen niedrigen Teetisch zwischen sich. Aber nun stand Sinclair auf und kam mir durch den Raum entgegen, um mich zu begrüßen.

«Janey ... wo bist du gewesen?» Er gab mir einen Kuß.

«Ich habe einen Spaziergang gemacht.»

«Es ist fast dunkel, wir dachten schon, du hättest dich verirrt.»

Ich sah zu ihm auf. Aus irgendeinem Grund hatte ich gedacht, es würde ihm anzumerken sein, daß er anders geworden war. Ruhiger, müde vielleicht von der langen Fahrt. Nachdenklicher unter der Last seiner neuen Verantwortung. Aber ganz offensichtlich hatte ich mich geirrt. Wenn überhaupt ein Unterschied zu bemerken war, sah er noch heiterer, jünger und leichtherziger aus als je zuvor. Es war ein Glitzern um ihn an jenem Abend – ein aufgeregtes Strahlen, wie bei einem Kind zu Weihnachten.

Er nahm meine Hände. «Und du bist kalt wie ein Eiszapfen. Komm hierher, zum Feuer, und wärm dich auf. Ich habe dir freundlicherweise eine Scheibe Toast übriggelassen, aber ich bin sicher, daß Mrs. Lumley dir noch mehr macht, wenn du möchtest.»

«Nein, das ist gut so.» Ich hob einen niedrigen Lederhokker hoch und setzte mich zwischen sie, meine Großmutter schenkte mir Tee ein. «Wo bist du gewesen?» fragte sie, und ich berichtete von meinem Spaziergang. «Haben die Hunde etwas zu trinken gekriegt? Waren sie naß und schmutzig? Hast du sie abgetrocknet?» Ich schüttelte den Kopf. «Nicht nötig. Wir sind nirgendwo gewesen, wo es naß war, und ich habe das Heidekraut aus ihrem Fell gezupft, bevor wir heimkamen.» Sie reichte mir die Tasse, ich legte meine kalten Hände darum und sah Sinclair an.

«Wie war es in London?»

«Warm und stickig.» Er grinste, seine Augen glitzerten vor Übermut. «Voller erschöpfter Geschäftsleute in Winteranzügen.»

«Hast du... Erfolg gehabt mit dem, was du vorhattest?»

«Das klingt sehr pompös. Wo hast du gelernt, dich so gewählt auszudrücken?»

«Nun?»

«Ja, natürlich, sonst wäre ich doch nicht hier.»

«Wann – wann bist du in London losgefahren?»

«Heute früh, etwa um sechs Uhr. Großmutter, ist noch etwas Tee in der Kanne?»

Sie hob die Teekanne hoch und nahm den Deckel ab, um hineinzusehen. «Nicht mehr viel. Ich gehe in die Küche und brühe noch ein bißchen auf.»

«Ruf doch Mrs. Lumley.»

«Nein, ihr tun die Füße weh. Ich mach das schon. Ich möchte ohnehin mit ihr über das Abendessen sprechen, wir müssen noch einen Fasan in den Topf tun.»

Als sie gegangen war, nahm Sinclair meine Hände. Seine Berührung war kühl und leicht. «Ich möchte mit dir sprechen.»

Das war es. «Worüber?»

«Nicht hier. Ich möchte dich ganz für mich allein. Ich dachte, wir können nach dem Tee mit dem Auto hinausfahren. Auf den Bengairn hoch und zusehen, wie der Mond aufgeht. Kommst du mit?»

Wenn er unter vier Augen mit mir über Tessa sprechen wollte, so war der Lotus Elan ebensogut geeignet wie jeder andere Ort. Ich nickte. «In Ordnung.»

Mit dem Lotus zu fahren war ungewohnt, um es milde auszudrücken. Angegurtet auf dem niedrigen Sitz hatte ich das Gefühl, als wäre ich auf dem Weg zum Mond, und die Geschwindigkeit, mit der Sinclair losfuhr, trug nicht gerade dazu bei, diesen Eindruck zu zerstreuen. Wir brausten die kleine Straße hinauf und bogen mit quietschenden Reifen in die Hauptstraße ein. Die Nadel des Tachometers kletterte in Sekundenschnelle auf siebzig Meilen, Felder, Hecken und vertraute Wegzeichen flogen vorbei und blieben in schwindelerregendem Tempo hinter uns zurück.

«Fährst du immer so schnell?»

«Liebes, das ist nicht schnell.»

Ich beließ es dabei. Im Handumdrehen, so schien mir, waren wir an der buckligen Brücke, verlangsamten leicht, sausten dann hinüber und schossen, als mein Magen noch irgendwo zwei Fuß über meinem Kopf schwebte, auf die Baustelle zu. Die Ampel stand auf Grün, und Sinclair beschleunigte, so daß wir durch die Absperrung und ein gutes Stück darüber hinaus gefahren waren, bevor sie wieder auf Rot sprang.

Wir fuhren nach Caple Bridge hinein, wo eine Geschwindigkeitsbegrenzung von dreißig Meilen vorgeschrieben war. Aus Rücksicht auf den örtlichen Polizeiwachtmeister und sehr zu meiner Erleichterung schaltete er in einen niedrigeren Gang und ließ den Lotus mit der vorgeschriebenen Geschwindigkeit langsam durch die Stadt trödeln. Doch kaum hatten wir das letzte Haus hinter uns gelassen, bretterte er wieder los. Es herrschte jetzt wenig Verkehr. Die Straße war glatt, leicht gewölbt und zog sich in Kurven vor uns her. Das

Auto raste davon wie ein Pferd, dem die Zügel gelockert werden.

Wir kamen zu der Abzweigung, wo wir auf eine kleine Seitenstraße abbogen, die nach Süden führte. Sie kletterte in steilen Kurven auf den Gipfel des Bengairn. Felder und Äcker fielen unter uns ab, kurz darauf waren wir auf dem Moor. Das vom Wind zerzauste Gras war mit Heidekraut gesprenkelt, ein paar eher uninteressiert dreinblickende schwarzgesichtige Schafe standen in der Landschaft. Die kalte Luft, die durch das offene Fenster wehte, roch nach Torf, vor uns war es dunstig, aber bevor wir in den Nebel gerieten, lenkte Sinclair den Lotus in eine Parkbucht und stellte den Motor ab.

Vor uns dehnte sich das Tal, still breitete es sich unter einem Himmel von blassem Türkis aus, eher grün als blau, in das sich im Westen das Rosa des Sonnenuntergangs mischte. Weit unten lag Elvie Loch, ruhig und hell wie ein Juwel, und der Caple sah aus wie ein gewundenes Silberband. Es war sehr still, nur der Wind zerrte an dem Wagen, und ab und zu ertönte der Ruf der Brachvögel.

Neben mir löste Sinclair seinen Gurt. Als ich mich nicht rührte, um seinem Beispiel zu folgen, lehnte er sich zu mir herüber, um auch meinen zu öffnen. Ich drehte mich zu ihm um, und ohne etwas zu sagen nahm er mein Gesicht zwischen seine behandschuhten Hände und küßte mich. Nach einer Weile schob ich ihn sanft zurück und sagte: «Du wolltest mit mir sprechen, weißt du noch?»

Er lächelte, nicht im geringsten aus der Fassung gebracht, und stemmte sich hoch, um an seine Manteltasche zu kommen. «Ich habe etwas für dich...» Er nahm eine kleine Schachtel heraus, öffnete sie, und der ganze Himmel schien sich in dem Sternengeglitzer von Diamanten zu spiegeln.

Ich hatte das Gefühl, als würde ich kopfüber und Purzelbäume schlagend einen langen, steilen Abhang hinunterrollen. Schwindelig und benommen fand ich erst nach einer Weile die Sprache wieder, aber ich konnte nur sagen: «Aber Sinclair, das ist doch nicht für *mich*.»

«Natürlich ist er für dich. Hier...» Er nahm den Ring, warf die kleine Schachtel leichthin auf die Ablage über der Armatur, und bevor ich ihn daran hindern konnte, hatte er meine linke Hand genommen und den Ring fest auf meinen Finger gesteckt. Ich versuchte die Hand zurückzuziehen, aber er hielt sie fest und schloß seine Finger über dem Ring, so daß die Diamanten in meine Haut schnitten und weh taten.

«Aber er *kann* nicht für mich sein...»

«Er ist für dich. Nur für dich.»

«Sinclair, wir müssen miteinander reden.»

«Deshalb habe ich dich hierhergebracht.»

«Nein, nicht darüber. Über Tessa Faraday.»

Wenn ich angenommen hatte, daß ihm das einen Schock versetzen würde, hatte ich mich getäuscht. «Was weißt du über Tessa Faraday?» Er klang nachsichtig, nicht im mindesten erregt.

«Ich weiß, daß sie ein Kind bekommt. Von dir.»

«Und wie hast du das herausgefunden?»

«Weil ich an dem Abend, als sie anrief, das Telefon klingeln hörte und oben an den Anschluß ging, um zu antworten. Aber du hattest bereits abgenommen, und ich hörte... wie sie dir sagte...»

«Du warst das also?» Er klang recht erleichtert, als hätte sich irgendein kleines Dilemma in Luft aufgelöst. «Ich meinte gehört zu haben, wie an dem anderen Apparat eingehängt wurde. Wie außerordentlich taktvoll von dir, nicht bis zum Ende unseres Gesprächs zuzuhören.»

«Aber was wirst du tun?»

«Tun? Nichts.»

«Aber das Mädchen bekommt ein Kind von dir.»

«Liebste Janey, wir wissen nicht, ob es von mir ist.»

«Aber es könnte von dir sein.»

«O ja, das könnte es. Aber das bedeutet nicht, daß es so ist. Und ich übernehme nicht die Verantwortung für die Unachtsamkeit eines anderen Mannes.»

Ich dachte an Tessa Faraday und das Bild, das ich mir von ihr zurechtgezimmert hatte. Das fröhliche, hübsche Mädchen, lachend in Sinclairs Armen. Die erfolgreiche, engagierte Skiläuferin, der die Welt, die sie sich ausgesucht hatte, zu Füßen lag. Die junge Frau, der Anerkennung und Bewunderung gezollt wurde, die mit meiner Großmutter im *Connaught* zu Mittag aß. «So ein reizendes Mädchen», hatte meine Großmutter gesagt, und sie täuschte sich selten in Menschen. Nichts davon stimmte überein mit dem Eindruck, den Sinclair mir zu vermitteln versuchte.

Um Fassung bemüht fragte ich: «Hast du ihr das gesagt?»

«Mehr oder weniger, ja.»

«Und was hat sie gesagt?»

Er zuckte leicht mit den Schultern. «Sie sagte, wenn ich so empfände, würde sie andere Maßnahmen treffen.»

«Und du hast es dabei belassen?»

«Ja, wir haben es dabei belassen. Sei doch nicht so naiv, Jane, sie ist herumgekommen, sie ist ein vernünftiges Mädchen.»

Die ganze Zeit hatte er seinen Griff um meine Hand nicht gelockert, aber nun ließ er sie los, und ich konnte meine verkrampften Finger öffnen und ausstrecken. Er nahm den Ring zwischen Zeigefinger und Daumen und drehte ihn ein bißchen hin und her, als wolle er ihn aufschrauben. «Jedenfalls», sagte er, «habe ich ihr gesagt, daß ich dich heiraten werde.»

«Du hast ihr *was* gesagt?»

«Oh, Liebling, hör doch zu. Ich sagte ihr, daß ich dich heirate...»

«Aber dazu hattest du kein Recht... du hast mich nicht einmal gefragt.»

«Natürlich habe ich dich gefragt. Was glaubst du denn, worüber wir neulich gesprochen haben? Was dachtest du denn, was hier ich tue?»

«Schauspielern.»

«Nein, ich habe nicht geschauspielert. Und das weißt du ganz genau.»

«Du bist doch gar nicht verliebt in mich.»

«Aber ich liebe dich.» Aus seinem Mund klang das vollkommen vernünftig. «Und mit dir zusammenzusein und dich wieder in Elvie zu haben ist das Beste, was mir je passiert ist. Es ist so etwas Frisches um dich, Janey. Im einen Augenblick bist du so naiv wie ein Kind, und im nächsten kommst du an mit etwas, was erstaunlich weise ist. Und du bringst mich zum Lachen, und ich finde dich überaus attraktiv. Und du kennst mich fast besser, als ich mich selbst kenne. Ist all das nicht wichtiger, als einfach nur verliebt zu sein?»

«Aber wenn man jemanden heiratet, ist es für immer», entgegnete ich.

«Nun?»

«Du mußt in Tessa Faraday verliebt gewesen sein, und jetzt willst du nichts mehr mit ihr zu tun haben...»

«Janey, das war etwas völlig anderes.»

«Wie anders? Ich kann nicht erkennen, wieso das so anders sein soll.»

«Tessa ist attraktiv und fröhlich, es ist sehr angenehm, mit ihr zusammenzusein, und ich habe ihre Gesellschaft ungeheuer genossen, aber ein Leben lang – nein.»

«Aber sie wird das Kind für den Rest ihres Lebens haben.»

«Ich habe dir bereits gesagt, es ist sehr wahrscheinlich gar nicht von mir.»

Es war offensichtlich, daß er sich aus dieser Perspektive

unangreifbar vorkam. Ich versuchte es mit einer anderen Taktik. «Angenommen, Sinclair, nur angenommen, daß ich dich nicht heiraten möchte. Wie ich neulich schon sagte, wir sind Cousins ersten Grades ...»

«Das hat es vor uns auch schon gegeben.»

«Wir stehen uns zu nahe. Ich würde es nicht riskieren wollen.»

«Ich liebe dich», sagte Sinclair. Es war das erste Mal, daß das jemand zu mir sagte. Ich hatte es mir in heimlichen Tagträumen als Teenager oft vorgestellt. Aber nie so.

«Aber ... aber ich liebe dich nicht ...»

Er lächelte. «Du klingst nicht sehr sicher.»

«Aber ich bin sicher. Ziemlich sicher.»

«Nicht einmal genug, um ... mir zu helfen?»

«Oh, Sinclair, du brauchst keine Hilfe.»

«Aber da täuschst du dich. Ich brauche Hilfe. Wenn du mich nicht heiratest, wird meine ganze Welt in sich zusammenstürzen.»

Das war ein Satz, wie er einem Liebhaber anstand, und doch hatte ich nicht das Gefühl, daß Liebe daraus sprach.

«Das meinst du doch wohl nicht wörtlich, oder?»

«Wie scharfsinnig du sein kannst, Janey. Doch, das meine ich.»

«Warum?»

Er war plötzlich ungeduldig, ließ meine Hand fallen, als sei er gelangweilt, und wandte sich ab, um nach einer Zigarette zu suchen. Er fand ein paar in seiner Manteltasche, nahm eine und zündete sie mit dem Anzünder an der Armatur an. «Oh, weil ...» sagte er schließlich.

Nach einer Weile drängte ich ihn: «Weil?»

Er holte tief Luft. «Weil ich bis über beide Ohren in Schulden stecke. Weil ich entweder Geld auftreiben muß, um sie zurückzuzahlen, oder eine Sicherheit vorweisen, um mir

Geld leihen zu können. Ich habe keins von beiden. Und wenn alles herauskommt, und diese Gefahr droht durchaus, dann kann ich davon ausgehen, daß mein Chef nach mir schickt, um mir widerstrebend mitzuteilen, daß sie sehr gut ohne meine Dienste auskommen können, danke schön.»

«Du meinst, du verlierst deinen Job?»

«Nicht nur scharfsinnig, sondern auch noch eine rasche Auffassungsgabe.»

«Aber... wie bist du in Schulden geraten?»

«Was glaubst du wohl? Pferdewetten, Blackjack spielen...»

Es klang sehr harmlos. «Und wie hoch?»

Er sagte es mir. Ich konnte nicht glauben, daß irgend jemand so viel Geld hatte und erst recht nicht so viele Schulden. «Du mußt von Sinnen sein. Du meinst, nur mit Kartenspielen...»

«Oh, um Gottes willen, Jane, in manchen Spielclubs in London kann man an einem einzigen Abend so viel verlieren. Und ich habe nahezu zwei Jahre dafür gebraucht.»

Es dauerte einen oder zwei Augenblicke, bis ich die Tatsache begreifen konnte, daß ein ausgewachsener Mann derart dumm sein konnte. Ich hatte immer gedacht, mein Vater schwebe, was Geld angeht, über dem Boden der Tatsachen, aber das...

«Kann Großmutter dir nicht helfen? Dir das Geld leihen?»

«Sie hat mir früher schon geholfen... ohne allzu große Begeisterung, wie ich wohl hinzufügen kann.»

«Du meinst, es ist nicht das erste Mal.»

«Nein, es ist nicht das erste Mal, und du brauchst nicht so ein schockiertes, verdattertes Gesicht zu machen. Außerdem, unsere Großmutter hat so viel Geld nicht herumliegen.

Sie gehört einer Generation an, die an feste Kapitalanlagen glaubt; ihr Geld steckt in Investments und Grundbesitz.»

Grundbesitz. Ich sagte leichthin: «Wie wär's dann, ein wenig Land zu verkaufen? Das... Moor zum Beispiel?»

Sinclair warf mir einen Seitenblick zu, voll widerwilligem Respekt. «Daran habe ich bereits gedacht. Ich habe sogar eine Gruppe Amerikaner organisiert, die überaus interessiert daran sind, das Moor zu kaufen, oder, wenn sie das nicht könnten, es wenigstens jährlich für eine beträchtliche Pacht zu übernehmen. Um ehrlich zu sein, Janey, deshalb habe ich doch diesen kleinen Urlaub genommen, um hierherzufahren und ihr diese Idee in den Kopf zu setzen. Aber natürlich will sie nichts davon wissen... obwohl ich nicht begreifen kann, wofür das Land gut sein soll, so wie es ist.»

«Es ist bereits verpachtet...»

«Für einen lächerlichen Betrag. Die Pacht, die diese kleinen Geschäftsleute ihr zahlen, deckt kaum die Kosten von Gibsons Patronen.»

«Und Gibson?»

«Ach, zum Teufel mit Gibson. Er ist ohnehin schon zu alt, es ist Zeit, daß er in den Ruhestand geschickt wird.»

Wir schwiegen wieder. Sinclair saß da und rauchte. Ich saß neben ihm und versuchte verzweifelt, das Durcheinander meiner Gedanken zu ordnen. Ich stellte fest, daß mich seine skrupellose Haltung nicht erstaunte – ich hatte so etwas bereits befürchtet. Auch über die Tatsache, daß er sich in einen derartigen Schlamassel manövriert hatte, wunderte ich mich nicht, sondern einfach darüber, daß er so offen zu mir war. Entweder hatte er nichts zu verlieren, weil er die Idee, wir würden heiraten, völlig aufgegeben hatte, oder seine Selbsttäuschung war grenzenlos.

Allmählich wurde ich wütend. Ich verliere nur langsam die Selbstbeherrschung, und es passiert selten, aber wenn es einmal dazu kommt, werde ich ziemlich unlogisch. Da ich das wußte und einen Zornesausbruch unbedingt vermeiden wollte, riß ich mich zusammen und konzentrierte mich darauf, kühl und praktisch zu bleiben.

«Ich weiß nicht, weshalb Großmutter mehr darüber zu bestimmen haben sollte als du. Schließlich wird Elvie eines Tages dir gehören. Ich denke, wenn du größere Teile davon jetzt verkaufen willst, dann ist das deine Angelegenheit.»

«Wie kommst du darauf, daß Elvie eines Tages mir gehören wird?» fragte er.

«Natürlich wird es das. Du bist ihr Enkel. Es gibt niemanden sonst.»

«Du sprichst, als wäre es ein Familienerbe, als wäre Elvie seit Generationen von dem Vater an den Sohn gegangen. Aber das ist es nicht. Es gehört unserer Großmutter, und wenn sie will, kann sie es einem Heim für herrenlose Katzen hinterlassen.»

«Und warum nicht dir?»

«Weil ich, mein Liebes, der Sohn meines Vaters bin.»

«Und was soll das heißen?»

«Das heißt, daß ich ein Tunichtgut bin, ein Taugenichts, ein schwarzes Schaf. Ein richtiger Bailey, wenn du so willst.»

Ich starrte ihn verständnislos an, und plötzlich lachte er, und es klang keineswegs angenehm. «Unschuldige kleine Jane, hat dir nie jemand von deinem Onkel Aylwyn erzählt? Hat dein Vater dir kein Wort gesagt?»

Ich schüttelte den Kopf.

«Ich erfuhr es, als ich achtzehn war… als eine Art unerwünschtes Geburtstagsgeschenk. Weißt du, Aylwyn Bailey war nicht nur unehrlich, sondern auch noch unfähig. Von den Jahren, die er in Kanada verbrachte, saß er fünf im Gefängnis. Wegen Betrugs, Unterschlagung und Gott weiß was sonst noch. Ist dir nie aufgefallen, daß die ganze Geschichte ein bißchen unnatürlich ist? Keine Besuche. Sehr wenige Briefe. Und nicht ein einziges Foto im ganzen Haus?»

Plötzlich lag die Wahrheit so offen zutage, daß ich mich fragte, weshalb ich nicht selbst schon darauf gekommen war. Ich dachte an das Gespräch, das ich erst vor ein paar Tagen mit meiner Großmutter geführt hatte. Wie wenige Eindrücke hatte sie mir doch von ihrem einzigen Sohn vermittelt. *Er wollte in Kanada leben und ist schließlich dort gestorben. Elvie hat Aylwyn nie viel bedeutet... Er sah aus wie Sinclair. Und er war sehr charmant.*

Ich war wie betäubt. «Aber warum kam er nie zurück?»

«Ich nehme an, er war einer von den Männern, die im Ausland von Überweisungen aus der Heimat leben... vielleicht stellte sich unsere Großmutter vor, ich wäre ohne seinen Einfluß besser dran.» Er drückte den Knopf, mit dem das Fenster heruntergelassen wurde, und warf die halbgerauchte Zigarette fort. «So wie sich die Dinge entwickelt haben, glaube ich allerdings nicht, daß es irgendeinen Unterschied gemacht hätte, so oder so. Ich habe einfach die Familienkrankheit geerbt.» Er lächelte mich an. «Und was nicht geheilt werden kann, muß ertragen werden.»

«Du meinst, alle anderen müssen es ertragen.»

«Ach, komm, für mich ist es schließlich auch nicht leicht. Weißt du, Janey, es ist seltsam, daß du darauf kommst – daß Elvie irgendwann mir gehören wird. Neulich nacht sprachen wir darüber, das Moor zu verkaufen, und darüber, was mit Gibson geschehen soll, da war das mein letzter Trumpf. ‹Elvie wird einmal mir gehören. Früher oder später gehört es mir. Weshalb sollte ich dann jetzt nicht entscheiden, was damit geschehen soll?›» Er drehte sich zu mir um und lächelte... sein charmantes, entwaffnendes Lächeln. «Und weißt du, was unsere Großmutter sagte?»

«Nein.»

«Sie sagte: ‹Aber Sinclair, da irrst du dich. Elvie bedeutet dir nichts, es sei denn als Einkommensquelle. Du hast dir ein Leben in London aufgebaut und würdest nie hier leben wollen. Elvie wird an Jane gehen.›»

Und hier also kam ich ins Spiel. Das war das letzte Puzzleteilchen, nun war das Bild vollständig.

«Deshalb wolltest du mich also heiraten. Um Elvie in die Finger zu bekommen.»

«So klingt es ein bißchen unverblümt...»

«Unverblümt!»

«...aber ich denke, das war in groben Zügen die Idee. Außer all den anderen Gründen, die ich dir bereits genannt habe. Und das war wirklich und wahrhaftig und vollkommen aufrichtig gemeint.»

Diese Worte aus seinem Mund brachten schließlich meine Selbstbeherrschung ins Wanken, sie stießen meine Unerschütterlichkeit um wie einen Felsblock, der nur einen Schubs braucht, um den Hügel hinunterzurollen.

«Wirklich und wahrhaftig und aufrichtig. Sinclair, du weißt ja nicht einmal, was diese Worte bedeuten. Wie kannst du sie nur im gleichen Atemzug gebrauchen mit dem... mit all dem, was du mir erzählt hast...»

«Du meinst über meinen Vater?»

«Nein, ich meine nicht über deinen Vater. Dein Vater ist mir egal, und dir kann er genauso egal sein. Und Elvie ist mir auch egal. Ich will Elvie nicht einmal, und wenn Großmutter es mir hinterläßt, werde ich es nicht annehmen. Ich werde es niederbrennen oder verschenken, nur damit du es nicht in deine gierigen Pfoten kriegst.»

«Das ist nicht sehr barmherzig.»

«Ich will auch gar nicht barmherzig sein. Du verdienst keine Barmherzigkeit. Du bist besessen davon, haben zu wollen, das warst du immer schon. Du mußtest immer alles *haben*... Und wenn du etwas nicht bekommen konntest, hast du es dir einfach genommen. Elektrische Eisenbahnen, Boote, Cricketschläger und Gewehre, als du klein warst. Und nun Phantasieautos und Wohnungen in London und Geld und Geld und noch mehr Geld. Du wirst nie zufrieden sein. Selbst wenn ich auf all das einginge, was du von mir verlangst, wenn ich dich heiraten und dir Elvie überlassen würde mit allem Drum und Dran, wäre dir das nicht genug.»

«Du bist ein bißchen weltfremd.»

«So würde ich das nicht nennen. Es geht darum, die Prioritäten richtig zu setzen, zu begreifen, daß Menschen mehr bedeuten als Dinge.»

«Menschen?»

«Ja, Menschen, weißt du, menschliche Wesen, mit Gefühlen und Emotionen und all den Eigenschaften, die du vergessen zu haben scheinst, wenn du überhaupt je gewußt hast, daß sie existieren. Menschen wie unsere Großmutter, und Gibson, und diese Tessa, die ein Kind von dir bekommt... und fang jetzt nicht wieder an, mir einreden zu wollen, es sei nicht von dir, denn ich weiß, und was wichtiger ist, du weißt verdammt gut, daß es von dir ist. Sie haben ihren Zweck erfüllt, sie sind entbehrlich, und so wirfst du sie einfach über Bord.»

«Dich nicht», sagte Sinclair. «Dich werfe ich nicht über Bord. Dich nehme ich mit mir.»

«O nein, das tust du nicht.» Der Ring saß zu fest. Ich zerrte ihn vom Finger, zerschrammte mir dabei den Knöchel und konnte mich gerade noch soweit beherrschen, daß ich ihn Sinclair nicht ins Gesicht warf. Ich griff nach der kleinen Schmuckschachtel, stieß den Ring in den Samt, ließ die Schachtel zuschnappen und warf sie zurück auf die Ablage. «Du hattest recht, als du sagtest, daß wir einander liebten. Wir liebten uns, und ich habe immer gedacht, du wärst der wunderbarste Mensch auf der Welt. Aber es stellt sich heraus, daß du nicht nur verabscheuungswürdig bist, sondern auch noch dumm. Du mußt von Sinnen sein, wenn du glaubst, ich würde einfach mitspielen, als ob nichts geschehen wäre. Du mußt mich für eine ungeheure Idiotin halten.»

Zu meinem Entsetzen hörte ich, wie meine Stimme anfing zu beben. Ich warf mich so weit weg von ihm wie möglich in den Sitz, saß zitternd da und sehnte mich danach, draußen zu sein im Freien oder in irgendeinem riesigen Raum, wo ich schreien, mit Gegenständen um mich werfen und mich überhaupt einem hysterischen Anfall hingeben könnte. Aber das ging nicht. Ich war eingesperrt in dem winzigen Innenraum von Sinclairs Auto, es gab kaum Platz für unsere überschäumenden Gefühle, und schon gar nicht für uns beide.

Ich hörte, wie er neben mir seufzte. «Wer hätte gedacht, daß du mit solch erhabenen Prinzipien aus Amerika zurückkommst», sagte er.

«Das hat mit Amerika nichts zu tun. Ich bin eben so, und ich werde immer so sein.» Ich spürte, wie meine Mundwinkel sich nach unten zogen und meine Augen sich mit Tränen füllten. «Und jetzt will ich nach Hause.»

Es nützte nichts. Trotz aller Beherrschung fing ich nun wirklich an zu weinen. Ich suchte nach einem Taschentuch, konnte aber natürlich keines finden und mußte schließlich Sinclairs nehmen, das er mir schweigend reichte.

Ich wischte mir die Tränen ab und putzte mir die Nase, und aus irgendeinem lächerlichen Grund brach diese prosaische Handlung die Spannung zwischen uns. Er nahm ein Paar Zigaretten aus seiner Tasche, zündete sie beide an und gab mir eine davon. Das Leben ging weiter. Ich bemerkte, daß es während unseres Gesprächs dunkel geworden war. Der Mond, nicht mehr neu, aber immer noch eine zarte Sichel, ging im Osten auf, aber er schien nur verschwommen durch den Nebel, der auf den Bergen hing und uns nun allmählich einhüllte.

Ich putzte noch einmal meine Nase und fragte: «Was wirst du jetzt tun?»

«Keine Ahnung.»

«Wenn wir vielleicht mit David Stewart sprechen würden...»

«Nein.»

«Oder mit meinem Vater. Er ist ja vielleicht nicht sehr praktisch, aber er ist sehr klug. Wir könnten ihn anrufen...»

«Nein.»

«Aber Sinclair...»

«Du hast recht», sagte er. «Es ist Zeit, nach Hause zu fahren.» Er streckte die Hand aus, um die Zündung einzuschalten. Der Motor erwachte schnurrend zum Leben und übertönte alle anderen Geräusche. «Wir sollten in Caple Bridge anhalten und etwas trinken. Ich glaube, wir können beide einen vertragen – ich auf jeden Fall. Außerdem hat dein Gesicht dann Zeit, sich zu erholen, bevor Großmutter es sieht.»

«Was ist mit meinem Gesicht?»

«Es ist ganz verquollen und aufgedunsen. Genau wie damals, als du die Masern hattest. Du siehst wieder aus wie ein kleines Mädchen.»

10

Das ernsthafte Geschäft des Trinkens ist in Schottland, wie die Teilnahme an einem Begräbnis, ein rein männliches Privileg. Weibliche Wesen jeder Art sind in öffentlichen Bars nicht willkommen, und wenn ein Mann den Fehler machen sollte, seine Frau oder Freundin in einen Pub mitzunehmen, wird von ihm erwartet, sie in einem trübseligen Nebenraum zu unterhalten, außer Sicht- und Hörweite seiner krakeelenden Kumpane.

Das *Crimond Arms* in Caple Bridge bildete keine Ausnahme zu dieser Regel. Wir wurden an diesem Abend in einen eiskalten, unwirtlichen Raum geführt, er war orangefarben tapeziert, mit Rohrstühlen und Tischen möbliert, eine Reihe Gipsenten und eine vereinzelte Vase mit staubigen Plastikblumen bildeten die Dekoration. Im Raum standen außerdem eine Gasheizung, die nicht brannte, ein paar große Aschenbecher der Brauerei und ein Klavier, das allerdings verschlossen war. Wir mußten also selbst für unsere Unterhaltung sorgen.

Ich saß allein, niedergeschlagen und frierend in diesem Raum, erfüllt von namenlosen Ängsten um Sinclair, fassungslos über alles, was geschehen war, und wartete auf ihn. Endlich kam er wieder, mit einem kleinen hellen Sherry für mich in der einen und einem großen dunklen Whisky für sich in der anderen Hand. Sofort fragte er: «Warum hast du das Feuer nicht angemacht?»

Eingedenk des verschlossenen Klaviers und der allgemeinen Atmosphäre unwirtlicher Mißbilligung antwortete ich: «Ich dachte, das dürfte ich nicht.»

«Sei nicht albern», sagte Sinclair, nahm ein Streichholz und kniete nieder, um das Gasfeuer anzuzünden. Es folgte eine leise Explosion, eine Kette kleiner Flammen züngelte auf, starker Gasgeruch drang durch den Raum, und innerhalb einer Minute spürte ich einen Hitzestrahl an meinem Knie.

«Ist es so besser?»

Es war nicht besser, denn die Kälte kam tief aus meinem Innern und ließ sich nicht einfach fortwärmen, doch der Einfachheit halber nickte ich. Zufrieden setzte er sich in einen kleinen Korbstuhl, der auf dem phantasievollen Kaminvorleger stand, stöberte nach einer Zigarette, zündete sie an und hob sein Whiskyglas in meine Richtung.

«Ich schau dir in die Augen», sagte er.

Es war ein alter Witz, daran sollte ich erkennen, daß er eine Art Waffenstillstand schließen wollte. Ich hätte nun sagen müssen: «Und ich hebe mein Glas», aber das tat ich nicht, denn ich war nicht sicher, ob wir je wieder zu unserer alten Freundschaft zurückfinden konnten.

Danach sprach er nicht mehr. Ich trank meinen Sherry aus, setzte das leere Glas ab, und als ich sah, daß er mit seinem erst halb fertig war, entschuldigte ich mich kurz. Ich hatte die Absicht, mein Aussehen zu überprüfen, bevor ich meiner Großmutter unter die Augen trat. Sinclair sagte, er würde warten, also verließ ich den Raum, stolperte durch einen Korridor, dann eine Treppe hinauf und fand die Damentoilette, die keineswegs gastfreundlicher war als der trostlose Raum unten. Im Spiegel begegnete mir ein entmutigendes Bild, mein Gesicht war fleckig und geschwollen, die Wimperntusche verschmiert. Ich wusch mir Hände und Gesicht mit kaltem Wasser, fand einen Kamm in meiner Tasche und glättete mein wirres Haar. Dabei hatte ich die ganze Zeit über das Gefühl, als würde ich einen Leichnam zurechtmachen wie in den makabren Geschichten von amerikanischen Leichenbestattern.

All das nahm einige Zeit in Anspruch, und als ich wieder

nach unten kam, fand ich den freudlosen Raum leer. Durch die Tür, die in die eigentliche Bar führte, hörte ich jedoch Sinclairs Stimme. Er sprach mit dem Barmann, und ich nahm an, daß er die Gelegenheit ergriffen hatte, um sich noch einen Whisky zu genehmigen und ihn in einer sympathischeren Umgebung zu trinken.

Ich wollte nicht herumsitzen, deshalb ging ich zum Auto, um auf ihn zu warten. Es hatte angefangen zu regnen, der Marktplatz war naß und schwarz wie ein See, auf dem der orangefarbene Widerschein der Straßenlaternen schimmerte. Zusammengekauert und frierend saß ich im Auto, mir fehlte sogar die Energie, mir eine Zigarette anzuzünden. Dann sah ich, wie die Tür des *Crimond Arms* aufging, einen Augenblick lang zeigte sich Sinclairs Silhouette, dann schloß sich die Tür wieder, und er kam durch den Nieselregen auf mich zu. In der Hand hielt er eine Zeitung.

Er warf sich hinter das Steuer, knallte die Tür zu und saß einfach da. Es roch nach Whisky, und ich fragte mich, wie viele Gläser er in der Zeit, in der ich oben war, um mein Gesicht zu waschen, wohl hatte trinken können. Nach einer Weile, als er immer noch keine Bewegung machte, um das Auto zu starten, fragte ich: «Stimmt etwas nicht?»

Er antwortete nicht, sondern saß einfach da, starrte vor sich hin, sein Profil war blaß, die Wimpern lagen dunkel und dicht an den Wangenknochen.

Ich war plötzlich besorgt. «Sinclair?»

Er reichte mir die Zeitung. Ich sah, daß es die lokale Abendzeitung war, vermutlich hatte er sie in der Bar aufgelesen. Im Licht der Straßenlaternen las ich die Schlagzeile, die von einem Busunglück berichtete, ein Foto von einem neugewählten Stadtrat, eine Kolumne berichtete von irgendeinem Mädchen aus Thrumbo, das in Neuseeland sein Glück gemacht hatte...

Und dann fand ich es, fettgedruckt in der untersten Ecke:

Tod einer bekannten Skiläuferin

Die Leiche von Miss Tessa Faraday wurde heute morgen in ihrer Wohnung in Crawley Court, London S. W. 1 gefunden. Miss Faraday, 22 Jahre alt, war im letzten Winter die Gewinnerin der Damenmeisterschaft...

Die Buchstaben tanzten, verschwammen und waren verloren. Ich schloß die Augen, als könnte ich so das Entsetzen aussperren, dabei wußte ich doch genau, daß es kein Entkommen gab vor dem, was in meinem eigenen Kopf vor sich ging. *Sie sagte, sie würde andere Maßnahmen treffen*, hatte Sinclair erklärt. *Sie ist herumgekommen. Sie ist ein vernünftiges Mädchen.*

«Sie hat sich umgebracht», sagte ich benommen.

Ich öffnete die Augen. Er hatte sich nicht bewegt. Dann hörte ich, wie meine eigene Stimme fragte: «Wußtest du, wie diese anderen Maßnahmen aussehen würden?»

Mühsam sagte er: «Ich dachte, sie meinte, sie würde es loswerden.»

Ich war plötzlich sehr weise. Ich wußte Bescheid. «Sie hatte keine Angst davor, das Kind zu bekommen», sagte ich. «So war sie nicht. Sie hat sich umgebracht, weil sie wußte, daß du sie nicht mehr liebtest. Du wolltest eine andere heiraten.»

In einem plötzlichen Wutanfall fuhr er herum. «Halt den Mund, sag kein Wort mehr über sie, hörst du? Sprich nicht von ihr, sag nichts über sie, kein einziges Wort. Du weißt überhaupt nichts von ihr, tu also nicht so als ob. Du verstehst das nicht, und das ist von dir auch nicht zu erwarten.»

Damit ließ er den Motor an, löste die Handbremse, und mit einem lauten Sirren der nassen Reifen auf den nassen Pflastersteinen schwang der Lotus herum und schoß über den Platz zu der Straße, die hinaus aufs Land und schließlich nach Elvie führte.

Er war betrunken, oder er hatte Angst, oder sein Herz war gebrochen, oder er stand unter Schock. Oder all das zusammen. Er verschwendete jetzt keinen Gedanken an Verkehrsregeln oder auch nur schlichte Vorsicht. Sinclair war auf der Flucht, gejagt von tausend Teufeln, und Geschwindigkeit war seine einzige Gegenwehr.

Wir rasten durch die engen Straßen der kleinen Stadt und schossen hinaus in das dunkle Land dahinter. Die Wirklichkeit schrumpfte auf die Umrisse der Straße vor uns zusammen, die weißen Linien und die Leuchtnägel in der Mitte kamen uns so ungestüm entgegen, daß sie alle zu einer einzigen Einheit verschwammen. Ich hatte nie zuvor wirkliche körperliche Angst empfunden, aber jetzt stellte ich fest, daß ich die Zähne zusammengebissen hatte, daß sie schmerzten, und mit dem Fuß so stark auf eine imaginäre Bremse trat, daß ich Gefahr lief, mir die Wirbelsäule auszurenken. Wir bogen um die letzte Ecke, und vor uns lag die Straße zu der Baustelle offen. Die Ampel stand auf Grün, um durchzukommen, bevor sie die Farbe wechselte, gab Sinclair noch mehr Gas, und wir brausten vorwärts, schneller als zuvor. Ich merkte, wie ich betete: *Laß die Ampel rot werden. Jetzt. Bitte, laß die Ampel rot werden.*

Und dann, als es nur noch etwa fünfzig Yards waren, geschah das Wunder, die Ampel sprang auf Rot. Sinclair begann zu bremsen, und ich wußte in diesem Augenblick, was ich zu tun hatte. Mit kreischenden Reifen kam der Lotus schließlich zum Stillstand. Am ganzen Körper zitternd öffnete ich die Autotür und stieg aus.

«Was machst du da?» fragte Sinclair.

Ich stand im Dunkeln und im Regen, gefangen wie ein Nachtfalter vom Strahl der langsam näherkommenden Scheinwerfer, die sich aus der anderen Richtung auf uns zu bewegten.

«Ich habe Angst», sagte ich.

Relativ freundlich sagte er: «Steig wieder ein. Du wirst naß.»

«Ich gehe zu Fuß.»

«Aber es sind vier Meilen...»

«Ich möchte zu Fuß gehen.»

«Janey...» Er lehnte sich vor, als wolle er mich ins Auto zurückziehen, aber ich trat zurück, so daß er mich nicht erreichen konnte.

«Warum?» fragte er.

«Ich habe es dir gesagt, ich habe Angst. Die Ampel ist wieder grün... Du mußt fahren, sonst hältst du den ganzen Verkehr auf.»

Und um meinen Worten Nachdruck zu verleihen, begann ein kleiner Lastwagen, der hinter Sinclair stand, zu hupen. Die Hupe klang heiser und machte einen unverschämten Krach, zu einer anderen Zeit und an einem anderen Ort hätte uns das zum Lachen gebracht.

Schließlich sagte er: «In Ordnung», langte nach dem Türgriff, um die Tür zuzuziehen, und zögerte dann.

«In einem hattest du recht, Janey», sagte er.

«Was war das?»

«Das Kind von Tessa. Es *war* von mir.»

Ich fing an zu weinen. Die Tränen mischten sich mit dem Regen auf meinem Gesicht, und ich konnte nichts tun, um sie aufzuhalten, mir fiel nichts ein, was ich sagen, keine Möglichkeit, wie ich ihm helfen konnte. Dann schlug die Tür zwischen uns zu, und im nächsten Augenblick war er fort, das Auto entfernte sich von mir durch die Absperrung und die blinkenden Lichter, schneller und schneller auf die Brücke zu.

Wie in einem Alptraum stellte ich fest, daß mein Kopf voller Musik war, mißtönend wie ein Leierkasten, es war Sinclairs

Melodie, und nun, als es zu spät war, wünschte ich, ich wäre mit ihm gefahren.

«Freudig schreiten wir voran,
Schritt für Schritt, Mann für Mann,
jeder läuft so schnell er kann...»

Der Lotus hatte nun die Brücke erreicht und nahm ihren Bukkel wie ein Hindernisläufer. Die Rücklichter verschwanden hinter der Biegung, und im nächsten Augenblick wurde die Stille der Nacht zerrissen von kreischenden Bremsen und schlitternden Reifen auf nassem Asphalt. Dann das malmende Geräusch von zerstörtem Metall, das Klirren von zerbrechendem Glas. Ich fing an zu rennen, so sinnlos, wie man in einem Traum rennt, stolpernd platschte ich durch Pfützen, umgeben von flackernden Lichtern und großen roten Katzenaugen, die die Buchstaben GEFAHR bildeten. Aber noch bevor ich hundert Yards vor der Brücke war, ertönte der dumpfe Knall einer Explosion, und vor meinen Augen erglühte die Nacht in dem roten Schein von Flammen.

Erst nach Sinclairs Begräbnis hatte ich Gelegenheit, mit meiner Großmutter zu sprechen. Vorher war jegliche Form von Unterhaltung unmöglich gewesen. Wir standen beide unter Schock und scheuten instinktiv vor der Erwähnung seines Namens zurück, als würde eine mühsam aufrechterhaltene Fassade zusammenbrechen, wenn wir nur über ihn sprächen. Darüber hinaus war so viel zu tun, wir hatten so viel zu erledigen und mußten so viele Menschen sehen. Alte Freunde wie die Gibsons und Will, den Gärtner, den Pfarrer und Jamie Drysdale, den Tischler aus Thrumbo, der sich mit einem dunklen Anzug und einem angemessenen Ausdruck frommer Düsternis in einen Beerdigungsunternehmer verwandelt hatte. Es gab

Befragungen durch die Polizei und Telefonanrufe von der Presse. Wir nahmen Blumen und Briefe in Empfang, Dutzende von Briefen. Wir begannen sie zu beantworten, gaben aber schließlich auf und ließen sie auf dem Messingtablett in der Diele zu Stapeln wachsen.

Meine Großmutter, die einer Generation angehörte, die sich bei dem Gedanken an den Tod nicht fürchtete und das entsprechende Zeremoniell nicht als bedrückend empfand, hatte auf einer richtigen, altmodischen Beerdigung beharrt. Sie hatte sie ohne sichtbare Gemütsbewegung durchgestanden, selbst als Hamish Gibson, der von seinem Regiment Urlaub genommen hatte, auf seinem Dudelsack *The Flowers of the Forest* spielte. Sie hatte die Choräle in der Kirche mitgesungen, stand eine halbe Stunde oder länger da und schüttelte Hände und dachte sogar daran, jenen zu danken, die auch nur die bescheidensten Aufgaben übernommen hatten.

Aber jetzt war sie müde. Mrs. Lumley war, erschöpft von innerer Bewegung und vom Stehen, auf ihr Zimmer gegangen, um ihre geschwollenen Füße hochzulegen. Ich bat meine Großmutter, nachdem ich das Feuer im Wohnzimmer angezündet hatte, sich neben den Kamin zu setzen, und ging in die Küche, um eine Tasse Tee zu machen.

Während ich gegen den warmen Ofen gelehnt darauf wartete, daß das Wasser kochte, starrte ich geistesabwesend durch das Fenster auf die graue Welt dahinter. Es war nun Oktober, der Nachmittag war kalt und still. Kein Windhauch bewegte die letzten paar Blätter an den Bäumen. Im Loch spiegelte sich der graue Himmel, es war glatt wie ein Silberblatt, die Hügel dahinter schwollen sanft an wie riesige Pflaumen. Morgen vielleicht oder übermorgen würden sie mit dem ersten Schnee überzogen sein – es war kalt genug dafür –, und wir hätten Winter.

Das Wasser kochte, ich brühte den Tee auf und brachte ihn

ins Wohnzimmer. Das Klirren des Teegeschirrs und das Knistern des Feuers hatten etwas Tröstliches, wie kleine Dinge es inmitten einer Tragödie immer haben.

Meine Großmutter strickte eine Kindermütze aus scharlachroter und weißer Wolle für den Weihnachtsbasar der Kirche. Ich hatte meine leere Teetasse abgesetzt, eine Zigarette angezündet, las die Zeitung und war halb versunken in die Besprechung eines neuen Theaterstücks, als sie plötzlich sprach.

«Ich habe ein sehr schlechtes Gewissen, Jane. Ich hätte dir von Aylwyn erzählen sollen an jenem Tag, als wir im Garten draußen saßen und du anfingst, mich über ihn auszufragen. Ich war drauf und dran, es zu tun, aber dann hat mich irgend etwas veranlaßt, meine Meinung zu ändern. Es war sehr dumm von mir.»

Ich ließ die Zeitung sinken und faltete sie zusammen. Ihre Nadeln klapperten sanft weiter, sie hatte nicht von ihrem Strickzeug aufgesehen.

«Sinclair hat es mir erzählt», sagte ich.

«Wirklich? Ich habe mir gedacht, daß er das vielleicht tun würde. Es war sehr wichtig für Sinclair. Und es war ihm sicher wichtig, daß du Bescheid weißt. Warst du sehr schockiert?»

«Warum sollte ich schockiert sein?»

«Aus einer Reihe von Gründen. Weil er unehrlich war. Weil er ins Gefängnis kam. Weil ich versucht habe, es vor euch allen zu verheimlichen.»

«Es war vielleicht besser, es zu verheimlichen. Es hätte uns nichts genützt, Bescheid zu wissen. Und ihm auch nicht.»

«Ich habe immer gedacht, dein Vater hätte es dir vielleicht erzählt.»

«Nein.»

«Das war anständig von ihm... er wußte, wie sehr du an Sinclair gehangen hast.»

Ich legte die Zeitung hin und ließ mich auf den Kaminvorleger nieder – ein guter Platz für ein vertrauliches Gespräch. «Aber warum war Aylwyn so? Warum war er nicht wie du?»

«Er war ein Bailey», sagte meine Großmutter schlicht. «Und sie waren immer schon eine unzuverlässige Sippschaft, trotz ihres hinreißenden Charmes. Nicht einen Pfennig in der Tasche und noch weniger Vorstellungen davon, wie man Geld verdient oder zusammenhält, als der Mann im Mond.»

«War dein Mann auch so?»

«O ja.» Sie lächelte vor sich hin, als erinnere sie sich an einen längst vergangenen Scherz. «Weißt du, was als erstes passierte, als wir verheiratet waren? Mein Vater zahlte alle seine Schulden. Aber er brauchte nicht lange, um neue zu machen.»

«Hast du ihn geliebt?»

«Wahnsinnig. Aber ich habe sehr bald begriffen, daß ich einen Mann ohne Verantwortungsgefühl geheiratet hatte – und ohne die leiseste Absicht, sich zu ändern.»

«Aber du warst glücklich.»

«Er starb so bald, nachdem wir geheiratet hatten, ich hatte gar keine Zeit, unglücklich zu sein. Doch dann erkannte ich, daß ich auf mich allein gestellt war, und ich beschloß, es wäre besser für meine Kinder, wenn ich völlig neu anfangen würde, weit weg von den Baileys. Deshalb kaufte ich Elvie und brachte meine Kinder hierher. Ich dachte, alles würde anders. Aber weißt du, die Umwelteinflüsse können die Erbanlagen nicht völlig auslöschen, was immer die Kinderpsychologen auch sagen. Ich habe dir von Aylwyn erzählt. Ich sah, wie er aufwuchs und wurde wie sein Vater, und es gab nichts, was ich tun konnte, um das zu verhindern. Er wuchs heran, er ging nach London und bekam einen Job, aber in Null Komma nichts steckte er in finanziellen Schwierigkeiten. Ich habe ihm natürlich geholfen, immer und immer wieder, aber unvermeidlich kam der Tag, als ich nicht mehr helfen konnte. Er hatte mit einigen Anlagepapieren manipuliert oder irgendeinen Betrug begangen, und der Chef seiner Firma sagte, völlig zu Recht, es sei eine Sache für die Polizei. Am Ende konnte ich ihn überreden, nicht zur Polizei zu gehen, wenn Aylwyn sein Wort gäbe, niemals wieder in der Londoner Geschäftswelt aufzutauchen. Deshalb ging er nach Kanada. Aber natürlich hat sich die ganze Angelegenheit einfach wiederholt, und diesmal hatte der arme Aylwyn nicht so viel Glück. Weißt du, Jane, es wäre etwas anderes gewesen, wenn er ein vernünftiges Mädchen geheiratet hätte, eine, die mit beiden Beinen fest auf der Erde steht, und genug Charakterstärke gehabt hätte, auch Aylwyn auf dem Boden zu halten. Aber Silvia war ebenso ein Leichtfuß wie er. Sie waren einfach zwei Kinder. Der Himmel weiß, warum sie eigentlich einwilligte, ihn zu heiraten, vielleicht dachte sie, er habe Geld. Es ist kaum anzunehmen, daß sie in ihn verliebt war, wenn man bedenkt, wie sie Aylwyn und das Baby im Stich gelassen hat.»

«Warum ist Aylwyn nie aus Kanada zurückgekehrt?»

«Wegen Sinclair. Manchmal ist das Bild eines Vaters besser als ... der Vater selbst. Sinclair ist –» Sie korrigierte sich, mit einem kaum merklichen Zittern in der Stimme. «Sinclair war ebenfalls ein Bailey. Es ist erstaunlich, wie ein einziger schlechter Charakterzug in einer Familie geradewegs durch die Generationen weitervererbt wird.»

«Du meinst, daß er gespielt hat ...»

«Sinclair hat mit dir gesprochen, nicht wahr?»

«Ein wenig.»

«Er hatte es gar nicht nötig, weißt du. Er hatte einen guten Job und ein gutes Gehalt, aber er konnte einfach der Versuchung nicht widerstehen. Und die Tatsache, daß wir es nicht verstehen, darf uns nie dazu bringen, ihn abzulehnen. Allerdings glaubte ich manchmal, daß das alles war, wofür Sinclair lebte.»

«Aber er kam so gern nach Elvie.»

«Nur dann und wann. Er empfand nicht so für Elvie wie deine Mutter... oder du. Und tatsächlich» – sie wendete ihre Nadeln und begann eine neue Reihe – «habe ich schon vor langer Zeit beschlossen, daß es gut wäre, wenn Elvie eines Tages dir gehören würde. Wäre dir das recht?»

«Ich... ich weiß nicht.»

«Das war der eigentliche Grund, weshalb ich so darauf bestand, daß dein Vater dich heimkommen läßt. Deshalb habe ich ihn mit Briefen bombardiert, die der Schuft sich weigerte zu beantworten. Ich wollte mit dir über Elvie sprechen.»

«Die Vorstellung ist wunderschön», sagte ich, «aber ich habe Angst davor, etwas zu besitzen... Ich glaube, ich möchte nicht gebunden sein von der Verantwortung für einen Ort wie Elvie. Und ich wäre nicht frei, ich könnte nicht einfach aufbrechen und gehen, wohin ich will.»

«Das klingt sehr furchtsam. Und es klingt ein bißchen nach deinem Vater. Wenn er ein wenig mehr Sinn für die Wirklichkeit und für Besitz hätte, dann hätte er inzwischen irgendwo Wurzeln schlagen können. Möchtest du keine Wurzeln, Jane? Möchtest du nicht heiraten und eine Familie haben?»

Ich sah ins Feuer und dachte an viele Dinge. An Sinclair und meinen Vater... und David. Und ich dachte an die Teile der Welt, die ich gesehen hatte, und die, von denen ich sehr hoffte, sie eines Tages zu sehen. Und ich dachte an Kinder auf Elvie, meine Kinder, die an diesem vollkommenen Ort aufwachsen und all das tun würden, was Sinclair und ich getan hatten...

Schließlich sagte ich: «Ich weiß nicht, was ich will. Und das ist die Wahrheit.»

«Ich habe nicht angenommen, daß du das weißt. Und

heute, da wir beide nicht in der Gemütsverfassung sind, vernünftig zu sein, ist nicht der beste Zeitpunkt, darüber zu sprechen. Aber du solltest darüber nachdenken, Jane. Wäge die Vor- und Nachteile ab. Wir haben viel Zeit, miteinander darüber zu diskutieren.»

Ein Scheit brach entzwei und fiel in die schwelende Asche im Kamin. Ich stand auf, um neues Holz zu holen, und da ich bereits stand, bückte ich mich, um das Teetablett in die Küche hinauszutragen. Als ich zur Tür ging und mit dem Tablett und dem Türgriff jonglierte, hielt meine Großmutter mich zurück.

«Jane.»

«Ja?»

Immer noch mit dem Tablett in der Hand drehte ich mich um und sah sie an. Sie hatte aufgehört zu stricken und nahm nun ihre Brille ab, ich sah, wie blau ihre Augen waren und wie tief sie in ihrem blassen Gesicht lagen. Ich hatte sie noch nie so blaß gesehen und noch nie so alt.

«Jane... erinnerst du dich, wir haben neulich über Sinclairs Freundin gesprochen, Tessa Faraday?»

Meine Finger krampften sich um die Henkel des Tabletts, und meine Fingerknöchel wurden weiß. Ich wußte, was kommen würde und betete, es möge nicht kommen. «Ja.»

«Ich habe in der Zeitung gelesen, daß sie gestorben ist. Irgend etwas über eine Überdosis Barbiturate. Hast du das gesehen?»

«Ja.»

«Du hast nie etwas gesagt.»

«Nein, ich weiß.»

«War es... hatte es irgend etwas mit Sinclair zu tun?»

Über den Raum hinweg begegneten sich unsere Augen und hielten einander fest. Ich hätte in diesem Augenblick meine Seele dafür gegeben, überzeugend lügen zu können. Aber ich konnte es nun einmal nicht, und meine Großmutter kannte mich sehr gut. Ich hatte keinerlei Hoffnung, damit durchzukommen.

Ich nickte. «Ja.» Und dann: «Sie erwartete ein Kind von ihm.»

Die Augen meiner Großmutter füllten sich mit Tränen. Es war das einzige Mal, daß ich sie weinen sah.

11

David kam am Nachmittag des nächsten Tages. Meine Großmutter schrieb Briefe, ich hatte mich in den Garten zurückgezogen und harkte Laub, denn ich habe einmal gehört, körperliche Arbeit sei die beste Therapie bei seelischem Kummer. Ich war gerade dabei, das Laub in eine bereitgestellte Schubkarre zu laden, als die Fenstertür aufging und David zu mir herauskam. Ich richtete mich auf, sah ihm entgegen, wie er über das Gras kam, groß, schlaksig, mit vom Wind verstrubbeltem Haar, und fragte mich in diesem Augenblick, wie wir die letzten paar Tage ohne ihn durchgestanden hätten. Er hatte alles gemacht, für alles gesorgt, alles arrangiert und sogar Zeit gefunden, eine Direktverbindung zu meinem Vater herstellen zu lassen, um ihm persönlich Sinclairs Tod mitzuteilen. Und ich wußte, was immer mit uns beiden geschehen würde, ich würde nie aufhören, ihm dankbar zu sein.

Er nahm das letzte Stückchen des abschüssigen Rasens mit einem einzigen großen Schritt und stand neben mir. «Jane, was machen Sie mit dieser kleinen Handvoll Laub?»

«Ich werfe es in die Schubkarre», sagte ich und tat es. Die Blätter flatterten umher, und die meisten flogen wieder heraus.

«Wenn Sie ein paar Holzstücke haben, die Sie drauflegen können, werden Sie den Prozeß beträchtlich beschleunigen. Ich habe Ihnen einen Brief mitgebracht…»

Er holte ihn aus seiner geräumigen Tasche, und ich sah, daß er von meinem Vater war.

«Wo haben Sie ihn her?»

«Er war einem Schreiben an mich beigelegt. Er bat mich, ihn an Sie weiterzugeben.»

Wir ließen Schubkarre und Besen stehen, gingen den Garten hinunter, sprangen über den Graben in das Feld und gingen weiter bis zu dem alten Anlegesteg. Dort setzten wir uns nebeneinander auf die vermodernden Bretter. Ich öffnete den Brief und las ihn David laut vor.

Meine liebste Jane,
es tat mir sehr leid, von Sinclairs Tod zu hören. Sicher waren es furchtbare Tage für Dich, aber ich bin froh, daß Du bei Deiner Großmutter sein konntest, zweifellos war Deine Nähe ein großer Trost für sie.

Ich habe – schon seitdem Du fortgegangen bist – ein schlechtes Gewissen, weil ich Dich nach Elvie zurückkehren ließ, ohne Dich über Deinen Onkel Aylwyn ins Bild zu setzen. Aber irgendwie kam eins zum anderen, und bei den dramatischen Begleitumständen Deiner Abreise hat sich einfach keine Gelegenheit geboten. Ich habe es jedoch gegenüber David Stewart erwähnt, und er versprach, ein Auge auf Dich zu haben...

«Davon haben Sie mir nie erzählt», sagte ich.

«Das war nicht meine Aufgabe.»

«Aber Sie wußten Bescheid.»

«Natürlich wußte ich Bescheid.»

«Und Sie wußten auch über Sinclair Bescheid?»

«Ich wußte, daß er höllisch viel von dem Geld Ihrer Großmutter durchbrachte.»

«Es wird noch schlimmer kommen, David.»

«Was meinen Sie damit?»

«Sinclair starb mit einem schrecklichen Berg Schulden.»

«Das habe ich befürchtet. Woher wissen Sie davon?»

«Weil er es mir erzählt hat. Er hat mir eine Menge erzählt.» Ich wendete mich wieder dem Brief zu.

Der Grund, weshalb ich nie so besonders scharf darauf war, Dich nach Elvie zurückkehren zu lassen, war nicht so sehr Dein Onkel, sondern Dein Vetter Sinclair, genauer gesagt das, was mit großer Wahrscheinlichkeit aus ihm geworden war. Nachdem Deine Mutter gestorben war, schlug Deine Großmutter vor, ich solle Dich bei ihr lassen, und das wäre vermutlich die einfachste Lösung gewesen. Aber da war das Problem mit Sinclair. Ich wußte, wie sehr Du an ihm hingst und wieviel er Dir bedeutete, und ich war ziemlich sicher, wenn Du ihm weiterhin so nahe sein würdest, wäre der Tag nicht fern, an dem Dir das Herz gebrochen würde. Beides mußte schmerzhaft sein, wenn nicht katastrophal, und so behielt ich Dich statt dessen bei mir und nahm Dich mit nach Amerika.

«Ich frage mich, wie er so sicher sein konnte, was Sinclair betrifft», bemerkte David.

Ich dachte an das Buch, an Goldsmiths «Belebte Natur», und überlegte einen Augenblick, ob ich David die ganze Geschichte erzählen sollte. Doch dann entschied ich mich dagegen. Das Buch gab es nicht mehr. An dem Tag, nachdem Sinclair umgekommen war, hatte ich es aus seinem Schrank geholt, mit nach unten genommen, in den Ofen geworfen und zugesehen, wie es verbrannte. Nun war keine Spur mehr davon übrig, und es war am besten vergessen.

«Ich weiß nicht... Instinkt nehme ich an. Er war schon immer ein sehr scharfsinniger Mensch, man kann ihn nicht hinters Licht führen.» Ich las weiter:

Dies war außerdem der Grund, weshalb ich so sehr zögerte, als Deine Großmutter bat, Dich nach Elvie kommen zu lassen. Es wäre etwas anderes gewesen, wenn Sinclair verheiratet gewesen wäre. Ich wußte, daß er das nicht war, und wurde von den schlimmsten Befürchtungen geplagt.

Ich nehme an, daß Du für eine Weile in Elvie bleiben möchtest, aber die Geschäfte hier haben sich recht lebhaft entwickelt. Sam Carter macht großartige Sachen für mich, deshalb schwimme ich im Geld, wie es so schön heißt, und könnte es mir sogar leisten, Dir ein Flugticket zurück ins sonnige Kalifornien zu kaufen, Du brauchst nur ein Wort zu sagen. Ich vermisse Dich sehr, Rusty ebenfalls. Mitzi, der Pudel, ist kaum ein Ausgleich für Deine Abwesenheit, obwohl Linda sich einer romantischen Illusion verschrieben hat: Wenn die Zeit reif ist und der Mond im rechten Viertel steht, werden Mitzi und Rusty sich wahnsinnig ineinander verlieben und eine Familie gründen. Ich hingegen bin felsenfest der Meinung, daß an eine solche Verbindung überhaupt nicht zu denken ist.

Linda geht es gut, sie ist ganz vernarrt in Reef Point und das, was sie das einfache Leben nennt. Sie hat zur allgemeinen Überraschung angefangen zu malen. Ich weiß nicht, ob mich mein Instinkt trügt oder nicht, aber ich habe das Gefühl, daß sie möglicherweise sehr gut ist. Wer weiß, sie ist vielleicht in der Lage, in dem Stil für mich zu sorgen, an den ich gerne gewöhnt wäre. Und das ist mehr, als ich Dir je zugestehen konnte.

Alles Gute, mein geliebtes Kind,

von Deinem Vater.

Schweigend faltete ich den Brief zusammen, steckte ihn zurück in den Umschlag und dann in meine Jackentasche. Nach einer Weile sagte ich langsam: «Es klingt für mich, als versuche er sie zu einer Heirat zu überreden. Oder vielleicht versucht sie, ihn dazu zu überreden.»

«Vielleicht versuchen sie einander gegenseitig zu überreden. Würden Sie das begrüßen?»

«Ja, ich glaube ja. Dann würde ich mich nicht mehr für ihn verantwortlich fühlen. Ich wäre frei.»

Das Wort hatte einen enttäuschend hohlen Klang. Es war sehr kalt draußen auf dem Steg, und plötzlich schauderte ich. David legte einen Arm um mich und zog mich dicht an sich, so daß ich gewärmt und mein Kopf von seiner soliden tweedbedeckten Schulter gestützt wurde.

«In diesem Fall», sagte er, «ist vielleicht dieser Zeitpunkt ebenso geeignet wie jeder andere, Sie zu überreden, einen halbblinden Provinzanwalt zu heiraten, der Sie anbetet, seit er Sie zum erstenmal sah.»

Ich grinste. «Sie würden nicht sehr viel Überredung brauchen.»

Sein Arm hielt mich fester, und ich fühlte, wie seine Lippen über meinen Kopf strichen. «Du hättest nichts dagegen, in Schottland zu leben?»

«Nein. Vorausgesetzt, du besorgst dir jede Menge Klienten in New York und Kalifornien und vielleicht noch weiter weg, und versprichst hoch und heilig, mich mitzunehmen, wo immer du hinfährst, um sie zu treffen.»

«Das sollte nicht allzu schwer sein.»

«Und es wäre schön, wenn ich einen Hund haben könnte.»

«Natürlich, sollst du haben... nicht einen neuen Rusty natürlich, er muß einmalig sein. Aber vielleicht einen mit einem ähnlich interessanten Stammbaum, und ebenso intelligent und charmant.»

Ich drehte mich in seinen Armen und vergrub mein Gesicht an seiner Brust. Einen schrecklichen Moment lang dachte ich, daß ich anfangen würde zu weinen, aber das war lächerlich, man weint nicht, wenn man glücklich ist, das machen nur Menschen in Büchern. «Ich liebe dich», murmelte ich, und David hielt mich sehr fest, und schließlich weinte ich doch, aber das machte nichts.

Wir saßen da, in Davids Mantel eingewickelt, und schmiedeten völlig versponnene Pläne – in der Mission von Reef Point zu heiraten und Isabel Moden McKenzie dazu zu bringen, mir das Hochzeitskleid zu stricken –, die sich alle in Gelächter auflösten. So gaben wir sie auf, machten andere und waren so beschäftigt, daß wir gar nicht bemerkten, wie das Licht fahler und die Abendluft eisig wurde. Wir wurden schließlich von meiner Großmutter gestört, die das Fenster öffnete und herausrief, der Tee sei fertig. Also standen wir auf, verkrampft und durchgefroren, und gingen zum Haus zurück.

Die Dämmerung hatte sich über den Garten gesenkt. Wir hatten nicht wieder von Sinclair gesprochen, doch plötzlich fühlte ich ihn überall – nicht den Mann, sondern den Jungen aus meiner Kindheit. Er rannte leichtfüßig über das Gras, und ich fragte mich, ob Elvie je frei von ihm sein würde. Der Gedanke an ihn stimmte mich traurig, denn was immer geschehen würde und wer immer hier leben würde, ich wollte nicht, daß die Geister der Vergangenheit in Elvie umgingen.

David war mir vorangegangen und blieb nun stehen, um meinen Besen und die Schubkarre einzusammeln. Damit sie nicht im Weg stünden und niemand zu Schaden kam, verstaute er sie unter dem Ahornbaum. Nun wartete er auf mich, seine große Gestalt hob sich wie ein Schattenriß von den Lichtern des Hauses ab.

«Was ist los, Jane?»

«Gespenster», entgegnete ich leise.

«Hier gibt es keine», sagte er. Ich schaute wieder hin, und sah, daß er recht hatte. Nur Himmel und Wasser und Wind, der die Blätter bewegte. Keine Gespenster. Er nahm meine Hand, und wir gingen gemeinsam hinein zum Tee.

Rosamunde Pilcher

Wolken am Horizont

Roman

Für Mark,
aus Gründen, die ihm klar sein werden

1

Hampstead

Die Sprechstundenhilfe, eine hübsche junge Frau mit Hornbrille, brachte Laura zur Tür, hielt sie ihr auf und trat lächelnd beiseite, als wäre es ein privater Besuch gewesen, den sie beide genossen hatten. Hinter der offenen Tür führte eine gescheuerte Treppe zur Harley Street hinunter. Die Häuser gegenüber warfen dunkle Schatten auf die sonnigen Stufen.

«Ein wunderschöner Nachmittag», stellte die Sprechstundenhilfe fest, und sie hatte recht: Es war jetzt Ende Juli, und das Wetter war heiter und sonnig. Sie trug einen adretten Rock mit Bluse, Nylonstrumpfhosen an den wohlgeformten Beinen und Pumps. Laura hatte ein Baumwollkleid an, und ihre Beine waren nackt. Da die frische Brise, die durch die sommerlichen Straßen wehte, ziemlich kühl war, hängte sich Laura eine helle Strickjacke aus Kaschmir um die Schultern.

Laura bedankte sich, obwohl die Sprechstundenhilfe sie nur bei Dr. Hickley angemeldet hatte und nach einer Viertelstunde wieder erschienen war, um sie hinauszubringen.

«Gern geschehen. Auf Wiedersehen, Mrs. Haverstock.»

«Auf Wiedersehen.»

Die glänzende, schwarzlackierte Tür schloß sich hinter Laura. Sie wandte der Fassade des stattlichen, eindrucksvollen Hauses den Rücken zu und ging ein kleines Stück an der Häuserreihe entlang zu ihrem Auto. Wie durch ein Wunder hatte sie einen leeren Parkuhrplatz gefunden. Als sie die Wagentür aufschloß, regte sich etwas auf dem Rücksitz, und als Laura sich ans Lenkrad setzte, sprang Lucy leichtfüßig über die Lehne auf ihren Schoß. Sie stellte sich mit heftig wedelndem buschigem Schwanz auf die Hinterbeine und fuhr Laura schnell und liebevoll mit der langen rosa Zunge über das Gesicht.

«Ach, arme kleine Lucy, du mußt ja furchtbar schwitzen.»

Sie hatte ein Fenster einen Spalt weit offengelassen, aber das Auto war trotzdem wie ein Backofen. Jetzt öffnete sie das Schiebedach, und sofort wurde es etwas besser. Kühle Luft zirkulierte, und die heiße Sonne schien Laura auf den Kopf.

Lucy hechelte pflichtschuldig ein paar Augenblicke, ein Zeichen ihres Hundemißbehagens, aber auch ihrer Nachsicht und ihrer Liebe. Ihre ganze Liebe gehörte Laura. Trotzdem war sie ein höfliches kleines Geschöpf mit reizenden Manieren und legte Wert darauf, Alec jeden Abend zu begrüßen, wenn er von der Arbeit nach Hause kam. Alec erzählte immer, als er Laura geheiratet habe, sei er auf eine Art Pauschalangebot eingegangen wie bei einer Auktion: eine neue Frau und ein Hund als Zugabe.

Wenn sie verzweifelt war und eine Vertraute brauchte, sprach Laura mit Lucy und erzählte ihr Geheimnisse, die sie sonst niemandem anvertrauen konnte. Nicht einmal Alec. Schon gar nicht Alec, weil es in ihren geheimen Gedanken meistens um ihn ging. Manchmal fragte sie sich, wie das bei anderen verheirateten Frauen war. Hatten sie ihren Männern gegenüber geheime Gedanken? Zum Beispiel Marjorie Anstey, die seit sechzehn Jahren mit George verheiratet war und sein ganzes Leben organisierte, von sauberen Socken bis zu Flugtickets. Und Daphne Boulderstone, die schamlos mit jedem Mann flirtete, der ihr über den Weg lief, und ständig in diskreten Restaurants gesehen wurde, bei einem vertraulichen Essen mit dem Mann einer anderen Frau. Zog Daphne Tom ins Vertrauen, lachte sie vielleicht mit ihm über ihre Dummheiten? Oder war Tom kühl und distanziert – sogar desinteressiert –, wie er meistens wirkte? Vielleicht war es ihm einfach gleichgültig. Nächste Woche, wenn sie alle in Schottland sein würden, im lange geplanten Angelurlaub in Glenshandra, würde Laura vielleicht die Gelegenheit haben, diese Ehen zu beobachten und ihre Schlußfolgerungen zu ziehen.

Sie holte tief Luft und ärgerte sich über sich selbst. Was hatte es für einen Sinn, hier zu sitzen und darüber nachzusinnen, nachdem sie jetzt gar nicht nach Schottland fahren würde. Dr. Hickley hatte kein Blatt vor den Mund genommen. «Bringen Sie es sobald wie möglich hinter sich, vergeuden Sie keine Zeit. Zwei Tage im Krankenhaus und dann viel Ruhe.»

Wovor Laura gegraut hatte, war eingetreten. Sie schlug sich die Gedanken an Daphne und Marjorie aus dem Kopf. Sie mußte sich auf Alec konzentrieren. Sie mußte dynamisch und entschlußfreudig sein und einen Plan machen. Denn ganz gleich, was passierte, Alec mußte mit den anderen nach Glenshandra fahren. Laura mußte allein zurückgelassen werden. Sie wußte, daß dazu etliches an Überredung nötig war. Sie mußte sich einen überzeugenden, narrensicheren Plan ausdenken, und das konnte ihr niemand abnehmen. Und sie mußte es jetzt tun.

Laura saß zusammengesunken hinter dem Lenkrad ihres Autos und fühlte sich nicht dazu in der Lage, dynamisch oder entschlußfreudig zu sein.

Der Kopf tat ihr weh, der Rücken tat ihr weh, der ganze Körper tat ihr weh. Sie dachte daran, nach Hause zu fahren, in das hohe, schmale Haus in Islington. Es war nicht besonders weit, aber zu weit, wenn man an einem heißen Julinachmittag müde und niedergeschlagen ist. Sie dachte daran, sich oben auf ihr kühles Bett zu legen und den Rest des Nachmittags zu verschlafen. Alec glaubte fest daran, daß man in solchen Situationen den Verstand abschalten und es dem Unterbewußtsein überlassen sollte, scheinbar unlösbare Probleme zu lösen. Vielleicht würde Lauras Unterbewußtsein die Oberhand gewinnen und wie besessen arbeiten, während sie schlief, und ihr dann beim Aufwachen einen glänzenden Plan präsentieren. Sie dachte über diese Möglichkeit nach und seufzte wieder. Sie hatte nicht soviel Vertrauen zu ihrem Unterbewußtsein. Ehrlich gesagt, sie hatte überhaupt kein großes Selbstvertrauen.

«So blaß habe ich Sie noch nie gesehen», hatte Dr. Hickley gesagt, was allein schon beunruhigend war, denn Dr. Hickley war eine kühle, professionelle Frau, die sich selten zu derart impulsiven Bemerkungen hinreißen ließ. «Machen wir lieber einen kleinen Bluttest, damit wir es genau wissen.»

Merkte man es ihr wirklich so sehr an?

Laura klappte die Sonnenblende nach unten und musterte sich in dem Spiegel auf der Rückseite. Wenig begeistert nahm sie einen Kamm aus der Handtasche und versuchte, ihr Haar in Ordnung zu bringen. Dann griff sie zum Lippenstift, der im Kontrast zur Blässe ihrer Haut zu knallig wirkte.

Sie sah sich in die Augen, die dunkelbraun waren, gesäumt von langen, dichten Wimpern. Ihre Augen machten den Eindruck, meinte sie, als seien sie zu groß für ihr Gesicht, wie zwei in ein Blatt Papier geschnittene Löcher. Sie begegnete ihrem Blick streng. *Nach Hause zu fahren und sich schlafen zu legen, löst gar nichts. Das weißt du, nicht wahr?* Sie brauchte jemanden, der helfen konnte, jemanden, mit dem sie reden konnte. Zu Hause war niemand, denn Mrs. Abney, die im Souterrain wohnte, verzog sich an jedem Nachmittag zwischen zwei und vier ins Bett. Gegen Störungen wehrte sie sich heftig, selbst wenn es um Wichtiges ging, wie zum Beispiel um den Mann, der den Zähler ablesen sollte.

Jemand, mit dem sie sprechen konnte.

Phyllis.

Glänzend. *Wenn ich aus dem Krankenhaus komme, könnte ich bei Phyllis wohnen. Wenn ich bei Phyllis wäre, könnte Alec nach Schottland fahren.*

Sie wußte nicht, warum ihr diese naheliegende Idee nicht früher eingefallen war. Laura war erleichtert und lächelte, aber im selben Augenblick riß sie eine Autohupe in die Realität zurück. Ein großer blauer Rover hielt neben ihrem Auto, und der Fahrer, ein Mann mit rotem Gesicht, brachte unmißverständlich zum Ausdruck, er wolle wissen, ob sie vorhabe, den Parkplatz zu räumen oder den Rest des Tages vor dem Spiegel zu sitzen.

Verlegen klappte Laura die Sonnenblende nach oben, ließ den Motor an, lächelte charmanter als nötig und manövrierte sich leicht nervös auf die Straße, ohne etwas zu rammen. Sie schaffte es auf die Euston Road, fuhr im dreispurigen Verkehr langsam bis zur Eversholt Street und bog dort nach Norden ab, bergauf, Richtung Hampstead.

Sofort fühlte sie sich eine Spur besser. Ihr war etwas eingefallen, und sie unternahm etwas. Der Verkehr wurde schwächer, das Auto kam etwas schneller voran, Luft strömte durch das offene Dach. Die Straße war freundlich und vertraut, denn als Laura jung gewesen war und bei Phyllis gewohnt hatte, war sie diese Strecke täglich mit dem Bus gefahren – erst zur Schule, dann zum College. Wenn sie an Ampeln hielt, erinnerte sie sich gut an die Häuser auf beiden Seiten, schäbig und von Bäumen beschattet. Einige hatten frischgestrichene Fassaden und Haustüren in bunten Farben. Junge, sommerlich gekleidete Frauen und Mütter mit halbnackten Kindern tummelten sich auf dem Gehsteig. Die kleinen Läden boten ihre Ware draußen unter den Markisen an, künstlerisch gestapeltes Gemüse und Obst, Rosen und Nelken in grünen Eimern. Vor einem kleinen Restaurant standen sogar unter gestreiften Sonnenschirmen zwei Tische und weißlackierte Metallstühle. *Wie Paris*, dachte Laura. *Wenn wir doch nur in Hampstead wohnen würden.* Und im nächsten Moment hupte ein Auto hinter ihr, weil die Ampel auf Grün umgesprungen war.

Erst als sie die Hampstead High Street entlangfuhr, fiel ihr ein, daß Phyllis vielleicht gar nicht zu Hause war.

Laura hätte anhalten und telefonieren können. Sie versuchte sich vorzustellen, was Phyllis an einem schönen Sommernachmittag machen könnte, und das war nicht schwierig, weil es zahllose Möglichkeiten gab. Vielleicht kaufte sie ein, Kleidung oder Antiquitäten, schlenderte durch ihre Lieblingsgalerien, saß in einem Ausschuß, der sich zur Aufgabe gemacht hatte, die Massen an die Musik heranzuführen, oder sie sammelte Spenden zur Rettung einer baufälligen Villa in Hampstead.

Es war jedoch zu spät, noch etwas zu unternehmen, weil Laura fast angekommen war. Sie bog von der Hauptstraße in eine Gasse, die schmaler wurde und in Kurven verlief. Laura sah die georgianische Häuserreihe, die mit der Gasse anstieg, jedes Haus ein Stückchen höher als das vorige. Die Türen waren auf gleicher Höhe mit dem gepflasterten Trottoir. Vor Phyllis' Haus parkte ihr Auto – ein hoffnungsvolles Zeichen, wenn es auch nicht unbedingt bedeutete, daß Phyllis zu Hause war, denn sie war eine unermüdliche Fußgängerin und nahm nur das Auto, wenn sie «nach London herunter» mußte.

Laura parkte ihr Auto, schloß das Schiebedach, nahm Lucy auf den Arm und stieg aus. Zu beiden Seiten von Phyllis' Haustür standen Kübel mit Hortensien. Laura betätigte den Klopfer. *Wenn sie nicht da ist, fahre ich einfach zurück, nach Hause, und rufe sie an.* Aber schon hörte sie Phyllis' eilige, klackende Schritte (sie trug immer ganz hochhackige Schuhe), und im nächsten Augenblick ging die Tür auf, und alles war gut.

«Liebling.»

Das war die allerbeste Begrüßung. Sie umarmten sich, wobei Lucy im Weg war. Wie immer fühlte sich Phyllis in ihren Armen wie ein Vogel an. Ein Vogel mit zarten Knochen und buntem Gefieder. Heute trug Phyllis Aprikosenrosa, dazu kühle, glasige Perlen um den Hals und Ohrringe, die wie Christbaumschmuck baumelten. Ihre Kinderhände waren überladen mit Ringen, und sie war wie immer perfekt geschminkt. Nur ihr Haar sah etwas widerborstig aus und hatte sich an der Stirn gelöst. Es wurde jetzt grau, aber das lenkte in keiner Weise von der jugendlichen Ausstrahlung in ihrem Gesicht ab.

«Du hättest anrufen sollen!»

«Ich bin ganz spontan hergekommen.»

«Oh, Liebling, wie aufregend das klingt. Komm herein!»

Laura folgte ihr ins Haus, und Phyllis machte die Tür hinter ihr zu. Aber es war nicht dunkel, denn der schmale Flur erstreckte sich durch das Haus zu einer zweiten Tür, die in den Garten führte und offenstand. Im Türrahmen sah Laura den sonnigen, mit Platten ausgelegten Garten mit den glänzenden grünen Hängepflanzen und dem weißen, spalierüberzogenen Gartenhaus am Ende.

Laura bückte sich und setzte die hechelnde Lucy auf dem Teppich ab. Sie stellte ihre Handtasche auf die Treppe und ging in die Küche, um Lucy einen Napf Wasser zu holen. Phyllis schaute von der Schwelle aus zu.

«Ich habe im Garten gesessen», sagte sie, «aber es ist fast zu heiß. Gehen wir ins Wohnzimmer. Dort ist es kühl, und die Terrassentür ist offen. Liebling, du siehst schrecklich dünn aus. Hast du abgenommen?»

«Ich weiß nicht. Es könnte sein. Absicht war es nicht.»

«Möchtest du etwas trinken? Ich habe eben frische Limonade gemacht. Sie steht im Kühlschrank.»

«Sehr gern.»

Phyllis holte Gläser. «Geh schon vor, und mach's dir gemütlich. Leg die Füße hoch, dann halten wir einen herrlichen Plausch. Ich habe dich seit einer Ewigkeit nicht mehr gesehen. Wie geht's dem gutaussehenden Alec?»

«Gut.»

«Du mußt mir alles erzählen.»

Es war himmlisch, gesagt zu bekommen, sie solle es sich gemütlich machen und die Füße hochlegen. Genau wie früher. Laura tat wie geheißen und kuschelte sich in die Ecke von Phyllis' herrlichem, daunenweichem Sofa. Hinter der offenen Glastür regte sich der Garten mit einem leichten Rascheln in der Brise. Es duftete nach Goldlack. Alles war ruhig. Was eigentlich seltsam war, denn Phyllis war kein ruhiger Mensch. Sie war eher wie eine Mücke, schwirrte ständig herum, lief auf den spindeldürren Beinen hundertmal am Tag die Treppe hinauf und hinunter.

Sie war Lauras Tante, die jüngere Schwester ihres Vaters. Der Vater der beiden war ein verarmter anglikanischer Geistlicher gewesen, und viel Sparen und Pennyfuchserei waren nötig gewesen, damit Lauras Vater hatte Medizin studieren können.

Für Phyllis war nichts übriggeblieben.

Obwohl die Zeiten zum Glück vorüber waren, in denen von Pfarrerstöchtern erwartet wurde, daß sie brav zu Hause blieben, der Mutter beim Blumenschmuck der Kirche halfen und Kindergottesdienst hielten, war die beste Aussicht, mit der Phyllis rechnen konnte, einen soliden, passenden Mann zu heiraten. Aber Phyllis hatte von früher Kindheit an einen eigenen Kopf. Sie schaffte es, einen Kurs als Schreibkraft abzuschließen und sich nach London abzusetzen – nicht ohne ein gewisses Maß an elterlichem Widerstand –, wo sie in Rekordzeit nicht nur eine Wohnung, sondern auch eine Anstellung als Bürohilfe bei Hay Macdonalds, einem eingeführten Verlag, fand. Ihre Begeisterungsfähigkeit und ihr Unternehmungsgeist fielen bald auf. Sie wurde Sekretärin des Belletristiklektors und dann, im Alter von vierundzwanzig Jahren, Chefsekretärin des Verlegers, Maurice Hay.

Er war ein Junggeselle von dreiundfünfzig, und alle Welt meinte, er werde bis zum Ende seines Lebens in diesem glücklichen Stand bleiben. Aber so war es nicht, denn er verliebte sich Hals über Kopf in Phyllis, heiratete sie und brachte sie – zwar nicht auf einem Schimmel, aber immerhin in einem großen, eindrucksvollen Bentley – in sein Juwel von einem Haus in Hampstead, wo sie herrlich und in Freuden lebten. Sie machte ihn sehr glücklich, vergeudete keinen Tag ihrer gemeinsamen Zeit, und das war auch gut so, denn drei Jahre später starb er an einem Herzinfarkt.

Phyllis hinterließ er sein Haus, die Möbel und sein ganzes Geld. Er war weder kleinlich noch eifersüchtig, deshalb enthielt sein Testament keinen Nachtrag mit der Forderung, sie müsse auf alles verzichten, falls sie wieder heirate. Aber Phyllis heiratete trotzdem nicht wieder. Daß sie es bleiben ließ, war allen, die sie kannten, ein Rätsel. Es war nicht so, daß es ihr an männlichen Bewunderern gefehlt hätte; ganz im Gegenteil. Sie waren allgegenwärtig, riefen an, schickten Blumen, führten sie zum Essen aus, reisten mit ihr ins Ausland, gingen im Winter mit ihr ins Theater und begleiteten sie im Sommer nach Ascot.

«Aber ihr Lieben», protestierte sie, wenn ihr unabhängiger Lebensstil kritisiert wurde, «ich will nicht wieder heiraten. Ich finde nie wieder einen so lieben Mann wie Maurice. Und außerdem ist das Alleinsein viel amüsanter. Vor allem, wenn man alleinstehend und reich ist.»

In Lauras Kindheit war Phyllis eine Art Legende gewesen, und das war auch kein Wunder. Manchmal fuhr sie mit ihren Eltern zu Weihnachten nach London, um die weihnachtlich geschmückte Stadt zu sehen und um vielleicht auch ins Palladium oder ins Ballett zu gehen. Dann wohnten sie immer bei Phyllis, und Laura, die in dem geschäftigen, stumpfsinnigen Haushalt eines Landarztes aufgewachsen war, empfand das, als wäre sie plötzlich wie mit Zauberhand in einen Traum versetzt worden. Alles war so hübsch, so strahlend, roch so gut. Und Phyllis…

«Sie ist eben einfach eine Traumtänzerin», sagte Lauras Mutter gutmütig auf der Heimfahrt nach Dorset, während Laura überwältigt auf dem Autorücksitz saß, benommen von soviel Glanz. «Man kann sich nicht vorstellen, daß sie das Leben ernst nimmt, etwas Praktisches tut… und warum sollte sie auch?»

Doch da irrte sich Lauras Mutter. Denn als Laura zwölf war, kamen ihre Eltern ums Leben, auf der Heimfahrt von einer Abendessenseinladung, auf einer Straße, die beide ihr Leben lang gekannt hatten. Es war eine Verkettung mehrerer unvorhersehbarer Umstände: eine T-Kreuzung, ein Fernlaster, ein zu schnell fahrendes Auto mit nicht funktionierenden Bremsen führten zu einer Katastrophe von grausiger Endgültigkeit. Es wirkte fast so, als wäre Phyllis schon dagewesen, ehe sich der Staub über diesem Grauen gelegt hatte.

Sie sagte gar nichts zu Laura. Sie sagte nicht, sie müsse tapfer sein, sie sagte ihr nicht, sie solle nicht weinen, sie sagte nicht, es sei Gottes Wille gewesen. Sie nahm sie einfach in die Arme und fragte ganz bescheiden, ob Laura so lieb sein wolle, eine Zeitlang zu ihr nach Hampstead zu kommen, um ihr Gesellschaft zu leisten.

Laura kam mit und blieb. Phyllis kümmerte sich um alles: die Beerdigung, die Anwälte, den Verkauf der Praxis und der Möbel. Sie behielt nur ein paar kostbare, persönliche Dinge für Laura, die in das Zimmer kamen, das Lauras Reich werden sollte. Ein Schreibtisch ihres Vaters, ihr Puppenhaus, ihre Bücher und die silberne Frisiergarnitur ihrer Mutter.

«Und bei wem wohnst du dann?» fragten die Mädchen in ihrer neuen Londoner Schule, wenn ihre direkten Fragen die traurige Wahrheit herausholten, daß Laura Waise war.

«Bei meiner Tante Phyllis.»

«Ach je. Ich würde nicht bei meiner Tante wohnen wollen. Hat sie einen Mann?»

«Nein, sie ist Witwe.»

«Klingt ziemlich langweilig.»

Aber Laura sagte nichts, denn sie wußte, wenn sie schon nicht in Dorset bei ihren geliebten Eltern leben konnte, wäre sie nirgends auf der Welt lieber gewesen als bei Phyllis.

Ihre Beziehung war nach allen Maßstäben ganz außerordentlich. Das ruhige und fleißige Mädchen und seine extrovertierte, lebenslustige Tante wurden enge Freundinnen, stritten sich nie, gingen sich nicht auf die Nerven. Erst als Laura das College abgeschlossen hatte und so weit war, sich ihren Lebensunterhalt zu verdienen, hatte sie die erste Meinungsverschiedenheit mit Phyllis. Phyllis wollte, daß Laura zu Hay Macdonalds ging. Ihr kam das naheliegend und natürlich vor.

Laura sträubte sich gegen diesen Plan. Sie glaubte, das sei eine Art Vetternwirtschaft und untergrabe ihren Entschluß, unabhängig zu sein.

Phyllis beteuerte, sie werde unabhängig sein. Sie werde sich ihren Lebensunterhalt verdienen.

Laura wies darauf hin, sie schulde Phyllis schon genug. Sie wolle ihre Berufslaufbahn – auf welchem Gebiet auch immer – ohne Verpflichtungen beginnen.

Aber niemand rede von Verpflichtungen. Warum sie eine wunderbare Chance ablehnen wolle, nur weil sie Phyllis' Nichte sei?

Laura sagte, sie wolle auf eigenen Beinen stehen.

Phyllis seufzte und erklärte geduldig, sie *werde* auf eigenen Beinen stehen. Von Vetternwirtschaft könne keine Rede sein. Wenn sie nichts leiste und der Arbeit nicht gewachsen sei, habe niemand zartfühlende Hemmungen, sie hinauszuwerfen.

Das war nicht gerade beruhigend. Laura murmelte etwas darüber, sie brauche eine Herausforderung.

Aber Hay Macdonalds *sei* eine Herausforderung. Laura könne sich ihr genau wie jeder anderen Herausforderung stellen.

Der Streit ging mit Unterbrechungen drei Tage lang weiter, und schließlich gab Laura nach. Aber gleichzeitig brachte sie Phyllis bei, sie habe eine kleine Zweizimmerwohnung in Fulham gefunden und wolle dort wohnen. Diese Entscheidung hatte sie schon vor langer Zeit getroffen; sie hatte nichts mit dem Streit zu tun. Das hieß nicht, daß sie nicht mehr bei Phyllis wohnen wollte. Sie hätte ewig in dem warmen, luxuriösen kleinen Haus auf dem Hügel über London bleiben können, aber sie wußte, daß das nicht gutgegangen wäre. Die Umstände hatten sich leicht verändert. Sie waren nicht mehr Tante und Nichte, sondern zwei erwachsene Frauen, und die einzigartige Beziehung, die sie aufgebaut hatten, war zu zerbrechlich und zu kostbar, als daß sie aufs Spiel gesetzt werden durfte.

Phyllis hatte ein eigenes Leben – immer noch ausgefüllt und aufregend, trotz der Tatsache, daß sie jetzt über fünfzig war. Mit neunzehn mußte sich Laura ein eigenes Leben aufbauen, und das hätte sie niemals geschafft, wenn sie nicht die Willenskraft aufgebracht hätte, Phyllis' gemütliches Nest zu verlassen.

Nach der anfänglichen Enttäuschung verstand Phyllis

das. Aber sie prophezeite: «Es wird nicht lange dauern. Du wirst heiraten.»

«Warum sollte ich heiraten?»

«Weil du der Typ bist, der heiratet. Du bist die Art Frau, die einen Mann braucht.»

«Das haben die Leute nach Maurices Tod auch zu dir gesagt.»

«Du bist nicht ich, Liebling. Ich gebe dir drei Jahre als berufstätige Frau. Keinen Augenblick länger.»

Aber ausnahmsweise irrte sich Phyllis. Denn es dauerte neun Jahre, bis Laura sich in Alec Haverstock verguckte, und weitere sechs Jahre – inzwischen war Laura fünfunddreißig –, bis sie ihn heiratete.

«So …» Das Klingeln von Eis gegen Glas, das Klacken hoher Absätze. Laura machte die Augen auf und sah Phyllis, die ein Tablett auf den niedrigen Couchtisch stellte. «Hast du geschlafen?»

«Nein. Ich habe nur nachgedacht. Erinnerungen.»

Phyllis setzte sich auf das zweite Sofa. Sie lehnte sich nicht zurück, denn es war ihrem Wesen völlig fremd, sich in irgendeiner Weise zu entspannen. Sie saß auf der Kante und sah aus, als könnte sie jeden Augenblick aufspringen, um etwas Wichtiges zu erledigen.

«Erzähl mir alles. Was hast du gemacht? Ich hoffe, du warst einkaufen.»

Sie goß ein großes Glas Limonade ein und reichte es Laura. Das Glas war vor Kälte beschlagen. Laura trank einen Schluck und stellte das Glas dann neben sich auf den Boden.

«Nein, ich war nicht einkaufen. Ich war bei Frau Doktor Hickley.» Phyllis legte den Kopf schief, und ihre

Miene zeigte sofort aufmerksames Interesse, mit hochgezogenen Augenbrauen und großen Augen. «Nein», sagte Laura. «Ich bekomme kein Baby.»

«Und warum warst du dann bei ihr?»

«Wieder das alte Problem.»

«Oh, *Liebling.*» Es war nicht nötig, mehr zu sagen. Sie sahen sich traurig an. Aus dem Garten tauchte Lucy auf. Ihre Pfoten kratzten auf dem Parkett, als sie durch die offene Terrassentür näher kam und leichtfüßig in Lauras Schoß sprang, wo sie sich bequem zu einer Kugel zusammenrollte und schlafen legte.

«Wann ist das passiert?»

«Oh, es geht schon eine ganze Weile, aber ich habe den Besuch bei Frau Doktor Hickley hinausgeschoben, weil ich nicht daran denken wollte. Du weißt schon, wenn man es nicht zur Kenntnis nimmt und nicht nachsehen läßt, geht es vielleicht weg.»

«Das war sehr dumm von dir.»

«Das hat sie auch gesagt. Es hat jedenfalls nichts genützt. Ich muß wieder ins Krankenhaus.»

«Wann?»

«Sobald wie möglich. Ungefähr zwei Tage.»

«Aber Liebling, du fährst doch nach Schottland.»

«Frau Doktor Hickley sagt, ich kann nicht fahren.»

«Wie *furchtbar* für dich.» Phyllis' Stimme sank und paßte sich der völlig verzweifelten Lage an. «Du hast dich so darauf gefreut, deine ersten Ferien in Schottland mit Alec… und was wird er tun? Er will bestimmt nicht ohne dich fahren.»

«Deshalb bin ich ja zu dir gekommen. Um dich um einen Gefallen zu bitten. Ist es dir recht?»

«Ich weiß noch nicht, was für ein Gefallen es ist.»

«Kann ich bei dir wohnen, wenn ich aus dem Krankenhaus komme? Wenn Alec weiß, daß ich bei dir bin, fährt er mit den anderen nach Glenshandra. Es liegt ihm so viel daran. Und alles ist seit Monaten geplant. Er hat die Hotelzimmer gebucht und ein Stück am Fluß zum Angeln gepachtet. Ganz zu schweigen von den Boulderstones und den Ansteys.»

«Wann ist das?»

«Nächste Woche. Ich bin nur zwei Tage im Krankenhaus und brauche keine Pflege oder so...»

«Liebling, es ist einfach *schrecklich*, aber ich verreise.»

«Du...» Es war unvorstellbar. Laura starrte Phyllis an und hoffte, nicht in Tränen auszubrechen. «Du... bist nicht hier?»

«Ich bin einen Monat in Florenz. Mit Laurence Haddon und den Birleys. Wir haben es erst letzte Woche geplant. Oh, wenn du keinen Ausweg weißt, könnte ich absagen.»

«Natürlich darfst du nicht absagen.»

«Was ist mit Alecs Bruder und seiner Frau? Der Bruder, der in Devon lebt. Könnten sie sich nicht um dich kümmern?»

«Du meinst, ich soll nach Chagwell?»

«Du klingst nicht sehr begeistert. Ich habe gedacht, du hast sie gemocht, als ihr Ostern bei ihnen verbracht habt.»

«Ich mag sie. Sie sind ganz reizend. Aber sie haben fünf Kinder, und es sind Ferien, und Jenny hat schon so genug zu tun, ohne daß ich auch noch komme, ganz bleich und schwach, und erwarte, daß mir das Frühstück ans Bett gebracht wird. Außerdem weiß ich, wie man sich nach einer solchen Operation fühlt. Völlig ausgepumpt.

Es muß etwas mit der Narkose zu tun haben. Und der Krach in Chagwell liegt nic unter einer Million Dezibel. Das ist vermutlich bei fünf Kindern im Haus unvermeidlich.»

Phyllis begriff, was sie meinte, gab den Gedanken an Chagwell auf und suchte nach anderen Lösungen.

«Mrs. Abney ist auch noch da.»

«Alec würde mich nie bei Mrs. Abney lassen. Sie wird alt, das Treppensteigen fällt ihr schwer.»

«Würde Frau Doktor Hickley die Operation verschieben?»

«Nein. Ich habe sie gefragt, und sie hat nein gesagt.» Laura seufzte. «Phyllis, in solchen Fällen sehne ich mich nach einer Riesenfamilie. Nach Brüdern und Schwestern, Cousins und Cousinen, Großeltern und Mutter und Vater...»

Phyllis sagte: «Oh, *Liebling*», und Laura bereute es sofort.

«Es war dumm, so etwas zu sagen. Es tut mir leid.»

«Vielleicht», sagte Phyllis, «könnte sich eine Pflegerin um dich kümmern, gemeinsam mit Mrs. Abney...»

«Oder ich könnte einfach im Krankenhaus bleiben?»

«Das ist ein lächerlicher Vorschlag. Ehrlich gesagt, das ganze Gespräch ist lächerlich. Ich glaube nicht, daß Alec nach Schottland fahren und dich zurücklassen will. Schließlich seid ihr praktisch ja noch in den Flitterwochen!»

«Wir sind seit neun Monaten verheiratet.»

«Warum sagt er das Ganze nicht einfach ab und fliegt mit dir nach Madeira, wenn es dir besser geht?»

«Das geht nicht. Er kann nicht einfach Urlaub nehmen, wann er will. Dazu ist er viel zu wichtig. Und Glenshandra ist... eine Art Tradition. Er fährt seit einer Ewigkeit dorthin, jeden Juli, mit den Ansteys und den Boulderstones. Er freut sich das ganze Jahr darauf. Dort ändert sich nie etwas. Das hat er mir gesagt, und das liebt er so daran. Das gleiche Hotel, der Fluß, der gleiche Angelaufseher, die gleichen Freunde. Das ist Alecs Sicherheitsventil, die frische Luft, die er braucht, das einzige, was ihn aufrechterhält, wenn er den Rest des Jahres in der City schuftet.»

«Du weißt, er liebt, was du schuften nennst. Er genießt es, viel Arbeit zu haben und erfolgreich zu sein, in diesem und jenem Aufsichtsrat zu sitzen.»

«Und er kann die anderen nicht im letzten Augenblick im Stich lassen. Wenn er nicht fährt, denken sie, das ist meine Schuld, und ihre Meinung von mir sinkt unter den Gefrierpunkt, wenn ich ihnen den Urlaub verderbe.»

«Ich glaube nicht», sagte Phyllis, «daß die Meinung der Ansteys und der Boulderstones eine so große Rolle spielt. Du mußt nur an Alec denken.»

«Genau. Ich habe das Gefühl, ich lasse ihn im Stich.»

«Ach, sei doch nicht albern. Du kannst nichts dafür, wenn dein armer Körper plötzlich verrückt spielt. Und du hast dich auf die Reise nach Schottland genauso gefreut wie er. Oder nicht?»

«Oh, Phyllis, ich weiß nicht. Es wäre ganz anders, wenn ich nur mit Alec fahren würde. Wenn wir zusammen sind, nur wir beide, ist alles gut. Wir können glücklich sein. Ich kann ihn zum Lachen bringen. Es ist, als wäre ich mit meiner zweiten Hälfte zusammen. Aber wenn die anderen dabei sind, komme ich mir vor, als wäre ich versehentlich in einen Club geraten, in dem ich nie Mitglied werden kann, wie sehr ich mich auch anstrenge.»

«Willst du Mitglied werden?»

«Ich weiß nicht. Es ist nur so, daß sie sich alle so gut kennen ... so viele Jahre lang, und die meiste Zeit war Alec mit Erica verheiratet. Daphne war Ericas beste Freundin, sie war Gabriels Patin. Erica und Alec hatten im New Forest ein Haus namens Deepbrook, und sie sind an Wochenenden alle dorthin gefahren. Alles, was sie je gemacht haben, alles, woran sie sich gemeinsam erinnern, reicht über fünfzehn Jahre zurück.»

Phyllis seufzte. «Ziemlich einschüchternd. Es ist schwer, mit den Erinnerungen anderer fertig zu werden, ich weiß. Aber das alles muß dir klargewesen sein, als du Alec geheiratet hast.»

«An so etwas habe ich überhaupt nicht gedacht. Ich habe nur gewußt, daß ich ihn heiraten will. Ich wollte nicht an Erica denken, ich wollte nicht an Gabriel denken. Ich habe einfach so getan, als gäbe es sie nicht, was ziemlich leicht war, wenn man bedenkt, daß sie weit weg sind, in Amerika.»

«Du willst doch bestimmt nicht, daß Alec seine alten Freunde fallenläßt. Alte Freunde gehören zu einem Mann. Sie sind ein Teil seiner Persönlichkeit. Für sie kann es auch nicht immer leicht sein. Du mußt es mit ihren Augen sehen.»

«Nein, es muß wohl nicht leicht sein.»

«Erwähnen sie Erica und Gabriel?»

«Manchmal. Aber dann entsteht ein unangenehmes Schweigen, und jemand wechselt schnell das Thema.»

«Vielleicht solltest du das Thema selbst zur Sprache bringen.»

«Phyllis, wie kann ich das Thema zur Sprache bringen? Wie kann ich drauflos plaudern über die glamouröse Erica, die Alec wegen eines anderen verlassen hat? Wie kann ich über Gabriel sprechen, wenn Alec sie seit der Trennung nicht mehr zu Gesicht bekommen hat?»

«Schreibt sie ihm?»

«Nein, aber er schreibt ihr. Vom Büro aus. Einmal hat seine Sekretärin vergessen, den Brief zur Post zu geben, und er hat ihn mit nach Hause gebracht. Ich habe die Adresse gesehen, maschinegeschrieben. Da kam mir der Gedanke, daß er ihr jede Woche schreibt. Aber er scheint nie Antwort zu bekommen. Im Haus gibt es keine Fotos von Erica, aber eins von Gabriel steht auf seinem Ankleidetisch und eine Zeichnung, die sie für ihn gemacht hat, als sie etwa fünf war. In einem Silberrahmen von Asprey's. Ich glaube, wenn das Haus in Brand geriete und er ein kostbares Stück aus den Flammen retten müßte, wäre es diese Zeichnung.»

«Er braucht ein zweites Kind», sagte Phyllis entschieden.

«Ich weiß. Aber vielleicht kann ich keins bekommen.»

«Selbstverständlich bekommst du eins.»

«Nein.» Laura hob den Kopf und sah Phyllis an. «Vielleicht nicht. Schließlich bin ich fast siebenunddreißig.»

«Das ist doch kein Alter.»

«Und wenn diese Geschichte wieder losgeht, dann muß eine Totaloperation gemacht werden, sagt Frau Doktor Hickley.»

«Laura, denk nicht darüber nach.»

«Ich will ein Kind. Wirklich.»

«Es kommt alles in Ordnung. Dieses Mal kommt alles in Ordnung. Sei nicht deprimiert. Denk positiv. Und was die Ansteys und die Boulderstones anlangt, sie werden es verstehen. Das sind wirklich nette, ganz normale Menschen. Ich fand sie alle reizend, als ich sie bei dem wunderbaren Essen, das du für mich gegeben hast, kennengelernt habe.»

Lauras Lächeln war ironisch. «Daphne auch?»

«Natürlich, Daphne auch», sagte Phyllis entschieden. «Ich weiß, sie hat den ganzen Abend mit Alec geflirtet, aber manche Frauen können einfach nicht anders. Selbst wenn sie so alt sind, daß sie es besser wissen müßten. Du glaubst doch bestimmt nicht, daß mal was zwischen ihnen war?»

«Manchmal, wenn ich ein Tief habe, frage ich mich... Nachdem Erica ihn verlassen hat, war Alec fünf Jahre allein.»

«Du mußt verrückt sein. Kannst du dir vorstellen, daß ein integrer Mann wie Alec mit der Frau seines besten Freundes ein Verhältnis hat? Ich kann es mir nicht vorstellen. Du unterschätzt dich, Laura. Und was unendlich viel gefährlicher ist, du unterschätzt Alec.»

Laura legte den Kopf auf das Sofakissen zurück und schloß die Augen. Es war jetzt kühler, aber Lucys Gewicht lag wie eine Wärmflasche auf ihrem Schoß. «Was soll ich machen?»

«Fahr nach Hause», sagte Phyllis. «Geh unter die Dusche, zieh dein hübschestes Kleid an, und wenn Alec nach Hause kommt, gib ihm einen Martini mit Eis und rede mit ihm. Und wenn er auf seinen Urlaub verzichten und bei dir bleiben will, dann laß ihn.»

«Aber ich will, daß er fährt. Ich will es wirklich.»

«Dann sag ihm das. Und sag ihm, falls es zum Schlimmsten kommt, sage ich Florenz ab, und du kannst bei mir wohnen.»

«Oh, Phyllis...»

«Aber ich bin mir sicher, daß er einen genialen Einfall hat und daß diese ganze Selbsterforschung umsonst war, deshalb wollen wir keine Zeit mehr damit vergeuden.» Sie warf einen Blick auf die Uhr. «Und jetzt ist es fast vier. Was hältst du von einer köstlichen Tasse Chinatee?»

2

Deepbrook

Alec Haverstock, Absolvent von Winchester und Cambridge, Anlageberater, Geschäftsführer der Firma Fortbright Northern Investment Trust und einer der Direktoren der Handelsbank Sandberg Harpers, stammte – und viele überraschte das – mitten aus dem West Country.

Er war in Chagwell geboren, als zweiter Sohn einer Familie, die seit drei Generationen etwa vierhundert Hektar Land im hügeligen Westen von Dartmoor bewirtschaftete. Das Farmhaus war aus Stein und in seiner Weiträumigkeit für große Familien geschaffen. Es war solide, strahlte etwas Beruhigendes aus und lag Richtung Südwesten, umgeben von hügeligen Weiden, auf denen die Guernsey-Rinderherden grasten, und dem üppigen Ackerland und den schilfigen Ufern des Baches Chag. Noch weiter entfernt, am Horizont, sah man den Ärmelkanal, oft verschleiert von einem Vorhang aus Regen und Nebel, aber an klaren Tagen seidig und blau in der Sonne.

Die Haverstocks waren eine fruchtbare Familie, mit verschiedenen Zweigen in ganz Devon und Cornwall. Manche Sprößlinge dieser Nebenlinien wandten sich akademischen Berufen zu und wurden Anwälte, Ärzte und Betriebswirtschaftler, aber im großen und ganzen blieben die männlichen Mitglieder des Clans hartnäckig dem Land verbunden, züchteten Rinder, hielten im Moor Schafe und

Ponies, fischten im Sommer und gingen im Winter mit den einheimischen Fuchshunden auf die Jagd. Meistens ritt in dem jährlich stattfindenden Jagdspringen *Hunt Steeplechase* ein junger Haverstock mit, und gebrochene Schlüsselbeine wurden nicht ernster genommen als eine gewöhnliche Erkältung.

Weil das Land vom Vater an den ältesten Sohn vererbt wurde, waren jüngere Söhne gezwungen, sich ihren Lebensunterhalt anderswo zu verdienen, und fuhren, der Männertradition in Devon folgend, meistens zur See. Genau wie es unter den Farmern des Landes immer Haverstocks gegeben hatte, gab es in den Mitgliederlisten der Navy seit über hundert Jahren immer einen Anteil an Haverstocks, von Matrosen bis zu Kapitänen und gelegentlich sogar einen Admiral.

Alecs Onkel Gerald war dieser Tradition gefolgt und zur Royal Navy gegangen. Weil sein älterer Bruder Brian Chagwell erbte, wurde von Alec erwartet, daß er dieselbe Laufbahn einschlagen würde. Aber er war unter einem anderen Stern geboren als seine rauhen, aber herzlichen Seefahrervorfahren und wählte eine ganz andere Richtung. Nach seinem ersten Halbjahr in der einheimischen Grundschule wurde deutlich, daß er nicht nur kräftig und einfallsreich, sondern auch hochintelligent war. Der Rektor dieser kleinen Schule ermutigte ihn, für ein Stipendium in Winchester zu büffeln, das er auch bekam. Von Winchester ging er nach Cambridge. Dort ruderte er, spielte Rugby und studierte Betriebswirtschaft mit einem glänzenden Abschlußexamen. Er hatte Cambridge noch nicht verlassen, als er einem Talentsucher von Sandberg Harpers auffiel und eine Stelle dort angeboten bekam, in der Londoner City.

Alec war zweiundzwanzig. Er kaufte sich zwei dunkle Geschäftsanzüge, einen Stockschirm und eine Aktentasche und stürzte sich in diese aufregende neue Welt mit tollkühner Begeisterung, wie ein Haverstock, der sein Jagdpferd über ein Fünfstangenhindernis ritt. Er kam in die Abteilung der Bank, die auf Anlageberatung spezialisiert war, und lernte dort Tom Boulderstone kennen, der schon ein halbes Jahr bei Sandberg Harpers war. Die beiden jungen Männer hatten viel gemeinsam, und als Tom ihn fragte, ob er mit in seine Wohnung ziehen wolle, war Alec sofort einverstanden.

Es war eine gute Zeit. Obwohl beide in der Tretmühle von Sandberg Harpers hart arbeiten mußten, hatten sie reichlich Gelegenheit für die Art von unbeschwertem Vergnügen, das sich den meisten Menschen nur einmal im Leben bietet. Die kleine Wohnung konnte den ständigen Zustrom strahlender junger Mädchen kaum verkraften. Improvisierte Parties wurden gefeiert, auf dem Herd kochten Spaghetti, und auf dem Abtropfbrett der Spüle stapelten sich Kisten mit Lagerbier. Alec kaufte sein erstes Auto, und an den Wochenenden packten er und Tom zwei junge Mädchen ein und fuhren zu den Landhäusern von Bekannten oder im Sommer zum Kricketspielen und im Winter zum Jagen.

Es war Alec, der Daphne mit Tom bekannt machte. Alec hatte in Cambridge mit Daphnes Bruder studiert und wurde gebeten, ein guter Kumpel zu sein und dieses unschuldige Geschöpf, das zum Arbeiten nach London gekommen war, im Auge zu behalten. Alec erklärte sich ohne große Begeisterung dazu bereit, stellte aber zu seiner Freude fest, daß die junge Dame bildhübsch und wunderbar unterhaltsam war. Er ging ein paarmal allein mit ihr aus und brachte sie dann an einem Sonntagabend mit in die Wohnung, wo sie ihm und Tom die übelsten Rühreier briet, die er je gegessen hatte.

Trotz dieses Fiaskos verliebte sich Tom sofort in Daphne, was Alec etwas überraschte. Lange Zeit widerstand sie seinen Annäherungsversuchen und widmete sich weiter ihrem ausgedehnten Verehrerkreis, aber Tom war hartnäckig und flehte sie regelmäßig an, ihn zu heiraten. Das führte allerdings nur dazu, daß er mit endlosen Ausreden und Verzögerungen abgespeist wurde. Dementsprechend wechselte seine Stimmung zwischen Euphorie und tiefster Trostlosigkeit. Aber als er schließlich zu dem Schluß gekommen war, er habe nicht die mindeste Chance, und sich dafür wappnete, Daphne für immer aus seinem Leben zu verbannen, entschloß sie sich, weil sie das vielleicht witterte, zu einer Kehrtwendung, machte mit allen anderen jungen Männern Schluß und sagte Tom, sie wolle ihn jetzt doch heiraten. Alec war Trauzeuge, und Daphne zog pflichtschuldig in Toms Wohnung, als sehr junge, sehr unerfahrene Mrs. Boulderstone.

Alec mußte ausziehen, und zu diesem frühen Zeitpunkt in seiner Karriere kaufte er das Haus in Islington. Niemand, den er kannte, wohnte in Islington, aber als er das Haus zum erstenmal sah, kam es ihm größer und attraktiver vor als die winzigen Siedlungshäuser und Cottages, die seinen Freunden gehörten. Dazu kam der Vorteil, daß es wesentlich weniger kostete als Immobilien in anderen Teilen Londons. Und es war nur ein paar Minuten von der City entfernt.

Die Bank half ihm bei der Hypothek, und er zog ein. Das Haus war hoch und schmal, aber es hatte ein gutes Souterrain, das er eigentlich nicht brauchte; deshalb gab er in der Lokalzeitung eine Anzeige auf, und Mrs. Abney meldete sich. Sie war eine Witwe in mittleren Jahren. Ihr Mann war Bauarbeiter gewesen. Sie hatte keine Kinder, nur Dicky, ihren Kanarienvogel. Von Dicky wollte sie sich nicht trennen. Alec sagte, er habe nichts gegen Kanarienvögel, und es wurde abgemacht, daß Mrs. Abney einzog. Es war ein Arrangement zur gegenseitigen Zufriedenheit, denn jetzt hatte Mrs. Abney ein Zuhause und Alec eine Hausmeisterin und jemand, der seine Hemden bügelte.

Als Alec fünf Jahre bei Sandberg Harpers war, wurde er nach Hongkong versetzt.

Tom blieb in London, und Daphne war rasend neidisch. «Ich kann mir nicht vorstellen, warum sie dich schicken und Tom nicht.»

«Er ist intelligenter als ich», sagte der gutmütige Tom.

«Überhaupt nicht. Er ist bloß größer und sieht besser aus.»

«So, das reicht.»

Daphne kicherte. Sie genoß es, wenn Tom den Hausherrn spielte. «Wie auch immer, Alec, Liebling, du wirst eine herrliche Zeit haben, und ich gebe dir die Adresse meiner besten Freundin, die gerade dort ist. Sie wohnt, glaube ich, bei ihrem Bruder.»

«Arbeitet er in Hongkong?»

«Vermutlich ein Chinese», sagte Tom.

«Ach, sei nicht albern.»

«Mr. Hu Mu Ku.»

«Du weißt ganz genau, daß Ericas Bruder kein Chinese ist; er ist Captain bei der britischen Armee.»

«Erica», sagte Alec.

Ja. Erica Douglas. Sie ist umwerfend schön, eine gute Spielerin und überhaupt fabelhaft.»

«Und energisch», murmelte Tom, der in aufreizender Stimmung war.

«Schon gut, *energisch*, wenn du alles verderben willst.» Sie wandte sich wieder Alec zu. «So ist sie überhaupt nicht; sie ist einfach ein ganz wunderbarer Mensch, umwerfend attraktiv.»

Eine Woche später flog Alec nach Hongkong, und sobald er sich eingelebt hatte, machte er sich auf die Suche nach Erica. Sie wohnte mittlerweile bei Freunden in einem schönen Haus auf dem Peak. Ein chinesischer Hausdiener kam an die Tür und führte ihn durch das Haus auf eine schattige Terrasse. Unter ihr lagen ein von der Sonne ausgedörrter Garten und ein blauer, nierenförmiger Swimmingpool. Missy Ellica schwimme, teilte ihm der Hausdiener mit einer leichten Geste mit, und Alec bedankte sich bei ihm und ging die Treppe hinunter. Sieben Leute waren um den Pool versammelt. Als Alec näher kam, bemerkte ihn ein älterer Mann, stieg aus dem Liegestuhl und begrüßte ihn. Alec stellte sich vor, erklärte den Grund seines Besuches, und der Mann lächelte und wandte sich dem Pool zu.

Eine junge Frau, allein, kraulte gleichmäßig und gekonnt hin und her.

«Erica!» Sie rollte sich auf den Rücken, geschmeidig wie ein Seehund. Das schwarze Haar klebte ihr am Kopf. «Besuch für dich!» Sie schwamm an den Poolrand, zog sich mühelos aus dem Wasser und kam auf Alec zu. Sie war sehr schön. Groß, langbeinig, kupferbraun. Wassertropfen liefen ihr über das Gesicht und über den Körper.

«Hallo.» Sie lächelte, und ihr Lächeln war breit und offen, ihre Zähne waren ebenmäßig und glänzend weiß. «Sie sind Alec Haverstock. Daphne hat es mir geschrieben. Ich habe gestern einen Brief bekommen. Kommen Sie, trinken Sie etwas.»

Er konnte sein Glück kaum fassen. Schon am selben Abend ging er mit ihr zum Essen aus, und ab dann waren sie selten getrennt. Nach dem trüben London war Hongkong ein wahrer Jahrmarkt der Vergnügungen: ein überfüllter, von Menschen wimmelnder Jahrmarkt, auf dem sich an jeder Ecke Armut und Reichtum streiften; eine Welt der Kontraste, die schockierte wie begeisterte; eine Welt aus Hitze, Sonnenschein und blauem Himmel.

Urplötzlich gab es soviel zu unternehmen. Sie schwammen gemeinsam, spielten Tennis, ritten am frühen Morgen aus, segelten im kleinen Dingi von Ericas Bruder in der windigen Repulse Bay. Nachts überflutete sie das vielfältige, glitzernde und glamouröse gesellschaftliche Leben von Hongkong. Es gab Abendesseneinladungen in Lokale, die luxuriöser waren, als es sich Alec in der heutigen Zeit je hätte träumen lassen. Cocktailparties an Bord von Kreuzfahrtschiffen auf der Durchreise; Regimentsfeste – der Geburtstag der Königin und der Jahrestag des Siegs über Japan; Marinefeste. Das Leben schien zwei jungen Menschen, die im Begriff waren, sich ineinander zu verlieben, eine grenzenlose Fülle schöner Dinge zu bieten, und schließlich ging Alec auf, das Allerbeste daran sei Erica. Als er sie eines Abends von einer Party nach Hause fuhr, fragte er sie, ob sie ihn heiraten wolle, und sie stieß einen Freudenschrei aus und warf ihm die Arme um den Hals, woraufhin er fast von der Straße abgekommen wäre.

Am nächsten Tag kaufte er ihr als Verlobungsring den

größten Sternsaphir, den er sich leisten konnte. Ihr Bruder gab im Offizierskasino eine Party für sie, und an jenem Abend floß der Champagner in Strömen.

Sie wurden in der Kathedrale von Hongkong vom Bischof getraut. Ericas Eltern flogen zur Hochzeit aus England her, und Erica trug ein Kleid aus schönem weißem Baumwolleinen mit weißer Stickerei. Sie verbrachten die Flitterwochen in Singapur und kehrten dann nach Hongkong zurück.

Das erste Jahr ihres Ehelebens verstrich im Fernen Osten, aber schließlich nahm die Idylle ein Ende. Alecs Dienstzeit lief ab, und er wurde nach London zurückbeordert. Sie kamen im November zurück, einem Monat, der selbst unter den besten Umständen reichlich düster ist. Als sie das Haus in Islington erreichten, nahm Alec seine Frau auf den Arm und trug sie über die Schwelle, was immerhin hieß, daß sie keine nassen Füße bekam, denn es goß gerade aus Kübeln.

Erica hielt nicht viel von dem Haus. Wenn er es mit ihren Augen sah, mußte Alec zugeben, daß die Ausstattung nichts Besonderes war, und er sagte ihr, sie könne es umgestalten, wie sie wolle. Mit diesem wunderbaren Trick hielt er sie ein paar Monate lang bei Laune. Sie war beschäftigt, und als das Haus nach Ericas anspruchsvollen Maßstäben umgebaut, gestrichen, tapeziert und neu möbliert worden war, wurde Gabriel geboren.

Als er seine Tochter zum erstenmal auf den Arm nahm, war das eine der überwältigendsten Erfahrungen in Alecs Leben. Nichts hatte ihn auf die Demut, die Zärtlichkeit und den Stolz vorbereitet, die er empfand, als er das Tuch vom Kopf des Babys streifte und zum erstenmal auf das kleine, flaumige Gesicht hinunterschaute. Er sah das strahlende Blau der offenen Augen, die hohe Stirn, den seidigen schwarzen Haarschopf.

«Sie ist gelb», sagte Erica. «Sie sieht chinesisch aus.»

«Sie ist überhaupt nicht gelb.»

Etliche Monate nach Gabriels Geburt wurde er wieder in den Osten geschickt, dieses Mal nach Japan. Aber jetzt war alles anders, und fast hätte er sich seines Widerwillens geschämt, seine kleine Tochter zu verlassen, wenn es auch nur für ein Vierteljahr war. Er gestand das niemandem ein, nicht einmal Erica.

Schon gar nicht Erica. Denn Erica war keine geborene Mutter. Sie hatte sich schon immer mehr für Pferde interessiert als für Kinder und hatte bedauerlich wenig Begeisterung gezeigt, als sie merkte, daß sie schwanger war. Die körperlichen Folgen der Schwangerschaft stießen sie ab – sie haßte ihre angeschwollenen Brüste, ihren aufgeblähten Leib. Das lange Warten langweilte sie, und auch das Interesse am Renovieren des Hauses war keine Entschädigung für morgendliche Übelkeit, Mattigkeit und Erschöpfung.

Und jetzt gefiel ihr gar nicht, daß Alec ohne sie in den Fernen Osten zurückkehrte. Es ärgerte sie, daß er allein hinfuhr, während sie zurückbleiben und in London verkümmern mußte, nur wegen Gabriel.

«Du kannst Gabriel nicht die Schuld daran geben. Selbst wenn wir Gabriel nicht hätten, könntest du nicht mitkommen. Es ist keine Vergnügungsreise.»

«Und was soll ich mit mir anfangen? Während du dich mit den Geishas amüsierst?»

«Du könntest bei deiner Mutter wohnen.»

«Ich will nicht bei meiner Mutter wohnen. Sie veranstaltet mit Gabriel ein solches Affentheater, daß ich schreien könnte.»

«Weißt du was...» Während dieses Gesprächs lag sie auf dem Bett. Er setzte sich neben sie und legte die Hand auf ihre ihm schmollend zugewandte Hüfte. «Tom Boulderstone setzt mir dauernd mit einer Idee zu. Er und Daphne wollen im Juli nach Schottland fahren... zum Angeln. Die Ansteys kommen mit, und sie meinen, wir sollten auch mitfahren und ihnen Gesellschaft leisten.»

Nach einer Weile fragte Erica: «Wo in Schottland?» Sie schmollte immer noch, aber er wußte, daß sie aufmerksam geworden war.

«Sutherland. Der Ort heißt Glenshandra. Dort gibt es ein sehr gutes Hotel, mit wunderbarem Essen, und du müßtest gar nichts machen, könntest dich richtig amüsieren.»

«Ich weiß. Daphne hat mir davon erzählt. Sie und Tom waren letztes Jahr dort.»

«Angeln würde dir Spaß machen.»

«Was ist mit Gabriel?»

«Vielleicht könnte deine Mutter sie nehmen? Was meinst du?»

Erica rollte sich auf den Rücken, schob sich das Haar aus den Augen und sah ihren Mann an. Lächelnd sagte sie: «Ich möchte lieber nach Japan.»

Er beugte sich über sie und küßte ihren offenen, lächelnden Mund. «Das Zweitbeste.»

«In Ordnung. Das Zweitbeste.»

Und so entwickelte sich das Muster ihres Lebens. Während die Jahre verstrichen, machte Alec immer weiter Karriere und bekam beim Hinaufsteigen auf seiner persönlichen Erfolgsleiter immer mehr Arbeit und Verantwortung. Gabriel wurde fünf und kam in die Schule. Wenn Alec

Zeit hatte, innezuhalten und einen Blick auf sein Familienleben zu werfen, nahm er an, sie seien so glücklich wie alle seine Freunde und ihre Familien. Natürlich gab es Höhen und Tiefen, aber damit mußte man rechnen, und immer war da – wie eine glitzernde Trophäe, die am Ende eines langen Laufs wartete – der Urlaub in Schottland, der jetzt ein jährliches Ereignis geworden war. Auch Erica genoß ihn und freute sich genauso darauf wie Alec. Als geborene Sportlerin, mit dem Gespür einer Sportlerin für den richtigen Moment und mit schnellem, aufmerksamem Blick, war sie beim Angeln in ihrem Element wie eine Ente im Wasser. Ihr erster Lachs stürzte sie in ein Wechselbad aus Lachen und Weinen, und ihre kindliche Freude und Aufregung hätten Alec fast dazu gebracht, sich von neuem in sie zu verlieben.

Sie waren glücklich in Schottland; die unbeschwerten Tage waren so erfrischend wie ein Windstoß, der durch ein stickiges Haus fegt. Sie verscheuchten den Ärger und reinigten die Luft.

Als Gabriel alt genug war, nahmen sie sie mit.

«Sie wird eine Nervensäge sein», sagte Erica, aber sie war es keineswegs. Sie war bezaubernd, und in Glenshandra lernte Alec seine kleine Tochter erst richtig kennen – redete mit ihr, hörte ihr zu oder genoß einfach ihr vertrautes Schweigen, wenn sie auf der Flußböschung saß und ihm beim Auswerfen der Angel über das braune, torfige Wasser zuschaute.

Aber Glenshandra reichte Erica nicht, und sie war unruhig. Sie ärgerte sich immer noch über Alecs Überseeverpflichtungen, darüber, daß er sie ständig verließ und in aufregende Teile der Welt reiste. Jedesmal wenn er wegfuhr, hatten sie Streit, und er flog in jämmerlicher Verfassung ab, ihre zornigen, unversöhnlichen Worte im Ohr. Jetzt war sie zu dem Schluß gekommen, sie verabscheue das Haus. Anfangs war sie begeistert davon gewesen, aber jetzt war es zu klein. Es langweilte sie. London langweilte sie. Er fragte sich, ob sie ihm bald sagen werde, er langweile sie auch.

Er konnte stur sein. Am Ende eines langen, anstrengenden Tages, konfrontiert mit einer launischen Frau, konnte er sturer als üblich sein. Er sagte ihr, er habe nicht die Absicht, sein günstig gelegenes Haus gegen ein größeres in Londons eleganter Wohngegend einzutauschen. Das koste ein Vermögen und bringe noch mehr Fahrerei mit sich.

Erica verlor die Geduld. «Du denkst immer nur an dich. Du brauchst deine Tage ja nicht in diesem scheußlichen Haus zu verbringen, eingepfercht, umzingelt vom Pflaster von Islington. Was ist mit Tom und Daphne? Sie haben ein Haus in Campden Hill gekauft.»

In diesem Moment begriff Alec zum erstenmal, es sei möglich, daß seine Ehe mit Erica eines Tages scheiterte. Sie beschuldigte ihn, er denke nur an sich, und obwohl das nicht stimmte, *wahr* daran war, daß er die meisten wachen Stunden völlig in seine Arbeit vertieft verbrachte, ohne an etwas anderes denken zu können. Aber für Erica sah es anders aus. Häuslichkeit und Mutterschaft waren ihr nicht genug, und obwohl ihre Abende vollgestopft waren mit gesellschaftlichen Verpflichtungen – Alec kam es so vor, als wären sie so gut wie nie zum Abendessen zu Hause –, war es natürlich, daß Ericas unerschöpfliche Energie nach mehr verlangte.

Als sie mit ihren Klagen am Ende war und schwieg, fragte er sie, was sie wirklich wolle.

«Ich will Platz», antwortete sie. «Einen größeren Garten, mehr Platz für Gabriel. Das will ich. Platz und Freiheit. Bäume. Eine Möglichkeit zum Reiten. Weißt du, seit wir in Hongkong waren, bin ich nicht mehr geritten. Und früher bin ich jeden Tag geritten. Ich will einen Ort, an dem ich sein kann, wenn du dauernd im Ausland bist. Ich will, daß Freunde bei mir wohnen können. Ich will…»

Was sie wollte, war natürlich ein Haus auf dem Land.

Alec kaufte ihr eines im New Forest: Erica hatte es nach einem Vierteljahr hektischer Suche gefunden, und Alec holte tief Luft und schrieb den riesigen Scheck aus, der von ihm verlangt wurde.

Es war natürlich ein Kompromiß, aber er hatte die gefährlichen Signale ihrer Verzweiflung erkannt und war jetzt in der finanziellen Lage, die zusätzlichen Ausgaben für einen solchen Luxus verkraften zu können. Aber war es tatsächlich ein solcher Luxus? Es bedeutete Wochenenden auf dem Land, Ferien für Gabriel, und angesichts der drohenden Inflation war Grundbesitz immer eine gute Investition.

Das Haus hieß Deepbrook. Frühviktorianisch, solide gebaut, mit vielen Zimmern, einem Wintergarten, einem Stall für vier Pferde und weiten Koppeln. Die Fassade überwuchert von lilablühenden Glyzinien, ein großer Rasen mit einer Zeder in der Mitte und mehreren recht hübschen, altmodischen, überwachsenen Rosenbüschen.

Endlich war Erica glücklich. Sie möblierte das Haus, fand einen Gärtner, kaufte zwei Pferde für sich und ein Pony für Gabriel. Gabriel war jetzt sieben und machte sich nicht viel aus dem Pony. Sie spielte lieber stundenlang auf der Hängeschaukel, die Alec an der Zeder angebracht hatte.

Obwohl sie gut miteinander auszukommen schienen,

hatten Gabriel und ihre Mutter nie viel gemeinsam. Als Gabriel acht war, schlug Erica vor, sie auf ein Internat zu schicken. Alec war entsetzt. Er war dagegen, kleine Jungen in diesem zarten Alter auf ein Internat zu schicken, von kleinen Mädchen ganz zu schweigen. Der Streit setzte sich eine Zeitlang ergebnislos fort, endete aber unvermittelt, als Alec für ein Vierteljahr nach New York mußte.

Dieses Mal gab es keine Beschuldigungen, keine Beschwerden. Erica ritt ein junges Pferd für Turniere ein und hatte nichts im Kopf außer ihrer Aufgabe. Sie verabschiedete sich von Alec, ohne sich noch einmal umzuschauen. Wenigstens nahm Alec an, sie habe nichts anderes im Kopf, aber als er aus New York zurückkam, sagte sie ihm, sie habe das ideale kleine Internat für Gabriel gefunden, sie angemeldet, und im nächsten Schulhalbjahr fange das Kind dort an.

Es war ein Sonntag. Er war am Morgen in Heathrow gelandet und direkt nach Deepbrook gefahren. Erica konfrontierte ihn im Wohnzimmer mit dem *fait accompli*, während er ihr einen Drink einschenkte. Über den Kaminläufer hinweg standen sie sich wie Feinde gegenüber und hatten den lautesten Streit, den sie je miteinander gehabt hatten.

«Du hattest kein Recht…»

«Ich habe dir gesagt, daß ich es vorhabe.»

«Ich habe dir gesagt, es kommt nicht in Frage. Ich lasse nicht zu, daß Gabriel in ein Internat verfrachtet wird…»

«Ich verfrachte sie nicht. Ich schicke sie hin. Zu ihrem Besten…»

«Wer gibt dir das Recht zu entscheiden, was gut für sie ist?»

«Ich weiß, was nicht gut für sie ist, und das ist diese

miese kleine Schule in London. Sie ist ein intelligentes Kind –»

«Sie ist erst zehn.»

«Und sie ist ein Einzelkind. Sie braucht Gesellschaft.»

«Die könnte sie von dir bekommen, wenn du nicht zu beschäftigt mit deinen verdammten Pferden wärst...»

«Das ist gelogen... und warum sollte ich meine Pferde nicht haben? Gott weiß, daß ich genug Zeit damit verbracht habe, mich um Gabriel zu kümmern... Du bist mir ja nie eine Hilfe gewesen... die halbe Zeit bist du weg.» Sie ging im Zimmer auf und ab. «Und ich habe versucht, sie für das zu interessieren, was ich tue... Der Himmel weiß, daß ich es versucht habe. Ich habe ihr das Pony gekauft, aber sie sieht lieber fern oder liest. Wie soll sie denn je Freunde bekommen, wenn sie sonst nichts tut?»

«Ich will nicht, daß sie ins Internat kommt...»

«Ach, hör um Himmels willen auf, so selbstsüchtig zu sein...»

«Ich denke an sie. Verstehst du das nicht? Ich denke an *Gabriel*...»

Ihm war kalt vor Zorn, er konnte seine Wut körperlich spüren, hart verkrampft in seiner Brust. Erica sagte nichts. Auf der anderen Seite des Zimmers drehte sie sich um, blieb plötzlich stehen, schaute nicht Alec an, sondern an ihm vorbei. Ihre Miene änderte sich nicht; sie stand kalt und bleich mit verschränkten Armen da, die Hände angespannt und blutleer um die scharlachrote Wolle ihres Pullovers geballt.

Alec stellte sein Glas ab und drehte sich langsam um. Hinter ihm, in der offenen Tür, stand Gabriel. Sie trug alte Jeans und ein Sweatshirt mit Snoopy drauf. Ihre Füße waren nackt, das lange dunkle Haar fiel ihr wie ein Seidenvorhang über die Schultern.

Er sah ihr einen langen Moment in die Augen, dann senkte sie den Blick. Sie stand da und spielte mit dem Türknauf, wartete, daß ihr etwas gesagt wurde. Wartete, daß irgend etwas zu ihr gesagt wurde.

Er holte tief Luft und sagte: «Was ist?»

«Nichts.» Sie zuckte die Achseln und zog die dünnen Schultern hoch. «Ich habe euch bloß gehört.»

«Es tut mir leid.»

«Ich habe Daddy eben das mit der Schule gesagt, Gabriel», erklärte Erica. «Er will nicht, daß du ins Internat kommst, weil er glaubt, du bist noch zu klein.»

«Was hast du für ein Gefühl dabei?» fragte Alec sanft.

Gabriel spielte weiter mit dem Türknauf.

«Es macht mir nichts aus», sagte sie schließlich.

Er wußte, sie hätte alles gesagt, um dem Streit ein Ende zu machen. Sein Zorn legte sich und wich einer tiefen Traurigkeit. Zwei Möglichkeiten gingen ihm durch den Kopf. Entweder mußte er sich durchsetzen, was unvermeidlich bedeutet hätte, daß Gabriel in die folgenden Beschuldigungen hineingezogen wurde, oder er mußte den Dingen ihren Lauf lassen und sich ruhig damit abfinden. Er wußte, wie er sich auch entschied, die Verliererin würde Gabriel sein.

Später, nachdem er gebadet und sich umgezogen hatte, ging er in Gabriels Zimmer, um ihr gute Nacht zu sagen. Sie hatte ein Nachthemd und Hausschuhe an, kniete im düsteren Zwielicht und sah fern. Er setzte sich auf das Bett und beobachtete ihr Gesicht. Mit zehn war sie weder so hübsch, wie sie gewesen war, noch so schön, wie sie es werden sollte, aber Alec kam sie so kostbar vor, so verletzlich, daß sich ihm bei dem Gedanken, was vor ihr liegen mochte, das Herz umdrehte.

Als das Programm zu Ende war, stand sie auf, schaltete den Fernseher aus, machte die Nachttischlampe an und zog die Vorhänge zu. Sie war ein äußerst ordentliches Kind. Er griff nach ihrem Arm, zog sie sanft zu sich und hielt sie zwischen seinen Knien. «Der Streit ist vorbei», sagte er und küßte sie. «Es tut mir leid. Wir hätten keinen solchen Aufruhr machen dürfen. Ich hoffe, du bist nicht durcheinander.»

Sie lehnte den Kopf an seine Schulter. Er strich ihr über das Haar.

«Die meisten Leute kommen früher oder später ins Internat», sagte sie leise.

«Macht es dir etwas aus?»

«Kommst du mich besuchen?»

«Natürlich. Sooft ich darf. Und es gibt ja Ferien. Und Feiertage.»

«Mummy hat mir die Schule gezeigt.»

«Wie hat sie dir gefallen?»

«Sie hat nach Bohnerwachs gerochen. Aber die Rektorin hat ein freundliches Gesicht. Und sie ist noch ziemlich jung. Und sie hat nichts dagegen, wenn man Teddies und Spielsachen mitbringt.»

«Schau – wenn du wirklich nicht willst...»

Sie löste sich von ihm und zuckte die Achseln. «Es macht mir nichts aus», sagte sie wieder.

Mehr konnte er nicht tun. Er küßte sie, ließ sie allein und ging nach unten.

Erica hatte also wieder gewonnen, und drei Wochen später kam Gabriel, die eine graue Schuluniform trug und ihren Teddy an sich preßte, in ihre neue Schule. Sie zurückzulassen war, als ließe er einen Teil von sich zurück, und es dauerte eine Weile, bis er sich daran gewöhnte, in ein leeres Haus zurückzukommen.

Denn jetzt veränderte sich das Muster des Lebens völlig. Seit sie von der Verantwortung für Gabriel befreit war, fand Erica endlose Ausreden, nicht nach London zu kommen, sondern allein auf dem Land zu bleiben. Ein neues Pferd mußte eingeritten werden, sie mußte für ein Turnier trainieren oder ein Reiterfest im Pony Club organisieren. Nach einer Weile kam es Alec so vor, als wären sie kaum noch zusammen. Manchmal, wenn in London eine Party stattfand oder wenn sie einen Termin beim Friseur hatte oder etwas zum Anziehen kaufen mußte, fuhr Erica mitten in der Woche zum Haus in Islington. Wenn er abends zurückkam, war es voller frischer Blumen, die sie aus Deepbrook mitgebracht hatte, und es roch nach ihrem Parfum. Er sah ihren Pelzmantel, den sie über das Treppengeländer geworfen hatte, und hörte ihre Stimme, wenn sie mit einer Freundin – vermutlich Daphne – telefonierte.

«Nur für ein paar Tage. Geht ihr heute abend zu den Ramseys? Laß uns morgen zusammen zu Mittag essen. Im Caprice? Abgemacht. Gegen eins. Ich bestelle einen Tisch.»

Wenn sie nicht da war, kümmerte sich Mrs. Abney um Alec. Schwerfällig trottete sie aus dem Souterrain nach oben und brachte ihm einen überbackenen Auflauf oder einen Eintopf. Und abends saß Alec oft allein da, mit einem Whisky Soda in Reichweite, sah fern oder las Zeitung.

Es war jedoch wichtig, wenn auch nur wegen Gabriel, die Fassade einer intakten, dauerhaften Ehe aufrechtzuerhalten. Vielleicht überzeugte die Farce niemanden außer ihn selbst, aber wenn Alec in London war – denn seine Überseeverpflichtungen waren jetzt häufiger und länger als vorher –, fuhr er an Freitagabenden pflichtschuldig nach Deepbrook.

Aber auch dort war es nicht mehr wie früher, denn in letzter Zeit war Erica dazu übergegangen, das Haus mit Wochenendgästen zu füllen. Es war, als baute sie eine Abwehr gegen Alec auf, als widerstrebte es ihr, auch nur ein paar Stunden allein mit ihm zu verbringen. Es kam ihm so vor, als begrüßte er schon, nachdem er müde aus dem Auto gestiegen war, Neuankömmlinge, trüge Koffer, schenkte Drinks ein, öffnete Weinflaschen. Früher hatte er die Therapie genossen, ein bißchen zu gärtnern, eine Hecke zu stutzen oder den Rasen zu mähen. Er hatte Zeit zum Herumwerkeln gehabt, zum Pflanzen von Blumenzwiebeln, zum Rosenschneiden, zum Holzsägen oder zur Reparatur einer schiefen Tür.

Aber jetzt waren so viele Leute da, um die er sich kümmern mußte, daß er keinen Augenblick für sich hatte, und er war ein zu gewissenhafter und höflicher Gastgeber, als daß er je diesen anspruchsvollen Horden gegenüber die Geduld verloren und gesagt hätte, sie sollten selbst zum Point-to-Point fahren, den Weg zum National Trust Garden selbst finden, sich die Gartenstühle selber holen und sich die verdammten Drinks selber einschenken.

An einem Freitagabend Anfang September stieg Alec ins Auto, schlug die Tür zu und machte sich auf den Weg nach Deepbrook. Er liebte London, es war sein Zuhause, und wie Samuel Pepys wurde er es nie leid. Aber ausnahmsweise empfand er nichts als Erleichterung bei der Aussicht, aus der glutheißen Stadt herauszukommen. Die erbarmungslose Hitze des Sommers, die Dürre, der Staub und der Dreck waren zu Feinden geworden. Die Parks, sonst so grün, verwelkten und trockneten aus. Niedergetretenes Gras lag abgestorben und braun am Boden. Die Luft war abgestanden und verbraucht, am windstillen Abend standen überall Türen offen, und die untergehende Sonne, orange am dunstigen Himmel, versprach nichts als wiederum einen heißen Tag.

Auf der Fahrt versuchte er, die Probleme der Woche zu verdrängen. Er hatte jetzt soviel Verantwortung, daß er das innere Abschalten schon lange trainiert hatte. Diese Disziplin zahlte sich aus, denn wenn er am Montag morgen ins Büro zurückkam, hatte er einen klaren, frischen Kopf, und oft wartete sein Unterbewußtsein nur darauf, ihm eine Lösung anzubieten oder ihn auf einen Gedanken zu bringen, auf den er vorher nicht gekommen war.

Statt dessen dachte er auf der Fahrt nach Süden an die beiden Tage, die vor ihm lagen. Vor diesem Wochenende graute ihm nicht. Im Gegenteil, er freute sich sogar darauf. Ausnahmsweise würde er kein Haus voller Fremder antreffen. Sie waren erst vor einem Monat aus Glenshandra zurückgekommen, und damals hatte Erica das Wochenende geplant und die Ansteys und die Boulderstones eingeladen.

«Wir machen es uns schön», hatte sie zu ihnen gesagt, «reden über Glenshandra und tauschen Angelgeschichten aus.»

Außerdem war Gabriel zu Hause. Sie war jetzt dreizehn. In diesem Sommer hatte Alec ihr eine eigene Angelrute gekauft, und sie hatte eine glückliche Zeit mit Jamie Rudd, dem Angelaufseher, verbracht, der ihr zeigte, wie sie dieses neue Spielzeug benutzen konnte. Die Schule, gegen die Alec so herzzerreißende Vorbehalte gehabt hatte, war erbitternderweise ein Erfolg geworden. Erica war nicht dumm, sie hatte sich die Mühe gemacht, ein Internat zu finden, das Gabriels Bedürfnissen entsprach, und nach etwa einem halben Jahr Heimweh schien sich Gabriel gut eingelebt und Freundschaften geschlossen zu haben.

Die Boulderstones und die Ansteys waren wie Gäste aus der Familie – sie waren so oft dagewesen, daß sie wußten, wie sie sich um sich selbst kümmern konnten. Vielleicht würde Alec einen Nachmittag mit Gabriel allein verbringen können. Vielleicht würden sie schwimmen gehen. Schon der Gedanke erfüllte ihn mit Freude. Der Verkehr ließ nach. Alec hatte die Autobahn erreicht und konnte Gas geben.

Im New Forest war es genauso heiß, aber es war eine ländliche Hitze. Deepbrook döste. Der Schatten der Zeder lag schwarz auf dem Rasen, voll erblühte Rosen dufteten in der kühler werdenden Abendluft. Über der Terrasse war die Markise aufgespannt und beschattete eine Gruppe von Gartenstühlen, und im Haus hatte Erica der Kühle wegen alle Vorhänge zugezogen. Dadurch sah das Haus leer aus, als wären die Fenster die Augen eines Blinden.

Er parkte das Auto im gesprenkelten Schatten einer jungen Weißbirke und stieg aus, froh, die Beine strecken zu können und den verschwitzten Krampf aus den Schultern zu bekommen. Schon hörte er Gabriel rufen: «Daddy!» und sah sie über den Rasen auf sich zukommen. Sie trug einen denkbar knappen Bikini und ein altes Paar Gummisandalen und hatte sich das Haar hochgebunden. Aus einem unerfindlichen Grund sah sie dadurch sehr erwachsen aus. In der Hand trug sie einen Strauß gelber Blumen.

«Schau», sagte sie und hielt sie ihm hin. «Hahnenfuß.»

«Wo hast du den gefunden?»

«Unten am Bach. Mummy hat gesagt, sie will Blumen für den Eßtisch, und im Garten verwelkt alles, weil wir nichts gießen dürfen. Hin und wieder mogeln wir natürlich und gießen doch, aber es gibt nicht viel zu pflücken. Wie geht es dir?» Sie streckte die Arme aus, er beugte sich zu ihr, und sie küßten sich. «Ist es nicht knallheiß? Ist es nicht einfach knallheiß?»

Er pflichtete ihr bei, es sei knallheiß. Gemeinsam gingen sie langsam über den Kies und ins Haus.

«Wo ist Mummy?» fragte er, als er ihr in die Küche folgte.

«Im Stall, glaube ich.» Sie füllte einen Henkelbecher mit Wasser und stellte den Hahnenfuß hinein. Alec machte den Kühlschrank auf und goß sich ein Glas frischen Orangensaft ein. «Sie hat mich gebeten, den Tisch zu dekken, denn sie hat gesagt, sie hat keine Zeit. Die anderen sind noch nicht da. Ich meine die Boulderstones und die Ansteys. Komm, schau dir den Eßtisch an und sag mir, ob du meinst, daß alles richtig ist. Mummy ist so pingelig, sie sagt bestimmt, ich habe etwas vergessen.»

Mit den zugezogenen Vorhängen wirkte das Eßzimmer trüb und schattig. Es roch vage nach anderen Abendessen, nach Zigarren und Wein. Gabriel zog die Vorhänge auf. «Jetzt ist es kühler, Mummy wird nichts dagegen haben.» Gelber Sonnenschein strömte in staubigen Strahlen durch die Fenster und brach sich an poliertem Silber, Kristall und Glas. Er sah den Tisch an und sagte, seiner Meinung nach sehe er perfekt aus, und so war es auch. Gabriel hatte weiße Leinensets genommen und hellgelbe Papierservietten. Die Kerzen in den prächtigen Silberleuchtern waren ebenfalls gelb. «Deshalb ist mir der Hahnenfuß eingefallen, er paßt zu allem anderen... Ich habe gedacht, in einer Silberschale sieht er gut aus... Mummy kann Blumen so gut arrangieren...» Sie sah ihn an. «Was stimmt nicht?»

Alec runzelte die Stirn. «Du hast für acht gedeckt. Ich habe gedacht, wir sind nur zu sechst.»

«Mit mir sieben. Ich komme zum Abendessen nach unten. Und außerdem kommt ein Mann namens Strickland Whiteside.»

«Strickland Whiteside?» Fast hätte er über den absurden Namen gelacht. «Wer in aller Welt ist... Strickland Whiteside?» Aber als er den Namen wiederholte, klingelte es irgendwo in seinem Hinterkopf. Er hatte den Namen des Mannes schon einmal gehört.

«Oh, Daddy, das ist Mummys neuer Kumpel, und er ist schrecklich berühmt. Er ist ein fürchterlich reicher Amerikaner aus Virginia, und er reitet.»

Das Gedächtnis funktionierte. Alec schnippte mit den Fingern. «Genau. Ich wußte doch, daß ich schon mal von ihm gehört habe. Über ihn und seine Pferde war ein Artikel in *The Field*. Vor allem über ein ganz besonderes Pferd. Ein Riesenvieh, so groß wie ein Elefant.»

«Stimmt. Es heißt White Samba.»

«Was macht er, wenn er nicht reitet?»

«Er tut sonst gar nichts. Er hat kein Büro oder sonst so was Langweiliges. Er reitet nur. Er hat ein Riesenhaus am Fluß James und hektarweise Land – er hat mir Fotos gezeigt – und er gewinnt in ganz Amerika Springreiterturniere, und jetzt ist er hier, um für unsere Turniere zu trainieren.»

«Das klingt ja ganz schön eindrucksvoll.»

Gabriel kicherte. «Du kennst doch Mummys pferdeverrückte Freunde. Aber eigentlich ist er ganz nett... auf eine ziemlich überwältigende Art und Weise.»

«Übernachtet er hier?»

«O nein, er muß nicht übernachten, er hat ein Haus in Tickleigh übernommen.»

Alec war neugierig geworden. «Wo hat Mummy ihn kennengelernt?»

«Ich glaube, bei der Pferdeausstellung in Alverton. Ich bin mir nicht ganz sicher. Schau mal, sind die Weingläser richtig? Ich bringe Sherry und Port immer durcheinander.»

«Ja. Nein, alles bestens. Du hast es richtig gemacht.» Er lächelte. «Müssen wir ihn Strickland nennen? Wenn ich ihn Strickland nennen muß, bin ich mir nicht sicher, daß ich ein ernstes Gesicht machen kann.»

«Alle nennen ihn Strick.»

«Das ist ja noch schlimmer.»

«Oh, er ist gar nicht so übel. Und stell dir bloß vor, was es Daphne Boulderstone für einen Spaß machen wird, ihm schöne Augen zu machen. Nichts ist ihr lieber als ein neuer Mann. Mal was anderes als der langweilige alte George Anstey.»

«Und was ist mit deinem langweiligen alten Vater?»

Gabriel legte ihm die Arme um die Taille und preßte Ihre Wange gegen seine Brust.

«Du bist *nie* ein alter Langweiler. Du bist einfach super, wunderbar und lieb.» Sie löste sich, verantwortungsbewußt und geschäftig. «Jetzt muß ich mich um den Hahnenfuß kümmern.»

Er saß in einem kalten Bad, als er hörte, daß Erica nach oben kam und ins Schlafzimmer ging. Er rief ihren Namen, und sie tauchte in der offenen Tür auf, die Arme verschränkt, eine Schulter an die Wand gelehnt. Sie war sehr braun, sah sehr erhitzt und ziemlich müde aus. Sie hatte sich das dunkle Haar mit einem Baumwolltuch zurückgebunden und trug alte, schmutzige Jeans, Reitstiefel und ein Hemd, das früher ihm gehört hatte. Ihre Stallkleidung.

«Hi», begrüßte er sie.

«Hallo. Du bist früh dran. Ich habe dich nicht so zeitig erwartet.»

«Ich wollte mich frisch machen, ehe die anderen kommen.»

«Wie war es in London?»

«Wie in einem Backofen.»

«Hier war es auch heiß. Das Wasser ist knapp.»

«Ich habe gehört, daß ein neuer Bekannter zum Abendessen kommt.»

Sie begegnete seinem Blick und lächelte. «Hat Gabriel dir von ihm erzählt?»

«Er klingt interessant.»

«Ich weiß nicht, ob du ihn besonders interessant finden wirst, aber ich habe gedacht, es wäre nett, ihn heute abend einzuladen, damit er euch alle kennenlernt.»

«Es freut mich, daß du ihn eingeladen hast. Vielleicht stellen wir fest, daß wir gemeinsame amerikanische Freunde haben, dann können wir über sie plaudern. Was gibt es zu essen?»

«Räucherlachs und danach Moorhuhn.»

«Nobel, nobel. Weißwein oder Rotwein?»

«Ich glaube, ein paar Flaschen von beidem, meinst du nicht auch? Beeil dich, ja, Alec? Ich möchte auch ein Bad nehmen, und es ist zu heiß, mich abzuhetzen.» Sie drehte sich um und ging ins Schlafzimmer zurück. Er hörte, wie sie die verspiegelte Tür ihres Kleiderschranks aufschob, und stellte sich vor, wie sie dort stand und überlegte, was sie anziehen sollte. Nachdenklich drückte er den Schwamm aus und griff nach dem Handtuch.

Während seine Gäste und seine Frau schon Platz genommen hatten, ging Alec um den Tisch herum und schenkte Wein ein. Die Fenster des Eßzimmers standen weit offen. Draußen war es noch hell und sehr warm. Kein Lüftchen wehte, und der Garten döste in der duftenden Abendluft. Die Kerzenflammen auf dem Tisch brannten hell, spiegelten sich weich auf Kristall und Silber wider. Der Hahnenfuß, leuchtend buttergelb, schien von innen heraus zu strahlen.

Alec stellte die Weinflasche auf die Anrichte und nahm seinen Platz am Kopf der Tafel ein.

«...natürlich wäre es für Sie nach dem Fischen in den wilden Flüssen in Amerika vermutlich schrecklich langweilig, aber Glenshandra ist etwas ganz Besonderes. Wir alle lieben es... wir sind dort wie Kinder.»

Das war Daphne, in Hochform, die das ganze Gespräch an sich riß.

Strickland, Strick – Alec konnte sich noch nicht schlüssig werden, was schlimmer war – machte eine bescheidene Miene. «Ich bin eigentlich kein großer Angler.»

«Nein, natürlich nicht, wie dumm von mir, dazu haben Sie bestimmt gar keine Zeit.»

«Warum hat er dazu keine Zeit?» fragte Tom.

«Aber Liebling, natürlich hat er keine Zeit dazu, wenn er für welterschütternde Pferdesportereignisse trainiert.»

«Pferdesportereignisse.» Das war George. «Daphne, ich hatte keine Ahnung, daß du so lange Wörter kennst.»

Sie zog einen Schmollmund, und Alec fühlte sich an das junge Mädchen erinnert, das sie nicht mehr war.

«Aber es ist doch das richtige Wort, oder?»

«Sicher», sagte Strickland. «Es ist das richtige Wort.»

«Oh, vielen Dank. Wie nett, daß Sie meine Partei ergreifen.» Sie griff zur Gabel und spießte eine hauchdünne Scheibe rosigen Räucherlachs auf.

Erica hatte ihre Gäste so gesetzt, wie sie es meistens tat, wenn sie zu acht waren. Alec saß in seinem üblichen Stuhl, am Kopf der Tafel, aber Erica war beiseite gerückt und hatte ihren Platz Strickland Whiteside überlassen, in seiner Eigenschaft als Ehrengast, so daß er und Alec sich an den Schmalseiten des Tisches gegenübersaßen. Trotzdem sahen sie nicht viel voneinander, weil der hohe Silberleuchter im Weg war. Wenn Erica dort saß, irritierte das Alec manchmal, denn wenn er etwas zu ihr sagen oder ihren Blick einfangen wollte, mußte er sich verrenken, aber an diesem Abend meinte er, es sei vermutlich ganz gut so.

Er wollte das Abendessen genießen, ohne sich die ganze Zeit der beunruhigend hellblauen Augen von Strickland Whiteside bewußt zu sein.

Daphne und Erica saßen zu beiden Seiten Stricklands, und Marjorie Anstey und Gabriel flankierten Alec. Tom und George saßen sich in der Mitte gegenüber.

Strickland Whiteside griff ebenfalls zur Gabel. «Reiten Sie?» fragte er Marjorie.

«Gütiger Himmel, nein. Ich bin nie geritten, nicht einmal in der Schule. Ich hatte immer viel zuviel Angst.»

«Sie weiß nicht, wo bei einem Pferd der Arsch und wo das Maul ist», sagte George, und seine Frau sagte in einem

Ton äußerster Mißbilligung *«George»* und warf einen Blick auf Gabriel.

«Entschuldigung, Gabriel, hab ganz vergessen, daß du hier bist.»

Gabriel sah verlegen aus, aber Erica warf den Kopf zurück und lachte, gleichermaßen über Georges Unbehagen wie über seinen Scherz.

Alec beobachtete sie und kam zu dem Schluß, die Zeit, die sie beim Nachdenken vor dem Kleiderschrank verbracht hatte, sei nicht vergeudet gewesen. Sie trug einen Kaftan aus blaßblauer Thai-Seide, dazu die Ohrringe, die er ihr an einem lange vergessenen Geburtstag geschenkt hatte, und goldene Armbänder an den schlanken braunen Handgelenken. Sie sah an diesem Abend erstaunlich jung aus. Ihr Gesicht war immer noch schön, ihr Kinn fest, ihr Haar ohne eine Spur von Grau. Er meinte, von ihnen allen sei sie am wenigsten gealtert, habe sich am wenigsten verändert. Denn wenn sie auch nicht alt, noch nicht einmal in den mittleren Jahren waren, sie, die gemeinsam jung gewesen waren, waren es mittlerweile nicht mehr.

Er fragte sich, was Strickland von ihnen hielt. Was hatte er für einen Eindruck von ihnen, wie sie hier um den festlich gedeckten Eßtisch herum saßen, elegant gekleidet? Sie waren Alecs älteste Freunde, und er kannte sie so lange, daß ihm ihr Äußeres völlig selbstverständlich geworden war. Aber jetzt ließ er den Blick um die Tafel schweifen und musterte jeden seiner Gäste mit den Augen des Fremden, der auf Ericas Stuhl saß. Daphne, winzig und schlank wie eh und je, doch jetzt mit silberweißem statt blondem Haar. George Anstey, massig und rotgesichtig, mit einer voluminösen Taille, über der die Hemdknöpfe spannten. Marjorie, die von ihnen allen am glücklichsten darüber zu sein schien, reifer zu werden und in die soliden mittleren Jahre zu kommen, und über die füllige Schulter keinen bedauernden Blick zurückwarf.

Und Tom. Tom Boulderstone. Ein Gefühl tiefer Zuneigung zu dem Mann, der seit so vielen Jahren sein engster Freund war, überkam Alec. Aber hier ging es um eine objektive Einschätzung, keine sentimentale. Und was sah Alec? Einen Mann von dreiundvierzig, der kahl wurde, eine Brille trug, bleich, klug. Einen Mann, der eher wie ein Pfarrer aussah als wie ein Bankier. Einen Mann, dessen ernste Miene unterdrücktes Lachen aufhellen konnte. Einen Mann, der, wenn er dazu aufgefordert wurde, eine so witzige Tischrede halten konnte, daß sie in der City noch monatelang zitiert wurde.

Schließlich gingen Daphne die Worte aus, und George Anstey nutzte die Gelegenheit, sich in der folgenden Pause vorzubeugen und Strickland zu fragen, was ihn bewogen habe, nach England zu kommen.

Der Amerikaner sah sich am Tisch um und lächelte abwehrend. «Mir war, als hätte ich in den Staaten alles erreicht, was zu erreichen war, und ich hatte das Gefühl, hier gäbe es eine neue Herausforderung für mich.»

«Das muß ein fürchterliches Organisationsproblem gewesen sein», bemerkte Marjorie. Sie interessierte sich für Organisation. Sie organisierte in ihrer Wohngegend das Essen auf Rädern. «Ich meine, ein Haus zu mieten und Ihre Pferde herzubringen... wo nehmen Sie die Pferdepfleger her?»

«Die habe ich auch eingeflogen, und zwei Stallburschen dazu.»

«Sind die schwarz oder weiß?» wollte Daphne wissen.

Strickland grinste. «Sowohl als auch.»

«Und was ist mit einer Haushälterin?» insistierte Marjorie. «Sie wollen doch nicht etwa sagen, Sie haben auch eine Haushälterin herfliegen lassen?»

«Doch. Es hätte keinen Sinn gehabt, Tickleigh Manor zu mieten, wenn niemand dagewesen wäre, der mich versorgt.»

Marjorie setzte sich seufzend zurück. «Ich weiß nicht recht, aber mir kommt das wie der Himmel vor. Ich habe nur eine Zugehfrau an zwei Vormittagen pro Woche, und die hat noch nie auch nur in einem Flugzeug gesessen.»

«Dafür solltest du dankbar sein», sagte Tom trocken. «Unsere ist im Urlaub nach Mallorca geflogen, hat einen Kellner geheiratet und ist nie zurückgekommen.»

Alle lachten, aber Tom lächelte nicht einmal. Alec fragte sich, was Tom von Strickland Whiteside hielt, aber das bleiche, kluge Gesicht verriet nichts.

Der Amerikaner war gekommen, als sie alle mit ihren Drinks in der Hand versammelt waren, gebadet, rasiert, umgezogen, parfümiert und erwartungsvoll. Als sie hörten, daß sein Auto vor dem Haus hielt, ging Erica hinaus, um ihn zu begrüßen und ins Haus zu führen. Sie kamen zusammen herein, und obwohl nichts darauf hindeutete, sie hätten sich umarmt, brachte Erica aus dem duftenden Abend ein nervöses Glitzern mit, wie eine Aureole. Sie stellte Strickland Whiteside ihrem Mann und ihren Freunden vor. Es schien ihn nicht im geringsten einzuschüchtern, daß er plötzlich ein Zimmer voller Menschen betrat, die er noch nie gesehen hatte und die sich offensichtlich bestens kannten. Im Gegenteil, er gab sich geradzu jovial und gelassen, als wäre es umgekehrt und an ihm, sie zu beruhigen.

Alec hatte den Eindruck, daß er seine Kleidung sorgfältig ausgesucht hatte. Er trug ein kastanienbraunes Gabardinejackett mit Messingknöpfen, elegant geschnitten, einen hellblauen Pulli mit Polokragen und kastanienbraun und hellblau karierte Hosen. Seine Schuhe waren weiß. Am sehnigen Handgelenk trug er eine dicke goldene Uhr und an der linken Hand einen schweren goldenen Siegelring. Er war groß, hager und muskulös und offensichtlich ungeheuer kräftig, aber es war schwer, sein Alter zu schätzen. Sein tiefgebräuntes Gesicht wirkte markant, mit kräftigem Kinn, einer Adlernase und hellen Augen, aber sein Haar war maisgelb, dicht wie das Haar eines Jungen, mit einer Locke über der Stirn.

«Freut mich, Sie kennenzulernen», sagte er, als Alec ihn begrüßte, und packte seine Hand. Es war wie ein Händedruck mit einer Stahlfeder. «Erica hat so viel von Ihnen gesprochen, und es ist mir eine Ehre, endlich Ihre Bekanntschaft zu machen.»

Er küßte Gabriel – «meine kleine Freundin» –, ließ sich einen Martini geben, setzte sich mitten auf das Sofa und stellte sofort Fragen nach Glenshandra, als wüßte er, daß dieses Thema alle ins Gespräch ziehen und so das Eis brechen werde. Das entwaffnete Marjorie, und Daphne konnte kaum den Blick von ihm wenden und war in den ersten fünf Minuten sprachlos. Danach holte sie kaum mehr Luft.

«Wie ist denn Tickleigh Manor House? Haben da nicht früher die Gerrards gewohnt?»

«Sie wohnen immer noch dort», sagte Erica. Sie aßen jetzt Moorhuhn, und Alec schenkte den Rotwein ein.

«Sie können doch nicht dort wohnen, wenn Strick dort wohnt.»

«Nein, sie sind für ein paar Monate nach London gezogen.»

«Freiwillig, oder hat Strickland sie hinausgejagt?»

«Ich habe sie hinausgejagt», sagte Strickland.

«Er hat ihnen Geld angeboten», erklärte Erica Daphne. «Du weißt schon, dieses altmodische Zeug, das man in der Brieftasche herumträgt.»

«Du meinst, er hat sie *bestochen*...!»

«Oh, *Daphne*...»

Erica lachte über Daphne, aber in ihrer Heiterkeit schwang Gereiztheit mit. Alec fragte sich manchmal, wie die Freundschaft zwischen zwei so grundverschiedenen Frauen so lange hatte dauern können. Sie kannten sich seit der Schulzeit, und es war zweifelhaft, ob es auch nur ein einziges Geheimnis zwischen ihnen gab, und doch hatten sie bei näherer Betrachtung nichts gemeinsam. Vielleicht war es das, was ihre Freundschaft zementierte. Ihre Interessen hatten sich nie überschnitten, deshalb war die Beziehung nicht gefährdet vom zerstörerischen Hauch der Eifersucht.

Daphne interessierte sich nur für Männer. So war sie geschaffen, so würde sie bleiben, auch wenn sie neunzig sein würde. Sie erwachte nur zum Leben, wenn ein Mann im Raum war. Wenn sie zwischendurch mal keinen heimlichen Verehrer hatte, der mit ihr zum Mittagessen ausging und sie morgens anrief, wenn Tom zur Arbeit gefahren war, hatte das Leben seinen ganzen Sinn verloren, und sie wurde schnippisch und niedergeschlagen.

Tom wußte das und nahm es hin. Einmal hatte er spät in der Nacht mit Alec gesprochen. «Ich weiß, daß sie ein Dummchen ist», hatte er gesagt, «aber sie ist ein sehr liebes Dummchen, und ich möchte sie nicht verlieren.»

Erica dagegen... Erica interessierte sich im Grunde nicht für Männer. Alec wußte das. In den letzten Jahren hatten er und Erica mehr oder weniger getrennt gelebt, aber quälende Mutmaßungen darüber, wie sie ihre Zeit verbrachte, waren seine geringste Sorge gewesen; eigentlich hatte es ihn kaum beschäftigt.

Sie war zwar nicht frigid, aber doch sexuell sehr kühl. Die Emotionen, die andere Frauen brauchten – Leidenschaft, Aufregung, Herausforderung und Zuneigung –, lebte sie offenbar in ihrer Pferdebesessenheit aus. Manchmal fühlte sich Alec an die kleinen Mädchen erinnert, von denen es im Pony Club wimmelte. Mit Zöpfen, zielstrebig, Sattelzeug putzend und Ställe ausmistend. «Das ist ein Ersatz für Sex», hatte ihm jemand einmal versichert, als er eine Bemerkung über dieses Phänomen machte. «Wenn sie erst einmal vierzehn oder fünfzehn werden, interessieren sie sich nicht mehr für Pferde, sondern für Männer. Das ist eine bekannte Tatsache. Eine natürliche Entwicklung.»

Erica mußte auch ein solches Kind gewesen sein. *Vor der Zeit in Hongkong bin ich jeden Tag geritten.* Aber aus irgendeinem Grund war Erica nie erwachsen geworden. Vielleicht hatte sie Alec eine Zeitlang geliebt, aber sie hatte kein Kind gewollt, hatte nie den üblichen Mutterinstinkt anderer junger Mütter empfunden. Sobald es irgend möglich war, kehrte sie zu ihrer ursprünglichen Liebe zurück. Deshalb hatte sie ihn dazu gebracht, Deepbrook zu kaufen. Das war der eigentliche Grund dafür, daß Gabriel ins Internat geschickt worden war.

Jetzt drehte sich ihr Leben um Pferde. Sie waren der Mittelpunkt ihres Lebens, alles, woran ihr wirklich etwas lag. Und die Menschen, die ihre neuen Freunde wurden, waren Menschen, die ritten.

Zwei Monate nach diesem Wochenende fuhr Alec an einem dunklen, feuchten Abend im November aus der City nach Islington zurück und ging davon aus, sein Haus wie üblich leer vorzufinden. Er hatte keine Pläne für den Abend gemacht und war froh darüber, denn seine Aktentasche war prall gefüllt mit Lesestoff, für den er tagsüber keine Zeit gehabt hatte, und am nächsten Tag stand eine Direktorenkonferenz auf dem Programm, bei der er einen gründlich vorbereiteten Vortrag halten sollte. Er würde zeitig essen, dann den Kamin anzünden, die Brille aufsetzen und sich an die Arbeit machen.

Er bog aus der City Road in seine Straße ein, Abigail Crescent. Sein Haus stand ganz am Ende, und er sah Licht in den Fenstern. Erica war aus irgendeinem Grund nach London gekommen.

Das verblüffte ihn. Das Wetter war schlecht, und er wußte, daß ihr Terminkalender für die Woche so gut wie leer war. Vielleicht ein Zahnarztbesuch oder die jährliche Routineuntersuchung bei ihrem Arzt in der Harley Street?

Nachdem er das Auto geparkt hatte, blieb er darin sitzen und schaute auf das erleuchtete Haus. Er hatte sich daran gewöhnt, allein zu sein, hatte sich aber nie wirklich damit abgefunden. Wehmütig erinnerte er sich an die Zeit, als sie nach der Rückkehr aus Hongkong hier gewohnt hatten, vor Gabriels Geburt. Er erinnerte sich daran, wie Erica Möbel arrangiert, Vorhänge aufgehängt und mit riesigen Musterbüchern für Teppichböden gekämpft, aber stets die Zeit gefunden hatte, ihn zu begrüßen, wenn er die Tür aufschloß. So war es gewesen. Vielleicht nur eine kurze Zeit, aber so war es gewesen. Einen Augenblick lang verlor er sich in der Vorstellung, die Jahre dazwischen wären nie gewesen, alles sei unverändert. Vielleicht würde sie ihn dieses Mal begrüßen, ihn küssen, ihm in der Küche einen Drink machen. Sie würden zusammensitzen, über den Klatsch des Tages und ihre Aktivitäten plaudern, dann würde er in einem Restaurant anrufen und mit ihr zum Essen ausgehen...

Die erleuchteten Fenster starrten ihn an. Plötzlich war er müde. Er rieb sich die Augen, als wollte er die Erschöpfung wegwischen. Schließlich nahm er seine Aktentasche vom Rücksitz und stieg aus, schloß das Auto ab und ging über das klatschnasse Pflaster, während ihm die sperrige Aktentasche gegen das Knie schlug. Er nahm den Schlüssel heraus und öffnete die Tür.

Ihren Mantel und ein Seidentuch von Hermès hatte sie über den Stuhl in der Diele geworfen. Er roch ihr Parfum.

«Erica.»

Er ging ins Wohnzimmer, und da saß sie in einem Sessel und sah ihm entgegen. Sie hatte Zeitung gelesen, faltete sie jetzt aber zusammen und warf sie neben sich auf den Boden. Sie trug einen gelben Pullover, einen grauen Wollrock und hohe braune Lederstiefel. Ihr Haar glänzte im Licht der Leselampe wie eine polierte Kastanie. «Hi», begrüßte sie ihn.

«Das ist eine Überraschung. Ich habe gar nicht gewußt, daß du kommst.»

«Ich hab erst überlegt, in deinem Büro anzurufen, aber es kam mir unwichtig vor. Ich habe gewußt, daß du herkommst.»

«Einen Augenblick lang habe ich gedacht, ich hätte eine Einladung zum Abendessen vergessen. Das stimmt nicht, oder?»

«Nein. Es steht nichts auf dem Programm. Ich wollte nur mit dir reden.»

Das war ungewöhnlich. «Möchtest du einen Drink?» fragte er.

«Ja. Wenn du auch was trinkst.»

«Was möchtest du?»

«Am liebsten einen Whisky.»

Er ging in die Küche, schenkte die Drinks ein, löste Eiswürfel aus der Schale und brachte dann die beiden Gläser zu ihr.

Er reichte ihr das Glas. «Leider ist nicht viel zu essen im Kühlschrank, aber wenn du möchtest, könnten wir zum Essen ausgehen...»

«Ich bleibe nicht zum Essen.» Er hob die Brauen, und sie fuhr ruhig fort: «Ich bleibe auch nicht über Nacht, du brauchst dir also keine Mühe zu machen.»

Er zog einen Stuhl heran und setzte sich ihr gegenüber. «Warum bist du dann gekommen?»

Erica trank einen Schluck Whisky und stellte das Glas dann behutsam auf dem Marmortischchen ab, das neben ihrem Sessel stand.

«Ich bin gekommen, um dir zu sagen, daß ich dich verlasse, Alec.»

Er sagte zunächst gar nichts dazu. Ihr Blick begegnete dem seinen, ohne mit der Wimper zu zucken, ernst und ziemlich kalt.

Nach einer Weile fragte er milde: «Warum?»

«Ich will nicht mehr mit dir leben.»

«Wir leben doch sowieso kaum noch zusammen.»

«Strickland Whiteside hat mich gebeten, mit ihm nach Amerika zu kommen.»

Strickland Whiteside. Alec sagte: «Du willst mit *ihm* leben?», und es gelang ihm nicht, die entsetzte Ungläubigkeit aus seiner Stimme herauszuhalten.

«Das erstaunt dich?»

Er erinnerte sich daran, wie sie an jenem warmen, duftenden Septemberabend zusammen ins Haus gekommen waren. Er erinnerte sich daran, wie sie ausgesehen hatte, nicht einfach nur schön, sondern auf eine Weise strahlend, wie er sie noch nie gesehen hatte.

«Liebst du ihn?»

«Ich glaube, ich habe nie genau gewußt, was es heißt, jemanden zu lieben», antwortete sie. «Aber für Strick empfinde ich etwas, was ich noch nie für einen Menschen empfunden habe. Es ist nicht nur Verliebtheit. Es ist die Gemeinsamkeit, die gemeinsamen Interessen. So ist es vom ersten Augenblick an zwischen uns gewesen. Ich kann nicht ohne ihn leben.»

«Du kannst nicht ohne Strickland Whiteside leben?» Der Name klang immer noch absurd. Der ganze Satz klang absurd, wie ein Satz aus einer lächerlichen Farce, und Erica reagierte gereizt.

«Oh, hör auf damit, alles zu wiederholen. Deutlicher kann ich es nicht sagen, einfacher kann ich es nicht sagen. Daß du alles wiederholst, ändert nichts an dem, was ich dir sagen will.»

Er bemerkte, so albern das war: «Er ist jünger als du.»

Einen Augenblick lang sah sie eine Spur ungehalten aus. «Ja, das ist er, aber was spielt das für eine Rolle?»

«Ist er verheiratet?»

«Nein. Er war noch nie verheiratet.»

«Will er dich heiraten?»

«Ja.»

«Du willst also die Scheidung?»

«Ja. Ob du einer Scheidung zustimmst oder nicht, ich verlasse dich. Ich gehe zu ihm nach Virginia. Ich werde einfach mit ihm leben. Ich bin längst über das Alter hinaus, in dem es mir etwas ausgemacht hat, was die Leute sagen. Auf Konventionen kommt es mir überhaupt nicht mehr an.»

«Wann reist du ab?»

«Ich habe für nächste Woche einen Flug nach New York gebucht.»

«Fliegt Strickland mit dir?»

«Nein.» Zum erstenmal wurde ihr Blick unsicher. Sie sah nach unten und griff nach dem Drink. «Er ist schon wieder in den Staaten. Er ist in Virginia und wartet auf mich.»

«Was ist mit den ganzen großen Sportereignissen, für die er gemeldet hatte?»

«Er hat darauf verzichtet... alles abgesagt.»

«Ich frage mich, warum er das getan hat.»

Erica schaute auf. «Er hat es für besser gehalten.»

«Du meinst, der hat gekniffen. Er hatte nicht den Mumm, mir gegenüberzutreten und es mir selbst zu sagen.»

«Das ist nicht wahr.»

«Er hat es dir überlassen.»

«Es ist besser, wenn ich das mache. Ich habe nicht gewollt, daß er bleibt. Ich habe ihn dazu gebracht, daß er geht. Ich wollte keine Kräche, nichts Unerfreuliches, Dinge, die besser ungesagt bleiben.»

«Du konntest kaum erwarten, daß ich begeistert bin.»

«Ich gehe, Alec. Und ich komme nicht zurück.»

«Du würdest Deepbrook verlassen?»

«Ja.»

Das erstaunte ihn fast mehr als die Tatsache, daß sie ihn verließ.

«Ich habe immer geglaubt, dieses Haus bedeute dir mehr als alles andere.»

«Jetzt nicht mehr. Außerdem ist es sowieso dein Haus.»

«Und deine Pferde?»

«Meine Pferde nehme ich mit. Strickland hat veranlaßt, daß sie nach Virginia geflogen werden.»

Wie üblich konfrontierte sie ihn mit einem völlig überlegten Plan; ihre übliche Methode, wenn sie zum äußersten entschlossen war, um ihren Willen durchzusetzen. Strickland, Deepbrook, ihre Pferde, alles war sauber erledigt, aber das alles bedeutete Alec nicht das geringste. Nur ein einziges Thema zählte wirklich. Erica war noch nie feige gewesen. Er wartete schweigend darauf, daß sie weitersprach, aber sie saß nur da, beobachtete ihn aus reglosen, trotzigen grauen Augen, und er begriff, sie wartete darauf, daß er den ersten Schuß in der Schlacht um das einzige abgab, was wirklich eine Rolle spielte.

«Gabriel?»

«Ich nehme Gabriel mit», sagte Erica.

Der Kampf war eröffnet. «O nein, das tust du nicht!»

«Wir werden uns jetzt nicht deswegen anschreien. Du mußt mir zuhören. Ich bin ihre Mutter, ich habe dasselbe Recht wie du – und mehr als du –, Pläne für unsere Tochter zu machen. Ich gehe nach Amerika. Ich werde dort leben, und nichts kann etwas daran ändern. Wenn ich Gabriel mitnehme, kann sie bei uns leben. Strickland hat ein schönes Zuhause, mit viel Platz und Land darum herum. Es gibt Tennisplätze, einen Swimmingpool. Es ist eine wunderbare Gelegenheit für ein Mädchen in Gabriels Alter – junge Leute haben soviel Spaß in Amerika, das Leben ist auf sie zugeschnitten. Gönn ihr diese Chance. Laß zu, daß sie sie ergreift.»

Er sagte ruhig: «Was ist mit ihrer Schule?»

«Ich nehme sie von der Schule. Sie kann dort zur Schule gehen. In Maryland gibt es eine besonders gute...»

«Ich lasse sie nicht weg. Ich will sie nicht verlieren.»

«Oh, Alec, du wirst sie nicht verlieren. Wir werden sie uns teilen. Du kannst Kontakt mit ihr aufnehmen, wann immer du willst. Sie kann hierher fliegen und bei dir wohnen. Du kannst sie mit den anderen nach Glenshandra mitnehmen. Soviel wird sich gar nicht verändern.»

«Ich lasse sie nicht nach Amerika.»

«Begreifst du denn nicht, du hast keine andere Wahl. Selbst wenn wir damit vor Gericht gehen und du um jeden Zentimeter Boden gegen mich kämpfst, stehen die Chancen zehn zu eins, daß ich das Sorgerecht für Gabriel bekomme, denn sie trennen nur unter ganz extremen Umständen ein Kind von der Mutter. Ich müßte drogensüchtig sein, oder es müßte bewiesen werden, daß ich völlig ungeeignet bin, meine Tochter großzuziehen, ehe sie sich auch nur überlegen würden, sie dir zuzusprechen. Und stell dir vor, was so ein scheußliches, öffentliches Tauziehen Gabriel antun würde. Sie ist schon sensibel und verletzbar genug, ohne daß du und ich ihr einen solchen Horror zumuten.»

«Ist das etwa schlimmer als der Horror, daß ihre Eltern sich scheiden lassen? Ist es etwa schlimmer als der Horror, in einem fremden Land leben zu müssen, in einem fremden Haus, unter dem Dach eines Mannes, den sie kaum kennt?»

«Und was ist die Alternative? Wir müssen jetzt eine Entscheidung treffen, Alec. Es kommt nicht in Frage, sie hinauszuschieben. Deshalb bin ich heute abend zu dir gekommen. Sie muß wissen, was aus ihr wird.»

«Ich lasse sie nicht weg.»

«Gut, was also willst du? Sie für dich behalten. Du könntest dich nicht um sie kümmern, Alec. Du hast keine Zeit für sie. Selbst wenn sie hier im Internat bleibt, es gibt auch Ferien. Was ist dann, wenn du den ganzen Tag arbeitest? Und erzähl mir nicht, du könntest sie bei Mrs. Abney lassen. Gabriel ist ein intelligentes Kind, und niemand kann behaupten, Mrs. Abney sei eine besonders anregende Gesellschaft. Sie hat nur zwei Gesprächsthemen: die letzte Folge von ‹Crossroads› und ihren verdammten Kanarienvogel. Und was würdest du mit Gabriel anfangen, wenn du geschäftlich nach Tokio oder Hongkong mußt? Du kannst sie ja wohl kaum mitnehmen.»

«Ich kann sie nicht einfach dir überlassen, Erica. Wie irgendeine materielle Habe, für die ich keine Verwendung mehr habe.»

«Aber begreifst du denn nicht, wenn wir es auf meine Weise machen, überläßt du sie mir doch gar nicht. Gut, wir trennen uns, und das ist etwas Schreckliches für ein Kind, aber so etwas kommt vor und wird immer wieder vorkommen, und wir müssen uns für eine Vorgehensweise entscheiden, die ihr am wenigsten weh tut. Ich glaube, bei meinem Plan ist das der Fall. Ich nehme sie nächste Woche mit. Ein schneller Schnitt, ein sauberer Bruch, und ehe sie Zeit hat, sich umzudrehen, steckt sie in einem ganz neuen Leben, geht auf eine neue Schule, findet neue Freunde.» Sie lächelte, und zum erstenmal blitzte das Bild der alten Erica auf, besonders charmant, besonders mitfühlend, besonders überzeugend. «Laß uns nicht um sie kämpfen, Alec. Ich weiß, was du für Gabriel empfindest, aber sie ist auch mein Kind, und ich habe sie aufgezogen. Ich glaube nicht, daß ich das so schlecht gemacht habe, und ich glaube, ich habe dafür ein bißchen Lob verdient. Daß du nicht da bist, heißt nicht, daß ich sie nicht weiter großziehen werde. Und Strick hat sie gern. Bei uns wird sie das Beste haben. Ein gutes Leben.»

«Ich habe geglaubt, das hätte ich ihr gegeben.»

«Oh, Alec, das tust du. Das hast du getan. Und du kannst es weiterhin tun. Sie darf dich besuchen, wann immer du willst. Darüber sind wir uns einig. Du kannst sie ganz für dich haben. Das wird dir gefallen. Stimm zu. Uns allen zuliebe. Laß sie mit mir kommen. Es ist das Allerbeste, was du für sie tun kannst. Ich weiß es. Bring das Opfer… Gabriel zuliebe.»

«Ich weiß, daß dir Mutter gesagt hat, was passiert ist, was passieren wird», sagte Alec zu seiner Tochter. «Aber ich wollte selbst mit dir reden, falls du dir wegen irgend etwas Sorgen machst…»

Schon als er das sagte, wußte er, wie lächerlich es war. Gabriels Welt brach auseinander, und er redete, als ginge es um eine kleine familiäre Schwierigkeit, die er innerhalb kürzester Zeit in Ordnung bringen könne.

«Ich meine… es ist ziemlich plötzlich gekommen. Es war keine Zeit, darüber zu reden, und in einer Woche reist du ab. Ich habe nicht gewollt, daß du im Glauben gehst, ich hätte… ich hätte mich nicht bemüht, mit dir zu sprechen. Ich hätte gern mehr Zeit gehabt, die Dinge zu bereden… mit *dir*. Hat es dich verletzt, daß wir nicht mit dir darüber gesprochen haben?»

Gabriel zuckte die Achseln. «Es hätte nicht viel geändert.»

«Hat es dich überrascht, als deine Mutter dir das mit ihr und Strickland gesagt hat?»

«Ich habe gewußt, daß sie ihn mag. Aber sie mag jede Menge Pferdenarren. Ich wäre nie auf die Idee gekommen, daß sie mit ihm in Amerika leben will.»

«Sie wird ihn heiraten.»

«Ich weiß.»

Sie gingen langsam um einen verlassenen Sportplatz herum. Es war ein scheußlicher Tag, englisches Winterwetter von seiner schlimmsten Seite. Kalt, windstill, rauh, neblig. Keine Brise bewegte die kahlen Bäume, und nur das Krächzen der Krähen durchbrach die neblige Stille. Ein Stück entfernt standen die Schulgebäude. Früher war die Schule ein elegantes Landhaus gewesen, mit Anbauten und Ställen, die zu Turnhallen und Klassenzimmern umgebaut worden waren. In der Schule war der Unterricht im Gange, aber Gabriel hatte die Erlaubnis bekommen, eine Biologiestunde zu versäumen, damit sie mit ihrem Vater reden konnte. Später würde zweifellos die Glocke läuten, und es würde von Mädchen wimmeln, auf dem Weg zum Hockey oder Netzball, in Pullover und gestreifte Schals gepackt. Jetzt wirkten die Gebäude bis auf ein paar erleuchtete Fenster, die durch die Düsternis schienen, verlassen und leblos.

«Amerika könnte ein Abenteuer sein.»

«Das sagt Mummy auch.»

«Wenigstens müßtest du bei einem solchen Wetter keinen Sport treiben. Sport in der Sonne ist etwas ganz anderes. Vielleicht wirst du sogar ein Tennischampion.»

Gabriel, mit hängendem Kopf, die Hände tief in den Manteltaschen, trat nach einem Stock. Soviel zu Tennis. Alec fröstelte innerlich. Es irritierte ihn, daß Gabriel nicht antwortete. Er dachte, er habe immer mit ihr reden können. Aber jetzt war er sich nicht so sicher.

Alec seufzte und sagte: «Um nichts in der Welt hätte ich gewollt, daß das passiert. Das muß dir klar sein. Aber ich kann nichts tun, damit deine Mutter bei mir bleibt. Du weißt, wie sie ist, wenn sie sich etwas in den Kopf gesetzt hat. Keine zehn Pferde können sie davon abbringen.»

«Ich habe nie auch nur daran gedacht, daß du und Mummy euch scheiden lassen könntet.»

«Leider müssen viele Kinder das erleben. Du mußt viele Freundinnen mit geschiedenen Eltern haben.»

«Aber das bin *ich*.»

Wieder war er um Worte verlegen. Sie gingen schweigend weiter, um die Ecke des Platzes herum, vorbei an einer Stange mit einer klatschnassen roten Fahne.

«Weißt du, was auch passiert, du bleibst immer meine Tochter. Ich bezahle deine Schulgebühren und gebe dir Taschengeld. Du brauchst Strickland um nichts zu bitten. Du wirst ihm nie wegen etwas verpflichtet sein. Du... magst ihn, nicht wahr? Oder kannst du ihn nicht leiden?»

«Er ist in Ordnung.»

«Deine Mutter sagt, er hat dich sehr gern.»

«Er ist so jung. Er ist viel jünger als Mummy.»

Alec holte tief Luft. «Ich nehme an», sagte er vorsichtig, «wenn man sich in einen Menschen verliebt, spielt das Alter keine Rolle.»

Gabriel blieb unvermittelt stehen. Sie standen sich gegenüber, zwei einsame Gestalten mitten im Nichts. Kein einziges Mal hatte sie ihm an jenem Nachmittag in die Augen geschaut, und jetzt sah sie zornig geradeaus, auf seine Mantelknöpfe, und sagte: «Hätte ich nicht bei dir bleiben können?»

Ihn überkam ein Impuls, sie zu umarmen, sein Kind in seine Arme zu nehmen, ihre Zurückhaltung mit einer Geste der Liebe zu durchbrechen, die sie davon überzeugt hätte, die grauenhafte Trennung, über die sie sprachen, sei ihm genauso zuwider wie ihr. Aber auf dem Weg zur Schule hatte er sich versprochen, das nicht zu tun. *Du darfst sie nicht aufregen*, hatte Erica ihn angefleht. *Fahr zu ihr und sprich mit ihr darüber, aber reg sie nicht auf. Sie hat die Situation akzeptiert. Wenn du emotional wirst, sind wir alle wieder da, wo wir angefangen haben, und du machst Gabriel kaputt.*

Er versuchte zu lächeln und sagte ruhig: «Nichts wäre mir lieber gewesen. Aber es wäre nicht gegangen. Ich könnte mich nicht um dich kümmern. Ich habe zu viele Verpflichtungen. Ich bin soviel fort. Du brauchst deine Mutter. Im Augenblick solltest du bei ihr sein. Es ist besser so.»

Sie verzog den Mund, als sammelte sie Mut für das, was ihr unvermeidlich bevorstand. Sie wandte sich ab, und sie gingen weiter.

«Du kommst mich besuchen», sagte Alec zu ihr. «Im nächsten Sommer fahren wir wieder nach Glenshandra. Vielleicht kannst du dann dein Glück mit den Lachsen versuchen.»

«Was wird aus Deepbrook?»

«Ich werde es vermutlich verkaufen. Es hat nicht viel Sinn, es zu behalten, wenn deine Mutter nicht dort ist.»

«Und du?»

«Ich bleibe in Islington.»

«Mein Zimmer in London...» sagte sie mit trauriger Stimme.

«Das ist immer noch dein Zimmer. Das wird auch so bleiben.»

«Darum geht es nicht. Ich möchte ein paar Bücher mitnehmen. Ich habe… ich habe die Namen aufgeschrieben.» Sie nahm die Hand aus der Tasche und holte ein Blatt liniertes Papier heraus, aus einem Schulheft herausgerissen. Er nahm es, entfaltete es und las:

Der geheime Garten
Abenteuer der Welt
Vom Winde verweht

Es standen weitere Titel darauf, aber aus irgendeinem Grund brachte er es nicht fertig weiterzulesen.

«Natürlich.» Er sprach in schroffem Ton und steckte den Zettel tief in die Manteltasche. «Ist da… ist da noch etwas?»

«Nein. Nur die Bücher.»

«Ich weiß nicht, ob deine Mutter es dir gesagt hat, aber ich fahre euch zum Flughafen. Dann bringe ich die Bücher mit. Wenn dir also noch etwas einfällt, sag mir Bescheid.»

Sie schüttelte den Kopf. «Sonst nichts.»

Jetzt war aus dem Nebel Regen geworden. Er tropfte auf ihr Haar und auf die rauhe Oberfläche ihres marineblauen Mantels. Sie hatten den Sportplatz umrundet und gingen auf die Schulgebäude zu. Sie überquerten den Rasen und gingen über Kies, der unter ihren Schritten knirschte. Es schien nichts mehr zu geben, worüber sie sprechen konnten. Am Fuß der Treppe, die zum eindrucksvollen Haupteingang führte, blieb Gabriel stehen und wandte sich ihm wieder zu.

«Ich muß mich für den Sport umziehen. Komm lieber nicht mit hinein.»

Alec sah ihr in die Augen. «Ich werde mich jetzt von dir verabschieden. Nicht auf dem Flughafen.»

«Dann also auf Wiedersehen.»

Gabriel behielt die Hände entschieden tief in den Manteltaschen. Er legte die Hand unter ihr Kinn und hob ihr Gesicht an.

«Gabriel.»

«Auf Wiedersehen.»

Er beugte sich hinunter und küßte sie auf die Wange. Zum erstenmal an jenem Nachmittag sah sie ihn direkt an. Einen Moment lang trafen sich ihre Blicke, und in ihren Augen standen weder Tränen noch Vorwürfe. Dann war sie fort, ging von ihm weg die Treppe hinauf, unter der protzigen Kolonnade durch die Tür.

Am folgenden Dienstag brachen sie nach Amerika auf, seine Frau und sein Kind, mit dem Abendflug nach New York. Wie versprochen fuhr Alec sie zum Flughafen, und als ihr Flug aufgerufen worden war und er sich verabschiedet hatte, ging er auf die Aussichtsterrasse. Es war ein nasser, dunkler Abend mit dichten, tiefhängenden Wolken. Er schaute durch die regenüberströmte Scheibe und wartete darauf, daß ihr Flugzeug startete. Der große Jet donnerte pünktlich die Startbahn entlang; Lichter blitzten durch die Düsternis. Er beobachtete, wie das Flugzeug abhob, aber innerhalb von Sekunden verschwand es außer Sicht und wurde von den Wolken geschluckt. Er blieb, bis die Motorengeräusche in der Dunkelheit erstarben. Erst dann wandte er sich ab und ging den langen Weg über den gebohnerten Boden zur Rolltreppe. Überall waren Menschen, aber er sah sie nicht, und kein Kopf drehte sich nach ihm um. Zum erstenmal im Leben wußte er, was es für ein Gefühl war, ein Nichts zu sein, ein Versager.

Er fuhr zurück zu seinem leeren Haus. Schlechte Nachrichten verbreiten sich mit Lichtgeschwindigkeit, und jetzt war allgemein bekannt, daß Erica ihn wegen eines reichen Amerikaners verlassen und Gabriel mitgenommen hatte. Das war in gewisser Weise eine Erleichterung, weil Alec es somit den Leuten nicht erzählen mußte, aber er schreckte vor gesellschaftlichen Begegnungen und Mitgefühl zurück. Obwohl Tom Boulderstone ihn eingeladen hatte, an diesem Abend zum Abendessen nach Campden Hill zu kommen, hatte er die Einladung abgelehnt, und Tom hatte es verstanden.

Er war an das Alleinsein gewöhnt, aber jetzt hatte seine Einsamkeit eine neue Dimension. Er ging nach oben ins Schlafzimmer. Es wirkte ohne Ericas Sachen leer und unvertraut. Er duschte und zog sich um, dann ging er wieder nach unten, goß sich einen Drink ein und setzte sich ins Wohnzimmer. Ohne Ericas hübsche Nippes, ohne Blumen sah es trostlos aus. Schließlich zog er die Vorhänge zu und nahm sich vor, am nächsten Tag beim Blumenhändler Station zu machen und sich eine Topfpflanze zu kaufen.

Es war fast halb neun, aber er war nicht hungrig. Er war zu erschöpft, zu leer. Später würde er nachsehen, was Mrs. Abney zubereitet und als Abendessen für ihn im Backofen hinterlassen hatte. Später. Jetzt schaltete er den Fernseher ein und sackte davor zusammen, den Drink in der Hand, das Kinn auf der Brust.

Er starrte auf den flackernden Bildschirm. Nach ein paar Augenblicken begriff er, daß er eine Dokumentation sah, ein Programm über die Probleme von Farmern, die an der Grenze der Rentabilität wirtschafteten. Um das Problem zu veranschaulichen, hatten die Moderatoren eine Farm in Devon ausgewählt. Eine Einstellung zeigte grasende Schafe auf den felsigen Böschungen von Dartmoor... die Kamera fuhr hügelabwärts zum Farmhaus... die üppigen grünen Böschungen in der Ebene...

Es war nicht Chagwell, aber es war ein ganz ähnlicher Ort. Der Film war im Sommer gedreht worden. Alec sah den blauen Himmel, die hohen weißen Wolken, deren Schatten über den Hang rasten. Sonnenschein glitzerte auf dem Wasser eines plätschernden Forellenbaches.

Chagwell.

Die Vergangenheit ist ein anderes Land. Vor langer Zeit war Alec in diesem Land gezeugt, geboren und großgezogen worden; seine Wurzeln lagen tief in der fruchtbaren roten Erde von Devon. Aber im Lauf der Jahre, abgelenkt von seinem Erfolg, von seinem Ehrgeiz und den Anforderungen des Familienlebens, hatte er fast ganz den Kontakt dazu verloren.

Chagwell. Sein Vater war gestorben, und Brian und seine Frau Jenny bewirtschafteten die Farm jetzt gemeinsam. Innerhalb von sieben Jahren hatte Jenny Brian fünf blonde, sommersprossige Kinder geboren, und das alte Haus war vollgestopft mit ihren Haustieren, Kinderwagen, Fahrrädern und Spielsachen.

Erica hatte nichts für Brian und Jenny übrig. Sie waren nicht von ihrem Schlag. Während ihrer ganzen Ehe hatte Alec sie nur zweimal nach Chagwell mitgenommen, aber beide Male war es so unbehaglich und unerfreulich für alle Beteiligten gewesen, daß sich die Besuche wie im gegenseitigen Einverständnis nicht wiederholt hatten. Der Kontakt beschränkte sich auf Weihnachtskarten und gelegentliche Briefe, aber Alec hatte Brian seit fünf Jahren oder länger nicht mehr gesehen.

Fünf Jahre. Das war zu lang. Schlechte Nachrichten verbreiten sich mit Lichtgeschwindigkeit, aber Chagwell hatten sie bestimmt noch nicht erreicht. Er mußte Brian über die bevorstehende Scheidung informieren. Alec würde ihm morgen schreiben, um keine Zeit zu verlieren, denn Brian sollte auf keinen Fall von einem Dritten von der gescheiterten Ehe seines Bruders erfahren.

Oder er könnte anrufen ...

Neben ihm klingelte das Telefon. Alec langte nach dem Hörer und nahm ihn ab.

«Ja?»

«Alec.»

«Ja.»

«Hier ist Brian.»

Brian. Ihn befiel ein Gefühl jenseits aller Wirklichkeit, als hätte seine Phantasie die Grenzen seiner Verzweiflung durchbrochen. Einen Augenblick lang fragte er sich, ob er den Verstand verliere. Mechanisch beugte er sich vor und schaltete den Fernseher aus.

«Brian.»

«Wer sonst?» Er fragte es in seiner für ihn typischen heiteren, forsch-fröhlichen Art, mit glockenklarer Stimme. Aus welchem Grund er auch anrufen mochte, es ging nicht um das Überbringen schlechter Nachrichten.

«Von wo aus rufst du an?»

«Natürlich aus Chagwell, woher denn sonst?»

Alec sah ihn an dem ramponierten Rolldeckelschreibtisch im alten Arbeitszimmer in Chagwell sitzen, in diesem staubigen, von Büchern eingerahmten Zimmer, das immer als Farmbüro benutzt worden war. Er sah die Stapel von Regierungsformularen und eselsohrigen Aktendeckeln, die stolzen Fotos von preisgekrönten Guernsey-Zuchtrindern.

«Du klingst erstaunt», sagte Brian.

«Es ist fünf Jahre her.»

«Ich weiß. Viel zu lang. Aber ich habe gedacht, du

möchtest eine ziemlich überraschende Familiennachricht hören. Onkel Gerald heiratet.»

Gerald. Gerald Haverstock aus Tremenheere. Admiral G. J. Haverstock, ausgezeichnet mit dem C.B.E, D.S.O und D.S.C, früher bekannt als der begehrteste Junggeselle in der Royal Navy.

«Wann hast du das gehört?»

«Heute morgen. Er hat angerufen. Klingt wie im siebten Himmel und will, daß wir alle zur Hochzeit kommen.»

«Wann ist das?»

«Übernächstes Wochenende. In Hampshire.»

Gerald, der endlich doch noch heiratete. «Er muß jetzt sechzig sein.»

«Du kennst ja den Spruch, der beste Wein kommt aus alten Flaschen.»

«Wer ist die Braut?»

Sie heißt Eve Ashby. Die Witwe eines alten Schiffskameraden. Alles sehr passend.»

Trotzdem fiel es Alec schwer, es zu glauben, denn die Nachricht war tatsächlich verblüffend. Ausgerechnet Gerald, der Karriereseemann, der ewige Junggeselle, nach dem zahllose liebeskranke Frauen schmachteten. Gerald, mit dem Brian und Alec einmal herrliche Sommerferien verbracht hatten, als einzige Jugendliche in einem Haus voller Erwachsener. Sie waren an den Stränden von Cornwall herumgerannt, hatten auf dem Rasen vor dem Haus Kricket gespielt, waren – zum erstenmal im Leben – wie Erwachsene behandelt worden. Durften zum Abendessen aufbleiben, Wein trinken, allein mit dem Dingi hinaussegeln. Gerald wurde ihr Held, und sie verfolgten seine kometenhafte Karriere geradezu mit Besitzerstolz.

Gerald war bei so vielen Hochzeiten Trauzeuge gewesen, daß eine gewisse Phantasie dazu gehörte, ihn sich als Bräutigam vorzustellen.

«Fährst du zur Hochzeit?»

«Ja, wir fahren alle hin. Mit Kind und Kegel. Gerald will uns alle dabeihaben. Und dich auch. Von Deepbrook aus ist es nicht weit. Du könntest am Nachmittag hinfahren. Ich nehme an, Erica legt keinen besonderen Wert darauf mitzukommen, aber vielleicht du und Gabriel...?»

Er machte eine Pause und wartete auf eine Reaktion. Alec hatte plötzlich einen trockenen Mund. Er sah den Transatlantikjet vor sich, wie er abhob, stieg, in der Dunkelheit der Nacht und der Wolken verschwand. Sie ist fort. Gabriel ist fort. Nach einer Weile fragte Brian mit völlig veränderter Stimme: «Ist alles in Ordnung, alter Junge?»

«Warum fragst du?»

«Um dir die Wahrheit zu sagen, in den letzten Tagen habe ich an dich gedacht... und hatte das Gefühl, du bist ein bißchen angeschlagen. Ich hatte sowieso vor, dich anzurufen. Hatte das Bedürfnis, mit dir zu reden. Das mit Geralds Hochzeit war ein guter Vorwand, zum Hörer zu greifen.»

Hatte das Bedürfnis, mit dir zu reden.

Als Jungen hatten sie sich sehr nahe gestanden. Die Schranken der Entfernung, der verstrichenen Jahre, die beiden grundverschiedenen Frauen hatten die Enge ihrer Beziehung nicht zerstört. Sie waren immer in Verbindung gewesen, vereint durch ein starkes, unsichtbares Band aus Abstammung und Geburt. Vielleicht war dieser unerwartete Anruf, was auch immer Brians Motiv gewesen sein mochte, eine Art Rettungsring.

Er klammerte sich daran und sagte: «Ja, alles ist mies.» Es dauerte nicht sehr lange, Brian alles zu erzählen.

Als er fertig war, sagte Brian nur: «Ich verstehe.»

«Ich wollte es dir morgen schreiben. Oder dich anrufen… Tut mir leid, daß ich es nicht geschafft habe, es dir früher zu sagen.»

«Das ist schon in Ordnung, alter Junge. Hör mal, ich komme nächste Woche zur Mastviehausstellung in Smithfield nach London. Möchtest du dich mit mir treffen?»

Keine Kommentare, keine Nachrufe, kein überflüssiges Mitgefühl. «Unbedingt», sagte Alec zu seinem Bruder. «Komm in meinen Club, ich lade dich zum Essen ein.»

Sie verabredeten Tag und Uhrzeit.

«Und was soll ich Gerald sagen?» fragte Brian.

«Sag ihm, ich komme zu seiner Hochzeit. Die würde ich um nichts in der Welt versäumen.»

Brian legte auf. Langsam legte Alec den Hörer zurück. Die Vergangenheit ist ein anderes Land.

Bilder gingen ihm durch den Kopf, nicht nur von Chagwell, sondern jetzt in Gedanken an Gerald auch von Tremenheere. Das alte Steinhaus ganz am Ende von Cornwall, wo Palmen wuchsen, Kamelien und Eisenkraut und duftender weißer Jasmin die Wände der Treibhäuser im ummauerten Garten überwucherte.

Chagwell und Tremenheere. Das waren seine Wurzeln, waren seine Identität. Er war Alec Haverstock, und er würde damit fertig werden. Das war nicht das Ende der Welt. Gabriel war fort; die Trennung von ihr war das Schlimmste gewesen, aber jetzt war das Schlimmste vorbei. Er hatte den Grund berührt und konnte jetzt wieder nach oben kommen.

Er stand auf und ging mit seinem leeren Glas in die Küche, um nach etwas zu essen zu suchen.

3

Islington

Es war fünf, als Laura nach Hause kam. Die Brise hatte sich gelegt, und Abigail Crescent döste schläfrig in der goldenen Sonne des Spätnachmittags. Ausnahmsweise war die Straße fast ausgestorben. Wahrscheinlich saßen die Nachbarn in ihren winzigen Gärten oder waren mit ihren Kindern in die umliegenden Parks gegangen, um das Gras unter den Füßen und schattige Bäume über sich zu genießen. Nur eine alte Frau mit einem Einkaufswägelchen und einem altersschwachen Mischlingshund an der Leine zog den Gehweg entlang. Als Laura vor ihrem Haus hielt, waren auch die beiden verschwunden, wie Kaninchen in einem Bau, die Treppe zu einer Souterrainwohnung hinunter.

Sie sammelte die Einkäufe des Tages ein, ihre Handtasche und ihren Hund, stieg aus dem Wagen und ging die Stufen zum Eingang hinauf. Sie mußte sich jedesmal daran erinnern, daß es ihr Hauseingang war. Denn das Haus, in dem sie seit neun Monaten wohnte, war ihr immer noch nicht ganz vertraut. Sie war noch nicht eingestimmt auf seine Eigenarten. Es war Alecs Zuhause, und es war Ericas Zuhause gewesen, und Laura betrat es immer zögerlich, immer noch mit dem Gefühl, in den Besitz eines anderen Menschen einzudringen.

Jetzt empfing sie die warme Stille, dicht wie Nebel. Von

unten, aus Mrs. Abneys Reich, kam kein Laut. Vielleicht war sie ausgegangen oder schlief noch. Allmählich wurde das Summen des Kühlschranks in der Küche hörbar. Dann eine tickende Uhr. Gestern hatte Laura Rosen gekauft und in einen Krug gestellt. Heute lag ihr Duft vom Wohnzimmer aus schwer und süß in der Luft.

Ich bin nach Hause gekommen. Das ist mein Zuhause.

Es war kein großes Haus. Mrs. Abneys Souterrain und darüber drei Stockwerke – zwei Zimmer auf jeder Etage und keines besonders geräumig. Hier die enge Diele und die Treppe; auf einer Seite das Wohnzimmer, auf der anderen die Küche mit einer Eßecke. Darüber das Schlafzimmer, das Bad und Alecs Ankleidezimmer, das außerdem als Arbeitszimmer benutzt wurde. Ganz oben – mit Dachfenstern und schiefen Decken – der Dachboden. Ein Gästezimmer, meistens vollgestopft mit Koffern und überflüssigen Möbeln, und das Kinderzimmer, das früher Gabriels Zimmer gewesen war. Das war alles.

Sie setzte Lucy ab und ging in die Küche, um die Lebensmittel abzustellen, die sie für das Abendessen gekauft hatte. Dort standen Einbauschränke aus Kiefer, ein gescheuerter Tisch und Stühle mit Rollen. Eine verglaste Flügeltür ging auf einen Balkon hinaus, und von dort aus führte eine Holztreppe hinunter in einen kleinen gepflasterten Garten mit einem Zierkirschbaum und Geranien in Kübeln. Laura entriegelte die Flügeltür und machte sie weit auf. Luft strömte ins Haus. Draußen auf dem Balkon standen zwei Gartenstühle und ein kleiner schmiedeeiserner Tisch. Später, wenn Alec nach Hause kam, würden sie dort in der Dämmerung ihre Drinks nehmen, beobachten, wie die Sonne vom Himmel verschwand, und die Kühle des Abends genießen.

Vielleicht war das die richtige Zeit, ihm zu sagen, daß sie nicht mit nach Schottland fahren würde. Bei dem Gedanken wurde sie ganz mutlos, nicht weil sie Angst vor ihm gehabt hätte, sondern weil ihr davor grauste, ihm etwas zu verderben. Die Küchenuhr zeigte zehn Minuten nach fünf. Er würde erst in über einer Stunde nach Hause kommen. Sie ging nach oben und zog sich aus, schlüpfte in einen luftigen Morgenmantel und legte sich auf ihre Seite des riesigen Doppelbetts. Eine halbe Stunde, versprach sie sich, dann würde sie duschen und sich umziehen. Eine halbe Stunde. Aber im nächsten Moment war sie eingeschlafen, wie jemand, der in einen Brunnen fällt.

Sie war im Krankenhaus: lange Flure, weiß gefliest, das Brausen halber Bewußtlosigkeit laut in ihren Ohren, weißmaskierte Gesichter. Kein Grund zur Sorge, wurde ihr gesagt. Eine Glocke schlug an. Vielleicht war Feuer ausgebrochen. Jemand hatte sie festgebunden. Kein Grund zur Sorge. Die Glocke klingelte weiter.

Sie machte die Augen auf und starrte an die Decke. Ihr Herz hämmerte immer noch von der Angst im Traum. Mechanisch hob sie das Handgelenk und sah auf die Uhr. Halb sechs. Die Glocke klingelte wieder.

Wegen des erfrischenden Durchzugs hatte sie die Tür offengelassen, und jetzt hörte sie, wie Mrs. Abney aus dem Souterrain heraufkam und sich beim Steigen fürchterlich anstellte, Stufe um Stufe. Laura lag reglos da und horchte. Sie hörte das Klicken des Riegels, das Öffnen der Haustür.

«Oh, Mrs. Boulderstone, Sie sind's!»

Daphne. *Daphne?* Was hatte Daphne um halb sechs Uhr nachmittags hier verloren? Was in aller Welt mochte sie wollen? Vielleicht, hoffentlich glaubte Mrs. Abney, Laura sei nicht da und schickte sie weg.

«Ich klingle seit *Stunden.*» Daphnes hohe Stimme war deutlich zu hören. «Ich war mir sicher, daß jemand zu Hause sein muß, denn Mrs. Haverstocks Auto steht hier.»

«Ich weiß. Ich habe auch nachgeschaut, als ich die Klingel gehört habe. Vielleicht ist sie oben im Schlafzimmer.» Die Hoffnung verflog. «Kommen Sie doch herein, ich seh oben mal nach.»

«Ich hoffe, Sie haben nicht geschlafen, Mrs. Abney.»

«Nein. Hab mir bloß eine Fischbulette zum Tee gebraten.»

Jetzt stieg Mrs. Abney wieder die Treppe hinauf. Laura setzte sich mit einem Ruck auf, stieß die leichte Decke beiseite und schwang die Beine über den Bettrand. Wie sie da saß, schwindlig und desorientiert, tauchte Mrs. Abney in der offenen Tür auf und blieb nur stehen, um pro forma mit den Knöcheln der Faust gegen den Rahmen zu klopfen.

«Sie schlafen also nicht.» Mrs. Abney mit ihrem krausen grauen Haar, ihren Hauspantoffeln und den starken Stützstrümpfen, die nichts von den dicken Knoten ihrer leidigen Krampfadern verbargen. «Haben Sie die Klingel nicht gehört?»

«Ich *habe* geschlafen. Es tut mir leid, daß Sie an die Tür gehen mußten.»

«Es hat pausenlos geklingelt. Ich hab gedacht, Sie sind nicht da.»

«Es tut mir leid», sagte Laura wieder.

«Es ist Mrs. Boulderstone.»

Daphne hörte dem Wortwechsel von unten zu. «Laura, ich bin's! Steh nicht auf, ich komme nach oben –»

«Nein...» Sie wollte Daphne nicht in ihrem Schlafzimmer haben. «Ich komme sofort.»

Aber ihr Protest nützte nichts, denn im nächsten Augenblick war Daphne schon da. «Du meine Güte, es tut mir leid. Ich hätte nie gedacht, daß du um diese Tageszeit im Bett sein könntest. Arme Mrs. Abney. Herzlichen Dank, daß Sie mich gerettet haben. Jetzt können Sie zu Ihren Fischbuletten zurück. Wir haben uns große Sorgen um dich gemacht, Laura. Haben gedacht, du wärst verschwunden.»

«Sie hat die Klingel gar nicht gehört», erklärte Mrs. Abney überflüssigerweise. «Na gut, wenn alles in Ordnung ist.» Und sie ging, trottete in ihren Hauspantoffeln schwerfällig die knarrende Treppe hinunter.

Daphne zog hinter ihrem Rücken eine Grimasse. «Ich habe versucht anzurufen, aber es hat sich niemand gemeldet. Warst du weg?»

«Ich bin zum Tee zu Phyllis nach Hampstead gefahren.»

Daphne warf ihre Tasche und ihre Sonnenbrille auf das Fußende von Lauras Bett und ging zum Frisiertisch, um ihr Äußeres in Lauras Spiegel zu überprüfen. «Ich habe mir das Haar machen lassen. Unter der Trockenhaube war es knallheiß.»

«Es sieht sehr gut aus.» Man merkte nicht nur an ihrem perfekt frisierten silbernen Haarschopf, sondern auch an dem üppigen Geruch nach Haarspray, daß Daphne direkt aus dem Schönheitssalon kam. Sie sah, wie Laura kleinlaut feststellte, ganz erstaunlich schick aus, in dünnen Baumwollhosen und einer blaßrosa Seidenbluse. Ihre Figur blieb so schlank wie die eines Kindes, und wie immer war sie tief gebräunt, makellos geschminkt, parfümiert und elegant. «Wer frisiert dich?»

«Ein Junge namens Antony. Schwuler geht's nicht, aber

er versteht was vom Haareschneiden.» Daphne war offenbar mit ihrem Aussehen zufrieden, wandte sich vom Spiegel ab und sank in einen kleinen rosa Samtsessel am Fenster. «Ich bin erschöpft», erklärte sie.

«Was hast du den ganzen Tag gemacht?»

«Ich mußte ein paar Einkäufe erledigen... Bei Harrods habe ich ein Paar himmlische Knickerbocker bekommen. Ich habe gedacht, die sind das Richtige für Glenshandra. Ich habe sie im Auto gelassen, sonst hätte ich sie dir gezeigt. Und dann habe ich ganz zauberhaft im Meridiana zu Mittag gegessen, und dann mußte ich bis nach Euston fahren, um ein Päckchen für Tom abzuholen. Es ist eine neue Lachsangel, für ihn in Inverness angefertigt, und sie haben sie per Bahn hergeschickt. *Deshalb*... weil ich aus dieser Richtung kam, habe ich gedacht, ich komme vorbei und besuche dich, damit wir unsere Pläne für die Fahrt nach Norden abstimmen können. Klingt das nicht ganz geschäftsmäßig?»

Sie lehnte sich im Sessel zurück und streckte die Beine aus. Ihre Augen, groß und erstaunlich blau, wanderten durch das Zimmer. «Du hast hier drin etliches verändert, nicht wahr? Ist das ein neues Bett?»

An Daphnes Mangel an Feingefühl und Takt hatte sich Laura, die eh unter ihrem schwachen Selbstvertrauen litt, noch nie gewöhnen können.

«Ja. Es ist neu. Alec hat es gekauft, als wir geheiratet haben.»

«Und außerdem neue Vorhänge. Ein sehr hübscher Chintz.»

Laura ging durch den Kopf, Daphne müsse schon tausendmal in diesem Zimmer gewesen sein, mit Erica plaudernd, genauso wie sie jetzt dasaß und mit Laura plauderte. Sie stellte sich vor, wie sie neue Kleider anprobierten, Vertrauliches austauschten, über eine Party sprachen, Pläne machten. Ihr dünner Morgenmantel fühlte sich zerknittert und verschwitzt an. Am allermeisten wünschte sie sich eine Dusche. Sie wollte, daß Daphne ging und sie in Ruhe ließ.

Wie so manchmal in besonders verzweifelten Situationen, hatte sie einen genialen Einfall.

«Möchtest du einen Drink?»

«Mit Wonne», sagte Daphne prompt.

«Du weißt doch, wo Alec die Flaschen aufbewahrt... in diesem Schrank in der Küche. Da ist Gin und Tonic. Und im Kühlschrank liegt eine Zitrone... und Eis gibt es auch. Geh doch nach unten, bedien dich selbst, und ich komme gleich zu dir. Ich muß was überziehen. Ich kann hier nicht den Rest des Tages bleiben, und Alec kommt bald nach Hause.»

Daraufhin wurde Daphne sichtlich munterer; sie mußte nicht groß überredet werden, auf Lauras improvisierten Plan einzugehen. Sie hievte sich aus dem Sessel, sammelte Tasche und Sonnenbrille ein und ging nach unten. Laura wartete, bis sie hörte, wie die Schranktür aufging und Glas klirrte. Erst dann, als sie sich sicher war, daß Daphne nicht wieder auftauchen würde wie ein Kistenteufelchen, stand sie auf.

Eine Viertelstunde später, geduscht und angezogen, ging sie hinunter und fand Daphne entspannt auf dem Sofa vor, mit einer brennenden Zigarette und dem Drink neben sich auf dem Tisch. Das Wohnzimmer war voller Abendsonne und dem Rosenduft. Daphne hatte eine neue Ausgabe von *Harpers and Queen* entdeckt und blätterte in den Hochglanzseiten, doch als Laura auftauchte, legte sie das

Magazin weg und sagte: «In diesem Zimmer hast du gar nichts verändert, nicht wahr? Ich meine, bis auf ein paar Kleinigkeiten.»

«Wozu denn? Es ist hübsch, wie es ist.»

«Wohnst du gern hier? Ich denke immer, Islington ist ein bißchen abgelegen. Es dauert Stunden, bis man irgendwo ist.»

«Es liegt günstig zur City.»

«Das hat Alec immer gesagt – der sture alte Bock. Deshalb hat Erica ihn dazu gebracht, Deepbrook zu kaufen.»

Laura, die völlig perplex war, fiel keine passende Antwort darauf ein. Daphne hatte noch nie derart direkt, fast provozierend, auf die Vergangenheit angespielt. Warum jetzt? Vielleicht weil kein Tom da war, der ihre Unverblümtheit bremsen konnte. Sie und Laura waren allein, und offensichtlich meinte sie, zartfühlende Anspielungen, taktvolle Ausweichmanöver seien nicht nötig. Laura wurde ganz bang ums Herz, und sie fühlte sich in der Falle.

Daphne lächelte. «Wir sprechen nie über Erica, nicht wahr? Wir laufen alle auf Zehenspitzen um das Thema herum, als ob es tabu wäre. Aber schließlich ist es so gekommen; jetzt ist es vorbei. Schnee von gestern.»

«Ja, so muß es wohl sein.»

Daphne kniff die Augen zusammen. Sie zündete sich die nächste Zigarette an und sagte dann: «Es muß seltsam sein, die zweite Frau zu sein. Ich habe oft gedacht, wie seltsam das für dich sein muß. Eine ganz neue Erfahrung, und doch ist das alles schon einmal passiert, mit einer anderen Frau. Natürlich ist das eine klassische Situation.»

«Was meinst du damit?»

«Denk doch an Jane Eyre oder an die zweite Mrs. de Winter in *Rebecca.*»

«Nur daß Alec weder ein Bigamist noch ein Mörder ist.»

Daphne machte ein verständnisloses Gesicht. Vielleicht war sie nicht so belesen, wie sie tat. Laura dachte daran, es zu erklären, und entschied sich dagegen. Sie sah, daß Daphnes Glas leer war.

«Trink noch einen Gin Tonic.»

«Mit Wonne.» Das schien ihre Standardantwort zu sein, wenn ihr ein Drink angeboten wurde. Sie hielt Laura das Glas hin. «Oder wäre es dir lieber, wenn ich mir den Drink selber hole?»

«Nein. Ich mach das schon.»

In der Küche schenkte sie den Drink ein und füllte das Glas mit Eis. Daphne war zum Mittagessen aus gewesen – zweifellos mit einem ihrer geheimnisvollen Verehrer. Außerdem hatte sie zweifellos Martinis und Wein getrunken. Laura fragte sich, ob sie angetrunken war. Was sonst hätte ihren außergewöhnlichen Anfall von Offenheit erklären können? Sie sah auf die Uhr und sehnte sich danach, daß Alec nach Hause kam und sie aus dieser Situation erlöste. Sie brachte das Glas ins Wohnzimmer.

«Oh, himmlisch.» Daphne nahm es ihr ab. «Trinkst du denn gar nichts?»

«Nein. Ich bin... gar nicht durstig.»

«Na dann, Cheers!» Sie trank und stellte dann das Glas ab. «Ich habe eben gedacht... weißt du, es ist fast sechs Jahre her, seit Erica nach Amerika gegangen ist. Es wirkt ganz unwahrscheinlich, daß es schon so lange her ist. Ich nehme an, wenn wir älter werden, fliegt die Zeit schneller vorbei... oder so. Aber es scheint nicht so lange her zu sein.» Sie machte es sich in der Sofaecke bequemer und zog die Beine unter sich, das Inbild einer Frau, die es sich für einen vertraulichen Plausch gemütlich macht. «Sie war meine beste Freundin. Hast du das gewußt?»

«Ja, ich glaube schon.»

«Wir sind zusammen zur Schule gegangen. Wir waren immer Freundinnen. Durch mich hat sie Alec kennengelernt. Ich meine, ich habe sie nicht miteinander bekannt gemacht, weil sie in Hongkong war, aber ich habe sie zusammengebracht. Als sie geheiratet haben, war ich hellauf begeistert, aber ich war auch ein klitzekleines bißchen eifersüchtig. Weißt du, Alec war einer meiner ersten Freunde. Ich habe ihn gekannt, ehe ich Tom kennenlernte. Es ist blöd, einem Mann gegenüber ein solches Gefühl zu haben, aber seien wir ehrlich, keine Liebe kommt der ersten gleich.»

«Wenn es nicht die letzte Liebe ist.»

Daphnes Miene war gleichermaßen überrascht und verletzt, als wäre sie eben von einem Wurm gebissen worden. «Ich wollte nicht gehässig sein, das verspreche ich dir. Ich hab dir bloß ein winziges Geständnis gemacht. Schließlich ist er ein sehr attraktiver Mann.»

«Ich nehme an», sagte Laura ziemlich verzweifelt, «Erica hat dir sehr gefehlt.»

«Oh, schrecklich. Anfangs konnte ich nicht glauben, daß sie nicht zurückkommt, und dann kam die Scheidung durch, Alec hat Deepbrook verkauft, und danach wußte ich, es gibt keinen Weg zurück. Es war wie das Ende einer Ära. Wochenenden ohne die Möglichkeit, nach Deepbrook zu entkommen, wirkten so seltsam. Wir haben uns auch um Alec Sorgen gemacht, weil er soviel allein war, aber er ist seinem Bruder wieder nähergekommen und an den meisten Freitagabenden nach Devon verschwunden. Ich nehme an, er hat dich dorthin mitgenommen?»

«Nach Chagwell, meinst du? Ja, wir waren dort, wir sind über Ostern hingefahren. Aber meistens bleiben wir einfach hier.» (Diese Wochenenden waren die allerbesten. Nur sie beide und Lucy, die Tür zu und die Fenster offen, das kleine Haus allein für sich.)

«Magst du sie? Brian Haverstock und seine Frau, meine ich. Erica hielt es nicht aus, dorthin zu fahren. Sie hat gesagt, die Möbel seien voller Hundehaare, und die Kinder schrien pausenlos.»

«In einer so großen Familie geht es nun einmal ein bißchen chaotisch und laut zu ... aber es macht auch Spaß.»

«Erica konnte schlechterzogene Kinder nicht ausstehen. Gabriel war reizend.» Sie drückte ihre Zigarette aus. «Hört Alec manchmal was von Gabriel?»

Es wurde immer schlimmer. Unkontrollierbar. Laura log. «O ja.» Sie war verblüfft über ihre Gelassenheit.

«Inzwischen ist sie vermutlich eine richtige kleine Amerikanerin. Da drüben haben junge Leute eine herrliche Zeit. Ich nehme an, deshalb ist sie nie zurückgekommen, um Alec zu besuchen. Er hat sich immer eingebildet, sie kommt. Jedes Jahr hat er darüber geredet, daß sie mit uns nach Glenshandra kommt, hat ein Zimmer für sie im Hotel gebucht und alles organisiert. Aber sie ist nie gekommen. Apropos», fuhr sie fort, mit unveränderter Stimme, «eigentlich bin ich deshalb zu dir gekommen, nicht um über meine Vergangenheit zu reden. Glenshandra. Hast du dich auch gut auf den eisigen Norden vorbereitet? Ich hoffe, du hast haufenweise warme Sachen, denn auf dem Fluß kann es bitterkalt sein, sogar im Juli. In einem Jahr hat es pausenlos geregnet, und wir wären fast erfroren. Und du brauchst Abendgarderobe für den Fall, daß uns jemand zum Essen einlädt. An solche Dinge denken Männer nie, und im Umkreis von hundert Kilometern gibt es keinen Laden, du kannst dir also nicht einfach etwas kaufen.»

Sie machte eine Pause und wartete auf eine Reaktion von Laura. Laura fiel nichts ein, und Daphne schwatzte weiter.

«Alec hat uns gesagt, du hast noch nie geangelt, aber du wirst es versuchen, nicht wahr? Sonst wird es langweilig, wenn du ganz allein im Hotel bleibst. Du siehst bei diesen Aussichten nicht besonders begeistert aus. Freust du dich denn nicht darauf?»

«Ja... schon... aber...»

«Ist irgend etwas nicht in Ordnung?»

Früher oder später mußte sie es erfahren. Alle mußten es erfahren. «Ich... ich glaube, ich kann nicht mitkommen.»

«Nicht mitkommen?»

«Ich muß ins Krankenhaus. Es ist bloß eine Kleinigkeit... eine kleine Operation, aber die Ärztin sagt, ich muß mich hinterher ausruhen. Sie sagt, ich kann nicht nach Schottland fahren.»

«Aber *wann*? Wann mußt du ins Krankenhaus?»

«In ein paar Tagen.»

«Aber heißt das, daß *Alec* nicht mitkommen kann?» Daphne klang entsetzt bei dieser Aussicht, als wäre der ganze Urlaub ohne Alec zum Scheitern verurteilt.

«Doch, natürlich kann er mitkommen. Es gibt keinen Grund für ihn, hierzubleiben.»

«Aber... macht dir das nichts aus?»

«Ich will, daß er fährt. Ich will, daß er mit euch allen hinfährt.»

«Aber *du*. Du Arme. Was für eine scheußliche Geschichte. Und wer wird sich um dich kümmern? Mrs. Abney?»

«Vielleicht wohne ich bei Phyllis.»

«Du meinst, bei deiner Tante in Hampstead?»

Draußen auf der Straße hielt ein Auto. Der Motor wurde abgestellt; eine Tür schlug zu. Laura betete, es möge Alec sein. «Deshalb war ich heute nachmittag bei ihr.» Schritte, sein Schlüssel im Schloß. «Jetzt kommt Alec.»

Sie ging ihm entgegen und war über seinen Anblick nie so froh gewesen.

«Laura...»

Ehe er Zeit hatte, sie zu küssen, sagte sie deutlich: «Hallo, ist es nicht reizend, Daphne ist hier.»

Er erstarrte, einen Arm um seine Frau gelegt, die Aktentasche noch in der anderen Hand. «Daphne?» fragte er verblüfft.

«Ja, ich bin's!» rief Daphne. Alec stellte die Aktentasche ab und machte die Tür hinter sich zu. «Ist das nicht eine nette Überraschung für dich?»

Er ging ins Wohnzimmer, die Hände in den Taschen, und lächelte Daphne entgegen.

«Was machst du denn hier?»

Sie erwiderte sein Lächeln und legte den Kopf schief, so daß ihre Ohrringe zur Seite hüpften.

«Bloß ein kleiner Frauenplausch. Ich mußte in Euston ein Paket abholen, und es schien eine gute Gelegenheit zu sein. Ich bin nicht oft in dieser Gegend.»

Er beugte sich über sie, um sie auf die Wange zu küssen. «Wie schön, daß du da bist.»

«Eigentlich bin ich gekommen, um mit Laura über Glenshandra zu sprechen...»

Hinter Alecs Rücken machte Laura ein gequältes Gesicht, aber entweder bemerkte Daphne diese verzweifelte

Botschaft nicht, oder sie war zu sehr mit Alec beschäftigt, als daß sie darauf geachtet hätte. «Aber sie hat mir eben gesagt, daß sie nicht mitkommen kann.»

In diesem Augenblick hätte Laura sie erwürgen können. Oder sich selbst, weil sie so töricht gewesen war, sich ihr anzuvertrauen.

Alec drehte sich um und sah Laura an, mit gerunzelter Stirn und völlig verwirrt. «Nicht mitkommen kann...?»

«Oh, Daphne. Alec weiß es doch noch gar nicht. Jedenfalls hat er es nicht gewußt, bis du es ihm gesagt hast.»

«Und du wolltest es ihm selbst sagen? Wie gräßlich, und jetzt habe ich die Katze aus dem Sack gelassen. Tom sagt immer, ich rede zuviel. Ich hatte keine Ahnung...»

«Ich habe es dir gesagt. Ich war erst heute nachmittag bei der Ärztin!»

«Ich habe gar nicht gewußt, daß du zur Ärztin gehst», sagte Alec.

«Ich wollte es dir nicht sagen. Ehe ich dort war. Ehe ich es genau wußte. Ich wollte nicht, daß du dir Sorgen machst...» Zu ihrem Entsetzen hörte sie, wie ihr die Stimme brach. Aber Alec hörte es auch und kam ihr zur Hilfe.

«Wir brauchen nicht jetzt darüber zu reden, du kannst es mir später sagen. Wenn Daphne fort ist.»

«Oh, Liebling, ist das ein Wink mit dem Zaunpfahl? Heißt das, ich soll mich verziehen?»

«Nein, natürlich nicht. Ich hole mir einen Drink. Ich bringe dir auch einen mit.»

Sie legte die Hand um ihr Glas. «Vielleicht einen winzigen Schluck. Nicht zu stark, denn ich muß nach Hause fahren, und Tom bringt mich um, wenn das Auto eine Delle bekommt.»

Endlich ging sie. Sie schauten ihrem Auto nach, als es hinter der Kurve verschwand.

«Hoffentlich fährt sie sich nicht zu Tode», sagte Alec. Sie gingen hinein, und Laura brach sofort in Tränen aus.

Alec legte die Arme um sie.

«Jetzt komm. Beruhige dich. Was hat das alles zu bedeuten?»

«Ich wollte nicht, daß *sie* es dir sagt. Ich wollte es dir selbst sagen, bei einem Drink... Ich wollte es ihr nicht erzählen, aber sie hat pausenlos über Glenshandra geredet, und schließlich blieb mir nichts anderes übrig...»

«Das ist nicht wichtig. Nur du bist wichtig... Komm.» Er führte sie ins Wohnzimmer, schob sie sanft dorthin, wo Daphne gesessen hatte, und legte ihre Beine auf das Sofa. Das Kissen unter Lauras Kopf roch nach Daphne. Sie konnte nicht aufhören zu weinen.

«Ich... ich habe es hinausgeschoben, zu Frau Doktor Hickley zu gehen, weil ich nicht hören wollte, daß ich wieder operiert werden muß, und weil ich geglaubt habe, vielleicht erledigt sich alles einfach von selbst. Aber so war es nicht. Es ist nur schlimmer geworden.»

Tränen strömten ihr über das Gesicht. Er setzte sich auf die Sofakante und gab ihr das saubere Leinentaschentuch aus seiner Brusttasche. Sie putzte sich die Nase, aber es schien nicht viel zu nützen.

«Wann mußt du ins Krankenhaus?»

«In ein paar Tagen. Frau Doktor Hickley ruft mich an...»

«Das tut mir leid. Aber es ist schließlich nicht das Ende der Welt.»

«Doch, das ist es, wenn es dieses Mal nicht klappt, denn wenn es wieder passiert... sie sagt, dann muß ich eine Totaloperation machen lassen, und ich will nicht, daß es dazu kommt. Ich habe Angst davor, daß es so kommt... Ich glaube, ich könnte das nicht ertragen... Ich will ein Kind... Ich will dein Kind...»

Sie schaute zu ihm auf, aber sie sah sein Gesicht nicht, weil es in ihren Tränen schwamm. Und dann konnte sie es nicht sehen, weil er sie in die Arme genommen hatte und ihr Gesicht an seiner warmen, tröstlichen Schulter ruhte.

«Es wird nicht wieder passieren», sagte er leise.

«Das hat Phyllis auch gesagt, aber wir können es nicht wissen.» Sie weinte in seinen marineblauen Nadelstreifenanzug. «Ich will es wissen.»

«Wir können nicht alles wissen.»

«Ich will ein Kind...» *Ich will dir ein Kind schenken, um dich für Gabriel zu entschädigen.*

Warum konnte sie es nicht sagen? Was stimmte nicht mit ihrer Ehe, daß sie es nicht über sich brachte, Gabriels Namen zu sagen? Was stimmte nicht mit ihrer Ehe, daß Alec seine Tochter nie erwähnte, im Büro Briefe an sie schrieb und ihre Antworten, falls je welche kamen, vor Laura geheimhielt? Es hätte keine Geheimnisse geben sollen. Sie hätten in der Lage sein müssen, über alles zu sprechen, sich alles zu sagen.

Es war nicht einmal so, daß Gabriel spurlos verschwunden war. Auf dem Dachboden war ihr Zimmer, mit ihren Möbeln, ihren Spielsachen, ihren Bildern, ihrem Schreibtisch. Auf der Kommode in Alecs Ankleidezimmer standen Gabriels Foto und die Zeichnung, die sie für ihn gemacht hatte, im Silberrahmen. Warum begriff er nicht, daß Verleugnen und Verschweigen eine Kluft zwischen ihnen schuf, die Laura nicht überwinden konnte?

Sie seufzte tief und löste sich von ihm, legte sich zurück

auf das Kissen und haßte sich, weil sie so weinte, weil sie scheußlich aussah, weil sie so unglücklich war. Sein Taschentuch war schon klatschnaß von ihrem Kummer. Sie zog heftig am Hohlsaumzipfel und sagte: «Wenn ich dir kein Kind schenken kann, kann ich dir gar nichts geben.»

Weil er Alec war, kam er ihr nicht mit tröstlichen Klischees. Aber nach einer Weile sagte er, auf wunderbar normale Weise: «Hast du etwas getrunken?»

Laura schüttelte den Kopf.

«Ich hole dir einen Cognac.» Er stand auf und ging in die Küche. Lucy stieg aufgeschreckt aus ihrem Körbchen. Dann kam sie ins Zimmer und sprang auf Lauras Schoß. Sie leckte Laura das Gesicht, und als sie ihre salzigen Tränen schmeckte, leckte sie ihr es noch einmal ab. Sie rollte sich zusammen und schlief wieder ein. Laura putzte sich noch einmal die Nase und schob sich eine Locke ihres dunklen Haares aus dem Gesicht.

Alec kam zurück, mit Whisky für sich und einem kleinen Cognac für Laura. Er gab ihn ihr, zog einen niedrigen Schemel heran und setzte sich ihr gegenüber. Er lächelte, und sie lächelte schwach zurück.

«Besser?»

Sie nickte.

«Der Cognac ist die reine Medizin», sagte er. Sie nahm einen Schluck und spürte, wie er brennend durch die Kehle und in den Magen glitt. Der starke Cognac war tröstlich.

«So», sagte er, «jetzt reden wir über Glenshandra. Frau Doktor Hickley sagt, du sollst nicht mitkommen?»

«Sie sagt, ich kann nicht.»

«Und es ist ausgeschlossen, daß die Operation verschoben wird?»

Laura nickte.

«In diesem Fall müssen wir Glenshandra absagen.»

Sie holte tief Luft. «Das will ich *wirklich* nicht. Ich will wirklich nicht, daß du nicht fährst.»

«Aber ich kann dich nicht allein hierlassen.»

«Ich ... ich habe gedacht, wir könnten uns eine Pflegerin besorgen oder so. Ich weiß, allein schafft es Mrs. Abney nicht, aber vielleicht könnte ihr jemand helfen.»

«Laura, ich kann dich nicht hierlassen.»

«Ich habe gewußt, daß du das sagst. Ich habe genau gewußt, daß du das sagst.»

«Was sollte ich deiner Meinung nach sonst sagen? Laura, Glenshandra ist nicht wichtig.»

«Es ist wichtig. Du weißt, daß es wichtig ist.» Sie fing wieder an zu weinen, und es war ihr unmöglich, die Tränenflut aufzuhalten. «Du freust dich das ganze Jahr darauf, das ist dein Urlaub, du mußt fahren. Und die anderen ...»

«Sie werden es verstehen.»

Sie dachte an Daphnes entsetztes Gesicht, an Daphne, die sagte: *Heißt das, daß Alec nicht mitkommen kann?*

«Sie werden es nicht verstehen. Sie werden nur denken, daß ich so unnütz und langweilig bin wie ihrer Meinung nach bei allem anderen auch.»

«Das ist unfair.»

«Ich will, daß du fährst. Ich will es. Ist dir nicht klar, daß ich deshalb so furchtbar durcheinander bin, weil ich weiß, daß ich dir alles verderbe?»

«In dieser Verfassung kannst du nicht ins Krankenhaus und dich operieren lassen.»

«Dann denk dir etwas aus. Phyllis hat gesagt, du kannst dir bestimmt etwas ausdenken.»

«Phyllis?»

«Ich war heute nachmittag bei ihr. Nach dem Termin bei Frau Doktor Hickley. Ich habe gedacht, ich frage sie, ob ich bei ihr wohnen kann, wenn ich aus dem Krankenhaus komme, denn ich habe gedacht, wenn du weißt, daß ich bei ihr bin, fährst du nach Glenshandra, aber es geht nicht, weil sie nach Florenz fährt. Sie sagt, sie sagt die Reise ab, aber das kann ich nicht zulassen...»

«Nein, natürlich können wir das nicht zulassen.»

«Ich habe ihr gesagt, zum erstenmal im Leben wünsche ich mir eine eigene Familie. Eine richtige Familie mit vielen nahen Angehörigen. Das habe ich mir noch nie gewünscht. Ich hätte gern noch eine liebe Mutter, zu der ich gehen könnte und die mir Wärmflaschen ins Bett packen würde.»

Sie beobachtete ihn, ob er über diese sinnlose Träumerei lächelte, aber er lächelte nicht. Er sagte sanft: «Du hast keine Familie, aber ich habe eine.»

Laura dachte darüber nach und sagte dann wenig begeistert: «Du meinst Chagwell?»

Er lachte. «Nein. Nicht Chagwell. Ich liebe meinen Bruder, seine Frau und ihre Kinderschar sehr, aber Chagwell ist ein Haus, in dem man nur wohnen kann, wenn man kerngesund ist.»

Laura war erleichtert. «Ich bin froh, daß du das gesagt hast, nicht ich.»

«Du könntest nach Tremenheere.»

«Wo ist Tremenheere?»

«In Cornwall. Ganz am Ende von Cornwall. Der Himmel auf Erden. Ein altes elisabethanisches Herrenhaus mit Blick auf die Bucht.»

«Du klingst wie ein Reiseprospekt. Wer wohnt dort?»

«Gerald und Eve Haverstock. Er ist mein Onkel, und sie ist ein Schatz.»

Laura erinnerte sich. «Sie haben uns Kristallgläser als Hochzeitsgeschenk geschickt.»

«Stimmt.»

«Und einen lieben Brief.»

«Stimmt ebenfalls.»

«Und er ist ein pensionierter Admiral?»

«Der erst mit sechzig geheiratet hat.»

«Was hast du doch für eine komplizierte Familie.»

«Aber alle sind reizend. Wie ich.»

«Wann warst du dort... in... Tremenheere?» Das Wort war schwer auszusprechen, vor allem nach einem unverdünnten Cognac.

«Als Junge. Brian und ich haben einmal die Sommerferien dort verbracht.»

«Aber ich kenne sie nicht. Gerald und Eve, meine ich.»

«Das spielt keine Rolle.»

«Wir wissen nicht einmal, ob sie mich aufnehmen können.»

«Ich rufe sie später an und verabrede es.»

«Und wenn sie nein sagen?»

«Sie werden nicht nein sagen, aber falls doch, denken wir uns etwas anderes aus.»

«Ich werde ihnen zur Last fallen.»

«Das glaube ich nicht.»

«Wie komme ich dorthin?»

«Ich fahre dich hin, sobald du aus dem Krankenhaus entlassen bist.»

«Dann bist du doch in Glenshandra.»

«Ich fahre erst nach Glenshandra, wenn ich dich sicher abgeliefert habe. Wie ein Paket.»

«Dann entgeht dir etwas von deinem Urlaub. Etwas vom Angeln.»

«Das bringt mich nicht um.»

Schließlich gingen ihr die Einwände aus. Tremenheere war ein Kompromiß, aber es war wenigstens ein Plan. Es bedeutete, daß sie neue Menschen kennenlernte, im Haus von Fremden wohnte, aber außerdem bedeutete es, daß Phyllis nach Florenz und Alec nach Schottland fahren konnte.

Sie drehte den Kopf und sah ihn an, wie er dasaß, den Drink zwischen den Knien. Sie sah sein dichtes Haar, schwarz mit weißen Strähnen, wie das Fell eines Silberfuchses. Sein Gesicht, nicht gutaussehend im herkömmlichen Sinn, aber markant und distinguiert, die Art von Gesicht, das man nie wieder vergessen konnte, wenn man es einmal gesehen hatte. Sie sah, wie groß er war, locker auf dem Schemel sitzend, die langen Beine ausgestreckt, die Hände um das Glas gefaltet. Sie sah ihm in die Augen, die dunkel waren wie die ihren, und ihr Herz drehte sich um.

Schließlich ist er ein sehr attraktiver Mann.

Phyllis hatte gesagt: *Kannst du dir vorstellen, daß ein integrer Mann wie Alec mit der Frau seines besten Freundes ein Verhältnis hat?* Aber wie begeistert würde Daphne sein, wenn er allein nach Glenshandra kam.

Der Gedanke erfüllte Laura mit einem geradezu lächerlichen Schmerz, denn sie hatte die letzte halbe Stunde damit verbracht, ihn zum Hinfahren zu überreden. Sie schämte sich, streckte voller Liebe die Hand nach ihm aus, und er nahm sie.

«Wenn Gerald und Eve sagen, sie können mich aufnehmen, und wenn ich sage, ich gehe zu ihnen, mußt du mir versprechen, daß du nach Schottland fährst.»

«Wenn du das willst.»

«Ich will es, Alec.»

Er senkte den Kopf, küßte ihre Handfläche und schloß ihre Finger um den Kuß, als wäre es ein kostbares Geschenk.

«Vermutlich würde ich mich beim Angeln sowieso blöd anstellen... und so brauchst du nicht deine ganze Zeit damit zu verbringen, es mir zu zeigen», sagte Laura lachend.

«Es gibt ein nächstes Jahr.»

Nächstes Jahr. Vielleicht würde im nächsten Jahr alles besser sein.

«Erzähl mir von Tremenheere.»

4

Tremenheere

Es war ein herrlicher Tag gewesen. Lang, heiß, sonnensatt. Nachdem Eve kräftig ins Meer hinausgeschwommen war, ließ sie sich selig im Auf und Ab der Wellen treiben und schaute zum Strand, eine Klippenbiegung wie eine Sichel aus Felsen und davor ein breiter, sauberer Bogen aus Sand.

Der Strand war überfüllt. Jetzt, Ende Juli, war die Urlaubssaison auf dem Höhepunkt, und bunte Farbtupfer waren überall verteilt: Badetücher und gestreifte Windschutzschirme, Kinder in scharlachroten und kanariengelben Badeanzügen, Sonnenschirme und riesige, aufblasbare Gummibälle. Darüber kreisten und schrien die Möwen, saßen auf den Klippen, stießen herab und verschlangen die Reste von hundert Picknicks auf dem Sand. Ihre Schreie paßten zu den menschlichen Rufen, die über die Entfernung hinweg die Luft durchdrangen. Jungen beim Fußballspielen, Mütter, die ungezogene Kleinkinder anschrien, das glückliche Gekreisch eines Mädchens, das von ein paar Jungen belagert wurde, die so taten, als wollten sie es ertränken.

Erst hatte das Meer eisig gewirkt, aber das Schwimmen hatte Eves Kreislauf in Gang gebracht, und jetzt spürte sie nur eine wunderbare, belebende salzige Kühle. Sie schaute zum wolkenlosen Himmel auf, nichts im Kopf außer der Vollkommenheit des Augenblicks.

Ich bin achtundfünfzig, rief sie sich ins Gedächtnis, aber sie war schon seit langem zu dem Schluß gekommen, zu den guten Dingen im Alter von achtundfünfzig gehöre die Tatsache, die wirklich wunderbaren Augenblicke zu schätzen zu wissen, die immer noch zu erleben waren. Das war nicht eigentlich Glück. Schon seit Jahren schlug das Glück nicht mehr unerwartet zu mit der Ekstase der Jugend. Solche Augenblicke wie jetzt waren besser. Eve hatte es nie besonders gern gehabt, wenn etwas zuschlug, sei es das Glück oder etwas anderes. Es hatte sie immer erschreckt und beunruhigt, wenn etwas Unerwartetes geschah.

Von der Bewegung des Meers eingelullt wie in einer Wiege ließ sie sich von der hereinkommenden Flut sanft ans Ufer spülen. Jetzt sammelten die Wellen ihre schwachen Kräfte, kräuselten sich zu flachen Brechern. Eves Hände berührten Sand. Noch eine Welle, und Eve lag auf dem Strand, ließ die Flut über ihren Körper strömen, und nach der Tiefe, in der sie geschwommen war, fühlte sich das Wasser jetzt richtig warm an.

Das war's. Es war vorbei. Sie hatte keine Zeit mehr. Sie stand auf und ging über den glühendheißen Sand zu dem Felsvorsprung, wo sie ihren dicken weißen Frotteemantel gelassen hatte. Sie hob ihn auf und zog ihn über, spürte ihn warm gegen die kalte Nässe ihrer Schultern und Arme. Sie band den Gürtel zu, fuhr in die Badesandalen und machte sich auf den langen Weg zu dem schmalen Pfad, der die Klippen hinauf zum Parkplatz führte.

Es war fast sechs. Die ersten Urlauber packten ihre Sachen zusammen, während die Kinder widerwillig protestierten und vor Müdigkeit und zuviel Sonne brüllten. Etliche Leute waren schon gut gebräunt, aber andere, die

Neuankömmlinge, sahen wie gekochte Hummer aus und hatten ein paar Tage voller Schmerzen und sich schälender Schultern vor sich, ehe sie sich wieder ins Freie wagen konnten. Sie lernten nie etwas daraus. In jedem heißen Sommer war es wieder so, und die Arztpraxen waren voller Urlauber, die reihenweise dasaßen, mit feuerroten Gesichtern und Blasen auf dem Rücken.

Der Klippenpfad war steil. Oben blieb Eve stehen, um Luft zu holen. Sie drehte sich um und warf einen Blick auf das Meer, eingerahmt von zwei Felsbastionen. Am sandigen Ufer war das Meer grün wie Jade, aber weiter draußen lag ein Streifen im tiefsten Indigoblau. Der Horizont war lavendelblau angehaucht, der Himmel azurblau.

Eine junge Familie holte sie ein. Der Vater trug das Kleinkind, die Mutter zerrte den Älteren an der Hand. Er war in Tränen aufgelöst. «Ich will morgen nicht nach Hause. Ich will noch eine Woche hierbleiben. Ich will immer hierbleiben.»

Eve fing den Blick der jungen Mutter auf. Sie war der Verzweiflung nahe. Eve konnte sich in sie hineinversetzen. Sie erinnerte sich daran, wie sie in diesem Alter gewesen war, wie sich Ivan, ein stämmiger, blonder kleiner Junge, an ihre Hand geklammert hatte. Sie konnte seine Hand spüren, klein, trocken und rauh in der ihren. Seien Sie nicht wütend auf ihn, hätte sie am liebsten gesagt. Verderben Sie sich das nicht. Schneller als Sie glauben, ist er erwachsen, und Sie haben ihn für immer verloren. Genießen Sie jeden flüchtigen Augenblick im Leben Ihres Kindes, auch wenn es Sie von Zeit zu Zeit zum Wahnsinn treibt.

«Ich will nicht nach Hause.» Das Geheul ging weiter. Die Mutter zog ein resigniertes Gesicht in Eves Richtung, und Eve lächelte ironisch zurück, aber ihr zartfühlendes Herz blutete für die ganze Familie, die morgen Cornwall verlassen und die lange, langweilige Rückreise nach London machen mußte, zu Menschenmengen, Straßen, Büros, zur Arbeit, zu Bussen und dem Geruch nach Benzinabgasen. Es wirkte furchtbar ungerecht, daß sie abreisen mußten und Eve bleiben durfte. Sie konnte immer hierbleiben, denn sie wohnte hier.

Als sie zu ihrem Auto ging, betete sie, die Hitzewelle möge anhalten. Alec und Laura kamen heute abend, rechtzeitig zum Essen, und das war der Grund, warum Eve nicht länger am Strand bleiben konnte. Sie kamen mit dem Auto aus London, und morgen früh, zu einer unchristlichen Zeit, würde Alec schon wieder abreisen, sich auf die unvorstellbar lange Fahrt nach Schottland machen, zum Lachsangeln. Laura würde die nächsten zehn Tage in Tremenheere bleiben, dann würde Alec zurückkommen und sie wieder nach London bringen.

Eve kannte Alec. Bleich, mit steinernem Gesicht, benommen vom Scheitern seiner Ehe, war er zu ihrer Hochzeit gekommen, und schon deshalb hatte sie ihn immer geliebt. Seitdem war er ein paarmal hergekommen, etwas weniger angeschlagen, und hatte bei Gerald und Eve gewohnt. Aber Laura war eine Fremde. Laura war krank gewesen, hatte im Krankenhaus gelegen. Sie kam nach Tremenheere, um sich zu erholen.

Was es noch wichtiger machte, daß das Wetter so schön blieb. Laura würde im Bett frühstücken und tagsüber friedlich und ungestört im Garten liegen. Sie würde sich ausruhen und erholen. In ein paar Tagen würde Eve vielleicht mit ihr hierherkommen, und sie würden sich am Strand sonnen und gemeinsam schwimmen.

Gutes Wetter machte alles viel einfacher. Weil sie hier wohnten, im äußersten Zipfel von Cornwall, wurden Eve und Gerald jeden Sommer von Gästen überrollt: Verwandte, Freunde aus London, junge Familien, die sich die horrenden Hotelpreise nicht leisten konnten. Sie hatten immer eine schöne Zeit, weil Eve dafür sorgte, aber manchmal entmutigte sogar sie der ständige Regen, der für die Jahreszeit untypische Wind, und obwohl sie ganz genau wußte, daß sie nichts dafür konnte, wurde sie den Gedanken, es sei ihre Schuld, nicht ganz los.

Mit diesen Gedanken stieg sie ins Auto, das kochendheiß war, obwohl sie es im spärlichen Schatten eines Hagedornbusches geparkt hatte. Immer noch im Frotteemantel, kalte Luft aus dem offenen Fenster im feuchten Haar, machte sie sich auf den Heimweg. Von der Bucht aus fuhr sie bergauf und auf die Hauptstraße. Durch ein Dorf und am Meer entlang. Eine Brücke überquerte die Bahnlinie, dann führte die Straße parallel zu den Gleisen in die Stadt.

Früher, hatte Gerald ihr einmal erzählt, vor dem Krieg, habe es hier nur Ackerland gegeben, kleine Farmen und versteckte Dörfer und winzige Kirchen mit eckigen Türmen. Die Kirchen standen noch, aber die Felder, auf denen Brokkoli und Frühkartoffeln gewachsen waren, hatten jetzt dem Fortschritt Platz gemacht. Ferienhäuser und Wohnblocks, Tankstellen und Supermärkte säumten die Straße.

Sie fuhr am Hubschrauberplatz vorbei, von dem aus die Scilly-Inseln angeflogen wurden, und dann an dem großen Tor eines Herrenhauses, das jetzt ein Hotel war. Früher hatten Bäume hinter dem Tor gestanden, aber sie waren gefällt worden und einem glitzernden blauen Swimmingpool gewichen.

Zwischen dem Hotel und dem Stadtrand bog eine Straße nach rechts ab, Richtung Penvarloe. Eve bog in diese Straße ein, weg vom Verkehrsstrom. Die Straße verengte sich zu einem Weg, von hohen Hecken gesäumt, und schlängelte sich den Berg hinauf. Sofort war Eve wieder in einer ländlichen, unberührten Gegend. Kleine, von Steinmauern umgebene Weiden, auf denen Guernsey-Rinder grasten. Tiefe Täler, dunkel im Schatten dichter Wälder. Nach etwa anderthalb Kilometern stieg die Straße steil an, und das Dorf Penvarloe tauchte auf, winzige Cottages, an den Straßenrand gedrängt. Sie fuhr am Pub mit seinem kopfsteingepflasterten Hof vorbei und an der Kirche aus dem zehnten Jahrhundert, eingebettet wie ein prähistorischer Felsen und umgeben von Eiben und uralten Grabsteinen.

Das Dorfpostamt war gleichzeitig der Gemischtwarenladen, in dem während der Saison Gemüse, Limonaden und Tiefkühlkost verkauft wurden. Die offene Tür wurde von Obstkisten flankiert, und als Eve näher kam, trat eine schlanke Frau mit einem lockigen grauen Haarschopf heraus. Sie trug eine Sonnenbrille und ein hellblaues, ärmelloses Kleid und hatte einen Einkaufskorb dabei. Eve hielt hupend am Straßenrand und winkte.

«Silvia.»

Silvia Marten überquerte die Straße und kam ans Auto. Aus der Entfernung wirkte ihre Erscheinung trotz des grauen Haares unglaublich jugendlich, deshalb waren die faltige, wettergegerbte Haut, die scharfen Winkel der Wangenknochen und das schlaffe Kinn aus der Nähe ein wenig erschreckend. Sie stellte den Korb ab und schob die Sonnenbrille hoch, und Eve schaute in diese erstaunlichen, sehr großen Augen, weder gelb noch grün, gesäumt von stark getuschten Wimpern. Sie hatte hellgrünen, transparenten Lidschatten aufgetragen, und ihre Augenbrauen waren makellos in Form gezupft.

«Hallo, Eve.» Ihre Stimme war tief und heiser. «Warst du schwimmen?»

«Ja, ich bin nach Gwenvoe gefahren. Ich hatte den ganzen Tag zu tun und mußte mich einfach abkühlen.»

«Was du für eine Energie hast. Wollte Gerald nicht mitkommen?»

«Ich glaube, er mäht den Rasen.»

«Seid ihr heute abend zu Hause? Ich habe ihm ein paar Chrysanthemenableger versprochen, und mir geht der Platz im Treibhaus aus. Ich hab gedacht, ich bringe sie vorbei und schnorre bei euch einen Drink.»

«Oh, wie lieb von dir. Natürlich.» Dann zögerte sie. «Es ist nur so, irgendwann kommen Alec und Laura...»

«Alec? Alec Haverstock...?» Sie lächelte plötzlich, und ihr Lächeln war so entwaffnend wie das Grinsen eines kleinen Jungen. «Bleibt er länger?»

«Nein, nur eine Nacht. Aber Laura bleibt eine Weile hier. Sie war im Krankenhaus und muß sich ausruhen. Natürlich –» sie schlug mit der Handfläche gegen das Lenkrad –, «ich vergesse immer, daß du Alec schon so lange kennst.»

«Wir haben vor einer Ewigkeit am Strand gespielt. Dann... dann komme ich heute abend nicht. Ein andermal.»

«Nein.» Eve konnte es nicht ertragen, Silvia zu enttäuschen und sich vorzustellen, wie sie in ihr leeres Haus zurückkehrte und den Rest dieses wunderschönen Tages allein verbrachte. «Komm. Komm trotzdem. Gerald freut sich. Wenn ich ihn darum bitte, mixt er uns Pimms.»

«Na ja, wenn du dir ganz sicher bist.»

Eve nickte.

«Ach, himmlisch, ich komme liebend gern.» Sie griff zum Korb. «Ich bringe das nur nach Hause und hole die Ableger. In etwa einer halben Stunde bin ich da.»

Silvia ging die Straße entlang zu ihrem kleinen Haus, und Eve fuhr weiter durch das Dorf. Nach etwa hundert Metern vom letzten Cottage entfernt fuhr sie am Garten von Tremenheere entlang. Hinter der Steinmauer standen dichte Rhododendronbüsche. Das Tor stand offen, und die Einfahrt bog um eine Azaleenrabatte herum und endete vor der Haustür in aufgeschüttetem Kies. Geißblatt rahmte die Tür, und als Eve ausstieg, roch sie den schweren Duft, träg und lieblich in der Wärme des windstillen Abends.

Sie ging nicht hinein, sondern machte sich auf die Suche nach Gerald, durch den Escalloniabogen, der in den Garten führte. Sie sah den frischgemähten Rasen, sauber in zwei Grünschattierungen gestreift, und entdeckte ihren Mann auf der Terrasse, ausgestreckt im Liegestuhl, seine alte Segelmütze auf dem Kopf, einen Gin-Tonic in bequemer Reichweite und die *Times* im Schoß.

Sein Anblick stimmte sie wie immer äußerst zufrieden. Zu Geralds besten Eigenschaften gehörte, daß er nie herumwerkelte. Etliche Ehemänner, die Eve kannte, werkelten den ganzen Tag lang herum, scheinbar immer beschäftigt, brachten aber nie etwas zustande. Gerald war entweder ganz bei der Arbeit oder ganz müßig. Er hatte den Tag mit Rasenmähen verbracht; jetzt würde er eine Stunde oder zwei faulenzen.

Ihr weißer Bademantel stach ihm ins Auge. Er schaute auf und sah sie, legte die Zeitung weg und nahm die Brille ab.

«Hallo, mein Liebling.» Sie trat neben ihn, legte die Hände auf die Liegestuhllehnen, beugte sich über ihn und küßte ihn. «War es schön beim Schwimmen?»

«Ganz herrlich.»

«Setz dich und erzähl mir davon.»

«Geht nicht. Ich muß Himbeeren pflücken.»

«Bleib einen Augenblick.»

Sie setzte sich mit gekreuzten Beinen zu seinen Füßen. Zwischen den Fliesen wuchs duftender Thymian. Sie zog einen winzigen Zweig heraus und zerrieb ihn, um den aromatischen Kräutergeruch zu genießen.

«Eben habe ich Silvia getroffen», erzählte sie. «Sie kommt auf einen Drink vorbei. Sie hat ein paar Chrysanthemenableger für dich. Ich habe gesagt, vielleicht mixt du uns Pimms.»

«Kann sie nicht an einem anderen Abend kommen? Vermutlich kommen Alec und Laura an, während sie hier ist.»

«Ich glaube, sie möchte Alec gern sehen. Und die beiden haben gesagt, sie sind nicht vor dem Abendessen hier. Vielleicht –» Sie hatte vorschlagen wollen, Silvia zum Abendessen einzuladen, aber Gerald unterbrach sie.

«Du wirst sie nicht bitten, zum Essen zu bleiben.»

«Warum nicht?»

«Weil Laura nicht danach zumute sein wird, neue Leute kennenzulernen, nicht jetzt schon. Nicht nach zwei Tagen im Krankenhaus und einer langen Fahrt an einem heißen Tag.»

«Aber es ist so peinlich, wenn Leute auf einen Drink vorbeikommen und man sie dann nach Hause schicken muß, weil es Zeit für die Suppe wird. Das ist schlechte Gastfreundschaft.»

«Du weißt gar nicht, was schlechte Gastfreundschaft ist. Und mit ein bißchen Glück ist Silvia fort, bevor sie ankommen.»

«Du bist herzlos, Gerald. Silvia ist einsam. Sie ist ganz allein. Schließlich ist es noch nicht lange her, daß Tom gestorben ist.»

«Er ist seit einem Jahr tot.» Gerald nahm nie ein Blatt vor den Mund, sprach nie in Platitüden. «Und ich bin nicht herzlos. Ich habe Silvia sehr gern, ich finde sie äußerst dekorativ und amüsant. Aber wir müssen alle ein eigenes Leben führen. Und ich will nicht, daß du dich überanstrengst, dich dauernd um alle deine lahmen Enten gleichzeitig kümmerst. Sie müssen sich schön ordentlich anstellen und warten, bis sie an der Reihe sind. Und heute abend ist Laura an der Reihe.»

«Gerald, ich hoffe so, daß sie nett ist.»

«Ich bin mir sicher, daß sie reizend ist.»

«Wie kannst du da so sicher sein? Du konntest Erica nicht ausstehen. Du hast gesagt, sie hat einen Keil zwischen Alec und seine Familie getrieben.»

«Habe ich nie gesagt. Die Frau habe ich nie gesehen. Es war Brian, der sie nicht ausstehen konnte.»

«Aber wenn Männer wieder heiraten, folgen sie fast immer einem Muster. Ich meine, beim zweitenmal heiraten sie oft eine Frau, die wie ein Abziehbild der ersten ist.»

«Ich glaube nicht, daß das bei Alec der Fall war. Brian gefällt sie.»

«Sie ist schrecklich jung. Nur ein bißchen älter als Ivan.»

«Dann kannst du in ihr eine Tochter sehen.»

«Ja.» Eve dachte darüber nach, hielt sich den Thymianzweig unter die Nase und sah sich im Garten um.

Von der Terrasse fiel der frischgemähte Rasen wellig ab, flankiert von Kamelien mit glänzenden Blättern, die im Mai ein Meer aus rosa und weißen Blüten waren. Die Aussicht, sorgfältig gestaltet von einem Gärtner, der schon lange tot war, umschloß den Blick in die Ferne wie ein Rahmen ein Bild. Eve sah die Bucht, den Keil aus blauem Meer, getüpfelt mit den weißen Segeln kleiner Boote.

Immer noch besorgt um Silvia, sagte sie: «Wenn wir außerdem Ivan einladen würden, wären wir beim Essen eine gerade Zahl, und wir könnten Silvia sagen –»

«Nein», sagte Gerald und fixierte Eve mit strengen blauen Augen. «Auf keinen Fall.»

Eve kapitulierte. «In Ordnung.» Sie lächelte voller Verständnis, in vollkommenem Einklang.

Sie war seine erste Frau, und er war ihr zweiter Mann, aber sie liebte ihn – wenn auch auf ganz andere Weise – so sehr, wie sie Philip Ashby geliebt hatte, Ivans Vater. Gerald war jetzt sechsundsechzig – kahl werdend, bebrillt, weißhaarig, aber immer noch so distinguiert und attraktiv wie damals, als Eve ihn kennengelernt hatte, als den kommandierenden Offizier ihres Mannes und begehrtesten Junggesellen der Navy. Weil er aktiv und energiegeladen war, hatte er seine langbeinige (alle Haverstocks hatten lange Beine), flachbäuchige Figur behalten. Auf Parties war er ständig umringt von recht jungen Damen oder wurde von älteren, die sich an Gerald als jungen Mann erinnerten und immer noch bezaubert von ihm waren, in Sofaecken gezogen. Eve machte das alles nicht das geringste aus. Im Gegenteil, sie fühlte sich dadurch ganz selbstgefällig und stolz, denn am Ende des Abends war sie die Frau, nach der er suchte und die er nach Hause brachte, nach Tremenheere.

Gerald hatte die Brille aufgesetzt und sich wieder in die Kricketergebnisse vertieft. Eve stand auf und ging ins Haus.

Das Britische Empire wurde von Marineoffizieren mit Privatvermögen erbaut. Obwohl Gerald Haverstock etwa hundert Jahre zu spät geboren war, als daß er sich an diesem Vorhaben hätte beteiligen können, galt der alte Spruch im Prinzip auch für ihn. Er verdankte seinen Erfolg im Dienst in erster Linie seinem Mut, seiner Fähigkeit und seiner Persönlichkeit, aber er hatte außerdem den Mut, Risiken einzugehen und seine Karriere aufs Spiel zu setzen. Das war möglich, weil er es sich leisten konnte. Er liebte die Navy und war ungeheuer ehrgeizig, aber eine Beförderung, wie wünschenswert auch immer, war finanziell nie notwendig. Wenn er als kommandierender Offizier mit nervenzerreißenden Dilemmas konfrontiert worden war, bei denen es um die Sicherheit von Männern, um teure Ausrüstung und sogar um internationale Beziehungen ging, hatte er nie den einfachen, ängstlichen oder naheliegenden Ausweg gewählt. Dieses schneidige Verhalten zahlte sich aus und trug Gerald den Ruf ein, er habe eiskalte Nerven, was ihm zugute kam und ihm schließlich das Recht verschaffte, seinen großen schwarzen Dienstwagen mit dem Stander eines Flaggoffiziers zu versehen.

Natürlich hatte er außerdem Glück gehabt, und ein Teil seines Glücks war Tremenheere. Es wurde ihm von einer alten Patentante vermacht, als er erst sechsundzwanzig war. Zum Landsitz gehörte ein beträchtliches Vermögen, erworben durch geschickte Geschäfte mit der Great Western Railway, und Geralds finanzielle Zukunft war für den Rest seines Lebens unter der Obhut eines Schutzengels gesichert. Damals wurde angenommen, vielleicht verlasse er die Navy, lasse sich in Cornwall nieder und werde Gutsherr, aber dazu liebte er seinen Beruf zu sehr, und bis zu seiner Pensionierung blieb Tremenheere mehr oder weniger sich selbst überlassen.

Ein Grundstücksmakler am Ort übernahm die Verwaltung, für die dazugehörige Farm wurde ein Pächter gefunden. Manchmal wurde das Haus über lange Zeiträume hinweg vermietet. Zwischen den Mietverträgen sah ein Hausmeister nach dem Rechten, und ein Gärtner pflegte den Rasen und die Blumenbeete, grub die beiden ummauerten Gärten sauber um und pflanzte Gemüse an.

Manchmal, wenn er aus dem Ausland nach Hause kam und einen langen Urlaub vor sich hatte, wohnte Gerald selbst dort und füllte Tremenheere mit Verwandten, vor allem mit Neffen und Nichten, und seinen Freunden von der Navy. Dann erwachte das alte Haus wieder zum Leben, hallte wider von Stimmen und Gelächter. Vor dem Hauseingang parkten Autos, Kinder spielten auf dem Rasen Kricket, Türen und Fenster standen offen, riesige Mahlzeiten wurden am gescheuerten Küchentisch oder bei förmlicheren Anlässen im holzgetäfelten, mit Kerzen beleuchteten Eßzimmer eingenommen.

Am Haus ging diese unorthodoxe Behandlung spurlos vorüber. Es blieb gelassen und unverändert wie ein gutmütiger älterer Onkel, immer noch gefüllt mit den Möbeln der alten Patin, mit den Vorhängen, die sie ausgesucht hatte, den verschossenen Stuhlbezügen, den viktorianischen Möbelstücken, den Fotos im Silberrahmen, den Bildern, dem Porzellan.

Als Eve vor sechs Jahren als Geralds Frau hierhergekommen war, hatte sie nur wenig verändert. «Es ist furchtbar schäbig», hatte Gerald zu ihr gesagt, «aber du kannst damit machen, was du willst. Wenn du möchtest, kannst du alles umkrempeln.» Aber das hatte sie nicht gewollt, denn in ihren Augen war Tremenheere vollkommen. Es hatte etwas Friedliches an sich, strahlte Ruhe aus. Sie liebte die verschnörkelten viktorianischen Möbel, die tiefen Sessel, die Messingbettgestelle, die verschossenen floralen Teppiche. Sie wollte nicht einmal die Vorhänge ersetzen, und als sie schließlich der Reihe nach fadenscheinig wurden und nur noch aus Fetzen bestanden, suchte sie tagelang in Musterbüchern von Liberty nach Stoffen, die dem ursprünglichen Chintz so nahe wie möglich kamen.

Jetzt betrat sie das Haus durch die Glastür, die von der Terrasse ins Wohnzimmer führte. Nach dem strahlenden Tag draußen wirkte es innen sehr kühl und dunkel, und es roch nach den Wicken, die Eve am Morgen in einer großen Schale arrangiert und auf den runden Intarsientisch mitten im Zimmer gestellt hatte. Vom Wohnzimmer aus führte ein breiter Flur mit Eichenboden zur Diele, und in diesem geräumigen Entree war neben einem hohen Fenster die Holztreppe nach oben, mit geschnitzten Pfosten. Im ersten Stock stand ein geschnitzter Schrank, in dem früher Bettwäsche aufbewahrt worden war. Alte Porträts hingen rundum an den Wänden. Die Tür zum Schlafzimmer stand offen, und das Zimmer war luftig; die mit Spalierrosen bedruckten Vorhänge wehten in der ersten Brise des Abends. Eve zog den Frotteemantel und den Badeanzug aus, ging ins Bad, nahm eine Dusche und spülte sich das Salz aus dem getrockneten Haar. Dann griff sie nach sauberer Kleidung, einem Paar blaßrosa Jeans, einer cremefarbenen Seidenbluse. Sie kämmte sich das Haar, das früher blond gewesen und jetzt fast weiß war, trug Lippenstift auf und sprühte sich mit Eau de Cologne ein.

Jetzt konnte sie Himbeeren pflücken. Sie ging den Flur zu der Tür entlang, die zur Küchentreppe führte. Aber mit der Klinke in der Hand zögerte sie, überlegte es sich anders und ging statt dessen den Flur entlang zum Flügel, in dem früher die Kinderzimmer gewesen waren und wo jetzt May wohnte.

Sie klopfte an die Tür. «May?»

Keine Antwort.

«May?» Sie machte die Tür auf und ging hinein. Das Zimmer, das auf der Rückseite des Hauses lag, roch stickig und ungelüftet. Das Fenster hatte eine bezaubernde Aussicht auf den Hof und die Felder dahinter, aber es war fest verschlossen. May war im Alter empfindlich gegen Kälte geworden und sah keinen Sinn darin, unter dem zu leiden, was sie mörderische Zugluft nannte. Das Zimmer war nicht nur stickig, sondern auch vollgestopft, nicht nur mit den ursprünglichen Kinderzimmermöbeln von Tremenheere, sondern auch mit Mays Stücken, die sie aus Hampshire mitgebracht hatte: ihr Sessel, ihr lackierter Teewagen, ein Kaminläufer mit knallroten Zentifolien, den Mays Schwester für sie gehäkelt hatte. Der Kaminsims war überfüllt mit Porzellansouvenirs aus vergessenen Seebädern, die um Platz mit einer Menge gerahmter Schnappschüsse kämpften, allesamt Kinderbilder von Eve und ihrem Sohn Ivan, denn früher, in der fernen Vergangenheit, war May Eves Kindermädchen gewesen, und sie war geblieben und nolens volens – in der nicht ganz so fernen Vergangenheit – Ivans Nanny geworden.

Mitten im Zimmer stand ein Tisch, an dem May stopfte

oder zu Abend aß. Eve sah das Album, die Schere, den Topf mit Klebstoff. Das Album war ein neues Spielzeug von May. Sie hatte es bei einem ihrer wöchentlichen Ausflüge nach Truro, wo sie mit einer alten Freundin zu Mittag aß und in den Läden herumkramte, bei Woolworth gekauft. Es war ein Kinderalbum, mit Mickymaus auf dem Deckel, und schon prall gefüllt mit Zeitungsausschnitten. Eve zögerte und blätterte dann darin. Bilder von der Prinzessin von Wales, ein Segelboot, eine Ansicht von Brighton, ein unbekanntes Baby im Kinderwagen – alles aus Zeitungen oder Zeitschriften ausgeschnitten, sauber zusammengestellt, aber ohne jeden ersichtlichen Grund oder Zusammenhang.

Oh, May.

Sie schlug das Album zu. «May?» Immer noch keine Antwort. Eve geriet in Panik. In letzter Zeit hatte sie ständig Angst um sie, befürchtete das Schlimmste. Vielleicht ein Herzinfarkt oder ein Schlaganfall. Sie ging zur Schlafzimmertür und sah hinein, wappnete sich dagegen, May ausgestreckt auf dem Teppich oder tot auf dem Bett zu finden. Aber auch dieses Zimmer war leer, ordentlich und stickig. Auf dem Nachttisch stand eine tickende kleine Uhr, und das Bett lag glattgestrichen unter Mays gehäkeltem Bettüberwurf.

Sie ging nach unten und fand May in der Küche. Dort werkelte sie herum, räumte Sachen in die falschen Schränke, kochte Wasser...

May sollte nicht in der Küche arbeiten, aber sie schlich sich immer nach unten, wenn Eve es nicht merkte, in der Hoffnung, Geschirr zum Spülen zu finden oder Kartoffeln zum Schälen. Sie wollte sich einfach nützlich machen. Eve verstand das und versuchte, May harmlose kleine Arbeiten aufzutragen, zum Beispiel das Pulen von Erbsen oder das Bügeln von Servietten, während sie selbst das Abendessen kochte.

Aber May allein in der Küche war eine Quelle ständiger Angst. Sie war unsicher auf den Beinen, verlor ständig das Gleichgewicht und mußte nach irgend etwas greifen, damit sie nicht fiel. Außerdem sah sie schlecht, und ihre Koordination versagte, so daß ganz alltägliche Aufgaben wie Gemüseschneiden, Teekochen oder das Treppensteigen mit Gefahren verbunden waren. Das war Eves Alptraum. Daß May sich schnitt, sich verbrühte, sich die Hüfte brach, daß sie den Arzt rufen mußte und May mit dem Notarztwagen ins Krankenhaus gebracht wurde. Denn im Krankenhaus wäre May zweifellos der Schrecken aller geworden. Bei der Untersuchung hätte sie die Ärzte vermutlich beleidigt. Sie hätte etwas Verrücktes, Irrationales getan, einer anderen Patientin die Weintrauben gestohlen oder ihr Abendessen aus dem Fenster geworfen. Die Behörden wären mißtrauisch und diensteifrig geworden, hätten Fragen gestellt und May schließlich in ein Heim gesteckt.

Das war der springende Punkt des Alptraums, denn Eve wußte, daß May senil wurde. Das Mickymausalbum war nur einer ihrer beunruhigenden Käufe. Vor etwa einem Monat war sie mit einer Kinderwollmütze aus Truro gekommen, die sie jetzt immer wie einen Teewärmer über die Ohren zog, wenn sie das Haus verließ. Einen Brief, den Eve ihr gegeben hatte, damit sie ihn zur Post brachte, hatte sie drei Tage später in der Kühlschranktür gefunden. Einen frisch zubereiteten Auflauf warf May in den Schweinekübel.

Eve lud ihre Ängste bei Gerald ab, und er sagte ihr entschieden, sie solle sich keine Sorgen machen, ehe es Grund zur Sorge gebe. Ihm sei es gleich, versicherte er ihr, wenn May total spinne, sie tue niemandem etwas, und solange sie nicht die Vorhänge in Brand stecke oder mitten in der Nacht Mordio schreie wie die arme Mrs. Rochester, könne sie in Tremenheere bleiben, bis sie die Augen zumache und sterbe.

«Aber was ist, wenn sie einen Unfall hat?»

«Damit beschäftigen wir uns, wenn es soweit ist.»

Bis jetzt war es nicht zu einem Unfall gekommen. Aber: «Oh, May, Liebling, was machst du denn da?»

«Mir hat nicht gefallen, wie dieser Milchkrug riecht. Will ihn bloß auskochen.»

«Er ist völlig sauber, er muß nicht ausgekocht werden.»

«Wenn du bei diesem Wetter die Krüge nicht auskochst, kriegen wir alle Durchfall.»

Sie war früher ziemlich rund und mollig gewesen, aber jetzt, mit fast achtzig, war sie furchtbar dünn geworden. Ihre Fingerglieder waren knorrig und krumm wie alte Baumwurzeln, ihre Strümpfe warfen Falten, ihre Augen waren blaß und kurzsichtig.

Sie war eine perfekte Nanny gewesen, liebevoll, geduldig und sehr vernünftig. Aber schon als junge Frau hatte sie einen eigenen Kopf, ging jeden Sonntag zur Kirche und glaubte leidenschaftlich an strikte Abstinenz. Im Alter war sie intolerant bis zur Bigotterie geworden. Als sie zu Eve nach Tremenheere kam, weigerte sie sich, in die Dorfkirche zu gehen, sondern schloß sich einer obskuren Freikirche in der Stadt an, in einem grimmigen Gebäude in einer Seitenstraße, wo der Pfarrer über die Schrecken des Alkohols predigte und May mit dem Rest der Gemeinde ihr Enthaltsamkeitsgelübde erneuerte und die brüchige Stimme zum freudlosen Lobgesang hob.

Das Wasser kochte, und Eve goß es, wie geheißen, in den Krug. Mays Miene blieb griesgrämig. Um sie versöhnlich zu stimmen, mußte sich Eve etwas ausdenken, was May tun konnte. «Oh, May, bist du ein Engel, füllst du die Salzfäßchen und stellst sie auf den Eßzimmertisch? Ich habe ihn gedeckt und die Blumen arrangiert, aber ich habe das Salz vergessen.» Sie suchte in den Schränken. «Wo ist die große Schüssel mit dem blauen Streifen? Ich brauche sie zum Himbeerenpflücken.»

May holte sie mit einer gewissen Befriedigung von dem Bord, auf dem die Kochtöpfe ihren Platz hatten.

«Wann kommen Mr. und Mrs. Alec?» fragte sie, obwohl es Eve ihr schon zwanzigmal gesagt hatte.

«Sie haben gesagt, sie sind rechtzeitig zum Abendessen hier. Aber Mrs. Marten bringt uns ein paar Ableger... sie kann jeden Augenblick kommen, und sie bleibt auf einen Drink. Wenn du sie hörst, sag ihr, der Admiral ist auf der Terrasse. Er kümmert sich um sie, bis ich zurückkomme.»

May verzog den Mund und kniff die Augen zusammen. Das war ihr mißbilligender Kommentar, mit dem Eve gerechnet hatte, denn May billigte weder Alkohol noch Silvia Marten. Obwohl nie darüber gesprochen wurde, wußten alle – einschließlich May –, daß Tom Marten am Alkoholmißbrauch gestorben war. Das war ein Teil von Silvias Tragödie und hatte sie nicht nur zur Witwe gemacht, sondern sie auch mit sehr wenig Geld zurückgelassen. Das war einer der Gründe dafür, daß sie Eve so leid tat und daß sie sich so große Mühe gab, ihr zu helfen und freundlich zu sein.

Außerdem hielt May Silvia für ein flatterhaftes Ding.

«Dauernd küßt sie den Admiral», murmelte sie vorwurfsvoll, und es nützte nichts, sie daran zu erinnern, Silvia habe den Admiral fast ihr Leben lang gekannt. May hätte sich nie davon überzeugen lassen, daß Silvia keine Hintergedanken hatte.

«Es ist schön für sie herzukommen. Sie muß furchtbar einsam sein.»

«Hm.» May war nicht überzeugt. «Einsam. Ich könnte dir Dinge erzählen, die du nicht gern hören würdest.»

Eve verlor die Geduld. «Ich will sie überhaupt nicht hören», sagte sie und setzte dem Gespräch ein Ende, indem sie May den Rücken zudrehte und hinausging. Die Tür führte direkt auf den geräumigen Hof, der windgeschützt war und jetzt schläfrig in der Abendsonne lag. Die vier Seiten dieses Quadrats bildeten Garagen, die alte Remise und ein Cottage, in dem früher Gärtnergehilfen gewohnt hatten. Hinter einer hohen Mauer lag einer der Gemüsegärten, und mitten auf dem Hof stand ein Taubenschlag, in dem eine Schar weißer Tauben nistete, die sanft gurrten und hin und wieder herumflatterten. Zwischen dem Taubenschlag und der Garagenwand waren Wäscheleinen aufgespannt, leuchtendweiße Kissenbezüge und Geschirrtücher und nicht ganz so leuchtendweiße Windeln. Die ganze Wäsche war adrett und trocken. Überall standen Kübel, bepflanzt mit Geranien oder Kräutern. Der würzige Geruch von Rosmarin hing in der Luft.

Als Gerald in Pension ging und nach Tremenheere zurückkehrte, um dort zu leben, hatten die Remise und das Cottage lange leer gestanden. Baufällig und ungenutzt waren sie zu Abstellplätzen für kaputte Gartengeräte, vermoderndes Pferdegeschirr und rostende Werkzeuge geworden, was Geralds bei der Navy entwickelten Ordnungssinn beleidigte. Deshalb hatte er weder Mühe noch Kosten gescheut, um sie renovieren und umbauen zu lassen. Sie wurden möbliert als Ferienwohnungen vermietet.

Jetzt waren beide Häuser bewohnt, aber nicht von Feriengästen. Ivan, Eves Sohn, wohnte seit fast einem Jahr in der Remise und bezahlte Gerald für dieses Privileg eine großzügige Miete. Das Cottage der Gärtnergehilfen bewohnten die geheimnisvolle Drusilla und ihr dickes braunes Baby Joshua. Es waren Joshuas Windeln, die an der Wäscheleine hingen. Bis jetzt hatte Drusilla noch überhaupt keine Miete bezahlt.

Ivan war nicht zu Hause. Sein Auto war nicht da, und seine Haustür, flankiert von Holzkübeln mit rosafarbenen Geranien, war zu. Am frühen Morgen hatten er und sein Partner Mathie Thomas Mustermöbel aus ihrer kleinen Fabrik in Carnellow in Mathies Lieferwagen geladen und waren nach Bristol gefahren, in der Hoffnung, regelmäßige Aufträge von den dortigen großen Geschäften zu bekommen. Eve hatte keine Ahnung, wann sie zurückkommen würden.

Drusillas Tür stand jedoch offen. Von Drusilla und ihrem Baby war nichts zu sehen, aber in dem kleinen Haus erklang eine liebliche Melodie, und Flötenklänge erfüllten die warme, duftende Abendluft. Eve hörte bezaubert zu und erkannte Villa-Lobos.

Drusilla übte auf der Flöte. Der Himmel allein wußte, was Joshua machte.

Eve seufzte.

Ich will nicht, daß du dich überanstrengst, dich dauernd um alle deine lahmen Enten kümmerst.

So viele lahme Enten. Silvia und Laura und May und Drusilla und Joshua und …

Eve hielt inne. Nein. Ivan nicht. Ivan war keine lahme Ente. Ivan war ein Mann von dreiunddreißig, ein ausgebildeter Architekt und völlig unabhängig. Vielleicht manchmal enervierend und viel zu attraktiv, als gut für ihn war, aber in der Lage, sich um sich selbst zu kümmern.

Sie würde jetzt Himbeeren pflücken. Sie würde nicht damit anfangen, sich Sorgen um Ivan zu machen.

Als sie wieder ins Haus zurückkam, war Silvia eingetroffen. Eve ging durch die Glastür auf die Terrasse, und dort saßen sie und Gerald, sahen entspannt aus und plauderten träge. Während Eve Himbeeren gepflückt hatte, hatte Gerald ein Tablett mit Drinks, Gläsern, Flaschen, Limonenscheiben und einem Eiskübel hergerichtet, das zwischen den beiden auf einem niedrigen Tisch stand.

Silvia schaute auf, sah Eve und hob das Glas. «Hier bin ich, bestens versorgt!»

Eve zog einen Stuhl heran und setzte sich neben ihren Mann.

«Was möchtest du, mein Liebling?»

«Ein Pimms wäre köstlich.»

«Noch dazu mit Limone, was für ein Luxus...» sagte Silvia. «Wo bekommt ihr Limonen her? Ich habe seit Jahren keine mehr gesehen.»

«Ich habe sie im Supermarkt in der Stadt aufgetrieben.»

«Ich muß hin und welche kaufen, ehe alle weg sind.»

«Tut mir leid, daß ich nicht da war, als du gekommen bist. Hast du Gerald gleich gefunden?»

«Genau gesagt, nein.» Silvia lächelte mit ihrer Kleinejungenmiene. «Ich bin ins Haus gegangen und habe gerufen, ziemlich kläglich, weil niemand dazusein schien, und schließlich kam mir May zur Hilfe und hat gesagt, Gerald sei hier. Ich muß schon sagen –» Silvia zog die Nase kraus –, «sie sah bei meinem Anblick nicht gerade begeistert aus. Aber wenn ich es mir überlege, ist sie immer so zu mir.»

«Du darfst May gar nicht zur Kenntnis nehmen.»

«Sie ist eine wunderliche alte Frau, nicht wahr? Neulich habe ich sie im Dorf getroffen, es war brütend heiß, und sie trug eine ganz unglaubliche Wollmütze. Ich konnte es nicht fassen. Ihr muß kochend heiß gewesen sein.»

Eve lehnte sich im Stuhl zurück und schüttelte den Kopf, lächelnd, hin- und hergerissen zwischen Angst und Heiterkeit.

«Du meine Güte, ich weiß. Ist es nicht furchtbar? Sie hat sie vor ein paar Wochen in Truro gekauft und trägt sie seitdem pausenlos.» Sie senkte die Stimme, obwohl es unwahrscheinlich war, daß May – wo sie auch sein mochte – sie hören konnte. «Sie hat sich außerdem ein Album gekauft, mit Mickymaus auf dem Deckel, und klebt Zeitungsausschnitte hinein.»

«Das ist nichts Verwerfliches», meinte Gerald.

«Nein. Es ist nur... unberechenbar. Seltsam. Ich weiß nie genau, was sie als nächstes tut. Ich –» Sie brach ab und begriff, daß sie schon zuviel gesagt hatte.

«Du glaubst doch nicht etwa, sie verliert den Verstand?» Silvia klang entsetzt, und Eve sagte entschieden: «Nein, natürlich nicht.» Sie hatte eigene, geheime Ängste, aber sie wollte niemanden einweihen. «Sie wird nur alt.»

«Also ich weiß nicht recht, aber ich halte dich und Gerald für Heilige, weil ihr euch um die alte Frau kümmert.»

«Ich bin keine Heilige. May und ich waren fast mein ganzes Leben lang zusammen. Sie hat sich jahrelang um mich gekümmert und dann um Ivan. Sie war immer da, wenn es Schwierigkeiten gab, war in Krisenzeiten wie ein Fels. Als Philip so krank war... ohne May hätte ich das nicht durchgestanden. Nein, ich bin keine Heilige. Falls jemand ein Heiliger ist, dann Gerald, der sie nach unserer Heirat aufgenommen und ihr ein Zuhause gegeben hat.»

«Ich hatte kaum eine andere Wahl», warf Gerald ein. «Ich habe Eve gefragt, ob sie mich heiraten will, und sie hat gesagt, dann muß ich May mitheiraten.» Er hatte seiner Frau einen Drink eingeschenkt und reichte ihn ihr jetzt. «Ziemlich erschütternd, wenn man so etwas zu hören bekommt.»

«Hat es May denn nichts ausgemacht, Hampshire zu verlassen und hier zu leben?»

«O nein, es ist ihr überhaupt nicht schwergefallen.»

«Sie war bei unserer Hochzeit», führte Gerald aus, «mit einem abenteuerlichen Hut, wie eine mit Rosen überzogene Blechdose. Sie sah aus wie eine uralte, mürrische Brautjungfer.»

Silvia lachte. «Ist sie auch mit euch in die Flitterwochen gefahren?»

«Nein, dagegen habe ich ein Machtwort gesprochen. Aber als wir nach Tremenheere zurückkamen, war sie schon eingezogen und hatte eine hübsche kleine Liste mit Beschwerden parat.»

«Oh, Gerald, das ist nicht fair...»

«Ich weiß. Ich mache nur Spaß. Außerdem sorgt May dafür, daß meine Hemden gebügelt und meine Socken gestopft werden, trotz der Tatsache, daß es etwa eine Stunde dauert, sie zu finden, weil May sie immer in die falsche Schublade räumt.»

«Sie erledigt auch Ivans Wäsche», sagte Eve, «und ich bin mir sicher, daß sie sich danach sehnt, Joshuas hellgraue Windeln in die Finger zu bekommen und gründlich auszukochen. Ich habe sogar den Verdacht, daß sie sich danach sehnt, auch Joshua in die Finger zu bekommen, aber bis jetzt hat sie sich das noch nicht anmerken lassen. Ich nehme an, sie ist hin- und hergerissen zwischen ihrem Nanny-Instinkt und der Tatsache, daß sie sich über Drusilla noch nicht ganz schlüssig ist.»

«Drusilla.» Silvia wiederholte den ausgefallenen Namen. «Wenn man es sich recht überlegt, könnte sie gar nicht anders heißen als Drusilla, nicht wahr? Total exotisch. Wie lange bleibt sie hier?»

«Keine Ahnung», sagte Gerald friedlich.

«Fällt sie euch nicht ein bißchen zur Last?»

«Überhaupt nicht», versicherte Eve ihr. «Wir bekommen sie selten zu sehen. Eigentlich ist sie Ivans Freundin. Abends sitzen sie manchmal auf Küchenstühlen vor ihrem Haus und trinken ein Glas Wein. Mit der Wäscheleine, den gurrenden Tauben, den Geranien und dem bohemehaften Aussehen der beiden wirkt Tremenheere plötzlich wie Neapel oder einer dieser kleinen Höfe, in die man in Spanien ganz unvermutet gerät. Es ist hübsch. Und manchmal kann man sie Flöte üben hören. Heute abend hat sie gespielt. Es ist ziemlich romantisch.»

«Machen sie und Ivan das jetzt? Trinken sie Wein im Schatten der Wäscheleine?»

«Nein, Ivan und Mathie waren den ganzen Tag in Bristol. Sie versuchen, das Geschäft anzukurbeln.»

«Wie läuft die Fabrik?»

«Ganz gut, soweit wir wissen», antwortete Gerald. «Sie scheint nicht bankrott zu gehen. Silvia, dein Glas ist leer… trink noch einen.»

«Aber –» sie sah betont auf die Uhr – «können Alec und seine Frau denn nicht jeden Augenblick kommen…?»

«Sie sind noch nicht hier.»

«Dann trinke ich noch einen... aber danach muß ich gehen.»

«Ich fühle mich scheußlich», sagte Eve, «weil ich dich nicht bitte, zum Essen zu bleiben, aber ich glaube, Laura wird erschöpft sein, und vermutlich essen wir zeitig, damit sie zu Bett gehen kann.»

«Ich kann es nicht erwarten, sie kennenzulernen.»

«Du mußt an einem anderen Abend zum Essen kommen, wenn ich weiß, wieviel gesellschaftliches Leben sie verkraften kann.»

«...und ich möchte Alec liebend gern wiedersehen.»

«Das kannst du, wenn er zurückkommt, um sie abzuholen und nach London zurückzubringen.»

«Als er das letzte Mal hier war, hat Tom noch gelebt... Oh, danke, Gerald. Wißt ihr noch? Wir sind alle zum Abendessen in das Lobster Pot gegangen.»

Ja, dachte Eve, *und Tom hat sich total besoffen.* Sie fragte sich, ob sich Silvia auch daran erinnerte, kam dann aber zum Schluß, daß sie das wohl nicht tat, sonst hätte sie den Anlaß überhaupt nicht erwähnt. Vielleicht waren die Monate seit Toms Tod gnädig zu Silvia gewesen und hatten die Erinnerung getrübt, so daß die schlimmen Augenblicke verblaßten und nur die glücklichen blieben. Anderen Menschen ging es so, das wußte Eve, aber ihr war es noch nie so gegangen. Als Philip starb, hatte es keine schlimmen Erinnerungen gegeben, nur Gedanken an fünfundzwanzig Jahre guter Gemeinsamkeit, an Lachen und Liebe. Sie war mit soviel Glück gesegnet worden; Silvia hatte offenbar so wenig davon gehabt. Wenn es darum ging, Gutes zu verteilen, war das Leben wirklich grauenhaft ungerecht.

Die Sonne stand jetzt tief am Himmel und es wurde

kühler. Silvia wedelte eine Mücke weg, lehnte sich im Stuhl zurück und sah hinaus auf den frischgemähten Rasen. «Tremenheere sieht immer so phantastisch gepflegt aus. Kein Unkraut zu sehen. Nicht einmal auf den Wegen. Wie hältst du es in Schach, Gerald?»

«Ich muß leider zugeben, daß ich Unkrautvernichtungsmittel spritze», gestand Gerald.

«Tom hat das auch gemacht, aber ich nehme nur die Hacke. Irgendwie halte ich das für besser, und wenigstens kommt das ganze Unkraut nicht wieder. Apropos, der Pfarrer hat mir erzählt, daß du den Gartenstand für das Fest im nächsten Monat betreust. Kannst du Pflanzen brauchen?»

«Und ob.»

«Ich bin mir sicher, daß ich in meinem Treibhaus etwas für dich auftreiben kann.» Silvia hatte den zweiten Drink ausgetrunken. Jetzt stellte sie das Glas ab und griff nach ihrer Tasche, bereit zum Aufbruch. «Ich habe ein paar Ableger von den kleinen Geranien mit den köstlich nach Zitrone duftenden Blättern mitgenommen...»

Eve hörte nicht mehr zu. In der Stille des Abends hörte sie das leise Brummen eines Autos, das vom Dorf her die Straße entlangkam. Es wurde langsamer, kam durch das Tor; Reifen knirschten auf dem Kies. Sie sprang auf. «Sie sind da.»

Die beiden anderen standen auch auf, und sie gingen gemeinsam über den Rasen und durch den Escalloniabogen, um die Neuankömmlinge zu begrüßen. Vor dem Haus parkte neben Silvias schäbigem kleinen Auto ein schönes dunkelrotes BMW-Coupé. Alec war schon ausgestiegen und hielt seiner Frau die Tür auf, die Hand unter ihrem Ellbogen, um ihr beim Aussteigen zu helfen.

Eves erster Eindruck war der einer viel jüngeren Frau, als sie erwartet hatte. Eine schlanke junge Frau, mit dunklen Augen und dichtem dunklem Haar, das ihr offen auf die Schultern fiel. Sie trug verwaschene Jeans und ein weites blaues Baumwollhemd wie ein junges Mädchen. Die nackten Füße steckten in Sandalen, und auf den Armen trug sie einen kleinen Langhaardackel (der wie eine Kreuzung zwischen einem Fuchs und einem Eichhörnchen aussah, dachte Eve), und als allererstes sagte sie zu Eve: «Es tut mir furchtbar leid, aber hoffentlich macht es Ihnen nichts aus, daß Sie nicht nur mich, sondern auch Lucy aufnehmen müssen.»

Silvia zockelte in ihrem kleinen Auto nach Hause. Der Motor gab ein neues, unerklärliches Geräusch von sich, und der Choke schien nicht richtig zu funktionieren. Ihr Tor mit dem aufgemalten Namen *Roskenwyn* stand offen. Sie hatte immer gedacht, das sei ein zu protziger Name für ein so kleines und gewöhnliches Haus, aber so hatte es geheißen, als sie und Tom es kauften, und sie waren nie dazu gekommen, sich etwas Passenderes auszudenken.

Sie parkte vor der Tür, nahm ihre Handtasche vom Sitz und ging hinein. Die vollgestopfte Diele wirkte totenstill. Sie hielt nach Briefen Ausschau, weil sie vergessen hatte, daß der Briefträger schon dagewesen war und nichts für sie gebracht hatte. Die Handtasche ließ sie einfach auf die unterste Treppenstufe fallen. Das Schweigen bedrückte sie körperlich. Schweigen, nur gebrochen vom langsamen Ticken der Uhr auf dem Treppenabsatz.

Silvia ging den Flur entlang in ihr Wohnzimmer, das so klein war, daß darin nur Platz für ein Sofa, zwei Sessel und einen Schreibtisch war, mit Bücherregalen darüber. Im

Kamin lag die staubige Asche eines Feuers, obwohl sie seit Tagen keins mehr angezündet hatte.

Sie fand eine Zigarette, zündete sie an und bückte sich, um den Fernseher einzuschalten; sie drückte auf die Knöpfe, um die Kanäle zu wechseln, war von allem gelangweilt und schaltete ab. Nach dem kurzen Lautwerden ausdrucksloser Stimmen bedrückte die Stille sie wieder. Es war erst acht. Es hatte keinen Sinn, früher als in zwei Stunden zu Bett zu gehen. Sie dachte daran, sich einen Drink einzuschenken, aber sie hatte mit Eve und Gerald schon zwei getrunken, und es war besser, mit Alkohol vorsichtig zu sein. Also Abendessen? Aber sie empfand keinen gesunden Appetit, keine Lust zu essen.

Die Glastür zum Garten stand offen. Silvia warf die halbgerauchte Zigarette in den leeren Kamin und ging hinaus, bückte sich und nahm eine Schere aus einem Holzkorb. Jetzt war die Sonne fast untergegangen, und auf dem Rasen lagen lange Schatten. Sie ging über das Gras zu ihrem Rosenbeet und schnitt wahllos welke Köpfe ab.

Eine Ranke, die sich gelöst hatte, verfing sich in ihrem Rocksaum und riß am Stoff. Ungeduldig machte Silvia sie los, stach sich aber in ihrem Ungeschick an einem scharfen Dorn.

Sie stieß einen leisen Schmerzensschrei aus. Aus der winzigen, schmerzenden Wunde quoll Blut. Ein Pünktchen Blut, eine Perle, ein Rinnsal. Sie beobachtete, wie der winzige scharlachrote Bach in ihre Handfläche lief.

Ihr stiegen Tränen in die Augen, füllten sie, liefen über. Sie stand im düsteren Zwielicht, betäubt vom Jammer der Einsamkeit, und weinte um sich.

Das Zimmer, das sie bekommen hatten, wirkte nach Abigail Crescent riesig. Es hatte einen blaßrosa Teppich mit Blumenmuster und zwei hohe Fenster mit verschossenen Chintzvorhängen, zusammengehalten von Quastenkordeln. Das Messingbett hatte die passende Größe, und die Bettwäsche und die Bezüge der großen, daunenweichen Kopfkissen waren kunstvoll mit Hohlsaum verziert und bestickt. Für Laura gab es einen Frisiertisch aus Mahagoni und für Alec eine hohe Ankleidekommode, und hinter der offenen Tür war ein eigenes Bad. Das Bad war früher ein Ankleidezimmer gewesen, und die Umwandlung hatte man einfach darauf beschränkt, das Bett durch die Badewanne zu ersetzen, so daß auch das Badezimmer mit Teppichen ausgelegt war und einen Kamin hatte und sogar zwei recht bequem aussehende Sessel darin standen.

Laura lag im Bett und wartete auf Alec. Sie hatte sich gleich nach dem Essen zurückgezogen, plötzlich ganz erschöpft. Aber Alec war unten geblieben, trank mit Gerald ein Glas Portwein und brachte die Welt in Ordnung, die Stühle vom Tisch abgerückt, die Luft voller Zigarrenrauch.

Laura empfand das Haus als auf tröstliche Weise beruhigend. Noch wacklig von der Operation, den Tränen nahe und voller Ängste, war es nur natürlich, daß sie bei der Aussicht auf diesen langen Besuch bei Fremden nervös gewesen war. Sie hatte diese Befürchtungen für sich behalten, für den Fall, Alec überlege es sich im letzten Augenblick anders und gebe den Gedanken an Glenshandra und die Lachse auf, die darauf warteten, aus dem Fluß gefischt zu werden, und auf der langen Autofahrt, die sie jeden Augenblick ihrem Ziel näher brachte, war sie schließlich ganz verstummt.

Sie hatte sich davor gefürchtet, Tremenheere sei überwältigend vornehm, der glanzvolle Gerald sei furchterregend weltläufig, ihr werde nichts einfallen, was sie zu Eve sagen könne, und sowohl Eve als auch Gerald würden sie für ein schreckliches Dummchen halten und den Tag verfluchen, an dem sie sich von Alec zu diesem Plan hatten überreden lassen.

Aber es würde gut werden. Ihre begeisterten Gesichter, ihre offensichtliche Zuneigung zu Alec und die Herzlichkeit ihrer Begrüßung hatten Lauras Zweifel zerstreut und ihre Schüchternheit aufgetaut. Selbst Lucys Auftauchen hatten sie mit Fassung getragen. Und das Haus war alles andere als vornehm, es war in Wahrheit ziemlich schäbig, auf hübsche und äußerst gemütliche Weise. Laura hatte sofort ein Bad nehmen dürfen, was sie mehr als alles andere auf der Welt brauchte. Sie hatten im Wohnzimmer ein Glas Sherry getrunken und waren dann ins Eßzimmer umgezogen, das mit Kerzen erleuchtet war. An der holzgetäfelten Wand hingen viktorianische Seestücke. Zum Essen hatte es gegrillte Forelle gegeben, einen Salat und Himbeeren in Sahne aus Cornwall.

«Das sind eigene Himbeeren», hatte Eve zu ihr gesagt. «Morgen pflücken wir mehr. Wenn wir sie nicht alle essen, können wir sie einfrieren.»

Morgen. Morgen würde Alec fort sein.

Sie schloß die Augen und hob die Füße an, in denen sie einen Krampf bekam, weil Lucy unter der Steppdecke auf ihnen lag. Ihr Körper fühlte sich unter dem kühlen, glatten Leinenlaken flach und kraftlos an... unglaublich schutzlos. Sie hatte nach der Operation keinerlei Schmerzen gehabt, aber alle Energie verloren, und war benommen von Mattigkeit. Es war ein Segen, endlich im Bett zu sein.

Sie war noch wach, als Alec kam. Er trat ans Bett und küßte Laura auf die Stirn. Dann schlug er die Steppdecke zurück, hob Lucy aus ihrem Versteck und setzte sie in ihr Körbchen am Kamin. Lucy zog eine kalte, vorwurfsvolle Miene, aber sie machte es sich im Korb bequem. Sie wußte, wann sie keine andere Chance hatte.

Alec stand mit dem Rücken zu Laura und leerte seine Taschen, legte die Schlüssel, die Uhr, Kleingeld und eine Brieftasche säuberlich aufgereiht auf die Kommode. Er lockerte die Krawatte und legte sie ab.

Laura schaute ihm zu und kam zu dem Schluß, Sicherheit sei, im Bett zu liegen und ihrem Mann dabei zuzusehen, wie er sich bettfertig machte. Sie erinnerte sich daran, wie sie vor vielen Jahren nach einer kleinen Kinderkrankheit bei ihrer Mutter hatte schlafen dürfen. So wie jetzt hatte sie im Bett ihrer Mutter gelegen und aus schläfrigen Augen gesehen, wie sich ihre Mutter das Haar bürstete, das Gesicht eincremte und in ihr dünnes Nachthemd schlüpfte.

Alec machte das Licht aus und kam zu ihr ins Bett. Laura hob den Kopf vom Kissen, damit er den Arm darunter legen konnte. Jetzt waren sie wirklich zusammen. Er wandte sich ihr zu, legte die andere Hand auf ihre Rippen. Seine Finger bewegten sich langsam, streichelnd, tröstlich. Durch das offene Fenster strömte die warme Nachtluft herein, erfüllt von geheimnisvollen Düften und kleinen, unerklärlichen ländlichen Geräuschen.

«Hier wird es dir gutgehen», sagte Alec.

Es war eine Feststellung, keine Frage.

«Ja», erwiderte sie leise.

«Sie sind begeistert von dir. Sie finden dich bezaubernd.» Sie konnte das Lächeln in seiner Stimme hören.

«Es ist wunderschön hier. Es sind reizende Leute.»

«Am liebsten würde ich gar nicht nach Schottland fahren.»

«Alec!»

«Tremenheere wirkt immer so auf mich.»

Laura dachte, auf diese Bemerkung hätten andere Frauen, andere Ehefrauen, die selbstsicherer waren, hänselnd reagiert: *Tremenheere! Und ich hatte gehofft, du willst dich nicht von mir trennen.* Aber sie hatte weder die Kraft noch den Mut, etwas so Kokettes zu wagen.

Statt dessen sagte sie: «Sobald du durch das Tor fährst, wirst du dich auf Glenshandra freuen.» Die anderen waren schon dort und warteten auf ihn. Seine alten Freunde. Er würde in sein altes Leben aus der Zeit vor Laura eintauchen, von dem sie zuwenig und doch zuviel wußte. Ihre Augen füllten sich mit Tränen. Aber ich *will* doch, daß er fährt. Sie sagte und gab sich dabei große Mühe, sachlich zu klingen: «In Zeitschriften wird immer behauptet, eine gelegentliche Trennung gibt einer Ehe Würze.»

«Klingt wie ein Kochrezept.»

Die Tränen liefen über ihre Wangen. «Und zehn Tage sind wirklich nicht besonders lang.»

Sie wischte die Tränen weg. Alec küßte sie. «Wenn ich dich abhole», sagte er, «erwarte ich, daß du kugelrund bist, einen Sonnenbrand hast und wieder gesund bist. Schlaf jetzt.»

Er hatte den Wecker gestellt, der um halb sechs am folgenden Morgen klingelte und beide aus dem Schlaf riß. Alec stand auf, und Laura lag schläfrig da, während er badete und sich rasierte. Dann sah sie ihm dabei zu, wie er sich anzog und seine wenigen Sachen in die Reisetasche packte. Als er fertig war, stand sie auch auf, zog ihren

Morgenmantel über und nahm Lucy aus dem Körbchen. Gemeinsam gingen sie aus dem Zimmer und die Treppe hinunter. Das alte Haus und seine Bewohner schliefen weiter. Alec schloß die Haustür auf, und sie traten hinaus in die kühle, neblige Morgendämmerung. Laura setzte Lucy ab und stand zitternd da. Sie sah zu, wie Alec die Tasche im Auto verstaute und mit einem Lappen den Morgentau von der Windschutzscheibe wischte. Er warf den Lappen ins Auto und wandte sich ihr zu.

«Laura.»

Er nahm sie in die Arme. Durch seinen Pullover, sein Hemd konnte sie seinen Herzschlag spüren. Sie dachte daran, wie er den Tag verbringen, wie er auf den großen Autobahnen nach Schottland brausen würde.

«Bau keinen Unfall», sagte sie.

«Ich werd mir große Mühe geben.»

«Mach über Nacht Station, wenn du zu müde wirst.»

«Mach ich.»

«Einen Schatz wie dich will ich nicht verlieren.»

Er lächelte und küßte sie, dann ließ er sie los. Er stieg ein, schnallte sich an und schlug die Tür zu. Er ließ den starken Motor an. Im nächsten Augenblick war er fort, um die Azaleen herum, durch das Tor, die Straße zum Dorf entlang. Laura stand da und horchte, bis nichts mehr zu hören war. Dann rief sie Lucy, ging wieder ins Haus und hinauf in ihr Zimmer. Ihr war sehr kalt, aber als sie wieder ins Bett ging, war es herrlich warm, weil Alec die Heizdecke eingeschaltet hatte, ehe sie nach unten gegangen waren.

Sie schlief bis Mittag, und als sie aufwachte, erfüllte strahlende Mittagssonne das Zimmer. Sie ging ans Fenster und beugte sich hinaus, die bloßen Arme auf dem warmen

Sims. Der Garten schmorte in der Hitze eines wiederum schönen Tages. In einem Blumenbeet arbeitete ein Mann im Overall; das Meer in der Ferne wirkte wie blaues Glas.

Nachdem Laura sich angezogen hatte, ging sie hinunter in die Küche, aus der sie Stimmen hörte. Dort fand sie Eve, die auf dem Herd etwas umrührte, und eine uralte Frau, die am Küchentisch saß und Erbsen pulte. Beide sahen auf, als Laura hereinkam.

«Tut mir leid, daß ich so lange geschlafen habe.»

«Das macht überhaupt nichts, du solltest ja schlafen. Ist Alec gut weggekommen?»

«Ja, gegen Viertel vor sechs.»

«Oh, Laura, das ist May… du hast sie gestern abend nicht kennengelernt. May lebt bei uns.»

Laura und May gaben sich die Hand. Mays Hand fühlte sich durch die Erbsen kalt an und war arthritisch verkrümmt.

«Guten Tag.»

«Angenehm», sagte May und pulte weiter.

«Kann ich etwas helfen?»

«Das mußt du nicht. Du sollst dich ausruhen.»

«Ich komme mir ganz unnütz vor, wenn ich nichts tun darf.»

«Wenn das so ist –» Eve bückte sich und suchte in einem Schrank eine Schüssel –, «wir brauchen für heute abend Himbeeren.»

«Wo pflücke ich die?»

«Ich zeige es dir.»

Sie ging voraus in den Hof und zeigte auf die Tür, die in den Gemüsegarten führte. «Die Büsche sind ganz hinten, unter einem Gitter, weil die Vögel sonst alle Beeren fressen. Und wenn du jemanden beim Erbsenpflücken siehst, ist das Drusilla. Ich habe gesagt, sie darf sich welche nehmen.»

«Wer ist Drusilla?»

«Sie wohnt hier, in diesem Cottage. Sie spielt Flöte, und sie hat ein Baby namens Joshua. Ich nehme an, sie hat es dabei. Sie sieht ein bißchen seltsam aus, aber sie ist ganz harmlos.»

Der Gemüsegarten war uralt. Buchshecken trennten die einzelnen Beete säuberlich voneinander. Innerhalb der schützenden Mauern war es sehr heiß; nicht der Hauch einer Brise regte sich. Laura ging den Weg entlang und atmete den Duft nach Buchsbaum, Minze, Thymian und nach frisch umgegrabener Erde ein. Am Ende des Weges stand ein riesiger, altmodischer Kinderwagen mit einem großen Baby darin. Es trug keinen Sonnenhut, hatte überhaupt nichts an und war ganz braun gebrannt. In der Nähe, verdeckt von den Erbsenranken, war seine Mutter emsig bei der Arbeit.

Laura blieb stehen, um das Baby zu bewundern. Drusilla sah beunruhigt auf, und ihre Blicke begegneten sich.

«Hallo», sagte Laura.

«Hallo.» Drusilla stellte den Korb ab und kam näher. Sie verschränkte die Arme und lehnte die Schulter gegen einen Pfahl.

«Was für ein hübsches Baby.»

«Er heißt Joshua.»

«Ich weiß. Eve hat es mir gesagt. Ich bin Laura Haverstock.»

«Ich bin Drusilla.»

Sie hatte einen ganz normalen nordenglischen Akzent, was etwas überraschend wirkte, weil ihr Äußeres ziemlich exotisch war. Sie war sehr klein und mager – es war schwer zu glauben, daß der kräftige Joshua derart dünnen Wurzeln entsprungen war –, mit hellen Augen und einer gewaltigen, buschigen flachsfarbenen Mähne, die nicht so wirkte, als hätte sie je eine Schere gesehen. Im Versuch, sie etwas zu bändigen, hatte sie sich ein Band um den Kopf geschlungen. Darüber wölbte sich ihr Haar wie eine Bademütze, an den Seiten ragte es heraus, dicht, trocken und kraus.

Ihre Kleidung war nicht konventioneller als ihre Frisur. Sie trug ein tief ausgeschnittenes schwarzes Hemd, unter dem ihre Brüste flach und kindlich waren. Darüber trotz der Hitze eine Samtjacke, an manchen Stellen mit mottenzerfressenem Pelz besetzt. Ihr Baumwollrock war lang und weit und reichte fast bis zu den Knöcheln. Ihre Füße waren nackt und schmutzig. Zur Abrundung der bizarren Kleidung trug Drusilla Schmuck: einen einzelnen baumelnden Ohrring, besetzt mit blauen Steinen, eine Perlenkette um den Hals, dazu ein paar Silberketten. An den dünnen Handgelenken klapperten Armreifen, und an den kleinen, überraschend schönen Händen steckten viele Ringe. Man konnte sich vorstellen, wie sie Flöte spielte.

«Eve hat mir gesagt, daß ich Sie hier treffe. Ich soll Himbeeren pflücken.»

«Die sind dort drüben. Sie sind gestern abend gekommen, nicht wahr?»

«Stimmt.»

«Wie lange bleiben Sie?»

«Etwa zehn Tage.»

«Eve hat gesagt, Sie waren krank.»

«Ich war zwei Tage im Krankenhaus. Nichts besonders Ernstes.»

«Hier werden Sie sich erholen. Es ist friedlich. Die Atmosphäre, die Vibrationen sind gut. Meinen Sie nicht auch? Meinen Sie nicht auch, daß die Vibrationen gut sind?»

Laura sagte, ja, das meine sie auch. Sie meine, die Vibrationen seien wunderbar.

«Eve ist ein wirklich netter Mensch. Sie ist gut. Sie hat mir den Kinderwagen geliehen, weil ich keinen hatte. Ich hab Joshua in einer alten Lebensmittelschachtel herumgeschleppt, und er wiegt eine Tonne. Ein Kinderwagen macht das Leben leichter.»

«Ja, das stimmt.»

Drusilla löste die Schulter vom Pfahl. «Ich muß weitermachen. Heute gibt es Erbsen zum Mittagessen, nicht wahr, mein Schatz? Erbsen und Makkaroni. Das mag Joshua am liebsten. Bis bald.»

«Das hoffe ich.»

Drusilla verschwand wieder im Dickicht der Blätter, und Laura machte sich mit der Schüssel auf die Suche nach Himbeeren.

An jenem Nachmittag lagen sie auf Liegestühlen im Garten. Eve hatte sie unter den Schatten eines Maulbeerbaums gestellt, weil es in der Sonne zu heiß war. Gerald war zu einem Treffen, bei dem es um einen Segelclub ging, nach Falmouth gefahren, und May war nach dem Geschirrspülen nach oben in ihr Zimmer gegangen.

«Wir könnten zum Strand fahren», hatte Eve gesagt, aber sie waren sich schließlich einig gewesen, daß es zu heiß war, ins Auto zu steigen und hinzufahren, trotz der verlockenden Aussicht, dort zu schwimmen. Im Garten hingegen war es sehr angenehm. Die Luft duftete nach Rosen und war erfüllt vom Gesang der Vögel.

Eve hatte ihre Gobelinarbeit mitgebracht und stichelte

fleißig, aber Laura genoß es, ganz müßig zu sein und nur Lucy zuzuschauen, ein kleiner rötlicher Umriß mit buschigem Schwanz, glücklich an Rabatten und im Gebüsch nach Kaninchenfährten schnuppernd. Schließlich verlor diese herrliche Beschäftigung an Reiz, und Lucy kam über den Rasen und sprang leichtfüßig auf Lauras Schoß. Ihr Fell fühlte sich samtig und warm an.

«Sie ist ein reizendes kleines Tier», sagte Eve. «So wohlerzogen. Hast du sie schon lange?»

«Etwa drei Jahre. Sie hat mit mir in meiner Wohnung in Fulham gelebt und ist immer mit ins Büro gekommen und hat unter meinem Schreibtisch geschlafen. Sie ist daran gewöhnt, sich wohlerzogen zu benehmen.»

«Ich weiß nicht einmal, was du vor deiner Ehe mit Alec gemacht hast.»

«Ich habe in einem Verlag gearbeitet. Ich war fünfzehn Jahre dort. Es klingt ziemlich hausbacken, so lange in einer Firma zu bleiben, aber ich war dort glücklich und bin schließlich Lektorin geworden.»

«Warum hausbacken?»

«Ach, ich weiß nicht recht. Andere junge Frauen haben so abenteuerliche Sachen gemacht... waren Köchinnen auf Jachten oder sind durch Australien getrampt. Aber ich war nie ein abenteuerlustiger Mensch.»

Sie schwiegen. Es war sehr warm, auch im Schatten des Baumes. Laura schloß die Augen.

Eve sagte: «Ich habe damit angefangen, Bezüge für alle Eßzimmerstühle zu sticken. Ich habe erst zwei geschafft und noch acht vor mir. Bei meinem Tempo bin ich tot, ehe sie fertig sind.»

«Es ist ein wunderschönes Haus. Du hast es so hübsch gemacht.»

«Ich habe es nicht hübsch gemacht. Ich habe es hübsch vorgefunden.»

«Es ist aber so groß, daß es viel Arbeit machen muß. Hast du keine Hilfe?»

«O doch. Wir haben einen Gärtner, der im Dorf wohnt, und seine Frau kommt an den meisten Vormittagen und geht mir zur Hand. Und May ist auch noch da, obwohl sie jetzt nicht mehr viel schafft... Sie ist fast achtzig, weißt du. Es ist eine unglaubliche Vorstellung, daß sich jemand noch an das Leben vor dem Ersten Weltkrieg erinnern kann, an die Jahrhundertwende. Aber May erinnert sich gut an ihre Kindheit, an jede Einzelheit. Woran sie sich nicht erinnern kann, ist, wo sie Geralds Socken versteckt hat, oder wer angerufen hat und von mir zurückgerufen werden will. Sie lebt bei uns, weil sie meine Nanny war und sich später um Ivan gekümmert hat.»

Ivan. Alec hatte Laura ein wenig von Ivan erzählt, Eves Sohn, den er auf Eves und Geralds Hochzeit kennengelernt hatte. Dort war Ivan – durch eine Panne in seiner gesellschaftlichen Planung – nicht mit einer Begleiterin erschienen, sondern mit zweien, die sich gegenseitig nicht ausstehen konnten. Ivan hatte Architektur studiert, war in ein Büro in Cheltenham eingetreten und schien auf dem besten Weg zu sein, eine solide Karriere zu machen, vermasselte sich aber alles, als er sich verlobte und dann beschloß, sich zu entloben. Das wäre an sich noch nicht so schlimm gewesen, erklärte Alec, wenn er damit nicht gewartet hätte, bis alle Hochzeitseinladungen verschickt, alle Hochzeitsgeschenke eingetroffen waren und ein riesiges Zelt für den Empfang aufgebaut werden sollte. Der Lärm über dieses empörende Verhalten hatte sich noch nicht gelegt, als Ivan seine Arbeit hinwarf und nach Cornwall kam, um hier zu leben. Das klang nicht danach, als ob er besonders zuverlässig wäre.

«Ivan ist euer Sohn, nicht wahr?»

«Ja. Mein Sohn, nicht Geralds. Natürlich, ich vergesse immer wieder, daß du ihn nicht kennst. Er wohnt in der Remise im Hof. Er war in Bristol, geschäftlich. Eigentlich müßte er wieder zurück sein. Vielleicht ist es ein gutes Zeichen, daß er noch nicht da ist. Vielleicht hat er jede Menge Möbel verkauft.»

«Ich habe gedacht, er ist Architekt.»

«Nein, er hat in einer leerstehenden Kirche in Carnellow eine kleine Fabrik aufgemacht... das ist etwa zehn Kilometer von hier, oben im Moor. Er hat einen Partner, Mathie Thomas, den er in einem Pub kennengelernt hat. Ein sehr netter Mann.»

«Es muß schön für dich sein, daß du ihn in der Nähe hast.»

«Wir bekommen ihn selten zu sehen.»

«Kommen er und Gerald gut miteinander aus?»

«O ja. Sie haben sich sehr gern. Aber weißt du, Gerald hatte Ivans Vater sehr gern. Er kennt Ivan schon, seit er ein kleiner Junge war.»

«Ich glaube, Gerald ist ein Schatz», sagte Laura und war verblüfft darüber, daß sie, ohne nachzudenken, eine derart spontane Bemerkung gemacht hatte. Aber Eve war nicht vor den Kopf gestoßen, sondern freute sich ganz einfach darüber.

«Ja, nicht wahr? Schön, daß du das meinst.»

«Er sieht so gut aus.»

«Du hättest ihn als jungen Mann sehen sollen.»

«Hast du ihn damals schon gekannt?»

«O ja, aber nicht besonders gut – zum einen war ich mit

Philip verheiratet, zum anderen war Gerald Philips kommandierender Offizier, und ich kam mir ganz unterlegen vor und hatte einen Riesenrespekt vor ihm. Dann, als sie sich beide zur Ruhe setzten, Gerald in Cornwall und Philip und ich in Hampshire, haben wir uns eine Zeitlang nicht mehr gesehen. Aber dann ist Philip... krank geworden. Und Gerald hat ihn oft besucht, auf dem Weg nach London oder wenn er in der Nähe zu tun hatte. Als Philip starb, kam Gerald zur Beerdigung. Und dann blieb er ein paar Tage bei mir, half mir dabei, die ganzen juristischen und finanziellen Probleme zu lösen, und hat mir gezeigt, wie man mit Versicherungen und Einkommensteuer zurechtkommt. Ich erinnere mich daran, daß er einen Toaster reparierte, der seit Monaten nicht mehr funktioniert hatte, und daß er fürchterlich mit mir schimpfte, weil ich das Auto nicht zur Wartung gebracht hatte.»

«War dein Mann lange krank?»

«Etwa ein halbes Jahr. Da kann man schon mal vergessen, das Auto warten zu lassen.»

«Und dann hast du Gerald geheiratet.»

«Ja. Ich habe ihn geheiratet. Manchmal schaue ich auf mein Leben zurück und kann mein Glück nicht fassen.»

«Mir geht es auch so», sagte Laura.

«Das freut mich. Wenn Gerald ein Schatz ist, dann ist Alec auch einer. Du mußt sehr glücklich mit ihm sein.»

«Ja», sagte Laura.

Eine kleine Pause entstand. Sie lag reglos da, mit geschlossenen Augen, aber sie stellte sich Eve neben ihr vor, die Nadel in der Luft, wie sie über den Rand der hellblauen Brille schaute. «Er hatte es schwer», sagte Eve. «Wir haben weder Erica noch Gabriel je kennengelernt. Gerald hat immer gesagt, Erica hat Alec seiner Familie entfremdet, den Haverstocks, meine ich. Aber wenn er nach der Scheidung zu uns kam, hat er nie über Erica gesprochen, deshalb haben wir nie genau erfahren, was passiert ist.»

«Sie ist mit einem anderen Mann nach Amerika durchgebrannt.»

«Ich glaube, das wußten wir... aber nicht viel mehr. Das soll nicht heißen, wir hätten es gern gewußt. Hört er je etwas von ihr?»

«Nein.»

«Hört er je etwas von Gabriel?»

«Ich glaube nicht.»

«Wie traurig. Wie unglücklich Menschen einander machen können. Ich habe die ganze Zeit ein schlechtes Gewissen wegen Silvia Marten.»

«Sie war gestern abend hier, als wir gekommen sind?»

«Ich wollte sie bitten, mit uns allen zu Abend zu essen, aber Gerald hat es mir nicht erlaubt.»

«Wer ist sie?»

«Oh, sie hat immer hier gelebt. Sie hieß früher Silvia Trescarne. Als Alec und sein Bruder Jungen waren, sind sie in den Sommerferien einmal nach Tremenheere gekommen und haben mit Silvia am Strand Kricket gespielt. Sie hat einen Mann namens Tom Marten geheiratet, und eine Weile waren sie sehr glücklich, sehr gesellig, sind von einer Party zur nächsten gezogen. Aber dann hat Tom angefangen zu trinken und schien einfach nicht damit aufhören zu können. Es war schrecklich, das mit anzusehen... eine Art körperliche Auflösung. Er war früher recht attraktiv gewesen, aber gegen Ende war er abstoßend, mit einem pflaumenblauen Gesicht, Händen, die er nicht ruhig halten konnte, und Augen, die einen nie richtig ansahen. Er ist letztes Jahr gestorben.»

«Wie furchtbar.»

«Ja. Furchtbar. Und besonders furchtbar für Silvia, weil sie der Frauentyp ist, der einen Mann im Leben braucht. Silvia war immer von Männern umringt, wie ein Honigtopf von Bienen. Meistens waren es Freunde von Tom, aber es schien ihm nichts auszumachen. Manche Frauen brauchen ein bißchen zusätzliche Aufmerksamkeit und Bewunderung. Ich halte das für harmlos.»

Laura war sofort an Daphne Boulderstone erinnert. «Ich kenne auch eine solche Frau. Sie ist mit Alecs Freund verheiratet. Sie ißt dauernd mit geheimnisvollen Männern zu Mittag. Ich weiß nicht, woher sie die Zeit und die Energie nimmt.»

Eve lächelte. «Ich weiß. Das bringt die Phantasie auf Trab.»

«Sie ist so attraktiv. Silvia, meine ich. Vermutlich wird sie wieder heiraten.»

«Wenn sie das nur täte. Aber die traurige Wahrheit ist, daß Silvias Verehrer sich nach Toms Tod aus dem Staub gemacht haben. Ich nehme an, die Sache sah anders aus, als sie allein war und wieder heiraten konnte. Keiner wollte sich binden.»

«Und sie will es?»

«Natürlich!»

«Das muß nicht immer so sein. Ich habe eine Tante Phyllis. Sie ist die hübscheste Frau, die man sich vorstellen kann, und sie ist seit Jahren verwitwet. Sie will einfach nicht wieder heiraten.»

«Hat sie viel geerbt?»

«Ja», gab Laura zu.

«Ich fürchte, das ist ein gewaltiger Unterschied. Sich zu Tode zu trinken ist eine teure Selbstmordmethode, und

Tom hat Silvia sehr wenig Geld hinterlassen. Das ist einer der Gründe, warum ich mir solche Sorgen um sie mache. Ich bin mir so mies vorgekommen, als ich sie gestern abend allein nach Hause fahren ließ, während wir zusammen und so glücklich waren.»

«Könnte sie nicht an einem anderen Abend kommen?»

«Ja, natürlich.» Eve wurde fröhlicher. «In ein paar Tagen laden wir sie zum Abendessen ein, und wenn Alec kommt, um dich abzuholen, gehen wir alle zum Essen aus. In ein ganz schickes Lokal. Daran hat Silvia Freude. Ein teures Abendessen in einem schicken Restaurant. Das wäre ein solcher Genuß für sie. Und jetzt, ist es zu fassen, ist es schon fast halb fünf. Was hältst du davon, hier im Garten Tee zu trinken?»

5

Landrock

Alles briet in der Sonne. Im Gemüsegarten, unter den Erbsenranken, schuftete der Gärtner, nackt bis zur Taille, und pflanzte Salat. Gerald stellte einen Sprenger auf ein braun werdendes Rasenstück. Die Sonne schien durch die sich drehenden Wasserstrahlen und bildete kleine Regenbogen. Im Haus zog Eve die Wohnzimmerjalousien zu, und Drusilla saß vor ihrem Cottage auf der Schwelle, Joshua neben sich, und grub mit einem alten Blechlöffel den Rand von Eves Kräuterbeet um.

Mittwoch. Mays freier Tag. Sie mußte zum Bahnhof gefahren werden, zum Zug nach Truro, und Laura bot an, das zu übernehmen. Sie ging in die Garage, um Eves Auto zu holen, fuhr vorsichtig rückwärts hinaus und wartete an der Hintertür auf May. Als May herauskam, beugte sich Laura hinüber, um ihr die Tür aufzumachen, und die alte Frau stieg neben ihr ein. May trug für den Ausflug ein züchtiges braunes Kleid mit Schnörkelmuster und die Kinderwollmütze mit einer Bommel obendrauf. Sie hatte eine sperrige Handtasche dabei und eine Plastiktüte mit dem Union Jack darauf, als ob sie vorhätte, der königlichen Familie zuzujubeln.

Wie verabredet half Laura ihr beim Kauf der Fahrkarte und brachte sie zum Zug.

«Einen schönen Tag, May.»

«Vielen Dank, Liebes.»

Laura fuhr nach Tremenheere zurück und parkte das Auto wieder in der Garage. Drusilla und ihr Kind hatten sich in die Kühle des Cottages zurückgezogen, und als sie in die Küche kam, sah Laura, daß auch Gerald vor der Hitze kapituliert hatte und am Küchentisch saß, ein kaltes Bier trank und die *Times* las. Um ihn herum versuchte Eve, den Tisch für das Mittagessen zu decken.

«Oh, Laura, du Engel.» Sie schaute auf, als Laura durch die offene Tür hereinkam. «Hast du sie gut weggebracht?»

«Ja.» Laura zog sich einen Stuhl heran und setzte sich. «Aber kommt sie denn mit dieser Mütze nicht um?»

«Stell dir das nur vor. Bei dieser Hitze in Truro herumzulaufen, mit einem Teewärmer auf dem Kopf. Außerdem ist Markttag. Wir wollen gar nicht daran denken. Ich habe es aufgegeben.»

Gerald schlug die *Times* zu und legte sie beiseite. «Ich hole euch etwas zu trinken.» Er ging zum Kühlschrank. «Ich kann Lager anbieten oder Orangensaft...»

Beide wollten Orangensaft. Eve zog die Schürze aus, fuhr sich mit der Hand durch das kurze silbrige Haar und sank in einen Stuhl am Kopfende des langen, gescheuerten Tischs.

«Wann kommt sie zurück? Ich meine, May.»

«Gegen sieben. Jemand muß sie vom Zug abholen. Wir denken später darüber nach. Was wollen wir heute mit uns anfangen? Es ist fast zu heiß, sich etwas auszudenken... Oh, danke, Liebling, wie köstlich.»

Eis hüpfte in den hohen Gläsern. «Mach dir um mich keine Sorgen», sagte Laura. «Ich bin völlig glücklich, wenn ich im Garten faulenze.»

«Ich denke, wir könnten zum Strand fahren.» Sie

berührte Geralds Hand, als er sich neben sie setzte. «Was hast du vor, mein Liebling?»

«Ich halte eine Siesta, lege mich ein paar Stunden aufs Ohr. Dann, wenn es kühler ist, denke ich vielleicht darüber nach, ein bißchen zu hacken. Die Rabatte ist wie ein Dschungel.»

«Du möchtest nicht mit uns an den Strand kommen?»

«Du weißt, daß ich im Juli oder August nie an den Strand gehe. Ich habe etwas dagegen, mit Sand überschüttet zu werden, taube Ohren von den Kofferradios zu bekommen und vom Geruch nach Sonnenöl bewußtlos zu werden.»

«Aber vielleicht –»

Doch er unterbrach sie. «Eve, es ist zu heiß zum Organisieren. Essen wir erst mal, dann überlegen wir, was wir machen.»

Zum Mittagessen gab es gekochten Schinken, knuspriges Brot, Butter und Tomaten. Während sie die köstliche Mahlzeit aßen, wurde die schwüle Stille des Tages vom Geräusch eines Autos unterbrochen, das auf den Hof fuhr und hielt. Eine Tür schlug krachend zu. Eve legte die Gabel weg, horchte und wandte den Kopf zur Tür. Schritte kamen über den Kies und den gefliesten Weg entlang. Ein Schatten fiel über den Sonnenstreifen auf dem Küchenboden.

«Hallo.»

Eve lächelte. «Liebling, du bist zurück.» Sie hielt ihm das Gesicht zum Küssen hin. «Warst du die ganze Zeit in Bristol?»

«Bin heute morgen zurückgekommen. Hallo, Gerald.»

«Hallo, alter Junge.»

«Und das –» er sah auf Laura hinunter – «muß Alecs Laura sein.»

Daß er das sagte – *Alecs Laura* – taute alle Schüchternheit und Zurückhaltung auf. Er streckte die Hand aus, und Laura ergriff sie und sah lächelnd zu ihm auf.

Sie sah einen stattlichen jungen Mann, wenn auch nicht so groß wie Gerald oder Alec. Er war breitschultrig und sehr braun, mit kräftigen, jungenhaften Zügen, den blauen Augen seiner Mutter und dichtem, blondem Haar. Er trug ein Paar verwaschene Baumwollhosen mit Flicken an den Knien und ein blauweißkariertes Hemd mit offenem Kragen. Er hatte eine dicke, strapazierfähige Uhr am Handgelenk und ein goldenes Medaillon an einer Silberkette um den Hals.

«Sehr erfreut», sagten beide förmlich und gleichzeitig. Das klang komisch, und Ivan lachte. Sein Lächeln war breit und offen, entwaffnend wie das seiner Mutter, und Laura erkannte den berühmten Charme, der ihm im Laufe der Jahre soviel Ärger eingetragen hatte.

«Hast du schon zu Mittag gegessen?» fragte ihn Gerald, und er ließ Lauras Hand los und wandte sich seinem Stiefvater zu.

«Ehrlich gesagt, nein. Ist noch etwas übrig?»

«Jede Menge», sagte seine Mutter. Sie stand auf und holte noch einen Teller, ein Glas und Besteck.

«Wo ist May? Ach, natürlich, heute ist Mittwoch, nicht wahr? Ihr Tag in Truro. Man sollte meinen, daß die Hitze sie umbringt.»

«Was hast du in Bristol erreicht?» fragte Gerald.

«Es war sehr erfolgreich.» Er holte sich eine Dose Lager aus dem Kühlschrank, kam zum Tisch zurück, zog sich einen Stuhl neben Laura heran und ließ Eve sein Gedeck auflegen. Er machte die Dose auf und goß das Lager sauber ins Glas, ohne viel Schaum. «Von einem Geschäft haben wir zwei Bestellungen bekommen, von einem anderen eine Bestellung auf Probe. Der Chefeinkäufer war im Urlaub, und der Stellvertreter wollte sich zu nichts verpflichten. Deshalb waren wir so lange fort.»

«Oh, Liebling, wie gut... Mathie muß begeistert sein.»

«Ja, es ist ermutigend.» Ivan beugte sich vor und schnitt sich eine dicke Brotscheibe ab. Seine Hände wirkten dabei gepflegt, kräftig und zupackend, und auf den Handrücken und den nackten Unterarmen wuchs sonnengebleichtes Haar.

«Wo hast du in Bristol übernachtet?» fragte Eve.

«Oh, in einem Pub, das Mathie kennt.»

«Viel Verkehr auf der Autobahn?»

«Es ging... wie es mitten in der Woche eben ist.» Er nahm sich eine Tomate und schnitt sie in Scheiben. Er wandte sich Laura zu. «Du hast gutes Wetter mitgebracht. Ich habe im Radio die Vorhersage gehört. Es soll noch ein paar Tage lang schön bleiben. Wie geht es Alec?»

«Danke, sehr gut.»

«Hat mir leid getan, ihn zu verpassen. Aber er holt dich ab, nicht wahr? Wie schön, dann bekomme ich ihn zu sehen.»

«Du kannst mit uns zum Abendessen ausgehen», sagte Eve. «Laura und ich haben beschlossen, daß wir alle in ein furchtbar teures, nobles Restaurant gehen, und wir wollen Silvia einladen, mitzukommen.»

«Das wird ihr gefallen», sagte Ivan. «Vom Oberkellner bedient und ein schneller Foxtrott zwischen den Gängen.»

«Wer zahlt die Rechnung?» fragte Gerald.

«Natürlich du, mein Liebling.»

Das machte ihm, wie Eve gewußt hatte, nicht das geringste aus. «Gut. Aber denk daran, rechtzeitig einen Tisch zu bestellen. Und nicht wieder in dem Lokal, in dem sie uns verdorbene Scampi serviert haben. Es hat Tage gedauert, bis ich mich davon erholt hatte.»

Ivan kochte den Kaffee. «Was habt ihr heute nachmittag vor?»

«Gute Frage», sagte Gerald.

«Gerald macht ein Nickerchen. Er sagt, er will nicht mit uns an den Strand.»

«Fahrt ihr zum Strand?»

«Wir sind uns noch nicht schlüssig.» Eve trank einen Schluck Kaffee. «Was hast du vor? Fährst du zur Fabrik?»

«Nein. Ich muß nach Landrock fahren. Der alte Mr. Coleshill hat ein paar alte Kiefernmöbel hereinbekommen... in einem großen Haus war eine Auktion. Er hat uns das Vorkaufsrecht eingeräumt, und wenn ich heute nicht hinfahre, bekommen die Händler Wind davon.»

Eve trank noch einen Schluck Kaffee. «Du könntest doch Laura mitnehmen», schlug sie vor. «Es ist eine hübsche Fahrt, und vermutlich macht es ihr Spaß, in Mr. Coleshills Antiquitäten herumzustöbern.»

«Selbstverständlich», sagte Ivan sofort. «Möchtest du mitkommen?» fragte er Laura.

Dieser Vorschlag traf Laura unvorbereitet. «Ja... schon. Aber macht euch bitte keine Sorgen um mich.»

Eve und Ivan lachten. «Wir machen uns keine Sorgen», sagte Eve, «und du mußt nicht mitfahren, wenn du dich lieber ausruhen möchtest. Aber vielleicht macht es dir Spaß. Und im Laden gibt es außer hübschem Porzellan auch eine Menge staubigen Trödel. Es macht Spaß, dort herumzustöbern.»

Laura liebte Antiquitätenläden fast so sehr wie Buchhandlungen. «Ich glaube, ich möchte mitkommen... Macht es dir etwas aus, wenn ich meinen Hund mitnehme?»

«Überhaupt nichts, falls es keine dänische Dogge ist, der beim Autofahren schlecht wird.»

«Es ist ein lieber kleiner Dackel», schaltete Eve sich ein. «Aber ich glaube, Lucy fühlt sich wohler, wenn sie bei mir bleibt. Sie kann im Garten spielen.»

«Dann ist es abgemacht.» Ivan stieß seinen Stuhl zurück. «Ab nach Landrock. Und auf dem Rückweg könnten wir in Gwenvoe Station machen und baden.»

«Ich war vor zwei Tagen dort», sagte seine Mutter. «Jetzt ist gerade Ebbe, und man kann wunderbar schwimmen.»

«Möchtest du, Laura?»

«Liebend gern.»

«Wir fahren in etwa einer Viertelstunde. Ich muß noch ein paar Anrufe erledigen... und vergiß deine Badesachen nicht.»

Sein Auto war genauso, wie sie es erwartet hatte: ein Cabriolet, was hieß, daß ihr der Wind das Haar ins Gesicht wehte. Sie versuchte, es zurückzuhalten, aber das war völlig unmöglich. Ivan brachte einen alten Seidenschal zum Vorschein, den sie sich um den Kopf band. Sie fragte sich, wie viele seiner Freundinnen das schon getan hatten.

Sie folgten etwa einen Kilometer lang der Hauptstraße, mit hohem Tempo, und bogen dann in ein Labyrinth aus Wegen zwischen hohen Hecken ab. Diesen kurvenreichen Wegen begegnete Ivan mit Respekt; er fuhr langsamer. Sie zockelten friedlich dahin, kamen hin und wieder an kleinen Dörfern oder einzelnen Farmen vorbei, wo die Luft schwer vom Geruch nach Mist war und Blumen in den

Gärten leuchteten. In den Hecken wuchsen Fuchsien, lila und tiefrosa, und die Gräben waren voller Hahnenfuß und hohem, cremefarbenen Wiesenkerbel.

«Es ist so friedlich», sagte Laura.

«Wir hätten die Hauptstraße nehmen können, aber ich fahre immer auf diesem Weg nach Landrock.»

«Wenn ihr neue Möbel schreinert, warum müßt ihr dann alte Möbel kaufen?»

«Wir handeln mit beidem. Als ich Mathie kennengelernt habe, war er in der Kiefernholzbranche. Er hatte ein gutgehendes kleines Geschäft und zunächst keinen Mangel an Holz zum Abschleifen. Aber dann wurde abgeschliffenes Kiefernholz große Mode, und alle Londoner Händler stürzten sich darauf, kauften alles auf, was sie bekommen konnten. Der Nachschub versiegte.»

«Was hat er gemacht?»

«Viel konnte er nicht machen. Er konnte es sich nicht leisten, die Händlerpreise zu überbieten, und nach einer Weile konnte er seine Kunden nicht mehr beliefern. An diesem Punkt habe ich vor einem Jahr eingegriffen. Ich habe ihn in einem Pub getroffen, und er hat mir bei einem Glas Bier das Herz ausgeschüttet. Er ist so ein netter Kerl. Am nächsten Tag habe ich mir seine Werkstatt angeschaut und ein paar Stühle und einen Tisch gesehen, die er selbst geschreinert hat. Ich habe ihn gefragt, warum er die Möbel nicht selbst herstellt, und er hat gesagt, das geht nicht, ihm fehlt das Kapital, Maschinen zu kaufen und die allgemeinen Betriebskosten zu finanzieren. Also sind wir Partner geworden. Ich habe das Geld investiert, Mathie seine Erfahrung. Wir hatten ein paar magere Monate, aber jetzt bin ich optimistischer. Ich glaube, allmählich zahlt es sich aus.»

«Ich habe gedacht, du bist Architekt.»

«Bin ich auch. Ich habe den Beruf ein paar Jahre lang ausgeübt, ausgerechnet in Cheltenham. Aber als ich hierhergezogen bin, habe ich gemerkt, daß es hier einfach nicht genug Arbeit gibt. Für einen Mann mit meinen Qualifikationen war kein Bedarf. Außerdem ist das Entwerfen von Möbeln gar nicht soviel anders als das Entwerfen von Häusern, und ich habe immer gern mit den Händen gearbeitet.»

«Willst du immer hierbleiben?»

«Wenn es geht. Vorausgesetzt, ich verkrache mich nicht mit Gerald und werde aus Tremenheere hinausgeworfen. Du bist zum erstenmal hier, nicht wahr? Wie gefällt es dir?»

«Es ist himmlisch.»

«Du mußt bedenken, daß du es unter idealen Bedingungen zu sehen bekommst. Wart nur ab, bis der Wind weht und es in Strömen gießt. Dann meint man, der Regen hört nie auf.»

«Ich hatte ein bißchen Angst davor herzukommen», gab sie zu, und irgendwie war es ihr möglich, das zu sagen, weil es so einfach war, mit ihm zu reden. «Allein bei Leuten zu wohnen, die ich nicht kenne, weißt du. Auch wenn es Verwandte von Alec sind. Aber die Ärztin hat gesagt, ich kann nicht nach Schottland fahren, und ich konnte sonst nirgends hin.»

«Was...?» Er klang erstaunt. «Du hast keine Familie?»

«Nein. Niemanden.»

«Ich weiß nicht, ob ich dich deshalb beneiden oder bemitleiden soll. Du brauchst dir jedenfalls keine Sorgen zu machen. Es ist die Lieblingsbeschäftigung meiner Mutter, sich um andere zu kümmern. Hin und wieder muß Gerald ein Machtwort sprechen, aber sie läßt sich nicht beirren. Er mault, sie habe sein Haus in eine verdammte Kommune verwandelt, aber er wird nur wütend auf uns Mitbewohner, wenn ihm Eve müde vorkommt. Hast du Drusilla kennengelernt?»

«Ja.»

«Und den gefürchteten Joshua? Leider bin ich dafür verantwortlich, daß Drusilla nach Tremenheere gekommen ist.»

«Wer ist sie?»

«Ich habe keine Ahnung. Sie ist vor etwa einem Jahr in Lanyon aufgetaucht, mit dem kleinen Joshua und einem Mann namens Kev. Ich nehme an, er ist Joshuas Vater. Er hat behauptet, er sei Künstler, aber seine Bilder waren so scheußlich, daß niemand auch nur im Traum auf die Idee kam, gutes Geld dafür zu bezahlen. Sie haben in einem kleinen Haus im Moor gewohnt, und nach etwa neun Monaten kam Drusilla eines Abends mit ihrem Rucksack, ihrem Flötenkasten, ihrem Kind in einer Lebensmittelschachtel und der Neuigkeit ins Pub, Kev habe sich aus dem Staub gemacht und sei nach London und zu einer anderen Frau zurückgekehrt.»

«Was für ein Mistkerl.»

«Oh, sie hat das ganz philosophisch hingenommen. Nicht besonders wütend. Sie war nur obdachlos und pleite. Mathie war an jenem Abend im Pub, und als Sperrstunde war, hatte er Mitleid mit Drusilla und nahm sie mit nach Hause zu seiner Frau. Die beiden haben sich ein paar Tage lang um sie gekümmert, aber dort konnte sie natürlich nicht bleiben, deshalb habe ich mit Gerald gesprochen, und sie ist in das Cottage in Tremenheere gezogen. Sie scheint sich gut eingelebt zu haben.»

«Aber woher kommt sie?»

«Ich glaube, aus Huddersfield. Ich weiß nichts über ihre

Vergangenheit, ich weiß nichts über sie. Außer daß sie ausgebildete Musikerin ist. Ich glaube, sie hat einmal in einem Orchester gespielt. Du wirst sie üben hören. Sie spielt sehr gut.»

«Wie alt ist sie?»

«Keine Ahnung. Fünfundzwanzig, schätze ich.»

«Aber wovon lebt sie?»

«Vermutlich von Sozialhilfe.»

«Aber was wird aus ihr werden?» insistierte Laura. Sie fand das alles faszinierend; es war ein Blick in ein Leben, wie sie es sich nie hatte vorstellen können.

«Wiederum keine Ahnung. Solche Fragen stellen wir hier nicht. Aber hab keine Angst um Drusilla. Sie und Joshua sind geborene Überlebenskünstler.»

Die Straße war immer weiter angestiegen, und die Gegend hatte sich verändert. Von Hecken gesäumte Wege waren dem offenen Land gewichen, trockengelegtem Moor, mit Blick auf ferne, runde Hügel, auf denen hie und da die Maschinenhäuser stillgelegter Zinnbergwerke standen und wie ein zahnlückiges Gebiß in den Horizont ragten.

Sie kamen zu einem Schild, Landrock, und einen Augenblick später fuhren sie in das Dorf ein. Es wirkte nicht so pittoresk wie die anderen, durch die sie gekommen waren, sondern war lediglich eine Ansammlung düsterer Reihenhäuser aus Stein, um eine Kreuzung herumgebaut. Die vier Ecken bildeten ein Pub, ein Zeitungsladen, ein Postamt und ein langes, weitläufiges Gebäude, das früher vielleicht einmal eine Scheune gewesen war. Es hatte kleine, eingestaubte Fenster, vollgestopft mit verlockendem Trödel, und über der Tür hing ein Schild.

WM. COLESHILL

MÖBEL AUS ZWEITER HAND

NIPPES

ANTIQUITÄTEN

Ivan hielt am Straßenrand. Als sie ausstiegen, spürten sie die kühlere, frische Luft der Anhöhe. Sie gingen durch die offene Ladentür und eine Stufe hinunter. Innen sank die Temperatur um etwa zehn Grad, und es roch nach Feuchtigkeit, Verfall, modernden alten Möbeln und Wachspolitur. Es dauerte eine Weile, bis sich die Augen nach der strahlenden Sonne draußen an die Dunkelheit gewöhnt hatten. Hinten im Laden regte sich etwas. Ein Stuhl wurde zurückgeschoben. Aus der Düsternis tauchte ein alter Mann in einer ausgebeulten Strickjacke auf, der sich an Türmen aus übereinandergestapelten Möbeln vorbeischlängelte. Er nahm die Brille ab, um besser zu sehen.

«Ah... Ivan!»

«Hallo, Mr. Coleshill.»

Laura wurde vorgestellt. Bemerkungen über das Wetter wurden ausgetauscht. Mr. Coleshill erkundigte sich nach Eve. Dann verschwanden er und Ivan in einem trüben Nebenraum, um die Kiefernmöbel anzuschauen, die der alte Mann gekauft hatte. Allein und überglücklich stöberte Laura herum, quetschte sich in fast unzugängliche Ecken, stolperte über Kohleschaufeln, Melkschemel, kaputte Schirmständer, Porzellanstapel.

Aber sie stöberte nicht ziellos herum, denn sie suchte ein Geschenk für Eve. Ehe sie London verließ, hatte sie keine Zeit gehabt, ein Mitbringsel für ihre Gastgeberin zu kaufen, und sie hatte ein schlechtes Gefühl gehabt, als sie mit leeren Händen ankam. Als sie schließlich auf ein Paar

Porzellanfiguren stieß, Schäfer und Schäferin, wußte sie sofort, daß sie genau das waren, wonach sie gesucht hatte. Sie untersuchte sie auf Sprünge, abgesplitterte oder geflickte Stellen, aber sie schienen in einem tadellosen Zustand zu sein, wenn sie auch etwas eingestaubt waren. Sie blies gegen den Staub und wischte den Schäfer an ihrem Rock ab. Sein Gesicht war weiß und rosa, sein Hut blau, bekränzt mit winzigen Blumen. Sie hätte die Figuren gern selbst gehabt, was vermutlich beim Verschenken immer das beste Kriterium ist. Mit ihrem Fund kehrte sie in den Hauptraum des Ladens zurück, wo Ivan und Mr. Coleshill, die sich offenbar handelseinig geworden waren, schon auf sie warteten.

«Entschuldigung. Ich habe gar nicht gemerkt, wie lange ich gebraucht habe. Ich habe die hier gefunden... Was kosten sie?»

Mr. Coleshill sagte es ihr, und ihr wurde schwindlig. «Echtes Meißen», versicherte er ihr, drehte sie in seinen schmutzigen Händen um und zeigte ihr das Zeichen auf dem Boden. «Meißen und in tadellosem Zustand.»

«Ich nehme sie.»

Während sie den Scheck ausschrieb, ging Mr. Coleshill weg und kehrte mit ihrer Errungenschaft zurück, sperrig in schmutziges Zeitungspapier gewickelt. Sie gab ihm den Scheck und nahm ihr kostbares Päckchen entgegen. Er ging zur Tür, hielt sie ihnen auf und ließ sie hinaus. Sie verabschiedeten sich und stiegen ins Auto. Nach der Kühle im Laden tat die Wärme gut.

«Vermutlich hast du zuviel dafür bezahlt», meinte Ivan.

«Das ist mir gleich.»

«Sie sind bezaubernd.»

«Sie sind für deine Mutter. Meinst du, sie gefallen ihr?»

«Für Eve? Wie lieb von dir!»

«Ich muß sie abspülen, ehe ich sie ihr schenke. Sie müssen seit Jahren nicht mehr gereinigt worden sein. Und vielleicht könnten wir auf dem Heimweg irgendwo anhalten, um hübsches Einwickelpapier zu besorgen. Ich kann sie ihr nicht in schmutzigem Zeitungspapier überreichen.»

Sie sah ihn an. Er lächelte. «Offensichtlich machst du gern Geschenke.»

«Ja. Schon immer. Aber...» fügte sie hinzu, in einem Ausbruch von Vertraulichkeit, «ehe ich Alec geheiratet habe, konnte ich es mir nie leisten, die Dinge zu verschenken, die ich wirklich kaufen wollte. Aber jetzt kann ich es.» Sie hoffte, sie klinge nicht geldgierig. «Es ist ein wunderbares Gefühl», fügte sie entschuldigend hinzu.

«In der Stadt gibt es einen Geschenkladen. Wir können nach dem Schwimmen dort Einwickelpapier kaufen.»

Laura verstaute das Päckchen zu ihren Füßen, wo es nicht umfallen und zerbrechen konnte. «Und du? Bist du zufrieden mit dem, was du gekauft hast?» fragte sie.

«Ja. Sehr zufrieden. Obwohl ich vermutlich genau wie du übers Ohr gehauen worden bin. Aber was soll's? Er muß von etwas leben. Jetzt –» er ließ den Motor an – «vergessen wir das Einkaufen, fahren nach Gwenvoe und springen ins Meer.»

Silvia lag dort im Liegestuhl, wo Laura gestern gelegen hatte. Gerald war nach der Hackerei in die Stadt gefahren, um ein paar Besorgungen zu machen, und Eve hatte die Gelegenheit ergriffen, ihr schlechtes Gewissen zu beruhigen, hatte Silvia angerufen und zum Tee eingeladen. Silvia hatte die bescheidene Einladung mit erschreckendem Eifer angenommen und war sofort das kurze Stück von ihrem kleinen Haus aus zu Fuß gekommen.

Es war jetzt halb sechs, und sie hatten Tee getrunken. Die Reste standen zwischen ihnen auf einem niedrigen Tisch, die leere Kanne, die dünnen Tassen und Untertassen von Rockingham, ein paar ungegessene Kekse. Lucy, die zu dem Schluß gekommen war, daß Eve auch keine schlechte Wahl war, wenn sie schon nicht bei Laura sein konnte, hatte sich im Schatten unter Eves Stuhl zusammengerollt. Eve stickte an ihrer Gobelinarbeit.

Sie sah auf die Uhr. «Eigentlich müßten sie jetzt zu Hause sein. Ich hoffe, Ivan hat Laura nicht überanstrengt... In Gwenvoe geht er meistens ein Stück den Klippenweg hinauf und schwimmt von den Felsen aus, aber für Laura wäre das wirklich zu steil. Ich hätte etwas sagen sollen.»

«Ich möchte doch annehmen, daß Laura selbst auf sich aufpassen kann», sagte Silvia.

«Ja, schon...» Eve hob den Kopf, die Nadel in der Luft. Ein Auto donnerte durch das Dorf. «Wenn man vom Teufel spricht. Da kommen sie. Ich frage mich, ob ich eine frische Kanne Tee kochen sollte.»

«Wart doch ab, ob sie welchen wollen», sagte Silvia vernünftig.

Sie horchten. Autotüren schlugen zu. Stimmen waren zu hören. Gelächter. Im nächsten Augenblick kamen Ivan und Laura durch den Escalloniabogen und über den sonnenbeschienenen Rasen auf die beiden Frauen zu, die ihnen entgegensahen und warteten. Ivan und... ja, es war Laura. Aber die bleiche junge Frau, die vor zwei Tagen nach Tremenheere gekommen war, hatte sich so verändert, daß Eve sie verblüfft einen Moment lang kaum erkannte. Aber natürlich war es Laura. Laura, das dunkle Haar feucht und glatt vom Schwimmen, in einem lockeren, ärmellosen Strandkleid. Ihre langen nackten Arme und Beine hatten schon jetzt eine warme honigbraune Farbe. Eine Schnalle von Lauras Sandalen hatte sich gelöst. Laura stand auf einem Bein, um sie wieder zu schließen, und Ivan legte die Hand auf ihren Arm, um sie zu stützen. Er sagte etwas, und sie lachte.

Lucy hörte ihr Lachen. Sie setzte sich auf, spitzte die Ohren, sah Laura und lief auf sie zu, um sie zu begrüßen, Schwanz und Ohren wedelnd. Laura, die Sandale wieder fest am Fuß, bückte sich, nahm Lucy auf den Arm und bekam zum Dank das Gesicht abgeleckt. Sie gingen weiter, der blonde junge Mann, die dunkelhaarige, hübsche junge Frau und der kleine Hund.

«Hallo!» rief Eve, als sie in Hörweite waren. «Wir haben uns schon gefragt, wo ihr bleibt. War es schön?»

«Ja. Herrlich. Endlich sind wir abgekühlt. Hallo, Silvia. Ich hab gar nicht gewußt, daß du hier bist.» Ivan bückte sich und küßte Silvia unter der riesigen schwarzen Sonnenbrille auf die Wange, dann nahm er den Deckel der Teekanne ab.

«Noch was übrig? Ich hab einen höllischen Durst.»

Eve legte ihre Gobelinstickerei weg. «Ich koche welchen», aber Ivan hielt sie zurück.

«Rühr dich nicht vom Fleck, wir kochen ihn selber.» Er ließ sich auf das Gras fallen und legte sich auf die Ellbogen zurück. Laura ging zu Silvias Füßen in die Knie und setzte Lucy neben sich ab. Sie lächelte Silvia an. «Hallo!»

«Wo warst du mit ihr?» fragte Silvia Ivan.

«In Gwenvoe. Es wimmelte von schreienden Leuten, aber du hattest recht. Das Schwimmen war wunderbar.»

«Ich hoffe, du bist nicht zu müde», sagte Eve zu Laura.

«Nein. Ich fühle mich wunderbar. Ganz erfrischt.» Wie sie da auf dem Rasen kniete, rosig vom Baden, sah sie, dachte Eve, wie fünfzehn aus.

«Waren Sie noch nie in Cornwall?» fragte Silvia sie.

«Nein. Das ist mein erster Besuch. Als Kind habe ich in Dorset gewohnt, und wir sind im Sommer immer nach Lyme Regis gefahren.»

«Alec und ich haben als Kinder hier am Strand gespielt... Schade, daß ich keine Gelegenheit hatte, mit ihm zu schwatzen, als er hier war, aber Eve hat mir einen schönen Plausch mit ihm versprochen, wenn er Sie abholt. Er ist nach Schottland gefahren?»

«Ja. Zum Lachsfischen.»

«Und Sie wohnen noch in London?»

«Ja. In dem Haus, in dem Alec schon immer gewohnt hat, in Islington.»

«Ich bin früher, als mein Mann noch gelebt hat, ziemlich oft nach London gefahren. Es war immer ein Genuß. Aber ich war seit einer Ewigkeit nicht mehr dort. Die Hotels sind jetzt so teuer, alles kostet soviel... ich bin schon so gut wie bankrott, wenn ich auch nur ein Taxi nehme.»

«Wir haben ein Gästezimmer. Es ist nicht besonders nobel, aber wenn Sie möchten, sind Sie uns herzlich willkommen.»

«Wie nett von Ihnen.»

«Sie brauchen sich nur anzumelden. Alec würde sich freuen, wenn Sie kommen, da bin ich mir sicher. Die Adresse ist Abigail Crescent Nummer dreiunddreißig. Sie können auch anrufen. Eve hat die Nummer.»

«Oh, wie aufmerksam von Ihnen. Vielleicht nehme ich Sie eines Tages beim Wort.»

«Es ist mein Ernst. Es würde mich freuen.»

Eve sprach mit Ivan. «Wie bist du mit Mr. Coleshill zurechtgekommen?»

Silvia hörte den Namen und schaltete sich in das Gespräch ein. «Hast du hübsche Stücke gefunden, Ivan?»

«Ja, die Fahrt hat sich gelohnt. Ich habe eine schöne Anrichte gekauft und ein paar sehr hübsche Stühle. Sehen phantastisch aus. Ich glaube, es könnte sich lohnen, sie zu kopieren. Mathie wird begeistert sein.»

«Oh, Liebling, das waren ja herrliche, erfolgreiche Tage für dich», sagte Eve.

«Ich weiß. Laura und ich haben beschlossen, das zu feiern. Deshalb gibt es heute abend in der Remise Cocktails. Vielleicht sogar Champagnercocktails, wenn ich die richtigen Flaschen auftreiben kann. Silvia, du bist auch eingeladen. Gegen sieben.»

Silvia wandte den blinden schwarzen Sonnenbrillenblick in seine Richtung. «Oh ... ich glaube nicht –» fing sie an, aber Eve unterbrach sie.

«Keine Ausreden, Silvia. Natürlich kommst du. Ohne dich wäre es keine richtige Party. Und falls du keinen Champagner auftreibst, Ivan, ich bin mir sicher, daß Gerald –»

«Aber nein», sagte Ivan. «Ich fahre los, kaufe welchen und lege ihn auf Eis. Das ist meine Party.»

Eine Stunde später, als Laura im Bad war, kam Eve und rief nach ihr. «Laura, du wirst am Telefon verlangt. Ein Ferngespräch aus Schottland. Es muß Alec sein.»

«Du lieber Himmel.» Sie stieg aus dem warmen, duftenden Wasser, wickelte sich in ein großes weißes Handtuch und ging – feuchte Fußspuren auf den gebohnerten Stufen hinterlassend – nach unten, wo auf einer Kommode neben der Haustür das Telefon stand. Sie griff zum Hörer.

«Hallo.»

«Laura.» Er klang sehr weit weg.

«Oh, Alec.»

«Wie geht es dir?»

«Gut. Hattest du eine gute Fahrt?»

«Ja. In einem Rutsch. Bin gegen neun Uhr abends hier angekommen.»

«Du mußt völlig erschöpft gewesen sein.»

«Im Grunde nicht.»

Laura haßte das Telefon. Es fiel ihr immer schwer, natürlich in den gräßlichen Apparat zu sprechen oder sich etwas einfallen zu lassen, was sie sagen konnte.

«Wie ist das Wetter?» fragte sie jetzt.

«Es gießt in Strömen und ist ziemlich kalt, aber im Fluß gibt es jede Menge Fische. Daphne hat heute ihren ersten Lachs gefangen.»

Es gießt in Strömen und ist ziemlich kalt. Laura schaute auf und sah durch die hohen Fenster den wolkenlosen Himmel und den von der Sonne ausgedörrten Garten von Tremenheere. Es war, als wäre sie im Ausland, durch einen Ozean von ihrem Mann getrennt. Sie versuchte, sich Glenshandra vorzustellen, klatschnaß und eisig, aber es war nicht möglich, und das lag nicht nur daran, daß sie nie dort gewesen war. Sie dachte an Daphne, in Gummistiefeln und im Regenmantel, wie sie die schwere Lachsangelrute schwenkte... die Gespräche am Abend bei doppelten Whiskies, wenn alle in einer kleinen Hotelhalle am dringend nötigen Kaminfeuer saßen. Sie war dankbar, daß sie nicht dort war, und diese schändliche Dankbarkeit erfüllte sie sofort mit Schuldgefühlen.

«Oh, wie schön.» Sie zwang sich dazu, erfreut und begeistert zu klingen und lächelte in den Telefonhörer, als könnte Alec sie sehen. «Grüß sie von mir. Grüß alle von mir.»

«Was hast du gemacht?» fragte er. «Ich hoffe, du hast dich ausgeruht.»

«Ja, gestern habe ich mich ausgeruht, aber heute habe ich Ivan kennengelernt, und wir sind zu einem wunderschönen Strand gefahren und geschwommen.»

«Ivan ist also wieder da?»

«Ja. Ja, er ist heute morgen zurückgekommen.»

«Wie war es in Bristol?»

«Ich glaube, erfolgreich. Heute abend feiert er. Er hat uns alle zu einem Cocktail in seinem Haus eingeladen.» Sie fügte hinzu: «Wenn wir Glück haben, sind es Champagnercocktails.»

«Das klingt ja so, als ob du dich amüsierst.»

«Oh, Alec. Ja, ich amüsiere mich. Ich amüsiere mich wirklich.»

«Übertreib es nicht.»

«Nein.»

«Ich rufe wieder an.»

«Ja, mach das.»

«Dann auf Wiedersehen.»

«Auf Wiedersehen...» Sie zögerte. «Auf Wiedersehen, Liebling.»

Aber sie hatte zu lange gezögert; er hatte den Hörer schon aufgelegt.

Eve kam geduscht und in einem leichten Sommerkleid aus dem Schlafzimmer und ging über die Hintertreppe in die Küche. Hier würden sie alle nach Ivans Party ein zwangloses Abendessen einnehmen. Sie hatte den Tisch schon gedeckt, und er sah rustikal und hübsch aus, mit karierten Servietten, weißen Kerzen und einem Keramikkrug voller Margeriten.

Gerald, schon umgezogen, holte May vom Bahnhof ab. May nahm ihr Abendessen immer oben in ihrer Wohnung ein. Eve hatte Gedecke für Ivan und Silvia aufgelegt und stand jetzt da und fragte sich, ob sie auch für Drusilla dekken solle. Sie wußte nicht, ob Ivan Drusilla zu dem, was er seine Cocktailparty nannte, eingeladen hatte, aber selbst wenn er es nicht getan hatte, hieß das noch lange nicht, daß sie nicht kam. Bei Drusilla konnte man das nie ganz genau wissen. Schließlich dachte Eve, daß ein zusätzliches Gedeck immer noch im letzten Augenblick aufgelegt werden konnte.

Sie ging hinaus in den warmen, nach Kräutern duftenden Hof. Die Tauben auf dem Dach gurrten und gönnten sich kurze Flugrunden, die Flügel weiß vor dem tiefblauen Himmel. Ivan hatte keinen Garten vor dem Haus, aber sie sah, daß er Stühle und Tischchen zu einer geselligen Runde vor seiner offenen Haustür aufgestellt hatte. Silvia war schon angekommen und saß mit einer brennenden Zigarette und einem Weinglas in der Hand da. Ivan, der mit ihr redete, beugte sich über einen Tisch, aber als seine Mutter näher kam, richtete er sich auf.

«Komm. Du kommst gerade rechtzeitig zum ersten Schluck.»

Silvia hob das Glas. «Champagner, Eve. Was für ein Genuß.»

Sie trug ein blaßgelbes Kleid, ein Kleid, in dem Eve sie schon oft gesehen hatte. Jedesmal dachte sie, daß es ihr besonders gut stand. Ihr dichtes graues Haar lockte sich über ihrem Gesicht wie die Blütenblätter einer Chrysantheme, und sie hatte viel Zeit und Mühe für ihr Make-up verwendet. In ihren Ohrläppchen glänzten goldene Stekker, und um das Handgelenk trug sie ihr Goldarmband, an dem alte Siegel und Talismane baumelten.

Eve setzte sich neben sie. «Silvia, du siehst ja phantastisch aus.»

«Na ja, ich hatte das Gefühl, für einen solchen Anlaß muß ich mich aufdonnern. Wo ist Gerald?»

«Er holt May ab. Er muß gleich hier sein.»

«Und Laura?» fragte Ivan.

«Sie ist schon auf dem Weg. Alec hat aus Schottland angerufen, und vermutlich hat sie sich deshalb etwas verspätet.» Sie senkte die Stimme. Die Tür von Drusillas Cottage stand offen. «Hast du Drusilla eingeladen?»

«Nein», sagte Ivan. Er schenkte seiner Mutter ein Glas Champagner ein und reichte es ihr. «Aber vermutlich taucht sie auf», schloß er gelassen.

Im selben Augenblick stieß Laura zu ihnen, die wie Eve durch die Küchentür gekommen war und über den Kies auf sie alle zuging. Sie sah, dachte Eve, ganz besonders hübsch aus, in einem luftigen, pfauenblauen Leinenkleid, zart bestickt und gesmokt. Ihre Ohrringe, Aquamarine in Diamantenfassung, paßten zu dieser intensiven Farbe, und sie hatte sich die langen, dichten Wimpern dunkel getuscht, was ihre Augen strahlend und riesig wirken ließ.

«Ich hoffe, ich komme nicht zu spät.»

«Und ob du zu spät kommst», sagte Ivan zu ihr. «Furchtbar spät. Mindestens zwei Minuten. Ich habe etwas dagegen, wenn man mich so lange warten läßt.»

Sie verzog amüsiert das Gesicht und wandte sich Eve zu. «Das ist für dich», sagte sie.

Sie hatte etwas dabei, was Eve für eine kleine Handtasche gehalten hatte, aber jetzt sah sie, daß es ein Päckchen war, in rosa Geschenkpapier eingewickelt und mit hellblauem Band verschnürt.

«Für mich?» Sie stellte ihr Glas auf den Tisch und nahm das Päckchen entgegen. «Oh, wie aufregend. Ein Geschenk für mich wäre doch nicht nötig gewesen.»

«Eigentlich ist es ein Mitbringsel», erklärte Laura und setzte sich, «aber ich hatte keine Gelegenheit, in London etwas zu besorgen, deshalb habe ich es heute gekauft.»

Während alle zuschauten, löste Eve die Bänder und entfaltete das Papier. Erst rosa Seidenpapier, dann weißes. Die beiden kleinen Porzellanfiguren kamen zum Vorschein. Sie hatte noch nie etwas derart Hübsches gesehen und war vor Entzücken sprachlos.

«Oh... oh, danke.» Sie beugte sich vor und gab Laura einen Kuß. «Oh, wie soll ich dir nur danken? Sie sind bezaubernd.»

«Zeig mal», sagte Silvia und nahm ihr eine Figur ab. Sie drehte sie um wie Mr. Coleshill und musterte das Zeichen. «Meißen.» Sie sah Laura an. Laura begegnete ihrem topasfarbenen Blick und flehte sie schweigend an, nichts über den astronomischen Preis zu sagen. Nach einem kurzen Moment begriff Silvia die Botschaft und lächelte. Sie drehte den Schäfer wieder um und stellte ihn auf den Tisch. «Wie wunderschön. Wo haben Sie die nur aufgetrieben, Laura?»

«Ich stelle sie ins Schlafzimmer», erklärte Eve. «Alle Dinge, die mir besonders wertvoll sind, stelle ich ins Schlafzimmer, weil ich mich dann am Morgen als allererstes daran freuen kann und abends als allerletztes. Hast du sie bei Mr. Coleshill gefunden?»

«Ja.»

«Er ist ein schreckliches altes Schlitzohr», sagte Silvia, «aber zwischen dem ganzen verstaubten Krempel hat er auch ein paar gute Sachen. Auch wenn man ein Vermögen dafür bezahlen muß.»

«Wie ich gesagt habe», sagte Ivan, «er muß von etwas leben. Und echte Meißner Figuren sind heutzutage selten.»

«Ich wickle sie wieder ein, ehe sie kaputtgehen.» Behutsam legte Eve das Papier um die Figuren. «Du bist wirklich ein Schatz, Laura. Jetzt erzähl mir von Alec. Wie geht es ihm?»

Noch ehe Laura dazu gekommen war, mehr zu erzählen als die Tatsache, daß Alec sicher in Glenshandra eingetroffen war, kam Geralds Auto durch das Tor, fuhr an ihnen allen vorbei durch den Hof und verschwand in der Garage. Einen Augenblick später tauchte er wieder auf, mit May an seiner Seite.

May trug immer noch die Wollmütze und war eindeutig schlecht zu Fuß. Eve sah das sofort, und ihr wurde ganz flau im Magen. Sie mußte einen anstrengenden Tag hinter sich haben und zu weit gelaufen sein, schien froh über Geralds Hilfe zu sein, der ihr die Hand unter den Ellbogen legte. In der anderen Hand trug sie ihre Handtasche und die Plastiktüte mit dem Union Jack, geheimnisvoll ausgebeult. Eve wurde beim Gedanken daran, was die Tüte enthalten mochte, noch flauer im Magen.

«Hattest du einen schönen Tag, May?» fragte Eve.

«Oh, es ging», sagte May. Aber sie lächelte nicht. Ihre alten Augen sahen alle an, wanderten von einem Gesicht zum anderen. Sie musterten die Champagnerflaschen und die Gläser. Sie verzog mißbilligend den Mund.

«Du mußt müde sein. Möchtest du, daß ich dir ein kleines Abendessen richte?»

«Nein, nein, ich komme schon zurecht.» Sie löste ihren Arm energisch von Geralds Hand und wandte dann allen den Rücken zu. Sie sahen ihr nach, wie sie langsam auf das Haus zuging und in der Küche verschwand.

«Fuchtige alte Schachtel», sagte Silvia.

Die Tür fiel ziemlich lautstark hinter May zu.

«Silvia, so etwas darfst du nicht sagen. Es hätte sie furchtbar verletzt, wenn sie das gehört hätte.»

«Ach, Eve, laß das doch, sie *ist* eine fuchtige alte Schachtel. Mein Leben lang bin ich nicht mit einem solchen Blick bedacht worden. Man könnte meinen, wir feiern eine Orgie.»

Eve seufzte. Es war sinnlos, es jemandem erklären zu wollen. Sie schaute auf und erhaschte Ivans Blick. Ivan wußte, was sie dachte, und er lächelte beruhigend, ehe er sich abwandte und einen Stuhl für seinen Stiefvater heranzog.

Sein Lächeln stimmte Eve wohler, aber nicht sehr. Es war jedoch ein so erfreulicher Anlaß, die Gesellschaft so angenehm, der Champagner so köstlich, der Abend so schön, daß es nicht fair und angemessen gewesen wäre, ihn mit Sorgen über May zu verderben. Die Gegenwart war jetzt, jeder kostbare Augenblick mußte genossen werden.

Die Sonne sank, die Schatten wurden länger. Um diese Zeit wurde Tremenheere ein magischer Ort. Die blaue Stunde. *L'heure bleue*. Eve erinnerte sich an andere, lange vergangene Abende, die sie mit guten Freunden und einer Flasche Wein auf kühlen Terrassen verbracht hatte, nach Tagen in der Mittelmeersonne. Auf mit rosa und lila Bougainvilleen umrankten Terrassen, die Luft harzig vom Piniengeruch. Ein Vollmond, der über dem dunklen und stillen Meer aufstieg. Das Geräusch der Zikaden. Malta zusammen mit Philip. Südfrankreich in den Flitterwochen mit Gerald.

Sie schaute auf und sah, daß Gerald sie beobachtete. Sie lächelte, und über die kleine Entfernung hinweg warf er ihr heimlich eine Kußhand zu.

Drusilla tauchte nicht auf, aber als die Dämmerung kam, spielte sie in ihrem Cottage Flöte. Inzwischen war Ivans Cocktailparty in vollem Gang. Alle schienen eine Menge Champagner getrunken zu haben, und Silvia erzählte Gerald eine alte Anekdote, von der sie wußte, daß sie ihn immer zum Lachen brachte, aber als die ersten lieblichen Töne in die Nachtluft drangen, legten sich die Stimmen und das Gelächter, und sogar Silvia verstummte.

Mozart. Eine kleine Nachtmusik. Magisch. Was für ein unglaublicher Gedanke, daß in der exotischen Drusilla ein derart erstaunliches Talent steckte. Während sie voller Freude lauschte, dachte Eve an Glyndebourne, als Gerald zum erstenmal mit ihr dort gewesen war. Sie meinte, das hier sei nicht viel anders, und die berauschende Verzauberung durch Drusillas Spiel sei genauso schön.

Als das kleine Konzert vorbei war, saßen sie alle einen Augenblick lang gebannt da; dann klatschten sie spontan. Gerald stand auf. «Drusilla!» Er klatschte im Stehen Beifall. «Drusilla! Bravo! Kommen Sie zu uns. Sie haben eine Belohnung dafür verdient, daß Sie uns allen eine solche Freude gemacht haben.»

Gleich darauf erschien sie auf der Schwelle und stand da, die Arme verschränkt und eine Schulter gegen den Rahmen gelehnt, eine auf wundersame Weise fremde und pittoreske Gestalt mit der ungebändigten hellen Haarmähne und in den altmodischen Kleidern.

«Hat es Ihnen gefallen?» fragte sie.

«‹Gefallen› ist ein viel zu schwaches Wort. Sie spielen wie ein Engel. Kommen Sie, trinken Sie Champagner mit uns.»

Drusilla drehte den Kopf und musterte sie alle, wie May es getan hatte. Ihr Gesicht war auch in den besten Augenblicken nie besonders ausdrucksvoll, aber jetzt war unmöglich zu erraten, was sie dachte.

Nach einer Weile sagte sie: «Nein. Trotzdem vielen Dank.»

Und sie ging in ihr Cottage und machte die Tür zu. Sie spielte nicht wieder Flöte.

6

Penjizal

Das Wetter schlug um, das Barometer fiel. Wind war aufgekommen und wehte warm und stürmisch von Südwesten her. Am Horizont ballten sich dunkle Wolken, aber der Himmel, über den weiße Kumuluswolken jagten, blieb blau. Vom Garten in Tremenheere aus lag das Meer nicht mehr seidenglatt da, sondern wurde zu Schaumkronen gepeitscht. Türen knallten, Fenster klapperten. Auf der Wäscheleine flatterten und bauschten sich Laken, Kopfkissen und Joshuas Windeln und machten einen Lärm wie schlecht gesetzte Segel.

Es war Samstag, und Eve hatte gnädigerweise einmal die Küche für sich allein. May hatte einen Stapel Flickwäsche mit in ihr Zimmer genommen und würde hoffentlich vor der Mittagszeit nicht wiederauftauchen. Drusilla war mit Joshua in dem alten Kinderwagen zum Einkaufen ins Dorf gegangen. Des Windes wegen hatte sie sich einen Wollschal um die Schultern gewickelt und Joshua, wie Eve mit Freude sah, etwas angezogen: eine Windel und einen verfilzten Pullover, den seine Mutter auf einem Flohmarkt gekauft hatte.

Weil Samstag war und die Fabrik geschlossen hatte, verbrachte Ivan seinen freien Tag mit Laura. Er war mit ihr weggefahren, um ihr die Nordküste im allgemeinen und Penjizal Cove im besonderen zu zeigen. Eve hatte ihnen ein Picknick eingepackt und Ivan ermahnt, er dürfe Laura nicht überanstrengen.

«Sie war krank, das darfst du nicht vergessen. Deshalb ist sie hier.»

«Du bist eine alte Glucke», sagte er zu ihr. «Was habe ich deiner Meinung nach denn mit ihr vor? Eine Wanderung von fünfzehn Kilometern?»

«Ich weiß, wie du bist, und ich bin Alec gegenüber verantwortlich.»

«Wie bin ich denn?»

«Energiegeladen», sagte sie und dachte, sie hätte noch eine Menge mehr sagen können.

«Wir picknicken und gehen vielleicht schwimmen.»

«Wird es denn nicht furchtbar kalt sein?»

«Wenn der Wind nicht wechselt, ist Penjizal geschützt. Und mach dir keine Sorgen. Ich passe schon auf sie auf.»

Sie war also allein, es war elf, und sie kochte Kaffee für sich und Gerald. Sie stellte zwei Tassen, Milch, Zucker und einen Ingwerkeks für Gerald auf ein Tablett und ging aus der Küche den Flur entlang zu seinem Arbeitszimmer. Sie traf ihn hinter seinem Schreibtisch an, mit dem Papierkram beschäftigt, der heutzutage unvermeidlich schien, wenn man sich um ein Haus kümmerte. Als Eve kam, legte er den Stift weg, lehnte sich im Stuhl zurück und nahm die Brille ab.

«Das Haus wirkt unglaublich ruhig», sagte er.

«Natürlich. Außer dir und mir ist niemand zu Hause außer May, und sie ist oben und stopft deine Socken.» Sie stellte das Tablett vor ihm ab.

«Zwei Tassen», bemerkte er.

«Eine ist für mich. Ich trinke eine Tasse mit, und wir gönnen uns einen geselligen, ungestörten Plausch.»

«Was für eine angenehme Abwechslung.»

Sie nahm ihre Tasse und trug sie zu dem großen Sessel am Fenster, in dem Gerald manchmal ein Nachmittagsnickerchen machte oder abends Zeitung las. Es war ein sehr bequemer, männlicher Sessel, in dem ihre kleine Gestalt verschwand, aber es war schließlich auch ein bequem eingerichtetes, männliches Zimmer, mit holzgetäfelten Wänden, Fotos von Schiffen und verschiedenen anderen Erinnerungsstücken aus Geralds Marinekarriere.

«Was macht Laura?» fragte er.

«Ivan macht einen Tagesausflug mit ihr. Ich habe ihnen ein Picknick mitgegeben. Ich glaube, sie wollen nach Penjizal und nach Seehunden Ausschau halten.»

«Ich hoffe, er benimmt sich.»

«Ich habe ihm gesagt, er soll sie nicht überanstrengen.»

«Das habe ich nicht gemeint», sagte Gerald. Er mochte Ivan, machte sich aber keine Illusionen über ihn.

«Oh, Gerald, hab doch Vertrauen zu ihm. Er ist doch nur nett zu ihr. Außerdem ist Laura Alecs Frau und älter als Ivan.»

«So was nenne ich ein Ablenkungsmanöver. Sie ist sehr hübsch.»

«Ja, das ist sie, nicht wahr? Ich habe sie mir nicht so hübsch vorgestellt. Ich habe gedacht, sie ist eine graue Maus. Ich glaube, vermutlich war sie eine graue Maus, als Alec sie gefunden hat, aber es ist erstaunlich, was ein bißchen Liebe und ein paar teure Kleider aus den unscheinbarsten Frauen machen können.»

«Warum glaubst du, daß sie eine graue Maus war?»

«Oh, einfach wegen ein paar Geschichten, die sie mir erzählt hat. Ein Einzelkind, Eltern bei einem Autounfall umgekommen, von einer Tante aufgezogen.»

«Was, von einer altjüngferlichen Tante?»

«Nein, es klingt eher, als ob die Tante recht lebenslustig wäre. Eine Witwe. Sie haben in Hampstead gelebt. Aber als sie erwachsen wurde, hat sie sich eine Stelle und eine eigene kleine Wohnung besorgt, und ich vermute, daß das in den nächsten fünfzehn Jahren ihr ganzes Leben war. Sie hat in einem Verlag gearbeitet. Sie hat es zur Lektorin gebracht.»

«Was beweist, daß sie nicht unintelligent ist, aber nicht beweist, daß sie eine graue Maus war.»

«Nein, aber es klingt ein bißchen hausbacken. Laura gibt das selber zu.»

Gerald rührte seinen Kaffee um. «Du magst sie, nicht wahr?»

«Ungeheuer.»

«Glaubst du, sie ist glücklich mit Alec?»

«Ja, ich glaube schon.»

«Du klingst skeptisch.»

«Sie ist zurückhaltend. Sie spricht nicht viel über ihn.»

«Vielleicht ist sie verschlossen.»

«Sie wünscht sich ein Kind.»

«Was hindert sie daran?»

«Oh, geheimnisvolle weibliche Komplikationen. Davon verstehst du nichts.»

Gerald, dieser Mann von Welt, nahm die pauschale Feststellung mit guter Miene hin und sagte: «Würde es ihnen viel ausmachen, wenn sie kein Kind bekämen?»

«Ich glaube, es würde ihr etwas ausmachen.»

«Und Alec? Alec muß jetzt fünfzig sein. Würde Alec ein schreiendes Balg im Haus wollen?»

«Ich weiß es nicht.» Sie lächelte sanft. «Ich habe ihn nicht gefragt.»

«Vielleicht wäre ...»

Plötzlich klingelte das Telefon auf seinem Schreibtisch. «Oh, verdammt noch mal», rief Gerald aus.

«Geh nicht ran. Tun wir so, als ob wir nicht zu Hause wären ...»

Aber Gerald hatte schon den Hörer abgenommen.

«Tremenheere.»

«Gerald.»

«Ja.»

«Hier ist Silvia ... ich ... oh, Gerald ...»

Eve konnte ihre Stimme recht deutlich hören und merkte zu ihrem Entsetzen sofort, daß Silvia in Tränen aufgelöst war.

Gerald runzelte die Stirn. «Was ist denn?»

«Es ist grauenhaft ... scheußlich ... widerlich ...»

«Silvia, was ist?»

«Ich kann ... ich kann es dir am Telefon nicht sagen. Oh, kommt ihr? Du und Eve. Niemand sonst. Nur du und Eve ...»

«Was, *jetzt*?»

«Ja ... sofort. Bitte. Es tut mir leid, aber ich habe niemand ...»

Gerald sah Eve an. Sie nickte heftig.

«Wir kommen», sagte er. Seine Stimme war gelassen und beruhigend. «Wart auf uns und versuch zur Ruhe zu kommen. In etwa fünf Minuten sind wir da.»

Er legte energisch den Hörer auf. Ehe sie etwas sagen konnte, begegnete sein Blick über den Schreibtisch hinweg dem gequälten, fragenden Blick seiner Frau.

«Silvia», sagte er überflüssigerweise. «Soviel zu unserem geselligen Beisammensein.»

«Worum geht es denn?»

«Das weiß der Himmel. Das verdammte Weib. Sie ist aus irgendeinem Grund hysterisch.» Er stand auf und schob den Stuhl zurück. Auch Eve stand auf, die Kaffeetasse immer noch in der Hand. Ihre Hand zitterte, und die Tasse schepperte mit einem leisen Klingeln gegen die Untertasse. Gerald kam her, nahm sie ihr ab und stellte sie auf das Tablett.

«Komm.» Er legte den Arm um sie, stützte sie, schob sie sanft an. «Nehmen wir lieber das Auto.»

Die Straße zum Dorf war von grünen Blättern übersät, die von den Bäumen geweht worden waren. Sie bogen in das Tor von Silvias Haus ein, und Eve sah, daß die Vordertür offenstand. Ihr war vor Angst körperlich schlecht, und sie war schon ausgestiegen, ehe Gerald auch nur den Motor ausgeschaltet hatte.

«Silvia.»

Als sie ins Haus lief, kam Silvia aus dem Wohnzimmer, das Gesicht vor Verzweiflung verzerrt.

«Oh... Eve, ich bin so froh, daß du da bist.»

Sie fiel in Eves Arme, weinend und zusammenhanglos redend. Eve hielt sie fest, tätschelte ihr die Schulter und murmelte Trostworte, die im Grunde gar nichts besagten.

«So... so, es ist ja gut. Wir sind hier.»

Gerald, seiner Frau auf den Fersen, machte energisch die Tür hinter sich zu. Er wartete anstandshalber ein paar Augenblicke und sagte dann: «Komm jetzt, Silvia. Beruhige dich.»

«Tut mir leid... ihr seid Engel...» Silvia riß sich mühsam zusammen, löste sich von Eve, tastete im Pulloverärmel nach einem Taschentuch und wischte sich kläglich das tränenüberströmte Gesicht ab. Ihr Äußeres schokkierte Eve tief. Sie hatte Silvia so gut wie nie ohne Make-up gesehen, und jetzt sah sie entblößt aus, wehrlos, viel älter. Ihr Haar war zerzaust, ihre Hände, sonnenverbrannt und rauh von der Gartenarbeit, zitterten unkontrollierbar.

«Gehen wir hinein», sagte Gerald, «und setzen uns. Dann kannst du uns alles erzählen.»

«Ja... ja, natürlich...»

Sie drehte sich um, und sie folgten ihr in das kleine Wohnzimmer. Eve, deren Beine sich wie Gummi anfühlten, setzte sich in die Sofaecke. Gerald griff nach dem Schreibtischstuhl, drehte ihn um und setzte sich darauf, aufrecht und unerschütterlich. Er hatte sich offensichtlich entschlossen, die Sache mit einem gewissen Ordnungssinn anzugehen.

«So. Was ist denn los?»

Silvia erzählte es ihnen, mit zitternder Stimme, hin und wieder von einem Schluchzer geschüttelt. Sie war zum Einkaufen in der Stadt gewesen. Als sie zurückkam, lag die Post auf ihrem Fußabstreifer. Zwei Rechnungen und... das da...

Es lag auf ihrem aufgeklappten Schreibtisch. Sie griff danach und reichte es Gerald. Ein kleiner, unscheinbarer brauner Umschlag.

«Soll ich hineinschauen?» fragte er sie.

«Ja.»

Er setzte die Brille auf und nahm den Brief heraus. Ein Blatt blaßrosa Briefpapier. Er faltete es auseinander und las den Inhalt. Es dauerte nur einen Moment. Nach einer kurzen Pause sagte er: «Ich verstehe.»

«Was steht drin?» fragte Eve.

Er stand auf und reichte ihr schweigend den Brief. Eve nahm ihn vorsichtig, als wäre er vergiftet. Gerald setzte sich wieder und untersuchte gründlich den Umschlag.

Sie sah das linierte Kinderbriefpapier mit dem kitschigen Bild einer Fee darauf. Die Nachricht war aus ausgeschnittenen Zeitungsbuchstaben zusammengesetzt, säuberlich aufgeklebt, so daß sie Wörter bildeten.

SiE HAben SIch MIt ANdereN MÄnnern eingeLassen
unD IhREN mAnn
in Den aLkoHol getrIeBen
SIe sOLLTen siCH scHäMen

Eve hatte zum erstenmal in ihrem Leben das Gefühl, etwas wirklich Böses vor sich zu sehen, aber gleich nach dem Ekel kam entsetzliche Angst.

«Oh, Silvia.»

«W– was soll ich tun?»

Eve schluckte. Es war sehr wichtig, objektiv zu sein. «Wie sieht die Adresse auf dem Umschlag aus?»

Gerald gab ihn ihr, und sie sah, daß die Adresse in Einzelbuchstaben aufgedruckt war, mit einem Gummistempel, nicht besonders gerade. Vielleicht der Stempel aus einem Druckerkasten für Kinder. Eine Briefmarke für Beförderung zweiter Klasse. Der hiesige Poststempel mit dem Datum von gestern. Das war alles.

Sie gab Gerald den Brief und den Umschlag zurück.

«Silvia, hast du die leiseste Ahnung, wer dir so etwas Abscheuliches schicken könnte?»

Silvia, die am Fenster gestanden und in den Garten hinausgeschaut hatte, wandte den Kopf und sah Eve an. Die erstaunlichen Augen, das Schönste an ihr, waren vom Weinen verschwollen. Eve begegnete einen langen Moment lang ihrem Blick. Silvia sagte nichts. Eve wandte sich Gerald zu, sehnte sich nach Trost, aber er beobachtete sie nur über den Brillenrand hinweg, und seine Miene war gleichermaßen ernst wie unglücklich. Alle wußten, was der andere dachte. Keiner brachte es über sich, den Namen auszusprechen.

Eve holte tief Luft und atmete mit einem langen, bebenden Seufzer aus.

«Ihr glaubt, es ist May, nicht wahr?»

Weder Gerald noch Silvia sagten etwas.

«Ihr glaubt, es ist May. Ich weiß, ihr glaubt, es ist May...» Ihre Stimme wurde lauter und zittrig. Sie biß die Zähne gegen die aufsteigenden Tränen zusammen.

«Glaubst *du*, daß es May ist?» fragte Gerald ruhig.

Sie schüttelte den Kopf. «Ich weiß nicht, was ich glauben soll.»

Er sah Silvia an. «Warum sollte dir May einen solchen Brief schicken? Was könnte sie für ein Motiv haben?»

«Ich weiß nicht.» Das schlimmste Weinen schien vorbei zu sein, und sie wurde jetzt ruhiger. Mit den Händen tief in den Hosentaschen wandte sie sich vom Fenster ab und ging im winzigen Wohnzimmer auf und ab. «Außer daß sie mich nicht leiden kann.»

«Oh, Silvia...»

«Es ist wahr, Eve. Es war nie besonders wichtig. Es ist nur so, daß May mich aus einem unerfindlichen Grund nie ausstehen konnte.»

Eve, die wußte, daß es stimmte, schwieg.

«Das ist kein ausreichendes Motiv», stellte Gerald fest.

«Na schön. Es stimmt, daß Tom sich zu Tode getrunken hat.»

Ihre Kühle schockierte Eve, und gleichzeitig war sie voller Bewunderung. Es kam Eve vernünftig und sehr tapfer vor, daß sie so über ihre persönliche Tragödie sprach.

«Ich weiß, daß Mays entschiedene Ansichten über Alkohol und Enthaltsamkeit manchmal etwas lästig werden, aber warum sollte sie das an dir auslassen?» fragte Gerald.

«Dann also ‹mit anderen Männern eingelassen›. Willst du darauf hinaus, Gerald?»

«Ich will auf gar nichts hinaus. Ich versuche, objektiv zu sein. Und ich kann mir nicht vorstellen, daß May sich in irgendeiner Weise für deine Freunde, dein Privatleben interessiert.»

«Doch, wenn es sich bei dem Freund um Ivan handelt.»

«Ivan.» Eves Stimme klang sogar für sie selbst schrill vor Ungläubigkeit. «Das kann nicht dein Ernst sein.»

«Warum nicht? Oh, Eve, Liebling, mach kein solches Gesicht... ich habe gemeint, manchmal, wenn du und Gerald nicht zu Hause seid, lädt mich Ivan auf einen Drink in die Remise ein... Er ist nur nett zu mir. Einmal hat er mich im Auto zu einer Party in Falmouth mitgenommen, zu der wir beide eingeladen waren. Sonst nichts. *Nichts.* Aber ich habe gesehen, wie uns die alte May aus dem Fenster im ersten Stock nachspioniert hat. Unter diesem Fenster tut sich nichts, was sie nicht weiß. Vielleicht hat sie geglaubt, ich untergrabe seine Moral oder so. Alte Nannies sind immer besitzergreifend, und schließlich hat sie ihn aufgezogen.»

Eve verkrampfte die Hände im Schoß. Sie hörte Mays Stimme. *Hm. Einsam. Ich könnte dir Dinge erzählen, die du nicht gern hören würdest.*

Sie sah das Album vor sich. Das merkwürdige Album, die Zeitungen, die Schere und den Klebstoff.

Sie dachte an Mays Tragtüte mit dem Union Jack, rätselhaft ausgebeult von Sachen, die sie an ihrem freien Tag gekauft hatte. War das Briefpapier mit der Fee dabeigewesen, der Druckerkasten für Kinder?

Oh, May, meine geliebte May, was hast du getan?

«Du darfst es niemandem erzählen», sagte sie.

Silvia runzelte die Stirn. «Was soll das heißen?»

«Wir dürfen niemandem etwas von dieser schrecklichen Sache erzählen.»

«Aber es ist kriminell.»

«May ist uralt...»

«Wenn sie so etwas verschickt, muß sie verrückt sein.»

«Vielleicht... vielleicht ist sie... ein bißchen...» Sie konnte das Wort *verrückt* nicht aussprechen. Sie sagte schwach: «Verwirrt.»

Gerald musterte wieder den Umschlag. «Er ist gestern aufgegeben worden. War May gestern im Dorf?»

«Oh, Gerald, ich weiß es nicht. Sie trottet doch dauernd zur Post und zurück. Das ist das einzige, was sie an Bewegung hat. Sie holt ihre Rente dort ab und kauft Pfefferminz und Stopfgarn.»

«Würde sich die Frau im Postamt daran erinnern, daß sie da war?»

«Sie hätte nicht hineingehen müssen. Sie hat immer ein Briefmarkenheftchen in der Handtasche. Ich leihe mir dauernd Marken von May. Sie hätte den Brief einfach einwerfen und nach Hause gehen können.»

Gerald nickte. Sie schwiegen. Eve sah das Bild vor sich, wie May mit ihrer Wollmütze langsam durch das Tor von Tremenheere kam, die Straße entlang zum Dorf ging und den gehässigen Brief in den Schlitz des scharlachroten Briefkastens warf.

Silvia ging zum Kamin, nahm eine Zigarette aus einem

Päckchen auf dem Sims und zündete sie an. Sie schaute hinunter auf den leeren, ungesäuberten Rost. «May konnte mich nie ausstehen. Das habe ich immer gewußt. Ich glaube, ich habe von der alten Kuh noch nie ein höfliches Wort gehört.»

«So darfst du sie nicht nennen! Du darfst May keine Kuh nennen. Sie ist keine. Vielleicht hat sie diese scheußliche Sache gemacht, aber dann nur, weil sie konfus und alt ist. Und wenn jemand davon erfährt... wenn wir es der Polizei sagen oder sonst jemand, dem wir es sagen sollten, dann werden Fragen gestellt und... niemand wird es verstehen... und May wird wirklich den Verstand verlieren... und sie werden sie abholen... und...»

Sie hatte sich so große Mühe gegeben, nicht zu weinen, aber jetzt konnte sie nicht aufhören. Mit einem Sprung war Gerald bei ihr und setzte sich neben sie auf das Sofa. Er legte seine Arme um sie, sie preßte das Gesicht an die vertraute Wärme seiner Brust. Mit bebenden Schultern weinte sie in das Revers seines Marineblazers.

«So», sagte Gerald und tröstete sie fast genauso, wie Eve Silvia getröstet hatte, tätschelte sie und sprach sanft. «Schon gut. Schon gut.»

Schließlich riß sie sich zusammen und entschuldigte sich bei Silvia. «Es tut mir leid. Wir sind hergekommen, um dir zu helfen, und jetzt gerate ich ganz aus der Fassung.»

Silvia lachte tatsächlich. Vielleicht mit nicht viel Heiterkeit, aber wenigstens lachte sie. «Armer Gerald, was sind wir doch für ein Paar von Weibern. Ich hatte wirklich ein schlechtes Gefühl, euch das aufzuladen, aber ich wußte, ihr müßt es wissen. Ich meine, nach dem gräßlichen Schock, als ich den Brief aufgemacht und diese grauenhaften Worte gelesen hatte, ist mir niemand eingefallen außer

May.» Sie hatte mit dem Auf- und Abgehen aufgehört und stand hinter dem Sofa. Jetzt beugte sie sich hinunter und küßte Eve auf die Wange. «Reg dich nicht auf. Ich rege mich auch nicht mehr darüber auf. Und ich weiß, wie gern du sie hast...»

Eve putzte sich die Nase. Gerald warf einen Blick auf die Armbanduhr. «Ich glaube», sagte er, «wir sollten etwas trinken. Silvia, du hast nicht zufällig Cognac im Haus?»

Sie hatte welchen. Alle tranken ein Glas und besprachen noch einmal die Sache. Schließlich beschlossen sie, nichts zu unternehmen und es niemandem zu sagen. Falls May den Brief geschickt hatte, meinte Gerald hoffnungsvoll, habe sie ihr Pulver verschossen. Vermutlich habe sie das Ganze inzwischen vergessen, so unzuverlässig sei ihr Gedächtnis. Aber falls etwas ähnliches wieder passiere, müsse Silvia es Gerald sofort sagen.

Damit war sie einverstanden. Was den Brief anlangte, wollte sie ihn verbrennen.

«Leider darfst du das nicht tun», sagte Gerald ernst. «Man kann nie wissen. Falls die Sache ein schlechtes Ende nimmt, könnte er als Beweis gebraucht werden. Wenn du willst, bewahre ich ihn für dich auf.»

«Das kann ich nicht zulassen. Ich könnte den Gedanken nicht ertragen, daß er Tremenheere vergiftet. Nein, ich schließe ihn in eine Schreibtischschublade ein und vergesse das Ganze.»

«Versprich mir, daß du ihn nicht verbrennst.»

«Ich verspreche es, Gerald.» Sie lächelte. Das vertraute, gewinnende Lächeln. «Wie blöd von mir, daß ich mich so aufgeregt habe.»

«Das war überhaupt nicht blöd. Ein anonymer Brief ist etwas Beängstigendes.»

«Es tut mir so leid», sagte Eve. «Es tut mir furchtbar leid. In gewisser Weise fühle ich mich persönlich dafür verantwortlich. Aber wenn du versuchst, der armen May zu verzeihen und meine Lage zu verstehen...»

«Natürlich verstehe ich es.»

Sie fuhren schweigend die kurze Strecke nach Tremenheere. Gerald parkte das Auto im Hof, und sie betraten das Haus durch die Hintertür. Eve durchquerte die Küche und ging die Hintertreppe hinauf.

«Wo willst du hin?» fragte Gerald.

Sie blieb stehen, eine Hand auf dem Geländer, drehte sich um und sah zu ihm hinunter. «Ich gehe zu May.»

«Warum?»

«Ich werde gar nichts sagen. Ich will mich nur vergewissern, daß ihr nichts fehlt.»

Als sie mit dem Mittagessen fertig waren, bekam Eve stechende, rasende Kopfschmerzen. Gerald bemerkte, angesichts der Umstände sei das kein Wunder. Sie schluckte zwei Aspirin und ging ins Bett, was sie selten tat. Das Aspirin wirkte, und sie schlief den ganzen Nachmittag. Das klingelnde Telefon weckte sie. Sie sah auf die Uhr und stellte fest, daß es nach sechs war. Sie streckte die Hand aus und nahm den Hörer ab.

«Tremenheere.»

«Eve.»

Es war Alec, der aus Schottland anrief und Laura sprechen wollte.

«Sie ist nicht da, Alec. Sie ist mit Ivan nach Penjizal gefahren, und ich glaube nicht, daß sie schon zurück sind. Soll sie dich zurückrufen?»

«Nein, ich rufe später wieder an. Gegen neun.»

Sie wechselten noch ein paar Worte und legten dann auf.

Eve blieb noch eine Weile liegen und beobachtete, wie vor ihrem offenen Fenster die Wolken über den Himmel rasten. Ihre Kopfschmerzen waren zum Glück weg, aber aus irgendeinem Grund war sie immer noch sehr müde. Sie mußte jedoch das Abendessen vorbereiten. Bald darauf stieg sie aus dem Bett, ging ins Bad und nahm eine Dusche.

Der Weg, der zu den Klippen führte, war zerfurcht, kurvenreich und so schmal, daß die Stechginstersträucher zu beiden Seiten gegen Ivans Auto kratzten. Sie trugen gelbe Blüten und rochen nach Mandeln, und darunter lagen Weiden, auf denen Milchkühe grasten. Die Weiden waren klein und unregelmäßig geformt, von gewundenen Steinmauern zu einem Flickenteppich unterteilt. Es war felsiges Gelände, und hie und da durchbrachen Granitblöcke die üppigen grünen Wiesen.

Der Weg endete schließlich in einer Farm. Ein Mann auf einem Traktor lud mit einem Gabelstapler Mist auf. Ivan stieg aus und ging zu ihm hinüber.

«Hallo, Harry», rief er mit lauter Stimme, damit er über den Lärm des Traktormotors hinweg gehört wurde.

«Hallo, Ivan.»

«Geht es in Ordnung, wenn wir das Auto hierlassen? Wir wollen hinunter zur Bucht.»

«Ist in Ordnung. Hier ist es niemand im Weg.»

Ivan kam zum Auto zurück, und der Farmer arbeitete weiter.

«Komm», sagte Ivan zu Laura und zu Lucy: «Raus mit dir!» Er schulterte den Rucksack, nahm den Picknickkorb und ging auf dem Weg zum Meer voraus. Der Weg verengte sich zu einem steinigen Pfad, der in ein winziges Tal hinunterführte, wo eine Fülle von Fuchsien wuchs und ein kleiner Bach, hinter Haselsträuchern versteckt, entlangplätscherte. Als sie sich den Klippen näherten, erweiterte sich das Tal zu einer tiefen Schlucht, dicht bewachsen mit Adlerfarn und Brombeersträuchern, und das Meer lag vor ihnen.

Sie gingen über eine Holzbrücke und blieben am Klippenrand stehen, ehe sie weiter nach unten gingen.

Am Boden wuchsen im büscheligen Gras Heidekraut und Grasnelken, und der Wind, salzig und frisch, wehte Laura das Haar ins Gesicht. Hier gab es keinen Strand, nur Felsen, die sich bis zum Meeresrand erstreckten. Die Felsen, überzogen mit nassem smaragdgrünem Seetang, waren scharf und schartig und glitzerten blendend in der Sonne. Vom Ozean her – das war jetzt der Atlantik, sagte sich Laura – sammelten sich riesige Wellen, aufgewühlt vom auffrischenden Wind, weit draußen, und ergossen sich an das Ufer, brachen sich in einer wilden, donnernden Brandung an der Küste. Das Tosen riß nicht ab.

Jenseits der Brecher erstreckte sich das Meer bis zum Horizont in allen erdenklichen Blautönen: Türkis, Aquamarin, Indigo, Violett, Lila. Laura hatte solche Farben noch nie gesehen.

Sie fragte ungläubig: «Sieht es immer so aus?»

«Himmel, nein. Es kann grün aussehen. Oder marineblau. Oder an einem dunklen, kalten Winterabend einen besonders finsteren Grauton annehmen. Schau, dorthin wollen wir.»

Eingerahmt von einer Felsbastion lag in der Ferne ein großer natürlicher Teich, der in der Sonne glänzte wie ein riesiges Juwel.

«Wie kommen wir dorthin?»

«Diesen kleinen Weg hinunter und über die Felsen. Ich gehe voraus. Paß auf, wo du hintrittst, der Weg hat seine Tücken. Und vielleicht solltest du Lucy tragen. Wir wollen nicht, daß sie abstürzt.»

Es war eine lange, schwierige Kletterpartie, bis sie endlich ihr Ziel erreichten, und es dauerte fast eine halbe Stunde. Aber endlich waren sie da. Laura umrundete vorsichtig das letzte Hindernis und erreichte hinter Ivan einen großen, flachen Felsen, der zum Teichrand hin abfiel.

Ivan klemmte den Picknickkorb in eine Spalte und ließ den Rucksack fallen, in dem ihre Badesachen waren. Er lächelte Laura an. «Gut gemacht. Wir haben es geschafft.»

Laura setzte Lucy ab. Lucy ging sofort auf Entdekkungstour, aber hier gab es keine Kaninchenfährten. Nur Seetang und Napfschnecken. Nach einer Weile wurde es ihr langweilig, ihr war heiß, und sie suchte sich ein schattiges Fleckchen und rollte sich zum Schlafen zusammen.

Ivan und Laura zogen sich sofort um und tauchten in kaltes, salziges Wasser, über sechs Meter tief, klar und blau wie Glas aus Bristol. Der Grund war übersät mit runden, hellen Steinen. Ivan tauchte tief, holte einen an die Oberfläche und legte ihn Laura zu Füßen.

«Es ist keine Perle, aber besser als nichts.»

Schließlich gingen sie aus dem Wasser und legten sich in die Sonne, von den Felsen um sie herum vor dem Wind geschützt. Laura packte das Picknick aus, und sie aßen kaltes Huhn, Tomaten aus Tremenheere, knuspriges Brot und Pfirsiche, die noch rosig angehaucht waren, ohne Druckstellen und saftig. Sie tranken Wein, den Ivan kühlte, indem er die Flasche schlicht und einfach in einen nahen Felstümpel stellte. Im Tümpel schwammen Garnelen, die wegflitzten, als dieser seltsame Gegenstand in ihre Welt eindrang.

«Sie halten die Flasche vermutlich für einen Marsmenschen», sagte Ivan. «Ein Geschöpf aus dem Weltraum.»

Die Sonne brannte, die Felsen waren warm.

«In Tremenheere waren Wolken», bemerkte Laura, die auf dem Rücken lag und zum Himmel aufschaute.

«Die sind alle zur anderen Küste geweht worden.»

«Warum ist es hier so anders?»

«Eine andere Küste, ein anderes Meer. In Tremenheere wachsen Palmen und Kamelien. Hier wächst kaum ein Baum, und Escallonien sind fast die einzigen Büsche, die dem Wind standhalten können.»

«Es ist wie in einem anderen Land. Wie im Ausland», sagte sie.

«Wie oft warst du im Ausland?»

«Nicht oft. Einmal bin ich mit einer Gruppe zum Skilaufen in die Schweiz gefahren. Und in den Flitterwochen war ich mit Alec in Paris.»

«Klingt sehr romantisch.»

«Das war es auch, aber es war nur ein Wochenende, weil er mitten in einem Riesengeschäft war und nach London zurück mußte.»

«Wann habt ihr geheiratet?»

«Letztes Jahr, im November.»

«Wo?»

«In London. Auf dem Standesamt... Es hat den ganzen Tag geregnet.»

«Wer war auf eurer Hochzeit?»

Laura machte die Augen auf. Er lag neben ihr, auf einen Ellbogen gestützt, und sah auf ihr Gesicht hinunter.

Sie lächelte. «Warum willst du das wissen?»

«Ich möchte es mir vorstellen.»

«Eigentlich niemand. Zumindest war Phyllis dabei und Alecs Fahrer, weil wir zwei Zeugen brauchten.» Sie hatte ihm schon von Phyllis erzählt. «Und danach ist Alec mit Phyllis und mir zum Mittagessen ins Ritz gegangen, und danach sind wir nach Paris geflogen.»

«Was hast du getragen?»

Sie lachte. «Ich kann mich nicht einmal daran erinnern. O doch, ich kann. Ein Kleid, das ich schon eine Ewigkeit hatte. Und Alec hat mir einen Brautstrauß gekauft. Nelken und Fresien. Die Nelken haben nach Brotsauce gerochen, aber die Fresien haben himmlisch geduftet.»

«Wie lange hast du Alec da schon gekannt?»

«Etwa einen Monat.»

«Habt ihr zusammengelebt?»

«Nein.»

«Wann habt ihr euch kennengelernt?»

«Oh –» sie setzte sich auf, stützte die Ellbogen auf die Knie –, «bei einer Einladung zum Abendessen. Ganz banal.» Sie beobachtete, wie sich die Brandung über die Felsen ergoß. «Ivan, die Flut kommt.»

«Ich weiß. So ist es nun einmal. Das ist der natürliche Verlauf der Dinge. Hat irgend etwas mit dem Mond zu tun. Aber wir müssen noch nicht weg.»

«Überflutet sie den Teich?»

«Ja, deshalb ist das Wasser so sauber und klar. Er wird zweimal am Tag ausgewaschen. Und sie überflutet auch die Steine, auf denen wir sitzen, und noch viel mehr. Aber erst in etwa einer Stunde. Wenn wir Glück haben und die Augen offenhalten, sehen wir die Seehunde. Sie tauchen immer auf, wenn die Flut kommt.»

Laura hielt das Gesicht in die Brise und ließ das nasse Haar über die Schultern zurückwehen.

«Sprich weiter über Alec», sagte Ivan.

«Da gibt es nichts mehr zu erzählen. Wir haben geheiratet. Wir waren in Paris. Wir sind nach London zurückgeflogen.»

«Bist du glücklich mit ihm?»

«Natürlich.»

«Er ist soviel älter als du.»

«Nur fünfzehn Jahre.»

«Nur.» Er lachte. «Wenn ich eine Frau heiraten würde, die fünfzehn Jahre jünger ist, wäre sie... *achtzehn*.»

«Das ist alt genug.»

«Kann schon sein. Aber der bloße Gedanke daran ist lachhaft.»

«Hältst du es für lachhaft, daß ich mit Alec verheiratet bin?»

«Nein. Ich finde es phantastisch. Ich glaube, er hat großes Glück gehabt.»

«Ich habe Glück gehabt», sagte sie.

«Liebst du ihn?»

«Natürlich.»

«Hast du dich in ihn verliebt? Das ist anders, als wenn man einfach bloß liebt, nicht wahr?»

«Ja. Ja, es ist anders.» Sie senkte den Kopf, stocherte mit den Fingern in einer Felsspalte herum und zog einen winzigen Kiesel heraus. Sie warf den Kiesel, und er prallte vom Felsen ab und landete mit einem kleinen Spritzer im Teich.

«Du hast Alec also bei einer Einladung zum Abendessen kennengelernt. ‹Das ist Alec Haverstock›, hat deine Gastgeberin gesagt, und eure Blicke sind sich über dem Cocktailtablett begegnet, und...»

«Nein», sagte Laura.

«Nein?»

«Nein. So war es nicht.»

«Wie war es?»

«Wir haben uns dort kennengelernt, aber es war nicht das erste Mal, daß ich Alec gesehen habe.»

«Erzähl's mir.»

«Du lachst auch nicht?»

«Ich lache nie über wichtige Dinge.»

«Also... ich habe Alec sechs Jahre, bevor ich ihn kennengelernt habe, zum erstenmal gesehen. Es war während einer Mittagspause, als ich eine Freundin besuchte, die in einer Kunstgalerie in der Bond Street arbeitete. Eigentlich wollten wir zusammen essen, aber sie konnte nicht weg. Deshalb blieb ich bei ihr in der Galerie. Und es war ruhig, es waren nicht viele Leute da, deshalb haben wir dagesessen und uns unterhalten. Alec kam herein, hat mit meiner Freundin gesprochen und einen Katalog gekauft, und dann hat er sich die Bilder angesehen. Ich habe ihm nachgeschaut und gedacht: ‹Das ist der Mann, den ich heiraten werde.› Und ich habe meine Freundin gefragt, wer er sei. Und sie hat gesagt, Alec Haverstock. Sie hat mir noch erzählt, daß er oft um die Mittagszeit komme, um sich umzuschauen, und manchmal ein Bild kaufe. Sie wußte, daß er bei Sandberg Harpers, Northern Investment Trust arbeitete und sehr erfolgreich war, daß er mit einer schönen Frau verheiratet und Vater einer schönen Tochter war. Und ich habe gedacht: ‹Seltsam. Denn er wird mich heiraten.›»

Sie schwieg und warf wieder einen Felssplitter, diesmal mit ziemlicher Wucht, in den Teich.

«Ist das alles?» fragte Ivan.

«Ja.»

«Ich finde es erstaunlich.»

Sie wandte sich ihm zu. «Es ist wahr.»

«Aber was hast du in diesen sechs Jahren mit deinem Leben angefangen? Dagesessen und Däumchen gedreht?»

«Nein. Gearbeitet. Gelebt. Existiert.»

«Als du ihn bei dem Abendessen getroffen hast, hast du da gewußt, daß seine Ehe gescheitert und er geschieden war?»

«Ja.»

«Hast du einen Satz auf ihn zu gemacht, gerufen ‹endlich› und ihm die Arme um den Hals geworfen?»

«Nein.»

«Aber du hast es immer noch gewußt?»

«Ja, ich habe es gewußt.»

«Und er hat es wahrscheinlich auch gewußt?»

«Wahrscheinlich.»

«Was für ein Glück du gehabt hast, Laura.»

«Weil ich mit Alec verheiratet bin?»

«Ja. Aber vor allem, weil du dir so sicher warst.»

«Bist du dir nie sicher gewesen?»

Er schüttelte den Kopf. «Eigentlich nicht. Deshalb bin ich noch ledig und zu haben, ein begehrenswerter, begehrter Junggeselle. Das rede ich mir jedenfalls gern ein.»

«Ich glaube, du bist begehrenswert», sagte Laura. «Ich kann mir nicht erklären, warum du nicht verheiratet bist.»

«Das ist eine lange Geschichte.»

«Du warst verlobt. Das weiß ich, weil Alec es mir erzählt hat.»

«Wenn ich davon anfange, sind wir noch hier, wenn es dunkel wird.»

«Sprichst du ungern darüber?»

«Nein, nicht besonders. Es war einfach ein Irrtum. Aber das Schlimme daran war, daß ich erst gemerkt habe, daß es ein Irrtum war, als es fast zu spät war, noch etwas daran zu ändern.»

«Wie hieß sie?»

«Ist das wichtig?»

«Ich habe alle deine Fragen beantwortet. Jetzt bist du an der Reihe, meine zu beantworten.»

«Na gut. Sie hieß June. Und sie wohnte mitten in den Cotswolds, in einem schönen Steinhaus mit Sprossenfenstern. Im Stall standen schöne Pferde, auf denen sie Jagden ritt. Im Garten gab es einen blauen, nierenförmigen Swimmingpool, einen Tennishartplatz und jede Menge Statuen und künstlich aussehende Büsche. Wir haben uns verlobt, und es gab ein Riesenfest, und ihre Mutter verbrachte die nächsten sieben Monate damit, die größte, teuerste Hochzeit zu planen, die die Nachbarn seit Jahren erlebt hatten.»

«Du meine Güte», sagte Laura.

«Das ist alles Schnee von gestern. Im letzten Augenblick habe ich gekniffen und bin abgehauen, typisch für einen Feigling wie mich. Ich habe einfach gewußt, daß der Zauber fehlt, daß ich mir nicht sicher war, und ich hatte das arme Mädchen zu gern, als daß ich es zu einer lieblosen Ehe verurteilen wollte.»

«Ich glaube, du warst sehr tapfer.»

«Das hat sonst niemand geglaubt. Sogar Eve war wütend, weniger weil ich die Verlobung gelöst habe, sondern weil sie sich einen neuen Hut gekauft hatte, und sie trägt nie Hüte.»

«Aber warum hast du deine Arbeit hingeworfen? Du mußtest doch bestimmt nicht kündigen, weil du dich entlobt hattest?»

«Doch, ich mußte. Weißt du, der Seniorpartner in meinem Büro war zufällig Junes Vater. Schwierig, was?»

Darauf fiel Laura keine Antwort ein.

Es war sieben, als sie nach Tremenheere zurückkehrten. Als sie über das Moor und hinunter in das lange, waldige Tal fuhren, sahen sie, daß die Wolken im Süden dichter geworden und landeinwärts gezogen waren. Nach der strahlenden Helligkeit der nördlichen Küste wirkte dieser Nebel etwas überraschend. Er hüllte das Dorf ein und machte es fast unsichtbar. Er hatte die Abendsonne verscheucht und trieb in Fetzen vom Meer herauf auf sie zu.

«Ich bin froh, daß wir den Tag nicht hier verbracht haben», sagte Ivan. «Wir hätten in Pullovern im Nebel gesessen, statt uns auf den Felsen zu sonnen.»

«Ist das schöne Wetter damit zu Ende, oder kommt die Sonne zurück?»

«Oh, die Sonne kommt zurück. Sie kommt immer zurück. Morgen könnte es wieder heiß werden. Das ist nur Nebel vom Meer.»

Die Sonne kommt immer zurück. Wie zuversichtlich Ivan das sagte, erfüllte Laura mit Trost. Optimismus ist etwas Wunderschönes, und zu Ivans gewinnendsten Eigenschaften gehörte, daß er Optimismus ausstrahlte. Sie konnte sich ihn nicht niedergeschlagen vorstellen, und falls er es je war, dauerte es bestimmt nicht lange. Selbst die Geschichte von der katastrophalen Verlobung und dem Verlust seiner Arbeit hatte er mit Humor und Selbstironie erzählt.

Sein Optimismus war ansteckend. Neben ihm im offenen Auto, müde, sonnverbrannt und salzig, kam sich Laura sorglos vor wie ein Kind und sah die Zukunft so hoffnungsvoll wie schon lange nicht mehr. Schließlich war sie erst siebenunddreißig. Das war jung. Mit ein bißchen Glück, toi, toi, toi, konnte sie ein Kind bekommen. Vielleicht würde Alec dann das Haus in Islington verkaufen und ein größeres kaufen, mit Garten. Und das wäre Lauras Haus, nicht Ericas. Und das Kinderzimmer oben wäre das Zimmer ihres gemeinsamen Kindes, nicht Gabriels. Und wenn Daphne Boulderstone zu Besuch kam, würde sie im Schlafzimmer keine Bemerkungen mehr über die Möbel und die Vorhänge machen können, denn es gäbe keine Erinnerungen an Erica mehr.

Jetzt bogen sie in das Tor von Tremenheere ein, fuhren unter dem Bogen hindurch und hielten vor Ivans Haustür.

«Ivan, vielen Dank. Es war ein wundervoller Tag.»

«Danke, daß du mitgekommen bist.» Lucy, die sich auf Lauras Schoß zusammengerollt hatte, setzte sich auf, gähnte und schaute sich um. Ivan streichelte ihren Kopf und zog sie an den langen, seidigen Ohren. Dann griff er nach Lauras Hand und drückte ganz spontan einen Kuß darauf. «Ich hoffe, ich habe euch beide nicht überanstrengt.»

«Ich weiß nicht, wie es Lucy geht, aber ich habe mich seit Jahren nicht mehr so wohl gefühlt.» Sie fügte hinzu: «Oder so glücklich.»

Sie verabredeten, daß sie sich vielleicht später alle auf einen Drink treffen würden, je nachdem, was Eve und Gerald geplant hatten, und trennten sich. Ivan leerte den Rucksack aus und warf die feuchten Badesachen über die Wäscheleine, wo sie sandig und ohne Klammern im dichter werdenden Nebel hingen. Laura trug den Picknickkorb in die Küche. Dort war niemand. Sie gab Lucy Wasser, packte den Korb aus, warf den Abfall weg und spülte die Plastikteller und -gläser. Dann machte sie sich auf die Suche nach Eve.

Sie fand sie, ausnahmsweise sitzend, im Wohnzimmer. Wegen des Nebels und der düsteren Aussicht aus dem Fenster hatte sie ein kleines Feuer angemacht, das fröhlich auf dem Rost brannte.

Sie hatte sich schon für den Abend umgezogen und war mit ihrer Gobelinarbeit beschäftigt, aber als Laura hereinkam, legte sie die Stickerei weg und nahm die Brille ab.

«Hattest du einen schönen Tag?»

«Oh, himmlisch...» Laura sank in einen Sessel und erzählte von ihren Erlebnissen. «Wir sind nach Penjizal gefahren. Dort war wunderbares Wetter, keine Wolke am Himmel. Und dann sind wir geschwommen und haben zu Mittag gegessen – vielen Dank für das Mittagessen –, und sind dagesessen und haben zugeschaut, wie die Flut kam. Wir haben jede Menge Seehunde gesehen, die alle herumgeschaukelt sind, mit ganz niedlichen Hundegesichtern. Als die Flut immer näher kam, sind wir auf die Klippen gegangen und haben den Rest des Nachmittags dort verbracht. Dann hat mich Ivan nach Lanyon gebracht, wir haben im Pub ein Bier getrunken und sind schließlich nach Hause gefahren. Es tut mir leid, daß wir so spät zurückgekommen sind. Ich habe dir gar nicht dabei geholfen, das Abendessen zuzubereiten...»

«Oh, keine Sorge, das ist alles erledigt.»

«Du hast Feuer gemacht.»

«Ja, ich habe gefroren.»

Laura sah sie genauer an. «Du bist blaß. Fühlst du dich auch gut?»

«Ja, natürlich – gegen Mittag hatte ich ein bißchen Kopfschmerzen, aber ich habe geschlafen, und jetzt geht es mir gut. Laura, Alec hat angerufen. Kurz nach sechs. Aber er ruft um neun wieder an.»

«Alec... Weshalb hat er angerufen?»

«Ich habe keine Ahnung. Vermutlich wollte er nur einen Plausch mit dir halten. Und wie ich gesagt habe, er ruft wieder an.» Sie lächelte. «Du siehst herrlich gesund aus, Laura. Ein ganz anderer Mensch. Alec wird dich nicht erkennen, wenn er dich wiedersieht.»

«Ich fühle mich wohl», sagte Laura. Sie wollte vor dem Essen noch ein Bad nehmen und hievte sich aus dem Sessel. «Ich fühle mich wie ein anderer Mensch.» Sie ging und machte die Tür hinter sich zu. Eve saß da und schaute die geschlossene Tür an, die Stirn leicht gerunzelt. Dann seufzte sie, setzte die Brille auf und machte sich wieder an ihre Gobelinarbeit.

Gerald stand an seinem Ankleidetisch, das Kinn gereckt, sah mit zusammengekniffenen Augen in den Spiegel und zog den Krawattenknoten fest. Eine dunkelblaue Seidenkrawatte, gemustert mit roten Marinekronen. Sie schlüpfte adrett zwischen die gestärkten Kragenspitzen. Als das erledigt war, griff Gerald zu seinen Elfenbeinbürsten und kümmerte sich um sein restliches Haar.

Er legte die Bürsten sorgfältig zurück, säuberlich aufgereiht neben seiner Kleiderbürste, dem Kästchen für Manschettenknöpfe, der Nagelschere und dem Foto von Eve in einem Silberrahmen, aufgenommen am Tag ihrer Hochzeit.

Sein Ankleidezimmer war stets – wie es seine Kajüte auf See gewesen war – ein Muster an Ordnung. Kleider waren zusammengefaltet, die Schuhe standen paarweise da, nie lag etwas herum. Es sah sogar tatsächlich wie eine Kajüte auf See aus. Das Einzelbett, in dem er manchmal schlief, wenn er erkältet war oder Eve Kopfschmerzen hatte, war schmal und funktional und unter einer marineblauen Decke sauber glattgestrichen. Der Ankleidetisch war eine alte Seekommode, mit eingelassenen Messinggriffen an den Seiten. Gruppenfotos säumten die Wände: sein Jahrgang in Dartmouth und die Schiffsbesatzung der HMS *Excellent* in dem Jahr, in dem Gerald Geschützkommandant gewesen war.

Ordnung war ihm in Fleisch und Blut übergegangen... Ordnung und eine Reihe von moralischen Grundsätzen, nach denen er gelebt hatte, und er war schon lange zu dem Schluß gekommen, die alten, strengen Maximen der Royal Navy ließen sich erfolgreich auf das normale, alltägliche Leben anwenden.

Ein Schiff erkennt man an seinen Booten.

Das hieß, wenn ein Hauseingang sauber und gescheuert aussah, mit poliertem Messing und glänzendem Boden, nahmen Besucher an, der Rest des Hauses sei genauso makellos. Das mußte nicht unbedingt so sein, und im Fall von Tremenheere war es häufig nicht so. Es war nur der erste Eindruck, von dem soviel abhing.

Ein schmutziges U-Boot ist ein verlorenes U-Boot.

Nach Geralds Meinung traf das ganz besonders auf die endlosen Probleme der modernen Industrie zu. Jedes Unternehmen, das schlecht geführt und ineffektiv betrieben wurde, war zum Untergang verurteilt. Er war überwiegend ein ruhiger, lockerer Mann, aber manchmal, wenn er in der *Times* Berichte über Konflikte, Streiks und Streikposten las, hätte er am liebsten vor Zorn mit den Zähnen geknirscht. Manchmal sehnte er sich danach, nicht pensioniert, sondern wieder im Dienst zu sein, überzeugt davon, daß sich mit ein bißchen vernünftiger, seemännischer Kooperation alles lösen ließe.

Und dann der letzte, äußerste stolze Vorsatz. *Schwieriges wird sofort erledigt, Unmögliches dauert etwas länger.*

Schwieriges wird sofort erledigt. Er zog den Blazer an, nahm ein sauberes Taschentuch aus der Schublade und steckte es in die Brusttasche. Er ging hinaus und überquerte den Treppenabsatz zu einem Fenster, das auf den Hof hinausging. Ivans Auto parkte vor seiner Tür. Eve hatte sich, wie Gerald wußte, ins Wohnzimmer gesetzt. Er ging leise die Hintertreppe hinunter und durch die Küche.

Draußen hatte sich der Nebel verdichtet, und es war feucht und kalt. Weit draußen auf dem Meer hörte er das schwache, regelmäßige Tuten des Nebelhorns der Küstenwache. Er ging über den Hof und machte Ivans Haustür auf.

Unmögliches dauert etwas länger.

«Ivan.»

Von oben hörte er das Geräusch laufenden Wassers und das Gurgeln von Badewasser im Abfluß. Außerdem hatte Ivan das Radio an, laute, fröhliche Tanzmusik.

Die Tür führte direkt in die geräumige Wohnküche, die das ganze Erdgeschoß des Hauses einnahm. In der Mitte stand ein Tisch, und bequeme Sessel waren vor den Holzofen gerückt. Die meisten Möbel im Raum gehörten Gerald, aber Ivan hatte sie mit eigenen Stücken ergänzt: das blauweiße Porzellan auf der Anrichte, ein paar Bilder, ein rosa und roter japanischer Papiervogel, der von der Decke hing. Eine offene Holztreppe, wie eine Schiffsleiter, führte in das Obergeschoß, den ehemaligen Heuboden, der in zwei kleine Zimmer und ein Bad umgewandelt worden war. Gerald ging zum Fuß der Treppe und rief wieder: «Ivan.»

Das Radio wurde sofort ausgeschaltet. Das Wasser floß gurgelnd ab. Im nächsten Augenblick tauchte Ivan oben an der Treppe auf, in ein Handtuch gehüllt und mit in alle Richtungen abstehenden nassen blonden Haaren.

«Gerald. Tut mir leid, ich habe dich nicht gehört.»

«Das überrascht mich nicht. Ich muß mit dir reden.»

«Selbstverständlich. Mach's dir gemütlich. Ich komme sofort. Es hat sich so klamm und unangenehm angefühlt, deshalb habe ich Feuer gemacht. Ich hoffe, es ist nicht ausgegangen. Wie auch immer, schenk dir einen Drink ein. Du weißt ja, wo die Getränke sind.»

Gerald sah nach dem Ofen, der nicht ausgegangen war. Aus den schwarzen Eisenwänden drang schon schwache Wärme. Er fand im Schrank über der Spüle eine Flasche Haig, schenkte sich einen Schluck ein und füllte mit Wasser aus dem Hahn auf. Mit dem Glas in der Hand ging er im Raum auf und ab. Promenieren auf dem Achterdeck nannte Eve das immer. Aber es war wenigstens besser als herumzusitzen und nichts zu tun.

Eve. *Wir sagen es niemandem*, waren sie sich alle einig gewesend. *Oh, Gerald*, hatte sie gesagt, *das darf nie jemand erfahren.*

Und jetzt wurde er wortbrüchig, weil er wußte, daß er es Ivan sagen mußte.

Sein Stiefsohn kam schwungvoll die steile Treppe herunter, wie ein erfahrener Seemann, das feuchte Haar zurückgestrichen, in Bluejeans und einem dunkelblauen Polopullover.

«Entschuldigung. Du hast was zu trinken? Was ist mit dem Feuer?»

«Es brennt.»

«Unglaublich, wie schnell es kalt wird.» Er ging, um sich einen Drink zu holen. «Oben an der Küste war es wirklich warm, keine Wolke am Himmel.»

«Dann hattet ihr einen schönen Tag?»

«Perfekt. Und ihr? Was habt ihr gemacht, du und Eve?».

«Wir», sagte Gerald, «hatten keinen schönen Tag. Deshalb bin ich hier.»

Ivan drehte sich sofort um, das Glas in der Hand, halb gefüllt mit Whisky.

«Ich schlage vor, du gießt Wasser dazu, dann setzen wir uns, und ich erzähle es dir.»

Ihre Blicke begegneten sich. Gerald lächelte nicht. Ivan füllte das Glas auf und brachte es an den Ofen. Sie setzten sich vor dem weißen Schaffell einander gegenüber.

«Schieß los.»

Ruhig berichtete Gerald, was sich am Vormittag abgespielt hatte. Der hysterische Anruf von Silvia. Der Brief.

«Was für ein Brief?»

«Ein anonymer Brief.»

«Ein...» Ivans Kinn sackte nach unten. «Ein anonymer Brief? Das muß ein Witz sein.»

«Es ist leider wahr.»

«Ab-aber von wem ist er? Wer zum Teufel sollte Silvia einen anonymen Brief schreiben?»

«Das wissen wir nicht.»

«Wo ist er?»

«Sie hat ihn noch. Ich habe ihr gesagt, sie soll ihn aufheben.»

«Was stand darin?»

«Folgendes...» Sobald er nach Hause gekommen war und ehe er den genauen Wortlaut hätte vergessen können, hatte Gerald ihn aufgeschrieben, in seiner sauberen Schrift, hinten in seinem Terminkalender. Jetzt nahm er den Kalender aus der Brusttasche, setzte die Brille auf, schlug den Kalender auf und las vor. «‹Sie haben sich mit anderen Männern eingelassen und Ihren Mann in den Alkohol getrieben. Sie sollten sich schämen.›»

Er klang wie ein Richter, der im Gerichtssaal die intimen Details einer schmutzigen Scheidung verlas. Mit seiner kultivierten Stimme wirkten die bösen, gehässigen Worte geradezu sachlich. Aber das Gift war trotzdem noch da.

«Wie abstoßend.»

«Ja.»

«War es handgeschrieben?»

«Nein, die klassische Methode wurde angewendet: aus Zeitungen ausgeschnittene Buchstaben, auf Briefpapier aufgeklebt. Auf Kinderbriefpapier. Die Adresse mit einem Gummistempel aufgedruckt... du kannst es dir vorstellen. Hiesiger Poststempel, gestriges Datum.»

«Hat sie irgendeine Ahnung, wer ihr das geschickt haben könnte?»

«Hast du eine?»

Ivan lachte tatsächlich. «Gerald, ich hoffe, du glaubst nicht, daß ich es war!»

Aber Gerald lachte nicht. «Nein. Wir glauben, es war May.»

«May?»

«Ja, May. Laut Silvia hat May sie nie ausstehen können. May ist fanatisch, was Alkohol anlangt. Das weißt du so gut wie wir...»

«Aber doch nicht May.» Ivan war aufgestanden und ging genau wie Gerald kurz zuvor auf und ab.

«May ist eine alte Frau, Ivan. In den letzten Monaten ist ihr Verhalten von Tag zu Tag seltsamer geworden. Eve hat den Verdacht, sie wird senil, und ich neige dazu, ihr recht zu geben.»

«Aber es ist so untypisch. Ich kenne May. Vielleicht mag sie Silvia nicht, aber tief im Innern tut sie ihr bestimmt leid. May kann unerträglich sein, ich weiß, aber sie war nie ein Mensch, der einen Groll hegt oder Ressentiments hat. Sie war nie bösartig. Wer sich so etwas ausdenkt, muß bösartig sein.»

«Ja, aber andererseits hatte sie immer strenge Ansichten. Nicht nur, was Alkohol anlangt, sondern über moralisches Verhalten im allgemeinen.»

«Was soll das heißen?»

«‹Sie haben sich mit anderen Männern eingelassen.› Vielleicht glaubt sie, Silvia ist promiskuitiv.»

«Vermutlich ist sie das. Oder war es. Das kann May doch egal sein.»

«Vielleicht glaubt May, sie war mit dir promiskuitiv.»

Ivan fuhr herum, als hätte Gerald ihn geschlagen. Er starrte seinen Stiefvater ungläubig an, unverwandt und mit vor Entrüstung blitzenden blauen Augen.

«Mit mir? Wer hat sich das ausgedacht?»

«Niemand hat es sich ausgedacht. Aber Silvia ist eine attraktive Frau. Sie geht in Tremenheere ein und aus. Sie hat uns gesagt, daß du sie zu einer Party gefahren hast...»

«Na und? Warum Sprit für zwei Autos vergeuden? Ist das promiskuitiv?»

«...und daß du sie manchmal, wenn wir nicht da sind, auf einen Drink oder zum Essen hierher einlädst.»

«Gerald, sie ist Eves Freundin. Eve kümmert sich um Silvia. Wenn Eve nicht da ist, lade ich sie hierher ein...»

«Silvia glaubt, daß May das von ihrem Fenster aus beobachtet und mißbilligt hat.»

«Oh, um Himmels willen, in was will mich Silvia da hineinziehen?»

Gerald breitete die Hände aus. «In nichts.»

«Es klingt aber nicht nach nichts. Als nächstes werde ich noch beschuldigt, das verdammte Weib verführt zu haben.»

«Hast du das getan?»

«Ob ich was getan habe? Verdammt noch mal, sie ist so alt, daß sie meine *Mutter* sein könnte!»

«Hast du mit ihr geschlafen?»

«Nein, nie, verdammt noch mal!»

Die Stille nach den lauten, aufgebrachten Worten wirkte wie eine Art Vakuum. Ivan warf den Kopf zurück und goß sich den Rest seines Drinks in die Kehle. Er schenkte sich noch einen Whisky ein. Die Flasche klirrte gegen das Glas.

«Ich glaube dir», sagte Gerald ruhig.

Ivan füllte das Glas mit Wasser auf. Gerald immer noch den Rücken zugewandt, sagte er: «Es tut mir leid. Ich hatte kein Recht zu schreien.»

«Mir tut es auch leid. Und du darfst das Silvia nicht übelnehmen. Sie hat dir nicht das geringste unterstellt. Ich mußte nur sicher sein.»

Ivan drehte sich um, lehnte sich anmutig an den Rand des Abtropfbretts. Sein Jähzorn war verflogen, und er lächelte reumütig. «Ja, das verstehe ich. Schließlich war meine Führung nicht immer mustergültig.»

«An deiner Führung ist nichts auszusetzen.» Gerald steckte den Terminkalender wieder in die Tasche und nahm die Brille ab.

«Was werdet ihr wegen des Briefs unternehmen?»

«Nichts.»

«Und wenn noch einer kommt?»

«Das lassen wir auf uns zukommen.»

«Ist Silvia damit einverstanden, nichts zu unternehmen?»

«Ja. Nur sie und Eve wissen darüber Bescheid. Und jetzt du. Und du wirst selbstverständlich nichts sagen. Nicht einmal zu Eve, denn sie weiß nicht, daß ich es dir gesagt habe.»

«Hat sie sich sehr aufgeregt?»

«Sehr. Ich glaube, sie hat sich schlimmer aufgeregt als die arme Silvia. Sie hat Angst vor dem, was May als nächstes tun könnte. Sie hat Alpträume, zuschauen zu müssen, wie die arme May in ein geriatrisches Pflegeheim abtransportiert wird. Sie beschützt May. Genau wie ich Eve beschütze.»

«May hat uns beschützt», sagte Ivan. «Sie hat sich um mich gekümmert, sie hat meiner Mutter in der ganzen Zeit beigestanden, in der mein Vater krank war und im Sterben lag. Damals war sie wie ein Felsen. Unerschütterlich. Und jetzt das. Die liebe alte May. Ich kann den Gedanken daran nicht ertragen. Wir schulden ihr soviel.» Er dachte darüber nach. «Ich glaube, wir sind uns alle gegenseitig etwas schuldig.»

«Ja», sagte Gerald. «Es ist traurig.»

Sie lächelten sich an. «Laß dir die Hälfte von meinem Drink einschenken», sagte Ivan.

Eve und Laura saßen im vom Kaminfeuer erhellten Wohnzimmer und hörten ein Konzert von BBC 2. Ein Klavierkonzert von Brahms. Es war nach neun, und Gerald, der ihnen die Freude nicht verderben wollte, war in sein Arbeitszimmer gegangen, um sich die Nachrichten dort anzusehen.

Laura hatte sich in einem der großen Sessel zusammengerollt, Lucy im Schoß. Ivan war nicht wieder aufgetaucht. Während sie sich umzog, hatte Laura gehört, wie sein Auto durch das Tor und bergauf Richtung Lanyon fuhr. Vielleicht machte er sich auf den Weg in den Pub, auf ein Bier mit Mathie Thomas.

Ihr gegenüber stickte Eve an ihrer Gobelinarbeit. Sie sah, dachte Laura, heute abend müde und sehr zerbrechlich aus. Die schöne Haut spannte sich über den Wangenknochen, und sie hatte dunkle Ringe der Erschöpfung unter den Augen. Sie hatte wenig gesagt, und Gerald hatte bei den gegrillten Koteletts und dem Obstsalat Konversation gemacht, während Eve in dem köstlichen Essen herumstocherte und Wasser statt Wein trank. Laura, die sie durch schläfrige, halbgeschlossene Augen beobachtete, empfand Sorge. Wenn das Konzert zu Ende war, würde Laura vorschlagen, zu Bett zu gehen. Vielleicht erlaubte ihr Eve, ihr etwas Heißes zum Trinken zu machen, eine Wärmflasche zu füllen…

Das Telefon klingelte. Eve sah von ihrer Arbeit auf. «Das wird Alec sein, Laura.»

Laura hievte sich aus dem Sessel und ging hinaus, mit Lucy auf den Fersen, den Flur entlang in die Diele. Sie setzte sich auf die geschnitzte Truhe und nahm den Hörer ab.

«Tremenheere.»

«Laura.» Die Leitung war dieses Mal besser, Alecs Stimme sogar so deutlich, als spräche er vom Nebenzimmer aus.

«Alec, es tut mir leid, daß ich nicht da war, als du das

erste Mal angerufen hast. Wir sind erst um sieben zurückgekommen.»

«Hattest du einen schönen Tag?»

«Ja, es war wunderbar... Wie ist es bei dir?»

«Schön, aber ich rufe nicht deshalb an. Hör mal, es hat sich etwas ergeben. Ich kann nicht nach Tremenheere kommen, um dich abzuholen. Sobald wir wieder in London sind, müssen Tom und ich nach New York. Wir haben es erst heute morgen erfahren. Der Vorstandsvorsitzende hat mich angerufen.»

«Wie lange mußt du weg?»

«Nur eine Woche. Es geht darum, daß wir unsere Frauen mitbringen können. Es gibt eine Menge gesellschaftliche Verpflichtungen. Daphne begleitet Tom, und ich habe mich gefragt, ob du auch mitkommen möchtest. Es wird ganz schön hektisch werden, aber du warst noch nie in New York, und ich möchte es dir zeigen. Aber das heißt, daß du allein nach London zurückfahren und dich dort mit mir treffen mußt. Was hältst du davon?»

Laura war entsetzt.

Diese instinktive Reaktion auf einen Vorschlag von Alec, den sie liebte, auf eine Idee, mit der er Laura eine Freude machen wollte, erfüllte sie mit einem grauenhaften Schuldgefühl. Was stimmte denn nicht? Was war mit ihr? Alec bat sie, mit ihm nach New York zu kommen, und sie wollte nicht mit. Sie wollte die Reise nicht machen. Sie wollte nicht im August in New York sein, schon gar nicht mit Daphne Boulderstone. Sie wollte nicht mit Daphne in einem klimatisierten Hotel sitzen, während die Männer ihren Geschäften nachgingen, oder beim Schaufensterbummel auf den kochendheißen Trottoirs der Fifth Abenue herumtrotten.

Aber schlimmer war die Erkenntnis, daß sie nicht mit dem Zug nach London zurückfahren wollte. Sie wollte nicht aus dieser wunderbaren, sorglosen Existenz herausgerissen werden und Tremenheere verlassen müssen.

Das alles schoß ihr mit grauenhafter Klarheit wie ein Blitz durch den Kopf.

«Wann reist du ab?» fragte sie, um Zeit zu schinden.

«Mittwoch abend. Wir fliegen mit der Concorde.»

«Hast du einen Platz für mich gebucht?»

«Vorläufig.»

«Wie – wie lange wären wir in New York?»

«Laura, das habe ich doch schon gesagt. Eine Woche.» Nach einer kurzen Pause sagte er: «Du klingst nicht sehr begeistert. Willst du nicht mitkommen?»

«Oh, Alec, ich will schon... Es ist lieb, daß du mich fragst... aber...»

«Aber?»

«Es kommt nur ein bißchen plötzlich. Ich hatte noch gar keine Zeit, mich darauf einzustellen.»

«Dazu ist nicht viel Zeit nötig. Es ist kein besonders komplizierter Plan.» Sie biß sich auf die Lippe. «Vielleicht fühlst du dich dem noch nicht gewachsen.»

Sie griff nach dieser Ausrede wie der sprichwörtliche Ertrinkende nach dem jämmerlichen Strohhalm. «Ehrlich gesagt, ich weiß es nicht recht. Ich meine, es geht mir gut... aber ich weiß nicht, ob ein Flug eine besonders gute Idee ist. Und in New York wird es so furchtbar heiß sein... Es wäre so scheußlich, wenn irgend etwas passierte, wenn ich dir alles verderben würde... weil ich krank werde...»

Sie klang sogar in den eigenen Ohren hoffnungslos unentschlossen.

«Mach dir keine Gedanken. Wir können den vierten Platz stornieren lassen.»

«Oh, es tut mir leid. Ich fühle mich so schwach... Vielleicht ein andermal.»

«Ja, ein andermal.» Er ließ den Gedanken fallen. «Es spielt keine Rolle.»

«Wann kommst du zurück?»

«Am folgenden Dienstag, nehme ich an.»

«Und was soll ich machen? Hierbleiben?»

«Wenn es Eve nichts ausmacht. Frag sie.»

«Und kannst du dann kommen und mich abholen?» Das klang noch selbstsüchtiger, als daß sie nicht mit ihm nach New York wollte. «Du mußt nicht – ich kann ohne weiteres den Zug nehmen.»

«Nein. Ich glaube, ich kann mit dem Auto kommen. Mal sehen, wie alles läuft. Ich muß mich später mit dir in Verbindung setzen.»

Es war, als plante er eine geschäftliche Besprechung. Das verhaßte Telefon trennte sie, statt sie zusammenzubringen. Sie sehnte sich danach, bei ihm zu sein, sein Gesicht zu sehen, seine Reaktionen zu beobachten. Ihn zu berühren, ihm verständlich zu machen, daß sie ihn mehr liebte als jeden anderen Menschen auf der Welt, aber daß sie nicht mit Daphne Boulderstone nach New York wollte.

Nicht zum erstenmal war ihr die Kluft bewußt, die sich zwischen ihnen auftat. Um sie zu überbrücken, sagte sie: «Du fehlst mir so.»

«Du fehlst mir auch.»

Es hatte nicht funktioniert. «Wie ist das Angeln?» fragte sie ihn.

«Herrlich. Alle lassen dich grüßen.»

«Ruf mich an, ehe du nach New York fliegst.»

«Mach ich.»

«Und es tut mir leid, Alec.»

«Denk nicht mehr daran. War nur ein Vorschlag. Gute Nacht. Schlaf schön.»

«Gute Nacht, Alec.»

7

Saint Thomas

Um halb sechs Uhr morgens schob Gabriel Haverstock, die seit drei wach gelegen hatte, das zerknitterte Laken beiseite und stieg lautlos aus ihrer Koje. In der Koje gegenüber schlief ein Mann, Haar und Stoppelkinn dunkel gegen das helle Kissen. Sein Arm lag auf seiner Brust, sein Kopf war Gabriel abgewandt. Sie zog ein altes T-Shirt über, das früher ihm gehört hatte, und ging barfuß nach achtern in die Kabine. Sie fand ein Streichholz, zündete einen Ring des kleinen Gaskochers an, füllte den Teekessel, stellte ihn zum Kochen auf und ging dann die Treppe hinauf. Tau war gefallen, und das Deck war tropfnaß.

Im Licht der Morgendämmerung lag das Wasser im Hafen wie eine Glasscheibe da. Überall schlummerten andere Boote an den Anlegestellen und bewegten sich so sacht, daß es war, als atmeten sie im Schlaf. Das Dock erwachte zum Leben. Ein Auto sprang an, und von der Mole aus stieg ein Schwarzer in ein Holzdingi, legte ab und fing an zu rudern. Über das Wasser hinweg war jeder Ruderschlag deutlich zu hören. Das Boot fuhr in den Hafen hinaus, hinterließ als Kielwasser nur ein pfeilförmiges Kräuseln.

Saint Thomas, eine Jungferninsel der Vereinigten Staaten. In der Nacht waren im Schutz der Dunkelheit zwei Kreuzfahrtdampfer eingelaufen und vor Anker gegangen. Es war, als wären unerwartet Wolkenkratzer aus dem Boden geschossen. Gabriel schaute nach oben und sah Matrosen bei der Arbeit, die Kabel aufrollten, Decks abspritzten. Unter ihnen war die hohe Schiffswand übersät mit Bullaugenreihen, hinter denen die Touristen in ihren Kabinen schliefen. Später am Morgen würden sie herauskommen, in Bermudashorts und grellgemusterten Freizeithemden, würden sich über die Reling beugen und auf die Jachten hinunterschauen, wie Gabriel jetzt zu ihnen aufsah. Noch später würden sie an Land gehen, behängt mit Kameras und versessen darauf, ihre Dollars für Strohkörbe auszugeben, für Sandalen und holzgeschnitzte Figuren schwarzer Frauen mit Obst auf den Köpfen.

Hinter ihr, in der Kabine, kochte das Wasser.

Sie ging nach unten und brühte den Tee auf. Die Milch war ihnen ausgegangen, deshalb schnitt sie eine Zitronenscheibe ab, legte sie in einen Henkelbecher und goß Tee darüber. Mit dem Becher in der Hand ging sie zu dem Mann, um ihn zu wecken.

«Hm?» Er drehte sich um, als sie an seiner nackten Schulter rüttelte, vergrub das Gesicht im Kissen, kratzte sich den Kopf und gähnte. Er öffnete die Augen und schaute auf.

«Wie spät ist es?» fragte er.

«Etwa Viertel vor sechs.»

«O Gott.» Er gähnte wieder, setzte sich auf, zog das Kissen hoch und stopfte es sich hinter den Kopf.

Er nahm den Teebecher und kostete einen brühendheißen Schluck.

«Es ist Zitrone drin, weil keine Milch da ist», sagte Gabriel.

«Das merke ich.»

Sie ging, goß sich selbst auch Tee ein und stieg nach

oben an Deck. Es wurde jeden Augenblick heller, der Himmel färbte sich blau. Wenn die Sonne aufging, würde sie in dampfenden Schwaden die ganze Feuchtigkeit wegbrennen. Und dann ein neuer Tag, ein neuer heißer, wolkenloser westindischer Tag.

Nach einer Weile kam der Mann zu ihr an Deck. Er hatte sich angezogen, trug seine alten, schmutzigen weißen Shorts und ein graues Sweatshirt. Seine Füße waren nackt. Er ging nach achtern und beschäftigte sich mit der Leine des Dingis, die sich in der Ankerkette am Heck verfangen hatte.

Gabriel trank ihren Tee aus und ging wieder nach unten. Sie putzte sich die Zähne, wusch sich in dem winzigen Becken und zog Jeans an, ein Paar Segeltuchschuhe und ein blauweißgestreiftes T-Shirt. Ihre rote Nylontasche, die sie gestern abend gepackt hatte, stand am Fußende ihrer Koje. Sie hatte sie offengelassen und verstaute jetzt ihre letzten Sachen darin – ihren Waschbeutel, ihre Haarbürste, einen dicken Pullover für die Reise. Das war alles. Ein halbes Jahr auf einem Boot war keine Bereicherung für ihre Garderobe gewesen. Sie zog die Verschnürung der Tasche zu und band sie mit einem Seemannsknoten zu.

Mit der Nylontasche und ihrer Umhängetasche ging sie wieder an Deck. Der Mann war schon im Dingi und wartete auf sie. Sie reichte ihm die Reisetasche, stieg dann die Leiter hinunter in das wackelige Boot und setzte sich auf die Längsducht, die Reisetasche zwischen den Knien.

Er ließ den Außenbordmotor an. Der Motor stotterte, bis er ansprang und einen Lärm machte wie ein Motorrad. Als sie über das Wasser fuhren und der Abstand größer wurde, sah sie zur Jacht zurück – der schönen, einmastigen Fünfzehnmeterschlup, weiß gestrichen und schnittig, ihren Namen, *Enterprise of Tortola*, in Goldbuchstaben am Heck. Über seine Schulter hinweg sah Gabriel, wie die Jacht zum letztenmal verschwand.

An der Mole legte er an, warf ihr Gepäck auf das Dock und hievte sich hoch. Er reichte Gabriel die Hand und half ihr hinauf. Früher hatte es zu diesem Zweck eine Holztreppe gegeben, aber sie war von einem Hurrikan abgerissen und nie ersetzt worden. Sie gingen das Dock entlang, dann die Treppe zu einem Hotelkomplex hinauf und weiter durch die Gärten, am verlassenen Swimmingpool vorbei. Hinter dem Rezeptionsgebäude, unter den Palmen, lag ein Vorplatz, auf dem ein paar Taxis standen, in denen die schläfrigen Fahrer dösten. Der Mann weckte einen, der sich streckte und gähnte, die Reisetasche verstaute, den Motor anließ und sich wie üblich auf eine Fahrt zum Flughafen vorbereitete.

Der Mann wandte sich Gabriel zu. «Das ist jetzt also der Abschied.»

«Ja. Das ist der Abschied.»

«Sehe ich dich wieder?»

«Ich glaube nicht.»

«Es war schön.»

«Ja. Es war schön. Ich danke dir dafür.»

«Ich danke dir.»

Er legte den Arm um ihre Schulter und küßte sie. Er hatte sich nicht rasiert, und die Stoppeln an seinem Kinn kratzten an ihrer Wange. Sie sah ihm zum letztenmal ins Gesicht, dann drehte sie sich um, stieg in das Taxi und warf die Tür zu. Das alte Auto kam langsam in Gang, aber sie drehte sich nicht um, so daß sie nicht wußte, ob er wartete, bis sie aus seiner Sicht verschwunden war.

Von Saint Thomas flog sie nach Saint Croix. Von Saint

Croix nach San Juan. Von San Juan nach Miami. Von Miami nach New York. Auf dem Kennedy-Flughafen ging ihre Reisetasche verloren, so daß sie eine Stunde am leeren, sich drehenden Band warten mußte, bis sie endlich auftauchte.

Sie ging aus dem Gebäude hinaus in die warme, schwüle New Yorker Dämmerung, in die neblige und nach Benzin riechende Luft, und wartete, bis ein Flughafenbus kam. Er war voll, sie mußte stehen, eine Hand am Griff, die Reisetasche zwischen den Knien. Im Terminal von British Airways kaufte sie ein Ticket nach London, dann ging sie nach oben und wartete drei Stunden lang, bis der Flug aufgerufen wurde.

Das Flugzeug war voll, und ihr wurde klar, daß sie Glück gehabt hatte, noch einen Platz zu bekommen. Sie saß neben einer älteren Frau mit blauem Haar, die zum erstenmal nach Großbritannien reiste. Sie hatte, erzählte sie Gabriel, zwei Jahre lang dafür gespart. Sie machte eine Rundreise – die meisten Passagiere gehörten zur selben Reisegruppe –, und sie würden den Tower in London sehen, Westminster Abbey und den Buckingham-Palast, und außerdem Ausflüge machen. Nach Edinburgh, für einen Abstecher zu den Festspielen, nach Stratford-on-Avon.

«Ich kann es gar nicht erwarten, Stratford zu sehen und Anne Hathaways Cottage.»

Gabriel kam das Programm schwachsinnig vor, aber sie lächelte und sagte: «Wie schön.»

«Und Sie, Liebes, wohin wollen Sie?»

«Nach Hause», sagte Gabriel.

Sie schlief nicht im Flugzeug. Die Nacht reichte nicht zum Schlafen. Es kam ihr so vor, als ob ihnen, nachdem sie kaum mit dem Abendessen fertig waren, schon heiße Handtücher zum Gesichtwaschen und Orangensaft angeboten wurden. In Heathrow regnete es. Weicher, sanfter englischer Regen, wie Nebel auf ihrem Gesicht. Alles sah sehr lieblich und grün aus, und sogar der Flughafen roch anders.

Ehe sie von Saint Thomas abgereist war, hatte er ihr englisches Geld gegeben – wahllos ein paar Scheine aus dem Hinterfach seiner Brieftasche –, aber für ein Taxi reichte das nicht, und deshalb nahm sie die U-Bahn von Heathrow nach King's Cross.

In King's Cross stieg sie in einen anderen Zug um, der sie zum Angel brachte.

Vom Angel aus ging sie zu Fuß, ihre Reisetasche unter dem Arm. Es war nicht besonders weit. Sie stellte fest, daß sich in den von früher her vertrauten Straßen viel verändert hatte. Eine alte Häuserzeile war abgerissen worden, und an ihrer Stelle erhob sich ein neuer, riesiger Bau. Ein Holzzaun schützte die Baustelle, besprüht mit Graffiti. Arbeitsplätze statt Bomben, konnte sie entziffern.

Sie ging die alte Islington High Street entlang und durch die Campden Passage, zwischen den Juweliergeschäften mit den geschlossenen Läden hindurch, vorbei an dem Spielzeuggeschäft, in dem sie einmal, in einer verstaubten Schachtel für drei Shilling und Sixpence, ein Puppenteeservice gekauft hatte. Sie bog in eine enge, gepflasterte Gasse ein, und endlich tauchte Abigail Crescent auf.

Abigail Crescent hatte sich nicht verändert. Die Fassaden einiger Häuser waren renoviert worden, ein Nachbar hatte ein Mansardenfenster in sein Dach eingebaut. Das war alles. Das Haus, in dem sie ihre Kindheit verbracht hatte, sah wie immer aus, was tröstlich war, aber der Parkplatz ihres Vaters stand leer, und das war weniger tröstlich. Vielleicht war er schon zur Arbeit gefahren, obwohl es erst halb neun Uhr morgens war.

Sie ging die Treppe hinauf und klingelte. Niemand kam an die Tür. Nach einer Weile griff sie unter ihren Pullover und zog eine lange Silberkette hervor, an der ein Schlüssel hing. Vor langer Zeit, als sie noch in London zur Schule gegangen war, hatte ihr Vater ihr den Schlüssel gegeben… für Notfälle, hatte er gesagt, aber sie hatte nie Gebrauch davon machen müssen, weil immer jemand dagewesen war, wenn sie nach Hause kam.

Jetzt steckte sie ihn ins Schloß. Die Tür ging auf, und im selben Augenblick sah Gabriel eine Gestalt, die langsam auf der Souterraintreppe auf sie zukam.

«Wer ist da?» Die Stimme war schrill und scharf, auch eine Spur aufgeregt.

«Es ist alles in Ordnung, Mrs. Abney», sagte Gabriel. «Ich bin's.»

Mrs. Abney reagierte mit allen erdenklichen Anzeichen eines Herzanfalls. Sie blieb unvermittelt stehen, keuchte, als ringe sie nach Luft, legte die Hand auf die Brust, umklammerte das Geländer.

«Gabriel!»

«Entschuldigung, habe ich Sie erschreckt?»

«Und wie!»

«Ich habe gedacht, es ist niemand da…»

«Ich war da und habe die Klingel gehört, aber eine alte Frau ist kein D-Zug, oder?»

Gabriel zog die Reisetasche in die Diele und machte die Tür hinter sich zu.

«Wo kommst du denn her?»

«Von den Westindischen Inseln. Ich bin mit dem Flugzeug unterwegs gewesen, seit...» Es war zu lange her, als daß sie sich daran erinnert hätte, und durch die Zeitumstellungen und den Jet-lag war es zu kompliziert, es zu erklären. «Oh, seit einer Ewigkeit. Wo ist mein Vater?»

«Er ist verreist. Er hat nicht gesagt, daß du kommst.»

«Er hat nicht gewußt, daß ich komme. Ich nehme an, er ist in Schottland.»

«O nein. Er war in Schottland. Ist am Mittwoch zurückgekommen... das heißt, gestern. Und gestern abend ist er abgeflogen.»

«Abgeflogen?» Gabriel wurde bang ums Herz. «Wohin?»

«Nach New York. Eine Geschäftsreise. Mit Mr. und Mrs. Boulderstone.»

«Oh...» Gabriel bekam plötzlich weiche Knie. Sie setzte sich auf die unterste Treppenstufe, senkte den Kopf, fuhr sich mit den Fingern durchs Haar. Er war nach New York geflogen. Sie hatte ihn nur um ein paar Stunden verpaßt. Ihre Flugzeuge mußten sich in der Nacht gekreuzt haben, beide unterwegs in genau entgegengesetzter Richtung.

Mrs. Abney, die sah, daß Gabriel vor Müdigkeit und Enttäuschung ganz entkräftet war, wurde mütterlich.

«Es ist nichts in der Küche, weil das Haus leer ist. Komm doch mit mir nach unten, und ich koche dir eine Tasse Tee... Es wird mir vorkommen wie früher, wenn du bei mir bist. Weißt du noch, wie ich dir immer nach der Schule Tee gekocht habe, wenn deine Mum ausgegangen war? Genau wie früher.»

Mrs. Abneys Souterrain gehörte zu den Dingen, die sich nicht verändert hatten, schummerig und gemütlich wie ein Dachsbau, mit Spitzenvorhängen, die das hereinfallende

Licht abhielten, und dem kleinen Herd, der sogar im August so heiß wie ein Schiffskessel war.

Während Mrs. Abney Wasser aufsetzte und Tassen und Untertassen holte, zog sich Gabriel einen Stuhl heran und setzte sich an den Tisch. Sie schaute sich um, sah vertraute Fotos, das gerahmte Stoffbild mit Glockenblumen im Wald und die Porzellanhunde auf beiden Seiten des Kaminsimses.

«Wo ist Dickey?» fragte sie.

«Ach, mein kleiner Dickey, der ist gestorben. Vor etwa einem Jahr. Mein Neffe wollte mir einen Wellensittich schenken, aber ich habe es nicht übers Herz gebracht.» Sie brühte den Tee auf. «Möchtest du etwas essen?»

«Nein, nur Tee.»

«Bist du sicher? Wann hast du zum letztenmal etwas gegessen?»

Gabriel konnte sich nicht erinnern. «Oh, irgendwann.»

«Ich könnte dir ein Butterbrot machen.»

«Nein, wirklich nicht.»

Mrs. Abney setzte sich ihr gegenüber und schenkte den Tee ein. «Ich will alle Neuigkeiten über dich hören. Und über deine Mutter. Ihr geht es doch gut, nicht wahr? Wie schön. Du meine Güte, es scheint so lange her zu sein, seit ihr gegangen seid... es müssen jetzt fast sechs Jahre sein. Wie alt bist du jetzt? Neunzehn? Ja, ich habe mir gedacht, daß du jetzt um die Neunzehn sein mußt. Du hast dich nicht sehr verändert. Ich habe dich sofort erkannt. Nur daß du jetzt kurzes Haar hast. Und du hast es blond gefärbt.»

«Nein, ich habe es nicht gefärbt. Es ist nur ausgebleicht in der westindischen Sonne und gechlorten Swimmingpools.»

«Du siehst wie ein Junge aus. Das habe ich gedacht, als ich dich dort stehen sah. Deshalb habe ich einen solchen Schreck bekommen. Heutzutage treiben sich in der Gegend so bösartige Jungen herum... Ich muß gut auf das Haus aufpassen, wenn dein Vater fort ist.»

Gabriel trank einen Schluck Tee, der dunkel, süß und stark war, wie Mrs. Abney ihn schon immer gemocht hatte.

«Und seine neue Frau... ist sie auch nach New York geflogen?»

«Nein. Ich habe es dir doch gesagt, nur die Boulderstones. Nein, die neue Mrs. Haverstock ist nach Cornwall gefahren. Sie ist schon eine Weile dort.» Mrs. Abney senkte die Stimme zu einem vertraulichen Flüstern. «Mußte eine kleine Operation machen lassen. Du weißt schon, Liebes. Eine Frauensache.»

«Ach je.»

«Jedenfalls», Mrs. Abney sprach in ihrem normalen Ton weiter, «wollte die Ärztin sie nicht nach Schottland fahren lassen, also ist sie statt dessen nach Cornwall gefahren.» Sie trank einen Schluck Tee. «Zum Auskurieren.»

«Wissen Sie, wo sie ist?»

«Nein, das weiß ich nicht. Mr. Haverstock hat mir ihre Adresse nicht gegeben. Sie ist bei Verwandten von ihm, in Cornwall.»

«In Devon und Cornwall gibt es dutzendweise Haverstocks. Sie könnte überall sein.»

«Es tut mir leid, aber ich weiß nicht, wo sie ist... bloß... gestern abend ist ein Brief gekommen. Ich glaube, er ist aus Cornwall. Moment, ich hole ihn.» Sie stand auf, ging zu ihrer Anrichte und zog eine Schublade auf. «Die Sekretärin deines Vaters kommt jeden Morgen vorbei und holt die

Post ab und kümmert sich dann im Büro darum. Aber sie war noch nicht da, und das hier ist alles, was ich für sie habe.»

Sie reichte Gabriel den Umschlag. Ein einfacher brauner Umschlag, der Name und die Adresse ihres Vaters offenbar aufgedruckt wie mit einem Gummistempel. Der Poststempel von Truro in Cornwall, und in die andere Ecke hatte jemand mit Filzstift geschrieben «Dringend» und es unterstrichen.

«Der Brief sieht ja merkwürdig aus.»

«Er *könnte* von Mrs. Haverstock sein. Das heißt, von der neuen Mrs. Haverstock», fügte sie taktvoll hinzu.

«Ich kann ihn doch nicht aufmachen.» Sie sah Mrs. Abney an. «Oder?»

«Ich weiß nicht, Liebes. Das ist deine Sache. Wenn du Mrs. Haverstock ausfindig machen und einen Blick auf die Adresse werfen willst, finde ich nichts dabei. Aber ich muß schon sagen, das ist eine komische Art, einen Brief zu adressieren. Muß Stunden gedauert haben.»

Gabriel legte den Umschlag weg und griff dann wieder danach.

«Ich muß wirklich wissen, wo sie ist, Mrs. Abney. Wenn ich nicht mit meinem Vater sprechen kann, muß ich zu ihr.»

«Dann mach ihn auf», sagte Mrs. Abney. «Schließlich heißt dringend nicht vertraulich.»

Gabriel steckte den Daumen unter die Klappe und schlitzte den Umschlag auf. Sie zog ein Blatt blaßrosa Briefpapier heraus und entfaltete es. Liniertes Papier mit dem briefmarkengroßen Bild einer Fee. Die Zeilen aus schwarzen, schiefen Druckbuchstaben sprangen sie an wie eine Schlagzeile mit einer schlechten Nachricht.

IHre FrAu haT In TreMEnhEere eIn
VErHälTnis miT IvAN AShbY. DAchTe,
sIe sOLLten dAS wiSsen
EIn WOhlMeinenDer FrEund

Ihr Herz hämmerte. Sie spürte, wie ihr das Blut aus dem Gesicht wich.

«Kannst du was damit anfangen?» fragte Mrs. Abney und legte den Kopf schief, um einen Blick darauf zu werfen.

Gabriel faltete den Brief schnell zusammen und steckte ihn in den Umschlag zurück, ehe Mrs. Abney ihn sehen konnte.

«Nein. Ja. Er ist... nicht von ihr. Ein Brief von jemand anderem. Aber sie ist an einem Ort namens Tremenheere.»

«Na also! Jetzt weißt du es.» Sie kniff die Augen zusammen. «Fehlt dir etwas? Du bist totenbleich geworden.»

«Nein, mir fehlt nichts, aber ich bin müde.» Sie steckte den abscheulichen Brief in die Jeanstasche. «Ich habe seit Stunden nicht mehr geschlafen. Wenn es Ihnen nichts ausmacht, gehe ich nach oben und lege mich hin.»

«Mach das. Dein Bett ist nicht bezogen, aber es ist gelüftet. Leg dich unter die Decke. Mach ein Nickerchen.»

«Ja. Sie sind lieb, Mrs. Abney. Es tut mir leid, daß ich so plötzlich aufgetaucht bin und Sie überrascht habe.»

«Es ist schön, daß du wieder hier bist. Schön, ein bißchen Gesellschaft zu haben, wenn alle fort sind. Dein Dad wird sich freuen, wenn er erfährt, daß du wieder da bist.»

Gabriel ging nach oben ins Wohnzimmer. Sie nahm den Telefonhörer ab und wählte eine Nummer. Ein Mann meldete sich. «Telefonauskunft.»

«Geben Sie mir bitte eine Nummer in Cornwall. Der

Name ist Haverstock. Leider weiß ich den Vornamen nicht. Und die Adresse ist Tremenheere.»

«Augenblick.»

Sie wartete. Er war ein fröhlicher Mann, der bei der Arbeit sang. «Wenn dunkle Wolken am Himmel sind, dann darfst du nicht seufzen, nicht weinen, mein Kind...»

Das Wohnzimmer war fast noch genauso, wie sie es in Erinnerung hatte. Dieselben Vorhänge, dieselben Sesselbezüge. Die Kissen, die ihre Mutter ausgesucht hatte. Ein paar neue Schmuckgegenstände, ein paar andere Bilder...

«Tremenheere. Ich hab's. Penvarloe zwei drei acht.»

Gabriel, einen Bleistift parat, schrieb es auf.

«Und es ist Mister...?»

«Nein, nicht Mister. Admiral. Admiral G. J. Haverstock.»

Sie wiederholte «Penvarloe», und dann, hilflos klingend: «Ach je.»

«Was ist denn?»

«Ich muß mit dem Zug dorthin. Ich frage mich, wo der nächste Bahnhof sein könnte.»

«Das kann ich Ihnen sagen.» Und er sagte es ihr.

«Woher wissen Sie das?»

«Meine Frau und ich waren letztes Jahr im Sommerurlaub dort.»

«Unglaublich.»

«Unglaublich ist das richtige Wort», sagte die fröhliche Stimme. «Hat die ganze verdammte Zeit geregnet.»

Sie ging aus dem Zimmer, sammelte ihre Sachen ein und schleppte sich nach oben. Auf dem ersten Treppenabsatz stellte sie die Reisetasche ab und ging in das Ankleidezimmer ihres Vaters. Es roch wie eh und je nach Pimentöl. Sie machte den Schrank auf, griff nach dem Ärmel eines

Tweedjacketts und hielt ihn sich an die Wange. Sie sah seine Lachsangel in der Segeltuchhülle, säuberlich in der Ecke verstaut; seinen offenen Sekretär mit seinem geordneten Chaos aus Papieren, Scheckabschnitten und ein paar Rechnungen, die darauf warteten, bezahlt zu werden. Auf der Kommode standen ein Foto von ihr, vor Jahren aufgenommen, und eine schreckliche Zeichnung, die sie einmal für ihn gemacht hatte. Außerdem stand dort ein Foto von... Laura? Kein Studioporträt, sondern ein vergrößerter Schnappschuß, zwanglos und lachend. Sie hatte eine Menge dunkles Haar, dunkle Augen und ein bezauberndes Lächeln. Sie sah so glücklich aus.

Ihre Frau hat in Tremenheere ein Verhältnis mit Ivan Ashby.

Gabriel ging hinaus und machte die Tür hinter sich zu. Sie zog die Reisetasche wieder hinter sich her und ging die letzte Treppe hinauf. *Dein Zimmer wird immer dort sein*, hatte er ihr versprochen. *Auf dich warten*. Sie machte die Tür auf und ging hinein. Ihr Bett, ihre Bücher, ihre Bären, ihr Puppenhaus. Der Beatrix-Potter-Fries um die Wände herum, die blauweißgestreiften Vorhänge.

Die Reisetasche fiel mit einem leisen Poltern zu Boden. Gabriel streifte die Schuhe ab, zog den Überwurf weg und ging ins Bett. Die Decken fühlten sich weich und warm an, tröstlicher als ein Laken. Sie starrte an die Decke, zu müde zum Schlafen.

Ihre Frau hat in Tremenheere...

Sogar zu müde zum Weinen. Sie schloß die Augen.

Später stand sie auf, nahm ein heißes Bad und zog andere Sachen an. Ein anderes Paar Jeans, ein anderes T-Shirt, ungebügelt aus der Reisetasche gezogen, aber wenigstens sauber. Sie nahm ihre Umhängetasche, schloß die

Haustür auf und ging um die Ecke zu der Bank, in der ihre Eltern immer Kunden gewesen waren. Sie bat um ein Gespräch mit dem Geschäftsführer, wies sich aus und durfte einen Scheck abheben. Sobald sie Geld hatte, merkte sie, daß sie heißhungrig war. Sie fand ein Lebensmittelgeschäft und kaufte frisches Brot, Butter, Milch, etwas Pâté und ein halbes Pfund Tomaten. In Abigail Crescent lud sie alles auf dem Küchentisch ab und nahm die improvisierte Mahlzeit zu sich. Es war jetzt fast halb vier. Sie ging ins Wohnzimmer, rief Paddington Station an und buchte einen Schlafwagenplatz im Nachtzug. Danach konnte sie nur noch warten.

Der Bahnhof war die Endstation der Bahnlinie. Auf den letzten paar Kilometern der Fahrt verliefen die Gleise am Meer entlang, und als Gabriel die Zugtür aufmachte und auf den Bahnsteig trat, schlug ihr der starke, salzige Geruch nach Seetang und Fisch entgegen, und über ihr flog ein Schwarm Möwen in der frischen Morgenbrise.

Die Bahnsteiguhr zeigte halb sieben. Gabriel ging den Bahnsteig entlang und hinaus auf den Vorplatz. Dahinter lag ein Hafen voller Fischerboote und kleiner Vergnügungsjachten. Am Taxistand standen drei Wagen aufgereiht. Sie ging zum ersten und bat den Fahrer, sie nach Tremenheere zu bringen.

«Haben Sie Gepäck?»

«Nur das hier.»

Er machte die Tür auf, sie stieg ein, und er zog die rote Reisetasche ins Auto.

«Ist es sehr weit?» fragte sie, als er die Straße hinter dem Bahnhof entlangfuhr und dann in die Richtung wendete, aus der der Zug gekommen war.

«Nein, nur etwa zwei Kilometer. Besuchen Sie den Admiral?»

«Kennen Sie ihn?»

«Nein, ich kenne ihn nicht. Weiß aber, wer er ist. Hat ein schönes Haus.»

«Ich hoffe, es ist nicht zu früh. Ich werde nicht erwartet.»

«Irgend jemand muß dasein.»

Sie hatten die Stadt schon hinter sich gelassen und fuhren auf einem kurvenreichen Weg einen Hügel hinauf, vorbei an kleinen Feldern, Farmen und viel wildem Rhododendron. Dann fuhren sie in ein Dorf. Schließlich gelangten sie an ein Tor, hinter dem ein sehr schönes elisabethanisches Steinhaus zu sehen war.

Sie hielten vor der Haustür, die eindeutig abgeschlossen war. Daneben hing ein schmiedeeiserner Klingelzug, aber der Gedanke, daran zu ziehen und ein Haus voller schlafender Menschen zu wecken, war Gabriel unerträglich.

«Setzen Sie mich einfach hier ab, ich warte.»

«Fahren wir auf die andere Seite, vielleicht ist dort jemand.»

Das Taxi fuhr vorsichtig weiter, unter einem Bogen hindurch und auf einen Hof auf der Rückseite des Hauses. Auch hier regte sich nichts. Gabriel stieg aus und zog die Reisetasche hinter sich her.

«Machen Sie sich keine Sorgen», sagte sie zu dem Fahrer. «Jetzt komme ich schon zurecht.»

Sie bezahlte und bedankte sich bei ihm. Er wendete das Auto und fuhr weg. Während sie dastand und überlegte, was sie als nächstes tun sollte, durchbrach das Knarren eines aufgehenden Fensters die Stille, und eine Männerstimme sagte: «Suchen Sie jemanden?»

Nicht im großen Haus, sondern im kleinen Haus gegenüber, auf der anderen Seite des Hofes. Zu beiden Seiten der Tür standen rosafarbene Geranien in Kübeln, und aus dem Fenster oben beugte sich ein Mann, die Unterarme auf den Steinsims gestützt. Er hätte völlig nackt sein können, aber Gabriel sah nur seine obere Hälfte.

«Ja», antwortete sie.

«Wen?»

«Mrs. Haverstock.»

«Sie haben die Wahl. Wir haben hier zwei Mrs. Haverstocks. Welche wäre Ihnen recht?»

«Mrs. Alec Haverstock.»

«Moment», sagte der nackte Mann, «ich komme herunter und lasse Sie herein.»

Gabriel trug die Reisetasche über den Hof und wartete. Sie brauchte nicht lange zu warten. Einen Augenblick später ging die Tür des kleinen Hauses auf – offenbar schloß er sie nie ab –, und er tauchte wieder auf, mit nackten Beinen und barfuß, ansonsten jedoch züchtig in einen blauen Frotteemantel gewickelt, dessen Gürtel er eben zuband. Er war unrasiert, und das blonde Haar stand in alle Richtungen ab.

«Hallo», begrüßte er sie.

«Ich fürchte, ich habe Sie geweckt.»

«Ja, das haben Sie, das heißt, es war das Taxi. Sie wollen zu Laura. Sie ist noch nicht auf. Vor neun läßt sich nie jemand blicken.»

Gabriel sah auf die Uhr. «O je...»

Er nahm ihre Reisetasche, trat beiseite und hielt die Tür auf. «Kommen Sie herein.»

«Aber wollen Sie denn nicht...?»

«Kommen Sie schon, es ist in Ordnung. Ich kann nicht

wieder ins Bett, selbst wenn ich wollte. Ich muß zur Arbeit…»

Gabriel sah den großen Raum, der offenbar allen Funktionen diente; die hübsche Mischung aus gescheuerter Kiefer und blauweißem Porzellan; sauber aufgereihte Töpfe über einem kleinen Elektrokocher; ein schwarzer Ofen, an den Sessel gerückt waren. Mitten im Raum stand ein Tisch mit einer braunen Vase voller Rosen darauf. Von der Decke hing an einem Faden ein rosa und roter Papiervogel.

«Was für ein hübscher Raum», sagte sie.

«Mir gefällt er.» Sie drehte sich zu ihm um. «Weiß Laura, daß Sie kommen?»

«Nein.»

«Wer sind Sie?»

«Gabriel Haverstock.» Er starrte sie an. «Alec ist mein Vater.»

«Aber Sie sind in Amerika.»

«Nein. Ich bin hier. Mein Vater ist jetzt in Amerika. Er ist am Mittwoch abend nach New York geflogen. Unsere Flugzeuge müssen sich mitten in der Nacht gekreuzt haben.»

«Er hat auch nicht gewußt, daß Sie kommen?»

«Nein.»

«Wie sind Sie hergekommen?»

«Mit dem Nachtzug aus Paddington.»

Er schien um Worte verlegen zu sein. «Das ist ja eine Wendung wie in einem Roman. Wollen Sie länger bleiben?»

«Ich weiß nicht. Das hängt davon ab, ob mich jemand zum Bleiben einlädt.»

«Sie klingen nicht sehr sicher.»

«Bin ich auch nicht.»

«Kennen Sie Gerald?»

«Mein Vater hat von ihm erzählt, aber ich kenne ihn nicht.»

«Also kennen Sie auch Eve nicht?»

«Nein, beide nicht. Und ich kenne Laura nicht.»

Er lachte, kratzte sich am Hinterkopf, das Inbild eines verblüfften Mannes. «Das kann ja reizend werden, wenn sich alle gegenseitig kennenlernen. Wir müssen aber noch warten, bis sie alle in die Gänge kommen. Möchten Sie frühstücken?»

«Frühstücken Sie?»

«Selbstverständlich. Sie glauben doch nicht etwa, ich gehe mit leerem Magen zur Arbeit?»

Er ging hinüber zu dem kleinen Kocher, schaltete ihn ein, machte den Kühlschrank auf und nahm ein Päckchen Schinken heraus. Gabriel zog sich einen Stuhl zurecht, setzte sich an den Tisch und beobachtete den Mann. Er sah, dachte sie, wunderbar zerzaust aus, wie eine Werbung für Eau Savage.

«Wo arbeiten Sie?» fragte sie.

«Ich habe Anteile an einer kleinen Möbelfabrik, oben im Moor in einem Ort namens Carnellow.»

«Wohnen Sie schon lange hier?»

«Erst ein Jahr.» Er stöpselte den Elektrokocher ein und steckte Brot in den Toaster. «Ich habe das Haus von Gerald gemietet. Es war früher eine Remise, aber er hat es umgebaut.» Er fand eine Dose und löffelte Kaffee in eine Emaillekanne. «Sie waren in Virginia, nicht wahr?»

«Ja. Aber ich war längere Zeit nicht mehr dort. Im letzten halben Jahr war ich auf den Jungferninseln und habe auf einer Jacht gewohnt.»

Er drehte sich um und grinste sie über die Schulter weg an. «Wirklich? Wie phantastisch. Der Traum eines Lotusessers. Sind Sie von dort gekommen?»

«Ja. Von Saint Thomas nach Saint Croix. Von Saint Croix nach San Juan. Von San Juan nach Miami, von Miami zum Kennedy-Flughafen, vom Kennedy-Flughafen nach London...»

«Von London nach Tremenheere.»

«Stimmt.»

Der Geruch nach knusprigem Schinken füllte den Raum, vermischt mit dem Aroma von Kaffee. Der Mann nahm Teller, Tassen und Untertassen aus einem Schrank, Messer und Gabeln aus einer Schublade. Er lud alles auf dem Tisch ab. «Seien Sie ein braves Mädchen und decken Sie den Tisch, ja?» Er ging zum Kocher zurück. «Ein Ei oder zwei?»

«Zwei», sagte Gabriel, die sich wieder ausgehungert fühlte. Sie verteilte das Porzellan und das Besteck.

«Was brauchen wir noch?» fragte er.

Sie versuchte, sich an das traditionelle britische Frühstück zu erinnern. «Marmelade? Honig? Porridge? Nieren? Reis mit Fisch und Eiern?»

«Übertreiben Sie's nicht!»

«Dann also Butter.»

Er fand welche im Kühlschrank, ein gelbes Stück auf einem Keramikteller, stellte es auf den Tisch und kehrte zum Kocher zurück. «Wie waren die Jungferninseln?» fragte er.

«Voller Moskitos.»

«Das soll wohl ein Witz sein!»

«Aber auf See war es wunderbar.»

«Wo war Ihr Heimathafen?»

«Saint Thomas.»

«Wohin sind Sie gesegelt?»

«Überallhin. Saint John. Virgin Gorda…» Seine Rückansicht war die attraktivste Rückansicht, die sie je gesehen hatte, sogar im Bademantel und mit abstehendem Haar. Er hatte wunderschöne, geschickte Hände… «Norman Island.»

«Norman Island. Klingt wie ein Friseur.»

«Die Schatzinsel. Sie wissen schon. Robert Louis Stevenson.»

«War er dort?»

«Er muß dort gewesen sein.»

Er häufte Schinken und Eier auf zwei Teller und brachte sie zum Tisch. «Ist das genug für Sie?»

«Mehr als genug.»

«Ich kann noch mit Tomaten aufwarten. Wenn Sie Pilze und Nieren wollen, müssen Sie warten, bis ich zum Postamt im Dorf gestürzt bin.»

«Ich will sonst nichts.»

«Aber Kaffee?»

«Himmlisch.»

Er setzte sich ihr gegenüber. «Erzählen Sie mehr von Norman Island.»

«Da gibt es nichts weiter zu erzählen.»

«Banyanbäume und weiße Strände.»

«Sie haben es erfaßt.»

«Warum sind Sie abgereist?»

Gabriel nahm die Gabel in die rechte Hand, sah, daß er sie beobachtete, verlagerte die Gabel in die linke Hand und griff mit der rechten nach dem Messer.

«Transatlantische Sitten», bemerkte er.

«Wie vergeßlich von mir. Jetzt bin ich in Großbritannien.»

«Wir sind durch eine gemeinsame Sprache getrennt.»

«Aber Sie machen großartige Eier mit Schinken.»

«Warum sind Sie abgereist?»

Sie sah auf ihren Teller hinunter, zuckte die Achseln. «Zeit, nach Hause zu kommen, nehme ich an.»

Es war ein köstliches Frühstück, aber er trödelte nicht herum. Mit der zweiten Tasse Kaffee in der Hand sagte er Gabriel, er müsse nach oben und sich rasieren. Aber ehe er das tat, machte er die Tür auf, sah nach der morgendlichen Lage im großen Haus.

«Keine Bewegung. Nichts rührt sich. Es ist erst halb neun. Es wird noch eine halbe Stunde dauern, bis ein Gesicht am Fenster auftaucht.» Er kam in den Raum zurück und ließ die Tür offen. Sonnenschein fiel auf den Hof. Er bildete ein langes, goldenes Rautenmuster auf dem gescheuerten Boden. «Können Sie sich selbst um sich kümmern, während ich nach oben gehe und mich anziehe?»

«Natürlich.»

«Sie brauchen nicht abzuwaschen –» er ging zu der offenen Treppe –, «aber es wäre nett, wenn Sie es täten.»

«Ich weiß gar nicht, wer Sie sind», sagte Gabriel.

Auf halbem Weg nach oben drehte er sich um, sah mit Augen, die so leuchtend blau waren wie Kolibrifedern, wie das Wasser der Caneel Bay oder Ehrenpreis, zu ihr herunter.

«Entschuldigung, habe ich Ihnen das nicht gesagt? Eve ist meine Mutter.»

«Aber ich weiß trotzdem noch nicht, wie Sie heißen.»

«Ivan Ashby.»

Er verschwand oben. Sie hörte seine Schritte. Dann schaltete er das Radio ein, fröhliche Frühmorgenmusik. Wasser lief aus einem Hahn in ein Becken.

Ivan Ashby.

Gabriel stieß ihren Stuhl zurück, sammelte das Frühstücksgeschirr ein und trug es zur Spüle. Sie wusch alles ab und stellte es ordentlich zum Trocknen auf ein Gestell. Als das erledigt war, ging sie auf den Hof hinaus. Über ihr flatterte ein Schwarm weißer Tauben, setzte sich auf die ausgebleichten Fliesen eines Taubenschlags. Im großen Haus rührte sich nichts. Die Vorhänge eines Fensters im ersten Stock waren noch zugezogen.

Aber im Hof stand noch ein Cottage, und das war schon aufgewacht. Rauch wehte aus dem Kamin, und die Tür stand offen. Während Gabriel hinschaute, tauchte eine Gestalt im Türrahmen auf, eine junge Frau in einem langen dunklen Rock und einem weißen Gewand, das wie ein Ministrantenchorhemd aussah, hie und da mit schmutziger Spitze besetzt. Sie blieb stehen, genoß die warme Frische des Sommermorgens und setzte sich dann anmutig auf die Schwelle in die Sonne.

Spannend. Eine junge Frau, die um acht Uhr morgens aus dem Haus kam und sich einfach hinsetzte und nichts tat, war eine bezaubernde Entdeckung.

Was frommt uns schon ein Leben aus Geschäftigkeit,
zum staunend Innehalten bleibt uns keine Zeit.

Gabriel hielt staunend inne. Die junge Frau merkte, daß sie beobachtet wurde, schaute auf und sah sie.

«Hallo», sagte sie.

«Hallo», sagte Gabriel.

«Schöner Morgen.»

«Ja.» Sie ging auf das Cottage zu. «Sie hatten die richtige Idee.»

Die Frau war noch ganz jung, mit einem kleinen Kopf, der durch eine krause Mähne aus hellem Haar riesig wirkte. Sie hatte nackte Füße, mit Ringen überzogene Hände. «Wo kommen Sie denn her?» fragte sie Gabriel.

«Ich bin eben erst angekommen. Heute morgen mit dem Zug.»

Gabriel war neben sie getreten. Die junge Frau rückte ein Stück zur Seite und machte Platz, und Gabriel setzte sich neben sie.

«Ich bin Drusilla», sagte die junge Frau.

«Ich bin Gabriel.»

«Länger hier?»

«Ich hoffe es.»

«Dann willkommen im Club!»

«Wohnen Sie hier?»

«Ja. Ich habe ein Baby im Haus. Er ist noch nicht aufgewacht, deshalb sitze ich hier. Schön, mal ein bißchen Frieden zu haben.»

«Wie lange wohnen Sie schon hier?»

«Ach, etwa zwei Monate. Vorher war ich in Lanyon. Aber ich bin schon etwa ein Jahr in diesem Teil der Welt.»

«Arbeiten Sie hier?»

«Nein, ich arbeite nicht. Ich kümmere mich nur um Josh. Ich bin Flötistin», fügte sie hinzu.

«Wie bitte?»

«Flötistin. Ich spiele Flöte.»

«Wirklich?» Es wurde immer spannender. «Beruflich?»

«Stimmt. Beruflich. Hab mal in einem Orchester in Huddersfield gespielt – das ist meine Heimatstadt –, aber dann ging dem Orchester das Geld aus, und seither habe ich nicht mehr richtig gearbeitet. Ich bin nach London gegangen, um mir dort Arbeit zu suchen, aber ich hatte kein Glück.»

«Und was haben Sie gemacht?»

«Ich habe einen Mann kennengelernt, Kev. Er war Maler. Er hatte eine kleine Wohnung in Earls Court, also bin ich für eine Weile zu ihm gezogen. Da er in London auch nicht viel Glück hatte, beschlossen wir, hierherzukommen. Ein paar Kumpel von ihm waren schon hier, und sie haben uns geholfen, was zum Wohnen zu finden. Wir haben ein kleines Haus in Lanyon gekriegt, draußen auf dem Moor, aber es war nichts Besonderes. Mit dem hier nicht zu vergleichen. Es hatte nicht mal ein Klo.»

«Wie alt ist Ihr Baby?»

«Zehn Monate.»

«Und … sind Sie noch mit Kev zusammen?»

«Himmel, nein. Er ist abgehauen. Zurück nach London. Ich mußte raus aus dem Cottage – der Mann, dem es gehört, wollte mich nicht allein dort wohnen lassen. Ich hätte die Miete sowieso nicht bezahlen können.»

«Was haben Sie gemacht?»

«Viel konnte ich nicht machen, nicht wahr? Bin ausgezogen. Mathie Thomas – kennen Sie Mathie Thomas?»

«Ich kenne hier niemanden.»

«Er hat mich für ein paar Nächte aufgenommen, und dann hat Ivan das Haus hier für mich gefunden. Ivan ist Mathies Partner.»

«Er hat mir eben Frühstück gemacht.»

«Wirklich?» Drusilla lächelte. «Ist er nicht umwerfend? Ich halte ihn für einen wunderbaren Menschen. Kann ihn wirklich gut leiden und hätte nichts dagegen, jederzeit mit ihm was anzufangen.»

«Seine Mutter...?»

«Eve? Sie ist auch ein wunderbarer Mensch. Und der Admiral. Kennen Sie den Admiral?»

«Ich habe Ihnen doch gesagt, ich kenne niemanden.»

«Wir sind eine richtige Kommune, das kann ich Ihnen sagen.» Gabriel hatte Drusilla in einer redseligen Stimmung angetroffen. «Da ist auch noch eine alte Nanny, älter als Gott und doppelt so übellaunig.» Sie dachte darüber nach. «Nein –» sie zog die Nase kraus –, «das ist nicht fair. Sie ist keine miese Alte. Sie fährt jeden Mittwoch nach Truro, das ist ihr freier Tag, und ich habe sie gebeten, eine Flasche Ribena für Josh zu besorgen, weil ich das auf dem Postamt nicht kriege, und sie ist mit einem kleinen Kaninchen für ihn zurückgekommen. Kein richtiges Kaninchen, ein Spielzeug, mit einem Band um den Hals. So ein Spielzeug hat er noch nie gehabt. Ich habe das richtig nett von ihr gefunden. Aber ihr Gesicht, als sie es überreicht hat! Wie eine verschrumpelte Pflaume. Es stimmt schon, manche Leute sind seltsam. Niemand ist so wunderlich wie alte Leute.»

«Wer ist sonst noch hier?»

«Laura. Irgendwie mit dem Admiral verwandt. Zum Auskurieren hier. Sie hat eine Operation hinter sich. Wohnt aber nicht ständig hier. Nur auf Besuch. Und dann gibt es verschiedene Statisten. Die kommen und gehen, Sie wissen schon. Da ist der Gärtner und seine Frau – sie hilft manchmal im Haus. Und eine Frau namens Mrs. Marten, die im Dorf wohnt, aber ich kann sie nicht ausstehen.»

«Hilft sie auch im Haus?»

«Himmel, nein. Sie ist eine Freundin von Eve. Ich halte sie für ein hochnäsiges Luder. Sie hat noch nie ein gutes Wort für mich übriggehabt, sieht Josh nie auch nur an.

Und es vergeht kein Tag, an dem sie nicht aus irgendeinem Grund hier ist. Sie nützt es aus. Sie wissen schon.»

Gabriel, die gar nichts wußte, aber diesen Strom faszinierender Information nicht abreißen lassen wollte, nickte.

«Um die Wahrheit zu sagen, ich glaube, sie hat was dagegen, daß ich hier bin, weil sie hier Henne im Korb sein will. Vorgestern abend war sie auf einen Drink hier... Alle saßen draußen vor Ivans Haus und tranken Champagner, und der Admiral hat mich eingeladen, mich zu ihnen zu setzen. Aber als ich gesehen habe, daß sie auch da ist, habe ich gesagt, ich will nicht, bin ins Haus gegangen und habe die Tür zugemacht. Und sie haben tatsächlich Champagner getrunken. Dagegen hätte ich nichts gehabt...»

Sie brach ab. Hinter ihnen, im Haus, heulte ein Kind entrüstet auf, das eben aufgewacht war und sich im Stich gelassen fühlte.

«Das ist Josh», sagte Drusilla, stand auf und ging hinein. Einen Augenblick später kam sie mit dem Baby auf den Armen zurück. Sie setzte sich und stellte ihn auf den dikken nackten Füßen zwischen ihre Knie. Er trug ein eingelaufenes Nachthemd und war ungeheuer dick und braun, mit wenig Haar und schwarzen Augen wie Stiefelknöpfe.

«Na, wer ist mein Schatz?» fragte Drusilla ihn zärtlich und drückte ihm einen Kuß auf den dicken Nacken.

Er nahm sie nicht zur Kenntnis, weil er mit Gabriel beschäftigt war. Nach einer Weile lächelte er und ließ ein paar kleine Zähne sehen. Gabriel streckte die Hand aus, und er umklammerte ihren Finger und wollte ihn in den Mund stecken. Als sie das nicht zuließ, brüllte er vor Wut, und Drusilla beugte sich über ihn, küßte ihn wieder, hielt ihn fest, schaukelte ihn träge hin und her.

«Haben Sie...?» fragte Gabriel. «Als Sie ein Kind bekamen, haben Sie da je an eine Abtreibung gedacht?»

Drusilla schaute auf, rümpfte angewidert die Nase.

«Himmel, nein. Was für ein grausiger Gedanke. Josh nicht bekommen?»

«Ich bekomme ein Kind», sagte Gabriel.

«Wirklich?» Drusillas Stimme klang nicht nur begeistert, sondern auch interessiert. «Wann?»

«Das ist noch eine Ewigkeit hin. Ich meine, ich habe eben erst gemerkt, daß ich ein Kind bekomme. Sie sind der erste Mensch, dem ich es sage.»

«Das kann nicht Ihr Ernst sein.»

«Sie sagen nichts, nicht wahr?»

«Ich sage kein Wort. Wissen Sie, wer der Vater ist?»

«Ja, natürlich.»

«Weiß er es?»

«Nein. Und er wird es auch nicht erfahren.»

Drusilla lächelte anerkennend. Diese unabhängige Einstellung war ganz nach ihrem Herzen.

«Gut für Sie», sagte sie.

May lag im Bett, ihr Gebiß in einem Glas neben ihr, und wachte vom leisen Stimmengemurmel unter ihrem Fenster auf. Gestern abend hatte sie sich eine Weile mit ihrem Album beschäftigt, hatte ein paar schöne Bilder hineingeklebt, und hatte dann ferngesehen, bis nichts mehr kam. Aber im Alter stellte sich der Schlaf nicht mehr so leicht ein, und der neue Tag dämmerte, ehe sie schließlich wegsackte. Jetzt...

Sie streckte die Hand aus, fand ihre Brille und setzte sie tastend auf. Die Uhr zeigte Viertel vor neun. Wie sich die Zeiten geändert hatten. Früher war sie um halb sieben aufgestanden und manchmal zeitiger, wenn ein Baby gefüttert werden mußte. Die Stimmen murmelten weiter und klangen in Mays Ohren angenehm. Sie fragte sich, wer das sein mochte.

Nach einer Weile stieg sie aus dem Bett, setzte ihr Gebiß ein und zog ihren Morgenmantel über. Sie ging zum Fenster und zog die Vorhänge auf. Unten lag der Hof in der Sonne eines weiteren schönen Tages. Vor Drusillas Cottage saß Drusilla mit Joshua, neben ihr eine junge Frau. Zweifellos eine ihrer merkwürdigen Freundinnen.

Sie beugte sich nicht aus dem Fenster; das war nicht Mays Art. Sie beobachtete die Gruppe. Die Neue trug Hosen, hatte Haare, die gefärbt aussahen. May schürzte ihre Lippen und rückte ihr Gebiß zurecht. Sie sah Ivan aus seinem Haus kommen und über den Hof auf die beiden Frauen zugehen.

«Schon jemand auf?» fragte sie. May machte das Fenster auf. «Ich bin auf», sagte sie zu ihm. Er blieb stehen und schaute nach oben. «Morgen, May.»

«Was macht ihr denn alle da unten?» wollte May wissen

«May, sei ein Engel und schau nach, ob meine Mutter wach ist. Jetzt. Ich muß zur Arbeit fahren und will mit ihr sprechen, ehe ich abfahre.»

«Ich muß mich erst anziehen.»

«Keine Zeit. Geh gleich. Du siehst im Morgenmantel umwerfend aus.»

May war empört. «Laß mich in Ruhe.» Aber sie machte das Fenster zu und ging ins Zimmer zurück. Sie fand ihre Hauspantoffeln und schlüpfte hinein, ging hinaus und den Flur entlang. Vor dem Schlafzimmer von Gerald und Eve blieb sie stehen und lauschte. Sie redeten miteinander.

Eve saß im großen, gepolsterten Bett, einen Schal um die

Schultern, und trank Tee. Gerald, schon angezogen, saß auf der Chaiselongue und band sich die Schnürsenkel zu. Ermutigt durch das schöne Wetter versuchte Eve, ihn zu einem Picknick am nächsten Tag zu überreden. «... wir könnten nach Gwenvoe fahren und an den Klippen spazierengehen. Ich war schon eine Ewigkeit nicht mehr da, und dort gibt es keine Leute, die dir Sand ins Gesicht werfen. Sag doch, daß du mitkommst. Ich glaube, wir sollten alle mal raus aus dem Haus...»

Es klopfte. Eve bekam sofort Angst. Seit dem Brief hatte sie ständig Angst, und das wurde noch schlimmer, als Mays Gesicht im Türspalt erschien. «May, was ist?»

«Ivan will dich sprechen. Er ist draußen im Hof.»

«Ivan? Was ist passiert? Was ist los?»

«Ich glaube nicht, daß etwas passiert ist. Er hat nur gesagt, er will mit dir sprechen, ehe er in die Fabrik fährt. Drusilla ist auch draußen und noch eine junge Frau... muß eine Freundin von Drusilla sein. Hat gefärbte Haare.»

«Lieber Himmel», sagte Eve.

«Ivan sagt, du sollst kommen.»

«Danke, May. Ich bin gleich da.»

Die Tür schloß sich. «Gerald, warum muß ich zu Ivan und zu einer Frau mit gefärbten Haaren?»

«Mach kein so besorgtes Gesicht. Es klingt interessant. Ich komme mit.»

«Ich denke dauernd, daß etwas Schreckliches passieren wird...»

«Das darfst du nicht denken.» Sie schlug die Decke zurück, stieg aus dem Bett und warf den Schal ab. Gerald stand auf und half ihr in den hellblauen, gesteppten Morgenmantel.

«Was meinst du», sagte er, «gehört die Frau mit den gefärbten Haaren zu Drusilla oder zu Ivan?«

Wider Willen mußte Eve lächeln. «Oh, sag doch nicht solche Sachen!»

«Weißt du, Tremenheere war sehr langweilig, bis ich dich geheiratet habe. Ich hoffe, sie ist nicht noch eine lahme Ente.»

«Eine lahme Ente mit gefärbtem Haar?»

«Die Phantasie überschlägt sich», sagte Gerald.

Sie gingen gemeinsam die Hintertreppe hinunter und durch die Küche. Der Tisch war für drei zum Frühstück gedeckt. Lauras Tablett stand auf der Anrichte. Gerald entriegelte die Hintertür und machte sie auf.

«Wir haben schon gedacht, ihr kommt nie», sagte Ivan zu ihnen.

«Was ist denn so dringend?» fragte Gerald. Eve schaute über seine Schulter und sah Drusillas Freundin. Sie war groß und schlank und langbeinig. Das Gesicht braun, das Haar strohfarben. Sie hatte, wie Eve bemerkte, erstaunlich schöne graue Augen.

Von der Schwelle ihres Cottages aus sahen Drusilla und ihr Baby zu.

«Wißt ihr, wer das ist?» fragte Ivan. Es sah Ivan nicht ähnlich, derart idiotische Fragen zu stellen. Woher sollten sie und Gerald wissen, wer das war? Eve schüttelte den Kopf.

«Gabriel», sagte Ivan.

Lucy ging es nicht gut. Mitten in der Nacht hatte sie Laura geweckt, auf den Hinterbeinen neben dem Bett gestanden, an der Decke gekratzt und jämmerlich gejault. In der stillen Dunkelheit hatte Laura sie die Treppe hinuntergetragen, die Haustür entriegelt und Lucy in den Garten gebracht, wo sie sich prompt übergeben hatte. Oben im Zimmer hatte sie gierig aus dem Wassernapf getrunken, war dann wieder in ihr Körbchen gegangen und hatte sich unter der Decke eingewühlt, um warm zu werden.

Als Laura aufwachte, lag Lucy noch dort. Nur das Gesicht war zu sehen, mit dunklen, vorwurfsvollen Augen und hängenden seidigen Ohren.

«Wie fühlst du dich?» fragte Laura, aber Lucy regte sich beim Klang ihrer Stimme nicht. Sie seufzte, legte das Kinn auf dem Korbrand und sah noch jämmerlicher aus.

Sie mußte etwas Übles gefressen haben. So hübsch sie aussah, sie fraß schrecklich gern verdorbenes Zeug. Vielleicht hatte sie den Komposthaufen entdeckt oder einen vergammelten Knochen ausgegraben.

Laura sah auf die Uhr. Es war fast neun und wieder ein schöner Morgen. Eigentlich war es eine Sünde, noch im Bett zu liegen, aber Eve erlaubte ihr nicht, nach unten zu kommen, ehe sie gefrühstückt hatte. Eve bestand darauf, ihr das Frühstück auf einem Tablett heraufzubringen. Laura hatte sich jetzt so gut erholt, daß sie gern mit den anderen in der Küche gefrühstückt und Eve den Gang nach oben erspart hätte, aber Eve genoß es so, sie zu verwöhnen, daß es ungezogen gewesen wäre, es nicht mit guter Miene hinzunehmen.

Nach einer Weile stand sie auf, putzte sich die Zähne, bürstete sich das Haar und dachte an Alec in New York. Sofort bekam sie wieder Schuldgefühle. Sie hatte ihm geschrieben, per Luftpost, hatte sich entschuldigt und versucht, es ihm zu erklären, aber irgendwie drückte der Brief nicht recht aus, was sie sagen wollte, und sie hatte sich nicht besser gefühlt, nachdem sie ihn aufgegeben hatte.

Wenn Alec nach Tremenheere kam, um sie abzuholen, würde es besser sein. Sie würde damit aufhören, so zurückhaltend zu sein. Sie würde damit aufhören, sich höflich über Daphne Boulderstone zu äußern. Vielleicht würde sie herausfinden, daß Alec über Daphne genauso dachte wie sie, seine Gefühle aber nie in Worte gefaßt hatte, und dann würden sie gemeinsam lachen, und alles wäre gut.

Sie hockte sich neben Lucys Körbchen, berührte den Kopf des kleinen Hundes und legte den Handrücken an Lucys Nase, die warm und fiebrig war. Sie hörte Eves Schritte von der Hintertreppe her über den Flur kommen und dann ein leichtes Klopfen an der Tür.

«Eve, ich bin auf.»

Eve kam mit dem Frühstückstablett herein. Sie trug noch den Steppmantel und sah fröhlicher aus als seit Tagen.

Sie stellte das Tablett auf dem Bett ab und sagte: «Fühlst du dich stark?»

Laura stand auf. «Warum?»

«Wirklich stark? Einer Überraschung gewachsen? Einer wunderschönen Überraschung.»

Eine wunderschöne Überraschung. Sie konnte nur an Alec denken. Aber es war nicht Alec, der Eve durch die Tür folgte und dort stehenblieb, nicht direkt lächelnd, sondern mit geheimnisvoller, ein bißchen mißtrauischer Miene. Es war ein junges Mädchen mit kurzem, gebleichtem Haar und riesigen grauen Augen, die Lauras Blick unverwandt begegneten.

Niemand sagte etwas, und es war Eve, die das Schweigen brechen mußte.

«Laura, das ist Gabriel. Alecs Gabriel.»

«Aber woher kommst du?«

«Saint Thomas. Von den Jungferninseln.»

Eve war gegangen, und sie saßen auf dem großen Bett, Gabriel mit unter sich gezogenen Beinen, den Rücken gegen das riesige Messingbettgestell gelehnt.

«Hast du deinen Vater angetroffen?»

«Nein. Er war schon nach New York geflogen.» Sie fuhr fort, erklärte genau, was geschehen war. Ihre Reise kam Laura wie ein Alptraum vor, aber Gabriel schien sie gut verkraftet zu haben. Sie war nach Islington gefahren, hatte mit Mrs. Abney gesprochen, einen Tag in London verbracht und war dann nach Tremenheere gekommen.

Sie war nach Tremenheere gekommen, nicht weil sie Alec sprechen wollte, sondern Laura. Es war Gabriel, und sie war wieder zu Hause. Sie war ein Mensch, ein junges Mädchen, eine Tochter, und sie saß auf Lauras Bett. Kein Name mehr, den niemand erwähnte. Kein Foto mehr, keine Zeichnung, kein verlassenes Dachbodenzimmer, gefüllt mit den Sachen eines Kindes. Sie war hier. In Reichweite. Gabriel.

«Wir müssen Alec sofort Bescheid sagen, daß du gekommen bist.»

«Nein, tu das nicht», sagte Gabriel. «Er würde sich nur Sorgen machen, und es gibt keinen Grund zur Sorge. Eve hat gesagt, er kommt, um dich abzuholen, also überraschen wir ihn dann. Es sind nur noch ein paar Tage. Halten wir es vor ihm geheim.»

«Aber du mußt nicht nach Amerika zurück?»

«Nein, ich muß nicht zurück.»

«Aber… was hast du vor?»

«Ich habe gedacht, vielleicht bleibe ich in England.»

«Aber das wäre *wunderbar*. Ich kann mir nichts Schöneres vorstellen. Und Alec... oh, Gabriel, du hast ihm so gefehlt. Ich weiß, wie sehr du ihm gefehlt hast.»

«Ja.» Gabriel stand vom Bett auf und stellte sich ans Fenster, Laura den Rücken zugewandt. «Wie himmlisch es hier ist. Es gibt sogar Palmen. Es ist, als wäre ich wieder auf den Westindischen Inseln.» Sie wandte den Kopf und sah Lucy im Körbchen. «Ist das dein Hund?» Sie ging neben Lucy in die Hocke.

«Ja. Aber es geht ihr nicht gut. Heute nacht war ihr schlecht. Zum Glück hat sie es gemeldet, und ich habe sie rechtzeitig in den Garten gebracht. Sie muß etwas Schlechtes gefressen haben. Sie heißt Lucy.»

Während sie Gabriel beobachtete, wurde ihr klar, was sie beunruhigte. «Gabriel, wie hast du mich gefunden? Woher hast du gewußt, daß ich hier bin, in Tremenheere?»

«Oh.» Gabriel beugte sich vor, um Lucy zu streicheln. «Mrs. Abney wußte es. Sie hat es mir gesagt.»

«Alec muß es ihr gesagt haben, ehe er nach New York geflogen ist.»

«Ja», sagte Gabriel, «so muß es gewesen sein.» Sie richtete sich auf. «Ich gehe nach unten. Eve hat mir eine Tasse Kaffee versprochen. Ich lasse dich in Ruhe frühstücken. Dein gekochtes Ei wird steinhart, wenn du es nicht bald ißt.»

«Wenn ich hinunterkomme», sagte Laura, «müssen wir reden. Ich will dich so vieles fragen.»

«Klar. Wir setzen uns in den Garten und schwatzen.»

Gabriel machte die Tür hinter sich zu und ging zur großen Treppe. Dort blieb sie stehen, zögernd, dann steckte sie die Hand in die Jeanstasche und holte den zerknitterten braunen Umschlag heraus. *Ihre Frau hat in Tremenheere ein Verhältnis mit Ivan Ashby.*

Innerlich stark und jung, mit der Unverwüstlichkeit und Aufgeschlossenheit ihrer Generation, war Gabriel schockiert gewesen über die böse Absicht des Briefes, aber nicht über die Anschuldigung. Jetzt hatte sie innerhalb von zwei Stunden seit ihrer Ankunft in Tremenheere sowohl Ivan als auch Laura kennengelernt. Einen fast erschreckend attraktiven Mann, dem fast alles zuzutrauen war. Aber eine Frau, die völlig unschuldig aussah und sich auch so benahm, naiv in ihrer offenen Freude über Gabriels Auftauchen. Sie hätte angesichts einer unbekannten Stieftochter ohne weiteres mißtrauisch, argwöhnisch oder sogar eifersüchtig reagieren können, aber ihrer strahlenden Freude war nichts von diesen Emotionen anzumerken gewesen, und ihre Aufrichtigkeit war ehrlich und klar.

Zum erstenmal regte sich in Gabriel ein Verdacht. Zum erstenmal ging ihr durch den Kopf, es sei möglich, daß der Brief völlig verlogen war. Falls das so war, wer haßte dann Laura und Ivan so sehr, daß er sich eine derart gefährliche Verleumdung aus den Fingern gesogen hatte?

Sie ging nach unten. Als sie durch die gebohnerte Diele ging, öffnete sich die Küchentür, und Gerald kam heraus, die Zeitung in der Hand. Er sah Gabriel nicht, sondern ging in die andere Richtung, den Flur entlang.

«Gerald.»

Er drehte sich um, und sie ging auf ihn zu. «Könnte ich dich einen Augenblick sprechen?»

Er führte sie in sein Arbeitszimmer, einen hübschen Raum, der nach Zigarren roch, Büchern und Holzasche.

«Liest du hier immer Zeitung?»

«Ja.» Er war ein sehr gut aussehender Mann. «Dann bin ich aus dem Weg. Setz dich, Gabriel.»

Sie setzte sich nicht in den Sessel, auf den er deutete, sondern auf einen Stuhl, so daß sie sich an seinem Schreibtisch gegenübersaßen.

«Ihr seid so nett zu mir...» sagte sie. «Es tut mir leid, daß ich mich nicht bei euch angemeldet habe, aber die Zeit war zu knapp.»

«Es ist uns ein Vergnügen. Ein Vergnügen, daß du gekommen bist. Übrigens auch ein Vergnügen, dich kennenzulernen.»

«Ich habe Laura eben erzählt, daß Mrs. Abney – das ist die Hausmeisterin in Islington –, daß sie mir gesagt hat, wo ich Laura finde. Aber das ist nicht wahr.»

«Woher hast du dann gewußt, wo sie ist?»

«Ich habe das hier aufgemacht», antwortete sie und legte den Umschlag auf den Tisch.

Gerald lehnte sich im Stuhl zurück und rührte sich nicht. Er saß da, sah den braunen Umschlag an, schaute dann auf und in Gabriels Augen. Seine Miene war ernst. Er sagte: «Ich verstehe.»

«Was verstehst du?»

«Es ist schon ein ähnlicher Brief gekommen. An eine Freundin von uns im Dorf... ein anonymer Brief.»

«Das ist auch einer. Ich habe ihn aufgemacht, weil ich den Poststempel von Truro gesehen und gewußt habe, daß Laura irgendwo in Cornwall ist. Mrs. Abney und ich haben gedacht, das geht in Ordnung.»

«Hast du den Brief Mrs. Abney gezeigt?»

«Nein. Ich habe ihn niemandem gezeigt.»

Er seufzte tief und griff nach dem Umschlag. «Er ist in Truro aufgegeben worden, am Mittwoch.»

«Ja, ich weiß.»

Er nahm den Brief heraus und las ihn. Dann stützte er

den Ellbogen auf den Schreibtisch und legte die Hand vors Gesicht. «O Gott.»

«Es ist scheußlich, nicht wahr?»

«Du hast mit Ivan gefrühstückt. Hast du etwas zu ihm gesagt?»

«Nein, natürlich nicht. Auch nicht zu Laura. Nur zu dir. Du bist der erste Mensch, dem ich den Brief gezeigt habe.»

«Was bist du doch für ein gutes Kind.»

«Wer hat ihn geschrieben?»

«Das wissen wir nicht.»

«Aber was ist mit dem anderen? Seid ihr dem ersten Brief nicht nachgegangen?»

«Nein. Aus gewissen... Gründen... haben wir nichts unternommen. Wir haben gehofft, daß kein zweiter Brief kommt. Jetzt glaube ich allmählich, daß wir einen Fehler gemacht haben.»

«Aber es ist kriminell, so etwas zu schreiben. Es ist ein Verbrechen.»

«Gabriel, daran ist kein wahres Wort. Das weißt du, nicht wahr?»

«Ich war mir nicht sicher. Aber woher sollen wir wissen, daß es nicht wahr ist?»

«Weil ich Ivan kenne, weil ich Laura kenne. Glaub mir. Ich lebe schon lange genug, und ich habe soviel Menschenkenntnis, daß ich es genau wüßte, wenn sich unter meinem Dach etwas Heimliches tut, wie es dieser Brief unterstellt. Ivan ist mein Stiefsohn, nicht immer besonders diskret oder vernünftig, aber er wäre nie so närrisch oder so mies, Alecs Frau zu verführen. Was Laura anlangt –» er breitete die Hände aus –, «du hast sie kennengelernt. Kannst du dir vorstellen, daß sie so etwas tun könnte?»

«Nein», gab Gabriel zu. «Das habe ich mir auch schon überlegt. Aber es muß doch irgendeinen Anhaltspunkt geben...»

«Oh, ein paar gemeinsame Ausflüge. Zu einem Antiquitätenladen... ein Picknick. Ivan ist ein netter Mensch. Er genießt die Gesellschaft jeder attraktiven Frau, aber im großen und ganzen steckt hinter seinen Absichten reine Herzensgüte. Und das hat ihm im Verlauf der Jahre schon großen Ärger eingebracht, das kann ich dir sagen.»

Gabriel lächelte. Es war, als fiele ihr ein Stein vom Herzen, als sie hörte, in was für glühenden Farben Ivan geschildert wurde, auch wenn er Geralds Stiefsohn und Gerald bestimmt etwas voreingenommen war.

«Was unternehmen wir?»

«Vielleicht sollten wir uns mit deinem Vater in Verbindung setzen.»

«Nein, das dürfen wir nicht.»

«Nicht einmal, um ihm zu sagen, daß du hier bist?»

«Das soll eine Überraschung sein. Schließlich hat er mich sechs Jahre lang nicht gesehen und glaubt, ich bin noch in Virginia... Schließlich ist er ja nicht in Sorge um mich.»

«Mir wäre wohler, wenn wir es ihm sagen würden.»

«O nein. Bitte nicht. Falls es euch nichts ausmacht, wenn ich bleibe, bis er kommt, wäre es mir lieber so.»

Gerald gab nach. «In Ordnung.»

«Aber ich weiß immer noch nicht, was du wegen des Briefs unternehmen willst.»

«Könntest du das mir überlassen?»

«Ich glaube, wir sollten die Polizei informieren.»

«Das werde ich, wenn es sein muß, aber Eve zuliebe würde ich es lieber lassen.»

«Was hat Eve damit zu tun?»

«Alles», sagte er. «Ich erkläre es dir ein andermal. Nach dem ersten Brief war sie krank vor Sorge, aber sie sieht jetzt besser aus als seit Tagen, und ich hoffe, dein unerwartetes Auftauchen hat die Sache aus ihrem Kopf verdrängt. Ich glaube, im Augenblick solltest du es auch verdrängen. Du bist nicht mehr dafür verantwortlich. Amüsier dich doch. Setz dich im Garten in die Sonne. Geh zu Laura und freunde dich mit ihr an.»

Als sie gegangen war, las er den Brief noch einmal, dann schob er ihn in den Umschlag und steckte ihn in die Brusttasche seines alten Tweedjacketts. Er stand auf, ging aus dem Arbeitszimmer und zurück in die Küche, wo er Eve in ihrer Kochschürze beim Hacken von Suppengemüse antraf.

«Liebling.»

Er küßte sie. «Ich muß eine halbe Stunde weg.»

«Fährst du in die Stadt? Ich brauche ein paar Lebensmittel.»

«Jetzt nicht. Aber wenn du möchtest, fahre ich später.»

«Du bist ein Schatz. Ich mache eine Einkaufsliste.»

Er öffnete die Hintertür. «Gerald.» Er drehte sich um. Eve lächelte ihr altes Lächeln und sagte: «Sie ist reizend, nicht wahr? Gabriel, meine ich.»

«Bezaubernd», sagte Gerald und ging hinaus.

Im Auto bog er am Tor links ab und fuhr den Hügel zu der Straße hinauf, die über das Moor führte. Nach ein paar Kilometern kam er zu einer Gabelung und zu einem Wegweiser, dessen einer Arm nach Lanyon zeigte, der andere nach Carnellow. Gerald nahm die Straße nach Carnellow.

Carnellow war früher ein isoliertes Zinnbergbaudorf gewesen. Zwei Reihen trister Cottages, ein eingefallenes

Maschinenhaus mit Schuppen, eine trostlose Kirche. Hier oben, hoch auf dem Moor, war es selbst an windstillen Tagen immer stürmisch.

Als Gerald aus dem Auto stieg, heulte ihm der Wind in den Ohren, und um ihn herum erstreckte sich das Moor, hier und da durchzogen von smaragdgrünen Sumpfstreifen. Das hohe Gras wurde von der Brise gepeitscht.

Aus der alten Kirche kam geschäftiger Lärm. Das Geheul einer Kreissäge, das Klopfen von Holzhämmern. Der ursprüngliche Eingang war zu einer Öffnung von der Breite einer Doppelgarage erweitert worden, und schwere Tore, auf Schienen, waren beiseite geschoben, so daß die Werkstatt zu sehen war. Über dem Eingang war ein neues Schild: Ashby und Thomas.

Vor der Fabrik war Holz gestapelt, das in einem behelfsmäßigen Schuppen ablagerte. Daneben standen zwei Lieferwagen und Ivans Auto. Späne flogen herum, die wie Locken aussahen. Gerald roch den Duft frischgesägten Holzes.

Ein Junge erschien mit einem Stuhl, den er in einen der Lieferwagen laden wollte.

«Guten Morgen», sagte Gerald.

«Hallo.»

«Ist Ivan drin?»

«Ja, muß irgendwo dort stecken.»

«Hol ihn, ja? Sag, es ist Admiral Haverstock.»

Der Junge, von Geralds gebieterischem Auftreten vielleicht gleichermaßen beeindruckt wie von seinem Titel, stellte den Stuhl ab, verschwand und tauchte gleich darauf mit Ivan wieder auf. Ivan war hemdsärmlig und trug einen altmodischen Latzoverall.

«Gerald.»

«Tut mir leid, dich zu stören. Es dauert nicht lange. Komm, setzen wir uns ins Auto.»

Er erzählte Ivan die traurige Geschichte und zeigte ihm den zweiten Brief. Als Ivan ihn las, sah Gerald, daß sich seine Faust auf seinem Knie so verkrampfte, daß die Knöchel weiß wurden. Wie Gerald sagte Ivan: «O Gott.»

«Häßliche Geschichte», sagte Gerald. «Aber dieses Mal weiß ich natürlich, daß es nicht wahr ist.»

«Das ist wenigstens ein guter Anfang», sagte Ivan ironisch. «Was für ein Dreck. Und du sagst, Gabriel hat das in London gelesen und hierher mitgebracht! Sie muß mich doch für ein echtes Schwein gehalten haben.»

«Sie weiß, daß kein wahres Wort darin steht. Ich habe ihr das gesagt und hatte den Eindruck, daß sie mir liebend gern geglaubt hat.»

«Du glaubst doch nicht noch immer, daß es May ist?»

Gerald zuckte die Achseln. «In Truro aufgegeben, am Mittwoch. Dasselbe Format.»

«Gerald, ich glaube nicht, daß es May ist.»

«Wer dann, alter Junge?»

«Glaubst du nicht...? Ich habe mich das seit dem ersten Brief gefragt, aber nichts gesagt. Glaubst du nicht, daß es Drusilla sein könnte?»

«Drusilla?»

«Ja, Drusilla.»

«Warum sie? Was hätte sie davon, verleumderische anonyme Briefe zu schreiben?»

«Das weiß ich nicht. Außer –» Ivan sah etwas verlegen aus –, «na ja, ich habe ihr geholfen, weißt du, habe dafür gesorgt, daß sie herkommen und in dem Cottage wohnen kann... an einem Abend ist sie mal zu mir gekommen, hat ganz deutlich gesagt, sie sei dankbar, und wenn sie es mir auf die eine oder andere Weise vergelten könne, wäre das eine Freude für sie. Aber es hatte nichts mit... Liebe zu tun. Es war ein rein geschäftlicher Vorschlag.»

«Hast du sie beim Wort genommen?»

«Nein, natürlich nicht. Ich habe mich bei ihr bedankt, habe gesagt, sie schulde mir nichts, und sie nach Hause geschickt. Sie hat es mir nicht übelgenommen.» Er dachte darüber nach und fügte hinzu: «Anscheinend nicht.»

«Wäre Drusilla fähig, so etwas zu schreiben?»

«Sie ist eine seltsame Frau. Ich weiß es nicht. Ich kenne sie nicht. Wir wissen nichts über ihre Herkunft, wir wissen nicht, was in ihr vorgeht. Sie ist ein Rätsel.»

«Da bin ich deiner Meinung. Aber warum sollte sie Silvia weh tun wollen?»

«Keine Ahnung. Ich glaube nicht, daß sie Silvia besonders gern hat, aber das ist kaum ein Grund, der armen Frau einen anonymen Brief zu schicken. Und Drusilla ist auf keinen Fall streng gegen Alkohol eingestellt. Sie genießt ein Gläschen.»

Gerald dachte darüber nach. «Ivan, dieser Brief wurde in Truro aufgegeben. Drusilla kommt nie weiter als bis ins Dorf. Mit dem Baby im Kinderwagen geht das nicht. Es ist ausgeschlossen, daß sie es nach Truro schafft.»

«Sie hätte May bitten können, den Brief aufzugeben. Auf eine seltsame Art scheinen sie sich angefreundet zu haben. May besorgt manchmal Sachen für sie in Truro, Dinge für Joshua, die Drusilla im Dorf nicht bekommt. Warum hätte sie also keinen Brief für Drusilla aufgeben sollen?»

Alles wirkte völlig vernünftig. Und auf so unglaubliche Weise scheußlich, daß sich Gerald wünschte, er könne die ganze Geschichte einfach verdrängen wie Eve.

«Was machen wir jetzt?» fragte Ivan.

«Ich habe Gabriel vorgeschlagen, daß ich mich mit Alec in Verbindung setze, aber das will sie nicht. Sie will nicht, daß er sich Sorgen macht. Wie auch immer, am Dienstag ist er hier.»

«Gerald, wir müssen etwas unternehmen, bevor er kommt.»

«Was?»

«Meinst du nicht, wir sollten die Polizei einschalten?»

«Und was, wenn es May ist?»

Nach einer Weile sagte Ivan: «Ja, ich verstehe, was du meinst.»

«Lassen wir es noch einen Tag ruhen.»

Ivan lächelte seinen Stiefvater an. «Du verhältst dich untypisch, Gerald. Schiebst etwas vor dir her. Ich habe gedacht, bei der Marine gehen die Uhren fünf Minuten vor.»

«So ist es auch.»

«‹Schwieriges wird sofort erledigt, Unmögliches dauert etwas länger.›»

«Komm mir nicht mit meinen Zitaten. Und vielleicht handelt es sich bei dieser Sache um etwas Unmögliches. Vielleicht dauert es etwas länger. Wann kommst du nach Hause, Ivan?»

«Vielleicht nehme ich mir frei und komme zum Mittagessen. Du siehst wie ein Mann aus, der moralische Unterstützung braucht.» Er stieg aus und schlug die Tür hinter sich zu. «Bis bald.»

Gerald, voller Zuneigung und Dankbarkeit, sah ihm nach. Als Ivan wieder in der Werkstatt verschwunden war, ließ Gerald den Motor an und fuhr nach Tremenheere zurück.

«Anfangs war es gar nicht so übel. Es war nicht so schlimm, wie ich es mir vorgestellt hatte. Virginia ist schön, und Strick hatte ein wunderbares Haus, auf einem Hügel über dem James River. Es war riesig, mit hektarweise Land darum herum, grünen Weiden für die Pferde und weißen Zäunen. Und es gab Hartriegelsträucher und alte Eichen und vor dem Haus einen Garten mit einem riesigen Swimmingpool und Tennisplätzen. Es war so mild, so sonnig, sogar im Winter. Und ich hatte ein großes Zimmer für mich allein und ein eigenes Bad, und wir hatten Dienstboten. Eine Köchin, ein Hausmädchen und einen farbigen Butler namens David, der jeden Tag in einem rosa Studebaker zur Arbeit kam. Sogar die Schule, auf die meine Mutter mich schickte, war in Ordnung. Es war ein Internat und vermutlich ungeheuer teuer, denn die Eltern aller Mädchen schienen genauso reich zu sein wie Strickland, und nach einer Weile, als sie sich an den Gedanken gewöhnt hatten, daß ich Engländerin bin und einen britischen Akzent habe, wurde ich eine Art Neuheit, und es war nicht schwer, Freundinnen zu finden.»

Gabriel und Laura waren gemeinsam im Garten, unter dem Maulbeerbaum. Sie hatten eine Decke und Kissen mitgenommen und lagen nebeneinander auf dem Bauch, wie Schulmädchen, die Vertraulichkeiten austauschen. Dadurch fiel das Reden leichter.

«Warst du nie einsam?»

«Himmel, doch. Eigentlich die ganze Zeit, aber es war eine merkwürdige Art von Einsamkeit. Ein kleines Stück von mir, das ich immer mit mir herumtrug, aber versteckt. Ganz tief. Wie ein Stein auf dem Grund eines Teiches. Ich meine, ich hatte nie das Gefühl dazuzugehören, aber es war nicht allzu schwer, so zu tun, als wäre es so.»

«Und wenn du nicht im Internat warst?»

«Auch das war nicht allzu schlimm. Sie wußten, daß ich nicht reiten wollte, also ließen sie mich in Ruhe. Das Alleinsein hat mir eigentlich nie etwas ausgemacht, und außerdem waren meistens Leute da. Freunde, die bei uns wohnten, mit Kindern in meinem Alter, oder Leute, die zum Tennisspielen oder zum Schwimmen kamen.» Sie lächelte. «Schwimmen kann ich wirklich gut, und ich kann auch Tennis spielen, wenn ich auch nicht das bin, was man einen Champion nennt.»

«Gabriel, warum hast du deinen Vater nie besucht?»

Gabriel schaute weg, riß ein Grasbüschel in Reichweite aus und zerrieb es zwischen den Fingern.

«Ich weiß es nicht. Es hat einfach nie geklappt. Anfangs habe ich gedacht, ich komme zurück, wenn er nach Glenshandra fährt. Dort waren wir beide immer richtig zusammen, nur er und ich. Er nahm mich mit auf den Fluß, und wir verbrachten Stunden dort...nur wir zwei. Ich wollte nach Glenshandra, aber als ich versuchte, das meiner Mutter beizubringen, sagte sie, sie habe mich in einem Sommerlager angemeldet, es müsse in diesem Jahr nicht Glenshandra sein. Das laufe mir nicht davon. Wenn man erst vierzehn ist, ist es nicht einfach, zu widersprechen und sich durchzusetzen. Und es ist fast unmöglich, meiner Mutter zu widersprechen. Sie hat auf alles Antworten parat, und am Ende verliert man immer. Also bin ich in das Sommerlager gefahren, und ich habe gedacht, mein Vater schreibt und hat eine fürchterliche Wut auf uns alle. Aber das hat er nicht getan. Er hat dasselbe geschrieben: Vielleicht nächstes Jahr. Und das hat mich verletzt, denn ich hatte den Verdacht, daß ihm vielleicht nicht soviel daran liegt, wie ich geglaubt hatte.»

«Hat er dir geschrieben?»

«Ja, er hat mir geschrieben. Und zu Weihnachten und zum Geburtstag habe ich Geschenke bekommen.»

«Hast du zurückgeschrieben?»

«O ja. Dankesbriefe.»

«Aber du mußt ihm so gefehlt haben. In den fünf Jahren, in denen er ganz allein war. Er muß sich danach gesehnt haben, dich bei sich zu haben. Manchmal.»

Gabriel sagte: «Er hätte mich nicht gehen lassen dürfen. Ich wollte bei ihm bleiben. Ich habe das meiner Mutter gesagt, und sie hat gesagt, das sei unmöglich. Abgesehen von den praktischen Problemen habe er zuviel zu tun, sei zu beschäftigt mit seiner Arbeit. Sein Beruf sei immer an erster Stelle gekommen.»

«Hast du es deinem Vater gesagt?»

«Ich habe es versucht. Er hat mich in der Schule in England besucht, und wir sind um den Sportplatz herumgegangen, aber da war es schon zu spät, zu ihm durchzudringen. Er hat nur zu mir gesagt: ‹Ich habe zu viele Verpflichtungen. Du brauchst deine Mutter.›»

«Und das hast du ihm nie verziehen?»

«Das ist keine Frage des Verzeihens, Laura. Es ist eine Frage der Anpassung. Wenn ich mich nicht angepaßt hätte, wäre ich ein verpfuschtes Ding geworden, ein durchgedrehtes Kind, das zum Psychiater muß. Und als ich mich erst einmal angepaßt hatte, war es zu spät zur Rückkehr, selbst für eine Weile. Verstehst du das?»

«Ja», sagte Laura langsam. «Ich glaube, ich verstehe es. Ich glaube, du hast es richtig gemacht. Jedenfalls hast du eine unmögliche Situation akzeptiert und dir eine Art Leben aufgebaut.»

«Oh, das habe ich getan.»

«Was war, als du mit der Schule fertig warst?»

«Mutter wollte, daß ich aufs College gehe, aber dagegen habe ich mich gewehrt. Wir hatten einen richtigen Krach, aber ausnahmsweise habe ich mich gesträubt und gewonnen, habe getan, was ich wollte, und das war, in Washington bildende Kunst zu studieren.»

«Wie faszinierend.»

«Ja, es war großartig. Ich hatte eine kleine Wohnung und ein eigenes Auto, und wenn ich wollte, konnte ich an den Wochenenden nach Virginia fahren und meine Freunde mitbringen. Mutter mochte meine Freunde nicht, die allesamt die Demokraten wählten und lange Haare hatten, aber davon abgesehen war es okay. Jedenfalls eine Weile...»

«Warum nur eine Weile...?»

Gabriel seufzte und zog ein weiteres Stück von Geralds Rasen heraus. «Ich weiß nicht, ob du irgend etwas über Strickland Whiteside weißt.»

«Nein. Nichts. Alec hat nie von ihm gesprochen. Leider hat er auch so gut wie nie über deine Mutter gesprochen.»

«Als ich mit der Schule fertig war... Ich weiß nicht, nichts ist passiert, aber ich habe Strickland immer dabei ertappt, wie er mich beobachtet hat, und ich bin mir schäbig vorgekommen und habe gewußt, es ist nicht mehr wie früher. Ich habe mir Mühe gegeben, ihm aus dem Weg zu gehen. Das war einer der Gründe, warum ich nach Washington gegangen bin. Aber natürlich mußte ich schließlich, als ich meinen kleinen Abschluß hatte, wieder zurück. An meinem ersten Abend zu Hause ging meine Mutter früh zu Bett, und Strickland ist über mich hergefallen. Er hatte ein paar Drinks intus, und ich glaube, er fühlte sich ein bißchen aufgegeilt. Es war grauenhaft.»

«Oh, Gabriel.»

«Ich wußte, daß ich nicht bleiben konnte. Am nächsten Morgen habe ich zu meiner Mutter gesagt, ich will nach New York und bei einer Schulfreundin wohnen. Sie hat sich ein bißchen gesträubt, aber keine Einwände erhoben. Vielleicht ahnte sie, was in Stricklands Spatzenhirn vor sich ging, aber falls sie es ahnte, ließ sie sich nichts anmerken. Sie war immer ein sehr beherrschter Mensch. Ich habe nie erlebt, daß sie in irgendeiner Situation die Beherrschung verloren hätte. Ich rief also die Freundin an, packte und ging nach New York. Ich hatte geglaubt, ich könnte einen Job ergattern oder so, aber New York war nie meine Szene, und an meinem ersten Morgen dort erhaschte ich in einem Schaufenster an der Fifth Avenue mein Spiegelbild, und ich dachte: ‹Was zum Teufel hast du hier verloren?› Jedenfalls hatte ich nach zwei Tagen immer noch keine Arbeit gefunden, aber es stellte sich schnell heraus, daß das auch keine Rolle spielte. Denn an jenem Abend gingen wir auf eine Party in Greenwich Village, und ich habe einen Mann kennengelernt. Er war Brite, witzig und nett; wir sprachen dieselbe Sprache, hatten dieselbe Wellenlänge. Oh, was hat es für einen Spaß gemacht, mit jemandem zusammenzusein, der über dieselben idiotischen Albernheiten lachte wie ich. Jedenfalls ging er mit mir zum Essen aus und sagte, seine Jacht sei auf den Jungferninseln, er habe ein paar Freunde zu einer Kreuzfahrt eingeladen, und ob ich nicht mitkommen wolle. Also bin ich mitgekommen. Es war toll. Eine wunderschöne Jacht, das Segeln war himmlisch, und wir ankerten in zauberhaften kleinen romantischen Buchten mit weißem Sand und Palmen. Irgendwann waren die zwei Wochen vorbei, alle anderen sind nach New York zurückgekehrt, aber er ist geblieben.

Ich auch. Ein halbes Jahr lang. Wir haben ein halbes Jahr zusammengelebt. Vor zwei Tagen habe ich mich von ihm verabschiedet. Vor zwei Tagen. Es kommt mir vor, als wären es zwei Jahre.»

«Aber wer war er, Gabriel?»

«Man könnte ihn einen Aussteiger aus der Oberschicht nennen. Ich hab dir doch gesagt, er war Engländer. Er war in der Armee gewesen. Ich glaube, er hatte irgendwo eine Ehefrau. Jedenfalls besaß er wohl eine Menge Geld, denn er hat nicht gearbeitet, und es ist ganz schön teuer, auf den Jungferninseln eine Fünfzehnmeterschlup zu halten.»

«Warst du glücklich mit ihm?»

«Oh, sicher. Es war eine wunderbare Zeit.»

«Wie heißt er?»

«Das sage ich dir nicht. Es tut nichts zur Sache.»

«Aber wenn du glücklich warst, warum bist du dann nach England zurückgekommen?»

«Ich bekomme ein Kind», antwortete Gabriel. Sie schwiegen. Vogelgesang erfüllte den Garten.

«Oh, Gabriel», seufzte Laura.

«Ich habe es eben erst gemerkt – vor etwa einer Woche.»

«Warst du beim Arzt?»

«Nein, nichts dergleichen, aber ich bin mir völlig sicher. Und gleichzeitig wußte ich, wenn ich kein Kind will, wenn ich eine Abtreibung will, muß ich mich beeilen. Aber das war nicht der einzige Grund, sofort nach Hause zu kommen. Der wahre Grund war, daß ich zu meinem Vater wollte. Ich wollte einfach zu ihm. Ich brauchte ihn. Ich mußte es ihm sagen, mit ihm reden, seinen Rat hören und... oh, einfach bei ihm sein, Laura. Und als ich dann nach London kam und er nicht da war, habe ich gedacht, ich kann nur eines tun: dich finden und mit dir sprechen.»

«Aber du hast mich nicht einmal gekannt.»

«Ich mußte es jemandem sagen.»

Lauras Augen füllten sich mit Tränen, und sie wischte sie schnell und beschämt weg. «Ich hatte nie eine feste Meinung über Abtreibung», sagte sie. «Ich meine, ich habe mich nicht an Kampagnen beteiligt, weder dafür noch dagegen. Aber wenn ich dich das Wort auch nur aussprechen höre, erfüllt es mich mit solchem Entsetzen und Widerwillen... Oh, Gabriel, du darfst keine Abtreibung machen lassen!»

Gabriel grinste. «Keine Sorge. Ich bin mir schon schlüssig geworden, daß ich das nicht durchstehen könnte. Ich habe es mir heute morgen überlegt, im Gespräch mit Drusilla, ehe ihr aufgewacht seid. Als ich ihr großartiges, dikkes Baby gesehen habe, war ich mir plötzlich völlig sicher, daß ich das Kind will.»

«Weiß der Vater darüber Bescheid?»

«Nein, ich habe gar nichts gesagt.»

«Oh, Liebling...» Die Tränen flossen wieder. «Wie blöd, daß ich heule, aber ich kann nichts dagegen machen. Vielleicht ist es falsch, aber ich freue mich für dich.»

«Du glaubst nicht, daß Alec ausflippt, wenn wir es ihm sagen?»

«Du kennst ihn doch!»

«Am liebsten», sagte Gabriel, «möchte ich mit euch beiden nach London kommen... vielleicht bleiben, bis das Kind geboren ist.»

«Bleib, solang du willst.»

«In dem kleinen Haus wird das ein bißchen eng werden.»

«Wir bringen Alec dazu, ein größeres zu kaufen, mit einem Garten.»

Sie lachten gemeinsam, zwei Frauen, die sich gegen einen Mann verschworen, den sie beide liebten. «Das habe ich mir immer gewünscht. Kein größeres Haus, sondern ein Kind. Aber ich bin siebenunddreißig, und hin und wieder spielt mein Innenleben verrückt, und bis jetzt habe ich kein Glück gehabt. Deshalb mußte ich die Operation machen lassen. Deshalb bin ich hier, bin nicht mit ihm nach Glenshandra oder nach New York gereist. Aber wenn ich kein Kind bekommen kann, und du bekommst eins...»

«Das Zweitbeste?»

«Nein. Niemals. Nie das Zweitbeste.»

Eine Bewegung am Haus lenkte sie ab. Sie sahen Gerald, der durch die Glastür des Wohnzimmers auf die Terrasse kam. Er sammelte die zusammengeklappten Gartenmöbel ein und stellte sie in der Sonne um den weißen Eisentisch herum auf. Als das erledigt war, las er etwas vom Boden auf und bückte sich, um Unkraut aus einem Fliesenspalt herauszuziehen. Dann, offenbar befriedigt darüber, daß alles tipptopp war, verschwand er im Haus.

«Was für ein wunderbarer Mann», bemerkte Gabriel.

«Ja, wunderbar. Er war immer Alecs Held. Der Arme. Sechzig Jahre lang Junggeselle, und jetzt hat er ein Haus voller Frauen. So viele. Lauter Frauen, die allein sind. Frauen ohne Männer. Die alte May, die oben in ihrem Zimmer Socken stopft und ihr Leben hinter sich hat. Drusilla, die nur ihr Baby hat. Silvia Marten, Eves Freundin, die ein und aus geht, ausgehungert nach Gesellschaft. Vermutlich ist sie die Einsamste von uns allen. Und du. Und ich.»

«Du und einsam? Aber Laura, du hast Alec.»

«Ja, ich habe Alec. Und es war fast vollkommen.»

«Was fehlt?»

«Nichts. Nur ein Stück Leben, an dem ich keinen Anteil hatte.»

«Du meinst meine Mutter. Und Deepbrook. Und mich.»

«Vor allem dich. Alec wollte nie mit mir über dich sprechen. Es war wie eine Schranke zwischen uns, und ich hatte nie das Selbstvertrauen oder die Willenskraft, sie niederzureißen.»

«Warst du eifersüchtig auf mich?»

«Nein, das meine ich nicht.» Sie lag da und versuchte, die richtigen, so ungeheuer wichtigen Worte zu finden. «Ich glaube, ich war aus demselben Grund einsam wie Alec. Du warst keine Schranke, Gabriel, sondern eine Leere. Du hättest bei uns sein sollen, aber du warst es nicht.»

Gabriel lächelte. «Jetzt bin ich ja da.»

«Was ist mit Erica? Macht sie sich Sorgen um dich?»

«Nein. Sie glaubt, ich bin immer noch auf einer Kreuzfahrt um die Jungferninseln herum, mit einer fröhlichen Gesellschaft aus gesellschaftlich akzeptablen New Yorkern. Wenn mein Vater zurück ist und die Zukunft etwas klarer, schreibe ich ihr, was ich vorhabe.»

«Du wirst ihr fehlen.»

«Das glaube ich nicht.»

«Ist sie nie einsam? Gehört sie zu den Einsamen?»

«Nie. Sie hat ihre Pferde.»

Nach einer Weile sah Laura auf die Uhr, und setzte sich auf.

«Wohin willst du?» fragte Gabriel.

«Ich habe Eve vernachlässigt. Ich muß ihr helfen. Das Haus ist voll, und sie erledigt die ganze Kocherei allein.»

«Soll ich mitkommen? Ich habe ein Händchen fürs Kartoffelschälen.»

«Nein, bleib hier. An deinem ersten Vormittag hier darfst du faulenzen. Ich rufe dich, wenn es Zeit zum Mittagessen ist.»

Sie ging über das Gras, und der Wind verfing sich in ihrem rosa Baumwollrock und ihrem langen dunklen Haar. Sie ging die Stufen zur Terrasse hinauf und verschwand im Haus. Gabriel sah ihr nach, dann rollte sie sich auf den Rücken, das Kissen unter dem Kopf.

Das Baby. Es würde geboren werden. Sie legte eine Hand auf ihren Bauch und freute sich auf die Zukunft. Ein winziger Keim, der schon wuchs. Etwas Ganzes. Sie hatte letzte Nacht im Zug kaum geschlafen, und deshalb oder vielleicht aus verspätetem Jet-lag überkam sie urplötzlich eine tiefe Müdigkeit. Mit dem Gesicht zur Sonne schloß sie die Augen.

Nach einer Weile kam sie sanft und friedlich zu sich. Sie empfand ein Gefühl, das sie zunächst nicht deuten konnte und an das sie sich ganz allmählich erinnerte, aus der Kindheit. Sicherheit, wie eine warme Decke. Nähe.

Sie öffnete die Augen. Ivan saß mit gekreuzten Beinen neben ihr auf der Decke und beobachtete sie. Das kam ihr so natürlich vor, daß sie nicht verlegen reagierte.

Nach einer Weile sagte Ivan: «Hallo.»

Gabriel sagte das erste, was ihr einfiel, und zwar: «Du hattest kein Verhältnis mit Laura.»

Er schüttelte den Kopf. «Nein.»

Sie runzelte die Stirn, überlegte, warum sie das gefragt hatte, nachdem sie noch nicht einmal über den Brief gesprochen hatte. Als wüßte er, was ihr durch den Kopf ging, erklärte er: «Gerald hat mir den Brief gezeigt. Er ist nach Carnellow gekommen, um ihn mir zu zeigen. Alles tut mir so leid. Es tut mir leid, daß er geschrieben wurde, aber vor allem tut mir leid, daß du ihn lesen mußtest.»

«Ich habe ihn nur aufgemacht, weil ich Laura finden wollte. Und ich glaube, es ist ein Segen, daß ich es getan habe. Es hätte so gefährlich sein können, Ivan, wenn ihn Alec vor der Abreise nach New York gelesen hätte, wirklich sehr gefährlich.»

«Dadurch kann es für dich nicht einfach gewesen sein, Laura kennenzulernen.»

«Nein. Aber offenbar habe ich in den letzten Tagen eine Menge Dinge getan, die nicht einfach waren.»

«Es ist ein scheußlicher Gedanke, daß du dir über uns nicht sicher warst. Auch wenn es nur einen Tag lang gedauert hat.»

«Es war nicht deine Schuld.»

«Es ist schon ein ähnlicher Brief gekommen. Gerald hat es dir gesagt.»

«Ja, er hat es mir gesagt. Aber er hat auch gesagt, daß alles erlogen war. Jetzt bin ich nicht mehr dafür verantwortlich.» Sie streckte sich, gähnte und setzte sich auf.

Der Garten lag in blendendem Sonnenschein und duftete nach Goldlack. Die Sonne war gewandert, und der Rasen unter dem Maulbeerbaum war mit Licht und Schatten gesprenkelt.

«Wie lange habe ich geschlafen?»

«Das weiß ich nicht. Es ist nach halb eins. Ich bin herausgeschickt worden, um dir zu sagen, daß es bald Mittagessen gibt.»

Er trug ein hellblaues Hemd mit offenem Kragen, die Ärmel hochgerollt. Darunter sah sie auf seiner braunen Haut das Glitzern einer Silberkette. Seine schönen Hände hingen locker zwischen seinen Knien. Sie sah seine Armbanduhr, den schweren goldenen Siegelring.

«Hast du Appetit?» fragte er.

Sie löste den Blick von seinen Händen und sah ihm ins Gesicht. «Kommst du immer zum Mittagessen nach Hause?»

«Nein. Aber heute habe ich nach acht Glasen Schluß gemacht.»

«Wie bitte?»

«Ein halbes Jahr auf einer Jacht, und du kannst die Seemannssprache nicht! Acht Glasen sind eine Vierstundenschicht.»

«Aha. Und was fängst du mit dem freien Nachmittag an?»

«Nichts, glaube ich. Und du?»

«Klingt gut.»

Er stand lächelnd auf und streckte die Hand aus, um Gabriel aufzuhelfen. «Wenn das so ist», sagte er, «laß uns gemeinsam nichts tun.»

Sie saßen alle um den Küchentisch herum, nahmen einen Drink vor dem Essen und warteten auf May. Als sie vorsichtig die Hintertreppe herunterkam, machte der bittere Verdruß in ihrem faltigen Gesicht sofort deutlich, daß etwas Unerhörtes geschehen war.

«May, was ist?» fragte Eve.

May faltete die Hände über dem Magen, verzog den Mund und erzählte es ihnen. Die Tür zu Lauras Zimmer war offen gewesen. Lucy war aus ihrem Körbchen gestiegen, den Flur entlang in Mays Zimmer gegangen und hatte sich dort heftig übergeben, mitten auf Mays besten Teppich.

Um fünf an jenem Nachmittag ging Laura mit einem Korb Tomaten ins Dorf. Eve und sie hatten die Tomaten gemeinsam gepflückt. Sie stammten aus dem Treibhaus von Tremenheere, und durch das warme Wetter waren Dutzende gleichzeitig reif geworden. Sie hatten den Nachmittag damit verbracht, Suppen und Püree zu kochen, und trotzdem blieben noch viele übrig. Drusilla hatte mit Freuden eine Schüssel voll angenommen, und ein Körbchen wurde für die Pfarrfrau beiseite gestellt, aber es waren immer noch welche da.

«Warum müssen die Mistdinger auch alle gleichzeitig reifen?» wollte Eve wissen, von den kulinarischen Anstrengungen rot im Gesicht. «Ich kann es nicht ertragen, sie wegzuwerfen.» Dann kam ihr ein Geistesblitz. «Ich weiß, wir schenken sie Silvia.»

«Hat sie keine eigenen?»

«Nein, sie baut so gut wie alles andere selbst an, aber keine Tomaten.» Sie ging zum Telefon und kehrte triumphierend zurück. «Sie ist hell begeistert. Sie sagt, sie kauft sie im Postamt, und sie sind viel zu teuer. Wir bringen sie ihr nachher vorbei.»

«Das kann ich machen, wenn du möchtest.»

«Oh, wirklich? Du hast ja außerdem ihren Garten noch nicht gesehen, er ist ein Traum, und sie freut sich immer, wenn sie jemanden zum Plauschen hat. Und vielleicht hat sie Lust, morgen mit uns nach Gwenvoe zu kommen.» Beim Essen hatte Eve ihren widerstrebenden Mann endlich überredet, daß ein Picknick am Samstag eine gute Idee sei und daß er sie alle begleiten werde. «Falls ja, sag ihr, daß wir das Essen mitbringen und daß einer von uns sie abholt. Wir brauchen sowieso zwei Autos.»

Als sie um die Hausecke kam, warf Laura einen Blick in

den Garten. Ivan und Gabriel saßen mit gekreuzten Beinen auf dem Rasen und redeten. Sie waren den ganzen Nachmittag lang dort gewesen, offensichtlich ins Gespräch vertieft wie zwei alte Bekannte, die sich ein halbes Leben erzählen. Laura war froh darüber, daß er Gabriel nicht auf eine seiner energiegeladenen, anstrengenden Expeditionen mitgenommen hatte. Sie empfand für Gabriel beschützerische Gefühle wie eine Mutter.

Sie war noch nie in Silvias Haus gewesen, aber es war nicht schwer zu finden. Das Tor stand offen, mit dem Namen darauf, *Roskenwyn*. Laura ging über die kurze, gekieste Zufahrt und durch die offene Haustür.

«Silvia.»

Keine Antwort, aber die Wohnzimmertür stand offen, und von dort aus führte eine Glastür in den Garten. Dort fand sie Silvia, die auf den Knien ihre Rabatten mit einer kleinen Jätgabel bearbeitete.

«Silvia.»

«Hallo.» Sie ging in die Hocke, die Gabel locker in der Hand. Sie trug alte Jeans und ein kariertes Hemd, das Gesicht wie üblich fast völlig hinter der riesigen Sonnenbrille versteckt.

«Ich habe Ihnen die Tomaten gebracht.»

«Oh, Sie sind ein Engel.» Sie ließ die Gabel fallen und streifte die mit Erde befleckten Handschuhe ab.

«Ich will Sie nicht bei der Arbeit stören.»

«Aber ich lasse mich gerne stören. Ich habe den ganzen Nachmittag damit verbracht.» Sie stand auf. «Trinken wir was.»

«Es ist erst fünf.»

«Es muß nichts Alkoholisches sein. Wenn Sie mögen, mache ich Tee. Oder ein Glas Limonade.»

«Limonade wäre köstlich!»

«Gut.» Sie nahm Laura den Korb ab. «Ich bringe sie nach drinnen. Sie können sich meinen Garten anschauen, ihre Begeisterung lauthals bekunden und mir dann sagen, wie gut er aussieht.»

«Ich weiß nicht viel über Gärten.»

«Um so besser. Ich liebe unkritische Bewunderung.»

Sie verschwand im Haus, und Laura ging pflichtschuldig an den schön arrangierten und gepflegten Rabatten entlang, eine Blumenfülle in allen Schattierungen von Rosa, Blau und Lila. Kein Rot, kein Orange, kein Gelb. Rittersporn ragte mannshoch auf, und rauchblaue Lupinen dufteten nach allen Sommern, an die sich Laura erinnern konnte. Silvias Rosen waren fast unverschämt üppig, dicht gepflanzt und mit Blüten so groß wie Untertassen.

Als sie in Silvias kleinem Patio saßen, mit dem Limonadetablett zwischen ihnen, fragte sie: «Wie in aller Welt bringen Sie es zu solchen Rosen?»

«Ich dünge sie. Pferdemist. Ich bekomme ihn vom Farmer ein paar Häuser weiter.»

«Aber muß man sie nicht spritzen und so weiter?»

«O doch. Und wie. Sonst werden sie von den Blattläusen zerfressen.»

«Ich weiß nicht viel über das Gärtnern. In London haben wir bloß einen Hinterhof mit ein paar Kübeln.»

«Erzählen Sie mir bloß nicht, daß Gerald Sie noch nicht zum Jäten verdonnert hat. Er organisiert liebend gern Arbeitstrupps, wie er das nennt.»

«Nein. Niemand verdonnert mich zu irgend etwas. Ich darf nur ein bißchen Obst pflücken. Ich werde wie ein Staatsgast behandelt.»

«Das ist Ihnen jedenfalls gut bekommen.» Silvia wandte

sich mit dem leeren schwarzen Blick ihrer Sonnenbrille Laura zu. «Sie sehen wunderbar aus. Jeden Tag besser. Heute ganz besonders gut. Sie haben diesen etwas... ängstlichen Ausdruck verloren.»

«Vielleicht bin ich nicht mehr ängstlich.»

Silvia hatte ihr Glas ausgetrunken, griff nach dem Krug und schenkte sich nach. «Aus einem besonderen Grund?»

«Ja, aus einem ganz besonderen Grund. Gabriel ist bei uns. Alecs Tochter. Sie ist heute morgen gekommen, mit dem Nachtzug.»

Silvia stellte den Krug auf das Tablett zurück. «Gabriel. Aber sie ist doch in Virginia, nicht wahr?»

«Das war sie, aber sie ist nach Hause gekommen. Ganz unerwartet. Es war eine wunderbare Überraschung.»

«Ich habe gedacht, sie besucht ihren Vater nie.»

«Sie hat ihn auch nie besucht. Und das ist kein Besuch. Sie bleibt. Sie wird bei uns leben. Sie geht nicht zurück.»

Da ging Laura auf, daß Glück etwas Seltsames war, manchmal so unberechenbar wie Kummer. Den ganzen Tag hatte sie sich gefühlt, als ginge sie auf Luft, und jetzt überkam sie plötzlich der drängende Wunsch, dieses Glück zu teilen, sich jemandem anzuvertrauen. Und warum nicht Silvia, die Alec seit ihrer Kindheit kannte und ihn in seiner Einsamkeit in Tremenheere gesehen hatte. «Wir werden eine Familie. Und ich habe eben erst entdeckt, daß ich mir das immer gewünscht habe. Daß das gefehlt hat.»

«In Ihrer Ehe gefehlt hat?»

«Ja», gab Laura zu. «Einen Mann zu heiraten, der schon einmal verheiratet war, ziemlich lange... das ist nicht immer ganz einfach. Große Teile seines Lebens sind einem verschlossen, wie ein abgeschlossenes Zimmer, das man nicht betreten darf. Aber jetzt, wo Gabriel wieder da ist, wird es anders werden. Es ist, als wäre sie der Schlüssel, der die Tür aufsperrt.» Sie lächelte. «Ich kann es leider nicht gut erklären. Es ist einfach so, daß ich jetzt weiß, alles wird wunderbar werden.»

«Ich hoffe, Sie haben recht», sagte Silvia. «Aber werden Sie nicht gleich zu euphorisch. Sie kennen das Mädchen erst einen Tag. Wenn Sie einen Monat mit ihr zusammengelebt haben, sind Sie vermutlich froh, sie von hinten zu sehen. Sie wird sich eine eigene Wohnung suchen. Das machen sie alle, diese jungen Dinger.»

«Nein, ich glaube nicht, daß sie das tut. Jedenfalls nicht so schnell.»

«Was macht Sie so sicher?»

Laura holte tief Luft und atmete wieder aus, ohne etwas zu sagen.

«Sie sehen aus, als hätten Sie ein schlechtes Gewissen, ein Geheimnis», sagte Silvia.

«Es ist ein Geheimnis. Ich habe es nicht einmal Eve gesagt, weil es nicht mein Geheimnis ist.»

«Laura, ich bin die Diskretion in Person.»

«Gut. Aber sagen Sie nichts.» Sie lächelte, weil es sie schon mit Freude erfüllte, es auszusprechen. «Sie bekommt ein Kind.»

«Gabriel?»

«Das darf Sie nicht schockieren. Sie dürfen nicht so schockiert klingen.»

«Wird sie heiraten?»

«Nein. Deshalb kommt sie zu uns nach London.»

«Was in aller Welt wird Alec dazu sagen?»

«Ich glaube, in seiner Begeisterung darüber, daß sie zu

ihm zurückkommt, wird die Tatsache, daß sie schwanger ist, überhaupt keine Rolle spielen.»

«Ich verstehe Sie nicht. Sie sehen aus, als ob *Sie* ein Kind bekämen. Ganz strahlend.»

«Vielleicht», sagte Laura, «fühle ich mich auch ein bißchen so. Es freut mich für Gabriel und Alec, aber am meisten freut es mich für mich. Das ist selbstsüchtig, nicht wahr? Aber verstehen Sie, Silvia, von jetzt an werden wir *zusammen* sein.»

Bei dieser ganzen Aufregung fiel Laura erst ein, als sie ging, daß sie Silvia etwas ausrichten sollte.

«Das hätte ich fast vergessen. Morgen mittag fahren wir alle zum Picknicken nach Gwenvoe, und Eve läßt fragen, ob Sie mitkommen möchten.»

«Morgen? Samstag.» Silvia bückte sich und zog Unkraut aus dem Kies ihrer Einfahrt heraus. «Ach, was für ein Jammer, aber es geht nicht. Eine alte Freundin wohnt im Castle Hotel in Porthkerris, und ich habe versprochen, sie zu besuchen. Ich würde viel lieber nach Gwenvoe mitkommen, aber ich kann ihr nicht absagen.»

«Wie schade. Aber ich erkläre es Eve.»

«Mir war doch, als ob etwas fehlt.», sagte Silvia plötzlich. «Wo ist ihr kleiner Hund? Der ist doch immer bei Ihnen.»

«Lucy geht es nicht gut. May redet mit niemandem mehr, weil Lucy in ihr Zimmer gekommen ist und sich auf Mays Teppich übergeben hat.»

«Was hat sie denn? Lucy, meine ich.»

«Ich glaube, sie hat etwas gefressen. Sie ist ganz wild auf verdorbenes Zeug.»

«Um diese Jahreszeit sind die Strände voller Abfall.»

«Daran habe ich noch gar nicht gedacht. Vielleicht

nehme ich sie morgen nicht mit nach Gwenvoe. Im Sand wird ihr sowieso zu heiß, und sie geht nicht ins Meer, weil sie nicht gern ein nasses Fell bekommt.»

«Wie eine Katze.»

Laura lächelte. «Ja, genau wie eine Katze. Silvia, ich muß gehen.»

«Danke für die Tomaten.»

«Danke für die Limonade.»

Am Tor drehte sich Laura noch einmal um und winkte, dann verschwand sie hinter der Mauer. Silvia entdeckte noch ein Unkraut, diesmal Kreuzkraut. Sie bückte sich und riß es aus, und die schwachen Wurzeln waren voller feuchter brauner Erde und machten ihr die Hände schmutzig.

Gerald saß auf einem Felsen im Schatten eines anderen und sah seiner Familie beim Schwimmen zu. Seiner gemischten Familie, verbesserte er sich. Seine Frau, seine Großnichte, ihre Stiefmutter und sein Stiefsohn. Es war halb sechs Uhr abends, und er wollte nach Hause. Sie waren seit dem Mittag hier, und obwohl sie das Fleckchen für sich allein hatten, freute er sich auf eine Dusche, einen Gin Tonic, das kühle Wohnzimmer und die Abendzeitung, aber als er damit anfing, vom Aufbruch zu reden, hatten Eve und die anderen alle beschlossen, noch einmal zu schwimmen.

Sie waren in Gwenvoe, aber nicht am Sandstrand. Statt dessen waren sie vom Parkplatz aus etwa einen Kilometer den Klippenpfad entlanggelaufen und dann zu den Felsen hinuntergestiegen. Erst war die See weit draußen gewesen, aber im Verlauf des Nachmittags war die Flut gekommen, hatte eine tiefe Rinne gefüllt, die das Kliff teilte wie ein Fjord, und schließlich einen Teich gebildet. Das Wasser war ganz dunkel türkis, klar und glitzernd in der Abendsonne. Deshalb hatte ihm niemand widerstehen können.

Bis auf Gerald, dem es reichte und der lieber zuschaute. Eve, seine geliebte Eve, die völlig seetauglich, aber der einzige Mensch war, den er je gesehen hatte, der in völlig aufrechter Haltung schwimmen konnte. Gerald war es nie gelungen, das Rätsel dieser erstaunlichen Gabe zu lösen. Laura war eine konventionelle, ehrgeizlose Brustschwimmerin, aber Gabriel schwamm wie ein Junge, Kopf unter Wasser, mit flüssigen Bewegungen der braunen Arme, und glitt in einem schönen, professionellen Kraulstil durch das Wasser. Hin und wieder kletterten sie und Ivan auf einen Felssims und tauchten mit einem Kopfsprung ins Wasser. Sie wartete gerade auf dem Felsen wie eine geschmeidige, nasse Nixe, im knappsten Bikini, den Gerald je gesehen hatte. Auf ihrem braunen Körper funkelten Tropfen.

Eve und Laura kamen endlich aus dem Wasser, setzten sich neben ihn, rieben sich das Haar mit Handtüchern ab und ließen Tropfen auf die glühendheißen Felsen fallen.

Gerald fragte sehnsüchtig: «Meint ihr, wir könnten jetzt nach Hause fahren?»

«Oh, mein Liebling.» Eve hob das Gesicht und gab ihm einen kühlen, salzigen Kuß. «Selbstverständlich. Du warst so lieb und hast dich kein einziges Mal beschwert. Und ich glaube, mir reicht es für heute, obwohl es immer traurig ist, wenn ein so wunderbarer Tag zu Ende geht.»

«Man soll eine Party immer verlassen, solange man sich noch amüsiert.»

«Wie auch immer, ich muß zurück und an das Abendessen denken. Bis wir alles eingepackt haben und zum Auto zurückgegangen sind... Und du, Laura, was ist mit dir?»

«Ich komme mit euch.»

«Und die anderen?»

Sie schauten hinüber zu Ivan und Gabriel. Gabriel war im Wasser und schaute hinauf zu Ivan, der zum Springen ansetzte.

«Ivan», rief Gerald.

Er entspannte sich und drehte das Gesicht in ihre Richtung. «Was gibt's?»

«Wir gehen jetzt. Was habt ihr vor?»

«Wir bleiben noch eine Weile, glaube ich...»

«Gut, bis nachher.»

«Laßt ein paar Körbe für mich zum Tragen da.»

«Machen wir.»

In Tremenheere fuhr Gerald unter dem Bogen hindurch und parkte im Hof. Drusilla und Joshua spielten mit einem Gummiball, dem Joshua auf allen vieren nachsetzte, weil er die Kunst des Gehens noch nicht beherrschte. Er trug ein schmuddeliges Baumwollunterhemd und sonst nichts. Als sie aus dem Auto stiegen, setzte er sich auf sein dickes braunes Hinterteil und beobachtete sie.

«Hatten Sie einen schönen Tag?» fragte Drusilla.

«Wunderbar«, sagte Eve. «Und Sie?»

«Wir waren im oberen Garten, und ich habe Joshua mit dem Schlauch abgespritzt. Ich hoffe, Sie haben nichts dagegen.»

«Was für eine gute Idee. Hat es ihm gefallen?»

«Er hat es für einen Riesenspaß gehalten. Konnte gar nicht aufhören zu lachen.»

Sie trugen die Picknickkörbe in die Küche. Nach der Wärme draußen wirkte sie wunderbar kühl.

«Ich glaube», sagte Laura, «ich laufe nach oben zu Lucy und mache im Garten einen kleinen Spaziergang mit ihr.»

«Wie gut, daß wir sie nicht mitgenommen haben», sagte Eve. «Sie hätte die Hitze scheußlich gefunden.»

Laura lief die Hintertreppe hinauf, und Eve fing damit an, die Picknickreste auszupacken – immer eine widerliche Arbeit, dachte sie, und je schneller erledigt, desto besser. Gerald kam herein, mit dem Korb, in dem sie die Weinflaschen und die Thermoskanne mit Kaffee transportiert hatten.

Eve lächelte ihn an. «Liebling, wie schön, daß du mitgekommen bist. Ohne dich hätte es mir dort nicht so gut gefallen. Stell den Korb einfach ab, geh nach oben unter die Dusche. Ich weiß, daß du dich danach sehnst.»

«Wie hast du das erraten?»

«Du siehst erhitzt und verschwitzt aus. Ich räume auf, das dauert nicht lange. Ich packe alles in die Spülmaschine, und – »

«Eve.»

Laura rief von oben.

«Eve!»

Sie hörten die Panik in ihrer Stimme, schrill wie ein Hilfeschrei, und sahen sich an, ein Blick voller Angst. Dann ließen sie alles stehen und eilten zur Treppe. Eve lief voraus nach oben, den Flur entlang und durch die offene Tür von Lauras Zimmer. Dort stand sie, mit Lucy in den Armen. Der kleine Napf mit Milch war leer, und es sah so aus, als hätte Lucy mühsam das Körbchen verlassen und versucht, die Tür zu erreichen, denn überall auf dem Teppich waren kleine Lachen von Erbrochenem. Der Geruch war säuerlich und ekelerregend.

«Laura.»

Der geschmeidige Körper des Hundes war seltsam starr, das sonst so seidige Fell gesträubt, die Hinterpfoten hingen kläglich herunter. Die Augen standen offen, waren aber blicklos und glasig, und die Lefzen waren über den spitzen Zähnen zurückgezogen, wie in einem qualvollen Knurren.

Lucy war tot.

«Laura. Oh, Laura.» Im ersten Impuls wollte Eve Laura umarmen, sie berühren und trösten, aber sie brachte es nicht über sich. Sie streckte die Hand aus und legte sie auf Lucys Kopf. «Es muß ihr viel schlechter gegangen sein, als wir gemerkt haben. Das arme Ding...» Sie brach in Tränen aus, ärgerte sich, daß sie sich nicht beherrschen konnte, aber es war alles zu tragisch, und sie war unfähig, ihren Kummer zu unterdrücken. «Oh, Gerald.»

Laura weinte nicht. Sie sah langsam von Eve zu Gerald. Aus ihren dunklen Augen sprach der Jammer des Verlustes. Nach einer Weile sagte sie zu ihm: «Ich brauche Alec.»

Gerald trat neben sie, löste sanft die verzweifelte Umklammerung ihrer Finger und nahm ihr Lucy ab. Er ging hinaus und trug Lucy hinunter in die Küche. Dort fand er einen Lebensmittelkarton, legte den kleinen Leichnam hinein und machte den Deckel zu. Er trug die Schachtel in den Holzschuppen, stellte sie auf dem Boden ab und kam heraus, machte die Tür hinter sich zu. Später würde er ein Grab ausheben und Lucy im Garten begraben. Aber jetzt waren dringlichere Dinge zu erledigen.

Daß es ein Samstag war, machte alles unendlich viel komplizierter. Schließlich bekam er mit der Hilfe der Telefonauskunft die Privatnummer von Alecs Vorstandsvorsitzendem bei Sandberg Harpers heraus und rief bei ihm an. Es war ein Riesenglück, daß er diesen hoch angesehenen

Herrn zu Hause antraf. Er erklärte ihm die Sachlage und bekam eine New Yorker Nummer, unter der er Alec vielleicht erreichen konnte.

Es war jetzt halb sechs. Halb zwei Uhr mittags in New York. Er wählte die Nummer, erfuhr aber, es gebe eine kleine Verzögerung. Wenn er am Telefon bleibe, werde er zurückrufen. Er legte den Hörer auf, lehnte sich zurück und wartete.

Währenddessen kam Eve herein. Er schaute auf, als sie sein Arbeitszimmer betrat.

«Wie geht es Laura?» fragte er.

«Schlecht. Sie hat einen furchtbaren Schock. Sie hat nicht geweint, nur gezittert. Ich habe sie mit der Heizdecke ins Bett gepackt und ihr eine Schlaftablette gegeben. Sonst ist mir nichts eingefallen.»

Sie trat neben ihn, er legte die Arme um sie, und eine Weile sagten sie nichts, überließen sich dem wortlosen, gegenseitigen Trost.

Schließlich löste sie sich von ihm und setzte sich in seinen großen Sessel. Sie sah, dachte er, furchtbar müde aus.

«Was machst du?» fragte sie.

«Ich warte auf einen Rückruf von Alec. Ich habe in New York angerufen.»

Sie sah auf die Uhr. «Wie spät ist es dort?»

«Halb zwei.»

«Ob er da ist?»

«Ich hoffe es.»

«Was willst du ihm sagen?»

«Daß er das erste Flugzeug nach Hause nehmen soll.»

Eve runzelte die Stirn. «Du willst ihm sagen, er soll nach Hause kommen? Aber Alec…»

«Er muß kommen. Die Lage ist zu ernst.»

«Das verstehe ich nicht.»

«Ich wollte es dir nicht sagen. Aber es ist noch so ein grauenhafter Brief gekommen. Und Lucy ist keines natürlichen Todes gestorben, Eve. Sie wurde vergiftet.»

8

Roskenwyn

Morgendämmerung, Sonntag. Der große Jet sank aus dem Himmel über London, kreiste einmal, nahm Kurs auf die Rollbahn von Heathrow und setzte zu einer perfekten Landung an.

Zu Hause.

Alec Haverstock, ohne Gepäck bis auf eine kleine Reisetasche, ging durch die Paß- und Zollkontrolle, durch den Terminal und hinaus in die kühle, graue feuchte Luft eines englischen Sommermorgens.

Er hielt nach dem Auto Ausschau und entdeckte es. Neben seinem dunkelroten BMW stand Rogerson, der Firmenchauffeur. Rogerson war ein förmlicher Mensch, und obwohl es Sonntag war, eigentlich sein freier Tag, war er in voller Montur zum Flughafen gekommen: Mütze, Lederhandschuhe und so weiter.

«Morgen, Mr. Haverstock. Hatten Sie einen guten Flug?»

«Ja, bestens, danke.» Obwohl er überhaupt nicht geschlafen hatte. «Danke, daß Sie mir das Auto gebracht haben.»

«Das geht schon in Ordnung, Sir.» Er nahm Alecs Tasche und stellte sie in den Kofferraum. «Der Wagen ist aufgetankt – Sie sollten ohne Aufenthalt durchfahren können.»

«Wie kommen Sie in die Stadt zurück?»

«Ich nehme die U-Bahn, Sir.»

«Tut mir leid, daß ich Ihnen an einem Sonntag solche Mühe mache. Ich weiß es zu schätzen.»

«Stets zu Ihren Diensten, Sir.» Seine behandschuhte Hand nahm Alecs Fünfpfundschein diskret entgegen. «Vielen Dank, Sir.»

Er fuhr, und um ihn herum wurde der Morgen immer heller. Zu beiden Seiten der Autobahn erwachten kleine Dörfer langsam zum Leben. Als er in Devon war, läuteten schon die Kirchenglocken. Und als er die Brücke über den Tamar überquerte, stand die Sonne hoch am Himmel, und die Straßen füllten sich mit sonntäglichem Ausflugsverkehr.

Noch hundert, noch achtzig, jetzt noch sechzig Kilometer nach Tremenheere. Von einer Anhöhe fiel die Straße ab zu den Flußmündungen im Norden, den Sanddünen und zum Meer. Er sah die Hügel, gekrönt von Monolithen und Granitpyramiden, die dort seit Beginn der Zeitrechnung standen. Die Straße bog nach Süden ab, in die Sonne. Er sah das in der Sonne glitzernde zweite Meer mit vielen Segelbooten. An den schmalen Stränden tummelten sich fröhliche Urlauber.

Penvarloe. Er fuhr den Berg hinauf und durch die ruhigen Gassen des Dorfes. Schließlich bog er in das vertraute Tor ein.

Es war halb eins.

Er sah sie sofort. Sie saß auf der Vordertreppe, die Knie bis zum Kinn hochgezogen, und wartete auf ihn. Er fragte sich, wie lange sie dort gesessen haben mochte. Als er hielt und den Motor ausschaltete, stand sie langsam auf.

Er stieg aus, blieb stehen und sah sie an. Über das kleine Stück hinweg, das sie trennte, sah er die schönen grauen Augen, das Beste, was sie von ihrer Mutter hatte erben können. Sie war groß und langbeinig geworden, aber sie hatte sich nicht verändert. Früher war ihr Haar lang und dunkel gewesen, jetzt war es kurz und ausgebleicht zu einem Strohblond. Aber sie hatte sich nicht verändert.

«Du hast dir viel Zeit gelassen», sagte sie, aber das Zittern in ihrer Stimme strafte die harten Worte Lügen. Er schlug die Autotür zu und streckte die Arme aus.

«Oh, Daddy!» Seine Tochter brach in Tränen aus und warf sich in seine Arme, alles im selben Augenblick.

Später machte er sich auf die Suche nach seiner Frau und fand sie in ihrem Zimmer. Sie saß am Frisiertisch und bürstete sich das Haar. Das Zimmer war aufgeräumt und luftig, das Bett gemacht. Lucys Körbchen war fort. Ihre Blicke begegneten sich im Spiegel.

«Liebling!»

Sie ließ die Bürste fallen und lief in seine Arme. Er zog sie an sich, und einen langen Augenblick lang umarmten sie sich. Er hielt ihre schlanke Gestalt so fest, daß er ihr Herz schlagen hören konnte. Er küßte ihren sauberen, wohlriechenden Scheitel und fuhr ihr mit der Hand über das Haar.

«Geliebte Laura.»

Sie sagte in seine Schulter, so daß die Worte gedämpft klangen: «Ich bin nicht nach unten gekommen, weil ich wollte, daß du erst Gabriel siehst. Ich wollte, daß sie die erste ist, die dich zu sehen bekommt.»

«Das mit Lucy tut mir leid», sagte Alec leise.

Sie schüttelte den Kopf, wortlos, weil sie nicht über die

Tragödie sprechen wollte, sich nicht zutraute, etwas zu sagen.

Er bot ihr nicht an, einen neuen Hund zu kaufen, denn für Laura konnte es nie einen Ersatz geben. Mit der Zeit vielleicht einen neuen Welpen, aber nie eine zweite Lucy.

Nach einer Weile hielt er sie sanft von sich weg und schaute hinunter auf ihr Gesicht. Sie sah braun und wunderbar erholt aus, aber sehr traurig. Er legte die Hände um ihren Kopf, berührte mit den Daumen die dunklen Flekken unter ihren Augen, als wäre es Farbe, die er wegwischen könne.

«Hast du mit Gabriel gesprochen?» fragte sie.

«Ja.»

«Hat sie es dir gesagt?»

«Ja.»

«Das mit dem Kind?» Er nickte. Laura sagte: «Sie ist zu dir nach Hause gekommen, Alec. Deshalb ist sie nach Hause gekommen. Um bei dir zu sein.»

«Ich weiß.»

«Sie kann bei uns wohnen.»

«Natürlich.»

«Sie hat eine schlimme Zeit hinter sich.»

«Sie hat es überlebt.»

«Sie ist ein wunderbarer Mensch.»

Er lächelte. «Das hat sie über dich auch gesagt.»

«Du wolltest nie über sie sprechen, Alec. Warum wolltest du nie mit mir über Gabriel sprechen?»

«Hat dir das so große Sorgen gemacht?»

«Ja. Ich kam mir dadurch so furchtbar unzureichend vor, als hättest du das Gefühl, ich liebe dich nicht genug. Als reichte meine Liebe zu dir nicht aus, Gabriel zu einem Teil unseres gemeinsamen Lebens zu machen.»

Er dachte darüber nach. Er sagte: «Das klingt kompliziert. Setzen wir uns doch…» Er nahm Lauras Hand und führte sie zu dem alten Sofa, das am Fenster stand.

«Hör mir zu», sagte er. «Ich habe nicht über Gabriel gesprochen, teils, weil ich das dir gegenüber nicht für fair hielt. Mein Leben mit Erica war seit Jahren vorbei, und Gabriel hatte mich verlassen. Ehrlich gesagt, als ich dich geheiratet habe, hatte ich die Hoffnung aufgegeben, sie je wiederzusehen. Außerdem *konnte* ich nicht über sie sprechen. So einfach war das. Sie zu verlieren, zu erleben, daß sie ging, war das Schlimmste, was mir je widerfahren ist. Im Lauf der Jahre habe ich die Erinnerungen weggeschlossen wie etwas, was man in einer Kiste verwahrt, mit fest geschlossenem Deckel. Ich konnte nur so damit leben.»

«Aber jetzt kannst du die Kiste aufmachen.»

«Gabriel hat sie aufgemacht. Sie ist geflohen. Frei. Sie ist nach Hause gekommen.»

»Oh, Alec.»

Er küßte sie. «Weißt du, du hast mir so gefehlt. Ohne dich hat Glenshandra seinen Zauber verloren. Ich habe mir gewünscht, daß der Urlaub zu Ende geht, damit ich nach Hause kann, zu dir. Und in New York habe ich mir ständig eingebildet, dich zu sehen, in Restaurants und auf dem Trottoir, und wenn ich hinschaute und die Frau sich umdrehte, merkte ich, daß sie kein bißchen aussah wie du, daß meine Phantasie mir einen Streich gespielt hatte.»

«War es schlimm, mitten im Geschäft New York zu verlassen und zurückzukommen? Als… Lucy starb, habe ich zu Gerald gesagt, ich brauche dich, aber ich hätte nie geglaubt, daß er sich soviel Mühe macht, um dich herzuholen.»

«Tom ist noch dort. Er ist durchaus imstande, allein damit fertig zu werden.»

«Hast du meinen Brief bekommen?»

Er schüttelte den Kopf. «Du hast mir geschrieben?»

«Ja, aber der Brief kann dich noch gar nicht erreicht haben. Ich wollte dir nur sagen, wie leid es mir tut, daß ich nicht mitgekommen bin.»

«Das habe ich doch verstanden.»

«Ich hasse Telefone.»

«Ich auch. Ich benutze sie ständig, aber sie sind zu nichts nutze, wenn man jemandem nahe sein möchte.»

«Alec, es lag nicht nur daran, daß ich nicht fliegen wollte oder mich noch krank fühlte. Es lag vor allem daran, daß... Ich konnte...» Sie zögerte, und dann brach es aus ihr heraus: «Ich konnte den Gedanken an eine Woche in New York mit Daphne Boulderstone nicht ertragen.»

Einen Moment lang verschlug die schiere Verblüffung Alec die Sprache. Und dann fing er an zu lachen. «Ich habe geglaubt, du willst mir etwas Entsetzliches sagen.»

«Ist das denn nicht entsetzlich?»

«Was, daß dich Daphne Boulderstone zum Wahnsinn treibt? Mein Liebling, das geht uns allen ständig so. Sogar ihrem Mann. Sie ist die unerträglichste Frau der Welt...»

«Oh, Alec, das ist nicht der einzige Grund. Es liegt daran, daß sie immer... Sie bringt mich dazu, daß ich mir wie eine Vollidiotin vorkomme. Als ob ich von nichts eine Ahnung hätte. Neulich, als sie mich besucht hat, hat sie dauernd über Erica geredet, über Ericas Vorhänge, Ericas Sachen, daß sie Ericas beste Freundin war, daß nach dem Verkauf von Deepbrook nichts mehr wie früher war, daß sie schon deine Freundin war, ehe sie Tom kennengelernt hat, wie wichtig die erste Liebe ist, und...»

Alec legte ihr die Hand auf den Mund. Sie schaute auf und sah Mitgefühl in seinen Augen, aber gleichzeitig Heiterkeit.

«Das ist der verworrenste Satz, den ich in meinem ganzen Leben gehört habe», sagte er und nahm die Hand weg. «Aber ich verstehe.» Er küßte sie auf den Mund. «Und es tut mir leid. Es war blöd von mir, mir vorzustellen, du möchtest eine Woche mit Daphne verbringen. Ich wollte dich nur so gern bei mir haben.»

«Sie sind wie ein Club, die Boulderstones und die Ansteys. Ein Club, zu dem ich nie gehören kann...»

«Ja, ich weiß. Ich bin sehr unaufmerksam gewesen. Manchmal vergesse ich, wieviel älter wir alle sind als du. Ich kenne sie schon so lange, daß ich manchmal den Sinn für das Wesentliche verliere.»

«Für was zum Beispiel?»

«Ach, ich weiß nicht recht. Zum Beispiel dafür, daß ich eine schöne Frau habe. Und eine schöne Tochter.»

«Und ein schönes Enkelkind.»

Er lächelte. «Das auch.»

«Es wird ein bißchen eng werden in Abigail Crescent.»

«Ich glaube, ich habe lang genug in Abigail Crescent gewohnt. Wenn wir wieder in London sind, suchen wir nach einem größeren Haus. Mit einem Garten. Und dort werden wir zweifellos herrlich und in Freuden leben.»

«Wann müssen wir fahren?»

«Morgen früh.»

«Ich will nach Hause», sagte sie. «Eve und Gerald sind unglaublich lieb gewesen, aber ich will nach Hause.»

«Das erinnert mich an etwas.» Er sah auf die Uhr. «Ich habe kurz mit ihnen gesprochen, ehe ich zu dir gekommen bin. Um halb zwei gibt es Mittagessen. Hast du Hunger?»

«Ich glaube, ich bin zu glücklich, als daß ich hungrig sein könnte.»

«Ausgeschlossen», sagte Alec. Er stand auf und zog sie hoch. «Schau mich an. Ich kann es nicht erwarten, Eves kaltes Roastbeef mit neuen Kartoffeln zwischen die Zähne zu bekommen.»

«...so sieht also die Lage aus. Als Silvia den ersten Brief bekam, waren wir uns alle, wenn auch widerstrebend, völlig sicher, daß die arme alte May die Schuldige war und daß sie den Brief in einem Augenblick völliger Verblendung aufgesetzt hatte. In ihrem hohen Alter verhält sie sich hin und wieder sehr seltsam, und damals wirkte es wie eine vernünftige Erklärung. Aber als Gabriel den zweiten Brief mitbrachte, den an dich adressierten, meinte Ivan, möglicherweise habe Drusilla die Briefe geschrieben, die junge Frau, die im Cottage wohnt. Sie scheint ein recht nettes Ding zu sein, aber wie Ivan sagte, ist sie uns allen ein totales Rätsel. Sie ist hierhergekommen, weil sie sonst nirgends hinkonnte. Und ich glaube, sie hat ein Faible für Ivan.» Er zuckte die Achseln. «Ich weiß nicht recht, Alec. Ich weiß es wirklich nicht.»

«Und dann Lucy!»

«Ja. Und für diese Scheußlichkeit habe ich überhaupt keine Erklärung. Selbst wenn sie total übergeschnappt wäre, könnte May nie so etwas tun. Und Drusilla ist der Typ der Erdmutter. Ich kann mir einfach nicht vorstellen, daß sie etwas Lebendiges umbringt.»

«Du bist sicher, daß der Hund vergiftet wurde?»

«Daran gibt es nicht den geringsten Zweifel. Deshalb mußtest du aus New York zurückkommen. Sobald ich den Hund sah, bekam ich Angst um Laura.»

Sie saßen seit dem Mittagessen hinter verschlossenen Türen in Geralds Arbeitszimmer. Schließlich schienen sie am Ende des Gesprächs angelangt zu sein. Der Brief und der Umschlag lagen auf dem Schreibtisch zwischen ihnen, und Alec griff jetzt danach und las den Brief noch einmal. Die schwarzen, schiefen Worte waren in sein Gedächtnis eingebrannt, als hätte sein Gehirn ein scharfes, deutlich umrissenes Foto aufgenommen, aber trotzdem empfand er den Zwang, sie noch einmal zu lesen.

«Den ersten Brief haben wir nicht?»

«Nein, den hat Silvia. Sie wollte ihn mir nicht überlassen. Ich habe ihr gesagt, sie soll ihn nicht vernichten.»

«Ehe wir irgendwelche Entscheidungen treffen, sollte ich ihn mir anschauen. Falls wir... Maßnahmen ergreifen, brauchen wir ihn sowieso als Beweis. Vielleicht sollte ich Silvia besuchen. Meinst du, sie ist zu Hause?»

«Ruf sie an», sagte Gerald. Er nahm den Hörer ab, wählte die Nummer und reichte Alec den Hörer. Er hörte das Freizeichen. Nach einem Augenblick kam Silvias fröhliche, rauhe Stimme. «Hallo.»

«Silvia, hier ist Alec.»

«Alec.» Sie klang erfreut. «Hallo! Du bist zurück?»

«Ich habe mich gefragt, ob du in der nächsten Stunde zu Hause bist.»

«Himmel, ja. Ich bin immer zu Hause.»

«Hab gedacht, ich schau mal vorbei und besuche dich.»

«Wie schön. Ich bin im Garten, aber ich lasse die Haustür offen. Komm einfach rein. Bis gleich.»

Draußen milderte eine kühle Brise vom Meer die Wärme des schläfrigen Sonntagnachmittags. Es war sehr ruhig, und ausnahmsweise wirkte Tremenheere verlassen. Ivan war mit Gabriel im Auto weggefahren, mit einer

Thermoskanne Tee und ihren Badesachen im Rucksack. Eve und Laura, die beide erschöpft aussahen, waren von ihren Männern überredet worden, ins Bett zu gehen und sich auszuruhen.

Auch Drusilla und Joshua waren fort. Am Vormittag war ein kleines, altes, offenes Auto in den Hof getuckert, gefahren von einem der rätselhaften Freunde Drusillas, einem großen Mann mit einem biblischen Bart. Auf dem Autorücksitz stand ein riesiger schwarzer Cellokasten. Nach einer Diskussion mit Drusilla waren alle abgefahren, Drusilla mit Joshua auf den Knien. Außerdem hatte sie ihre Flöte mitgenommen, so daß vermutlich ein Musikereignis auf dem Programm stand. Ivan hatte sie beobachtet und ihnen nachgeschaut und das alles den anderen beim Mittagessen berichtet.

Eve wurde ganz aufgeregt. «Vielleicht ist das eine neue Romanze für Drusilla.»

«Darauf würde ich mich nicht verlassen», sagte Ivan. «Sie sahen ziemlich bizarr aus, aber ganz gelassen, als sie abgefahren sind. Ich bin mir sicher, daß sie vorhaben, gemeinsam wunderschön zu musizieren, aber nicht so, wie du dir das vorstellst.»

«Aber...»

«An deiner Stelle würde ich nicht nachhelfen. Ich glaube, im Augenblick hat es Gerald gerade noch gefehlt, daß ein bärtiger Cellist in Tremenheere einzieht.»

Alec ging durch das Tor und die Straße entlang zum Dorf. Auf dem schattigen Weg war kein Verkehr. Irgendwo auf der anderen Seite des Tals bellte ein Hund, sonst war es friedlich und ruhig. Die obersten Zweige der Bäume bewegten sich leicht im Wind.

Er traf Silvia, wie sie gesagt hatte, im Garten an, in ihrem

Rosenbeet. Als er auf sie zuging, dachte er, mit ihrer schlanken Figur, ihren braunen Armen und ihrem lockigen grauen Haarschopf sehe sie wie eine Werbung für eine Lebensversicherung aus. Investieren Sie bei uns, und Sie haben einen sorglosen Ruhestand. Es fehlte nur der attraktive, weißhaarige Ehemann, der die welken Blüten abschnitt und lächelte, weil er keine finanziellen Sorgen hatte.

Das war alles, was fehlte. Er erinnerte sich an Tom, aber Tom war nicht attraktiv und weißhaarig gewesen. Als Alec ihn zum letztenmal gesehen hatte, war Tom wackelig gewesen, mit flackerndem Blick, einem Gesicht wie Rote Bete und Händen, die zitterten, wenn sie nicht mit festem Griff ein Glas umklammerten.

«Silvia.»

Sie wandte ihm ihr Gesicht zu. Sie trug eine Sonnenbrille, so daß er ihre Augen nicht sehen konnte, aber sie lächelte sofort, offenbar hocherfreut über seinen Anblick.

«Alec!» Sie schob sich aus den Rosen und kam zu ihm. Er gab ihr einen Kuß.

«Was für eine schöne Überraschung. Ich habe gar nicht gewußt, daß du aus New York zurück bist. Und als du letztes Mal hier warst und Laura abgeliefert hast, habe ich kaum einen Blick auf dich erhascht.»

«Ich habe eben an Tom gedacht. Ich glaube, ich habe dir nicht einmal geschrieben, als er gestorben ist. Und neulich abend war keine Zeit, etwas zu sagen. Aber es hat mir leid getan.»

«Ach, mach dir keine Gedanken. Der arme alte Tom. Am Anfang war es seltsam ohne ihn, aber allmählich gewöhne ich mich daran.»

«Dein Garten sieht wie immer phantastisch aus.» Auf

dem Rasen lagen Werkzeuge. Ein Rechen und eine Hacke, eine Schere, eine kleine Gabel. Unkraut, verwelkte Rosenblüten und -abschnitte füllten einen Schubkarren. «Du mußt ja arbeiten wie eine Wilde.»

«Das hält mich in Schwung. Gibt mir etwas zu tun. Aber jetzt mache ich eine Pause und rede mit dir. Ich gehe nur hinein und wasche mir die Hände. Möchtest du eine Tasse Tee? Oder einen Drink?»

«Nein, danke. Was ist mit den ganzen Sachen? Soll ich sie aufräumen?»

«Oh, du bist ein Engel. Ihr Platz ist im Schuppen.» Sie ging auf das Haus zu. «Bin gleich wieder da.»

Er sammelte die Sachen ein und trug sie zu dem kleinen Gartenschuppen in der Ecke, den ein Spalier voller Clematis schmückte. Hinter dem Schuppen waren ein Komposthaufen und die Reste eines Feuers, wo Silvia Gartenabfälle verbrannt hatte. Alec holte den Schubkarren, kippte den Inhalt auf den Komposthaufen und stellte den Karren dann säuberlich an die Rückwand des Schuppens.

Er zog sein Taschentuch heraus und wischte sich die Erde von den Händen ab. Dabei schaute er nach unten und sah, daß Silvia nicht nur Gartenabfälle verbrannt hatte, sondern außerdem alte Zeitungen, Pappen und Briefe. Halbverbrannte Papierfetzen lagen in der schwarzen Asche herum. Papierfetzen. Alec hielt inne. Nach einer Weile steckte er das Taschentuch ein, bückte sich und hob einen Fetzen auf. Eine Ecke – ein Dreieck, dessen längster Schenkel verkohlt war.

Er ging in den Gartenschuppen zurück, der sauber und sehr ordentlich war. Langstielige Werkzeuge lehnten an einer Wand, kleine Werkzeuge hingen an einem Brett mit Haken. Gestapelte Blumentöpfe aus Ton, eine Schachtel mit weißen Plastiketiketten. Auf Augenhöhe ein Bord, auf dem Päckchen und Flaschen standen. Grassamen, Rosendünger, eine Flasche Methylalkohol. Eine Dose Maschinenöl, Insektenschutzmittel. Ein Päckchen Garotta für den Komposthaufen. Alecs Blick wanderte am Bord entlang. Eine große grüne Flasche mit weißem Verschluß. Gordon's Gin. Beim Gedanken an den armen alten Tom nahm er die Flasche herunter und las das Etikett. Die Flasche war noch halbvoll. Nachdenklich stellte er sie zurück, ging aus dem Schuppen und langsam zum Haus zurück.

Als er ins Wohnzimmer kam, tauchte Silvia in der zweiten Tür auf und rieb sich die Hände mit Creme ein. Sie hatte die Sonnenbrille nicht abgenommen, aber sich das Haar gekämmt und sich mit Parfum überschüttet. Der Moschusgeruch hing schwer im Zimmer.

«Es ist *so* schön, dich wiederzusehen.»

«Es ist eigentlich kein Höflichkeitsbesuch, Silvia. Es geht um den Brief, den du bekommen hast.»

«Welchen Brief?»

«Den anonymen Brief. Weißt du, ich habe auch einen bekommen.»

«Du...» Sie machte ein entsetztes Gesicht, als sie begriff, was das hieß. *«Alec!»*

«Gerald hat mir gesagt, du hast den an dich aufgehoben. Ich habe mich gefragt, ob ich einen Blick darauf werfen könnte.»

«Natürlich. Gerald hat gesagt, ich muß ihn aufheben, sonst hätte ich das scheußliche Machwerk verbrannt.» Sie ging zum Schreibtisch. «Er muß hier irgendwo sein.» Sie zog eine Schublade auf, nahm den Brief heraus und reichte ihn Alec.

Er zog das Blatt Papier aus dem braunen Umschlag und

holte den zweiten, an ihn adressierten aus seiner Tasche. Wie zwei Spielkarten hielt er die Blätter aufgefächert in der Hand.

«Aber sie sind genau gleich! Kinderbriefpapier.»

«Wie das hier», sagte Alec und zeigte den verkohlten Fetzen, den er gefunden hatte. Rosa, liniert, die kitschige kleine Fee nur halb verbrannt.

«Was ist das?» Ihre Stimme war scharf, fast entrüstet.

«Ich habe es am Rand deines Feuers gefunden. Ich habe es gesehen, als ich deinen Schubkarren ausgeleert habe.»

«Ich habe dich nicht gebeten, den Schubkarren zu leeren.»

«Wo stammt das her?»

«Ich habe keine Ahnung.»

«Es ist das gleiche Papier, Silvia.»

«Na und?» Die ganze Zeit hatte sie die Creme in die Hände einmassiert. Jetzt hörte sie plötzlich damit auf, ging zum Kaminsims und nahm sich eine Zigarette. Sie zündete sie an und warf das Streichholz auf den leeren Rost. Ihre Hände zitterten. Sie nahm einen langen Zug. Dann wandte sie sich ihm zu, die Arme über der Brust verschränkt, als versuchte sie, sich zusammenzuhalten.

«Na und», sagte sie noch einmal. «Ich weiß nicht, woher das stammt.»

«Ich glaube, du hast dir den ersten Brief selbst geschickt. Damit du mir den zweiten Brief schicken konntest und niemand auch nur auf die Idee kommt, dich zu verdächtigen.»

«Das ist nicht wahr.»

«Du mußt eine Packung von dem Kinderbriefpapier gekauft haben. Du hast nur zwei Blätter gebraucht. Also hast du den Rest verbrannt.»

«Ich weiß nicht, worüber du redest.»

«Alle sollten glauben, daß es May war. Du hast den ersten Brief im Dorf aufgegeben. Aber beim zweitenmal bist du nach Truro gefahren und hast den Brief dort aufgegeben. An einem Mittwoch. Das ist der Tag, an dem May immer nach Truro fährt. Er kam am nächsten Tag in London an, aber da war ich schon nach New York geflogen. Ich habe ihn also nicht zu sehen bekommen. Gabriel hat ihn gefunden. Sie hat ihn aufgemacht, weil sie herausfinden wollte, wo Laura war, und sie hat geglaubt, der Brief könne einen Hinweis darauf geben. Du hast ihr alles mitgeteilt, was sie wissen wollte, aber es war nicht schön für sie, es auf diese Weise zu erfahren.»

«Du kannst nichts beweisen.»

«Ich glaube nicht, daß ich es beweisen muß. Ich muß nur herausbekommen, *warum*. Warum hast du mir diesen bösartigen Quatsch geschickt?»

«Quatsch? Woher willst du wissen, daß es Quatsch ist? Du warst nicht hier, hast sie nicht beobachtet, nicht gesehen, wie sie etwas miteinander hatten.»

Sie klang wie May, wenn sie etwas besonders mißbilligte.

«Aber warum wolltest du einen Keil zwischen meine Frau und mich treiben? Sie hat dir nichts getan.»

Silvia hatte ihre Zigarette ausgeraucht. Sie drückte sie heftig aus, warf sie in den Kamin und tastete nach der nächsten.

«Sie hat alles», sagte sie.

«Laura?»

Sie zündete die Zigarette an.

«Ja. Laura.» Sie ging im kleinen Zimmer auf und ab wie eine Tigerin im Käfig.

«Du warst ein Teil meines Lebens, Alec, ein Teil meiner Jugend. Weißt du noch, wie wir, als wir noch Kinder waren, am Strand Kricket gespielt haben, auf den Klippen herumgeklettert und gemeinsam geschwommen sind, du, ich und Brian? Weißt du noch, daß du mich einmal geküßt hast? Es war das erste Mal, daß ein Mann mich geküßt hat.»

«Ich war kein Mann, ich war ein Junge.»

«Und dann habe ich dich viele Jahre lang nicht gesehen. Aber dann bist du nach Tremenheere zurückgekommen, deine erste Ehe war gescheitert, und ich habe dich wiedergesehen. Weißt du noch, wir sind alle zum Abendessen ausgegangen. Du, Eve, Gerald, Tom und ich... Und Tom hat mehr getrunken als üblich, und du bist mit mir zurückgekommen und hast mir geholfen, ihn zu Bett zu bringen...»

Er erinnerte sich, und es war kein Anlaß, an den er sich gern erinnerte. Aber er war mitgekommen, weil offensichtlich gewesen war, daß man Silvia nicht hatte allein lassen können mit einem total betrunkenen Mann, einsachtzig groß, mit Alkohol abgefüllt, der jeden Augenblick hätte wegsacken oder sich heftig übergeben können. Gemeinsam hatten er und Silvia ihn ins Haus geschafft, die Treppe hinauf, auf sein Bett. Danach hatten sie im Wohnzimmer gesessen, sie hatte ihm einen Drink eingeschenkt, und er – dem sie jämmerlich leid tat – hatte sich eine Weile mit ihr unterhalten.

«...an jenem Abend warst du so lieb zu mir. Und da habe ich zum erstenmal an Toms Tod gedacht. Da habe ich mich zum erstenmal der Tatsache gestellt, daß es nie besser mit ihm wird, daß er nie trocken wird. Das wollte er nicht. Ihm blieb nur noch der Tod. Und da habe ich gedacht: ‹Falls Tom stirbt – wenn Tom stirbt –, dann wird Alec dasein, und Alec wird sich um mich kümmern.› Nur eine Phantasie, aber als du an jenem Abend gegangen bist, hast du mich so zärtlich geküßt, daß es mir auf einmal völlig vernünftig und möglich vorkam.»

Er erinnerte sich nicht daran, sie geküßt zu haben, aber vermutlich hatte er es getan.

«Aber Tom ist nicht gestorben. Es hat noch ein Jahr gedauert. Gegen Ende war es, als lebte ich mit einem Schatten, einem Nichts. Einem Gespenst, dessen einziges Ziel im Leben es war, eine Whiskyflasche in die Hand zu bekommen. Und als er starb, warst du wieder verheiratet. Und als ich Laura gesehen habe, wußte ich, warum. Sie hat alles», wiederholte sie, und jetzt sprach sie zornig und neiderfüllt mit zusammengebissenen Zähnen. «Sie ist jünger, sie ist schön. Sie hat ein teures Auto, teure Kleider und Schmuck, für den jede Frau ihr Augenlicht geben würde. Sie kann es sich leisten, teure Geschenke zu kaufen. Geschenke für Eve, und Eve ist *meine* Freundin. Solche Geschenke kann ich Eve nie machen. Tom hat mich so arm hinterlassen, ich komme kaum für mich selbst zurecht, von Geschenken ganz zu schweigen. Und alle haben pausenlos über sie geredet, als ob sie eine Art Heilige wäre. Sogar Ivan. Vor allem Ivan. Früher hat mich Ivan manchmal besucht, hat mich auf einen Drink eingeladen, wenn ich deprimiert war, aber als Laura kam, war es aus damit; er hatte nur noch für sie Zeit. Sie sind miteinander weggefahren, hast du das gewußt, Alec? Gott weiß, was sie da getrieben haben, aber sie sind geheimnistuerisch und lachend nach Tremenheere zurückgekommen, und deine Frau hat so glatt und selbstgefällig ausgesehen wie eine Katze. Was ich dir geschrieben habe, ist wahr. Es ist wahr... sie mußten ein Liebespaar sein. Erfüllt... so hat sie ausgesehen. Ich weiß es. Ich kann es beurteilen. Erfüllt.»

Alec sagte nichts. Voller Traurigkeit und Mitleid hörte er zu, beobachtete die unermüdlich auf- und abgehende Gestalt, hörte die Stimme, die nicht mehr tief und rauh war, sondern schrill vor Verzweiflung.

«...weißt du, wie es ist, allein zu sein, Alec? Wirklich allein? Du hast fünf Jahre ohne Erica gelebt, aber du kannst nicht wissen, wie es ist, wirklich allein zu sein. Es ist, als ob dein Unglück ansteckend wäre, die Menschen gehen dir aus dem Weg. Als Tom noch am Leben war, sind immer Leute gekommen, Freunde von ihm, selbst gegen Ende, als er so unmöglich war. Sie wollten *mich* besuchen. Aber nach seinem Tod sind sie nicht mehr gekommen. Sie haben mich allein gelassen. Sie hatten Angst vor Bindungen, Angst vor einer alleinstehenden Frau. In den letzten Jahren seines Lebens habe ich mit Tom nichts mehr anfangen können, aber ich... wußte mir zu helfen. Und ich habe mich dessen nicht geschämt, weil ich etwas Liebe brauchte, ein körperliches Stimulans, damit ich leben konnte. Aber als er tot war... Alle haben mich so bemitleidet. Sie haben über das leere Haus geredet, den leeren Sessel am Kamin, aber sie waren alle zu zartfühlend, das leere Bett zu erwähnen. Das war der schlimmste Alptraum.»

Er fragte sich, ob sie möglicherweise nicht ganz bei Verstand sei. «Warum hast du Lauras Hund umgebracht?» fragte er.

«Sie hat alles... Sie hat dich, und jetzt hat sie Gabriel. Als sie mir das mit Gabriel erzählt hat, habe ich gewußt, daß ich dich für immer verloren habe. *Sie* hättest du vielleicht hinausgeworfen, aber deine Tochter würdest du niemals im Stich lassen ...»

«Aber warum der kleine Hund?»

«Der Hund war krank. Er ist gestorben.»

«Er wurde vergiftet.»

«Das ist gelogen.»

«Ich habe in deinem Schuppen eine Flasche Gordon's Gin gefunden.»

Sie hätte fast gelacht. «Die muß von Tom sein. Er hat sie überall versteckt. Nach einem Jahr finde ich immer noch beiseite geschaffte Flaschen.»

«In der war kein Gin. Sie hat ein Etikett. Es ist Paraquat.»

«Was ist Paraquat?»

«Ein Unkrautvernichtungsmittel. Ein tödliches Gift. Man kann es nicht einfach im Laden kaufen. Man bekommt es nur gegen Unterschrift.»

«Tom muß es besorgt haben. Ich benütze nie Unkrautvernichtungsmittel. Ich weiß nichts darüber.»

«Ich glaube doch.»

«Ich weiß nichts.» Sie warf die Zigarette durch die offene Gartentür hinaus. «Ich sage dir doch, daß ich nichts weiß.» Sie sah aus, als wollte sie auf ihn losgehen. Er packte sie an den Ellbogen, aber sie riß sich los, und dabei verfing sich ihre Hand an der Sonnenbrille und stieß sie weg. Entblößt, ungeschützt, starrten die Augen mit der seltsamen Farbe ihn an. Die dunklen Pupillen waren stark erweitert, aber in ihnen war kein Leben, kein Ausdruck. Nicht einmal Zorn. Es war unheimlich. Als blickte man in einen Spiegel und sähe nichts darin.

«Du hast den Hund umgebracht. Gestern, als alle in Gwenvoe waren. Du bist die Straße entlang in das offene

Haus gegangen. May war in ihrem Zimmer, Drusilla und ihr Baby waren hinten im Hof. Niemand hat dich gesehen. Du bist einfach die Treppe hinauf in unser Zimmer gegangen. Vermutlich hast du nur einen Tropfen Paraquat in Lucys Milch getan. Mehr war nicht nötig. Sie ist nicht sofort gestorben, aber sie war tot, als Laura sie gefunden hat. Hast du wirklich geglaubt, Silvia, hast du dir im Ernst eingebildet, daß May die Schuld gegeben wird?»

«Sie hat den Hund gehaßt. Er hat sich in ihrem Zimmer übergeben.»

«Hattest du irgendeine Vorstellung von den Seelenqualen, die du Eve zugemutet hättest? Keine Frau hätte eine bessere, gütigere Freundin sein können als Eve, aber wenn alles so verlaufen wäre, wie du es gewollt hast, hätte Eve nichts tun können, um May zu helfen. Du warst bereit, die beiden zu quälen, nur um eine Phantasie zu befriedigen, die nie mehr gewesen sein kann als ein Hirngespinst.»

«Das ist nicht war... Du und ich...»

«Niemals!»

«Aber ich liebe dich... Ich habe es für dich getan, Alec... für dich...»

Jetzt schrie sie ihm die Worte ins Gesicht, versuchte, ihm die Arme um den Hals zu legen, wandte sich ihm zu in einer Karikatur von Leidenschaft, mit leeren Augen, mit offenem Mund, hungrig danach, ihr klägliches, unerträgliches Bedürfnis zu stillen. «Begreifst du denn nicht, du Narr, daß ich es für dich getan habe...?»

Sie ging wie besessen auf ihn los, aber er war viel stärker als sie, und der widerliche Kampf war sofort zu Ende. Er spürte, daß sie in seinen Armen schlaff wurde. Während er sie festhielt, sackte sie gegen ihn und fing grauenhaft zu weinen an. Er trug sie zum Sofa, legte sie hin und stopfte ihr ein Kissen unter den Kopf. Sie weinte weiter, würgend und keuchend, den Kopf von Alec abgewandt. Er zog einen Stuhl heran, setzte sich und wartete, bis die Hysterie sich legte. Schließlich war Silvia erschöpft, atmete schwer und tief, mit geschlossenen Augen. Sie sah aus, als hätte sie einen Anfall durchlitten oder als käme sie langsam aus einem Koma zu sich.

Er nahm ihre Hand. «Silvia.»

Ihre Hand in der seinen war leblos. Sie ließ sich nicht anmerken, ob sie ihn gehört hatte.

«Silvia. Du brauchst einen Arzt. Wer ist dein Arzt?»

Jetzt seufzte sie tief und wandte ihm das von den Tränen verwüstete Gesicht zu, machte aber die Augen nicht auf.

«Ich rufe ihn an. Wie heißt er?»

«Doktor Williams.» Es war nicht mehr als ein Flüstern.

Er legte ihre Hand sanft zur Seite und ging hinaus in die Diele, wo das Telefon stand. In ihrem Telefonverzeichnis entdeckte er die Nummer in ihrer sauberen Handschrift. Er wählte und betete, der Arzt möge dasein.

Er war da und meldete sich selbst. Alec erklärte so deutlich und einfach wie möglich, was geschehen war. Der Arzt hörte zu.

Als Alec fertig war, fragte er: «Was macht sie jetzt?»

«Sie ist ruhig. Sie liegt. Aber ich glaube, sie ist eine schwerkranke Frau.»

«Ja», sagte der Arzt. «Ich habe befürchtet, daß so etwas passiert. Sie war nach dem Tod ihres Mannes hin und wieder bei mir. Sie stand unter starkem Streß. Es hat nicht viel dazugehört, so etwas auszulösen.»

«Kommen Sie?»

«Ja. Ich komme. Ich komme sofort. Bleiben Sie bis dahin bei ihr? Ich beeile mich.»

«Selbstverständlich.»

Er ging zu Silvia zurück. Sie schien zu schlafen. Erleichtert nahm er eine Decke von einem Stuhl und deckte Silvia zu, zog die weiche Wolle um ihre Schultern und ihre Füße. Als er auf ihr faltiges, bewußtloses Gesicht hinunterschaute, mitgenommen von der Anspannung und der aufgebrauchten Verzweiflung, kam sie ihm so alt vor wie May. Älter, denn May hatte nie ihre Unschuld verloren.

Als er schließlich das Auto des Arztes hörte, verließ er Silvia und ging hinaus, um den Arzt zu begrüßen. Er hatte eine Schwester mitgebracht, eine kompetent wirkende Frau im weißen Kittel.

«Ich bedaure den Vorfall», sagte Alec.

«Ich auch. Gut, daß Sie angerufen haben. Gut, daß Sie bei ihr geblieben sind. Wo kann ich Sie erreichen, falls es nötig ist?»

«Ich wohne in Tremenheere. Aber morgen früh muß ich nach London zurück.»

«Wenn es sein muß, kann ich mich jederzeit an den Admiral wenden. Ich glaube nicht, daß Sie noch etwas tun können. Jetzt übernehmen wir sie.»

«Kommt sie wieder in Ordnung?»

«Ein Notarztwagen ist unterwegs. Wie gesagt, Sie können jetzt nichts mehr tun.»

Als er langsam die Straße entlang nach Tremenheere zurückging, dachte Alec nicht an die erschütternde Konfrontation, die gerade stattgefunden hatte, sondern an Brian und sich vor langer Zeit, als sie Jungen gewesen waren, bei ihrem schneidigen jungen Onkel Gerald gewohnt und den ersten, zu Kopf steigenden Schluck des Erwachsenenlebens gekostet hatten. Vielleicht war es das, was sehr alten Menschen widerfuhr. Deshalb konnte sich May an jede

Einzelheit eines Kindergottesdienstes, eines Picknicks oder verschneiter Weihnachten aus ihrer Kindheit erinnern und wußte trotzdem nicht mehr, was sie am Tag zuvor gemacht hatte. Die Mediziner nannten das Arterienverhärtung, aber vielleicht lagen die Ursachen tiefer als im körperlichen Abbau der Alten. Vielleicht war es einfach ein Rückzug, eine Ablehnung der Realität des nachlassenden Sehens und Hörens, der unsicheren Beine und der ungeschickten, von Arthritis verkrüppelten Hände.

In seiner Erinnerung war Silvia jetzt also wieder vierzehn. Ein Kind, dem aber zum erstenmal deutlich bewußt wurde, wie aufregend, wie berauschend das andere Geschlecht sein konnte. Ihre Arme und Beine waren lang, knochig und braun, aber ihre winzigen Brüste wirkten wie ein zarter Widerspruch zu ihrer Kindlichkeit, und ihr rotgoldener Haarschopf rahmte ein Gesicht ein, das große Schönheit verhieß. Sie hatten zu dritt Kricket gespielt und waren in den Klippen herumgeklettert, mit der Unschuld aller Kinder in ihrem Alter, aber das gemeinsame Schwimmen war etwas ganz anderes gewesen, als hätte das kalte, salzige Meer die schüchterne Gehemmtheit der Pubertät weggespült. Ihre Körper, von der Brandung herumgeworfen, berührten sich. Wenn sie ins Wasser sprangen, trafen sie aufeinander, Hand in Hand, Wange an Wange. Als Alec schließlich den Mut aufbrachte, Silvia zu küssen, der erste linkische Kuß eines Jungen, hatte sie das Gesicht so bewegt, daß ihr offener Mund seine Lippen berührte, und danach war der Kuß gar nicht mehr so linkisch gewesen. Soviel hatte sie ihn gelehrt. Sie hatte soviel zu geben.

Er konnte sich nicht daran erinnern, daß er je im Leben so müde gewesen war. Er hatte sich noch nie nach dem Trost des Alkohols gesehnt, aber jetzt ertappte er sich dabei, daß er dringend einen riesigen Drink brauchte. Aber das mußte warten. Als er Tremenheere erreichte, ging er durch die offene Vordertür hinein, blieb einen Augenblick in der leeren Diele stehen und horchte. Keine Stimmen, kein Geräusch. Er ging die große, gebohnerte Eichentreppe hinauf, den Flur entlang zu Lauras und seinem Zimmer, machte behutsam die Tür auf. Die Vorhänge waren noch zum Schutz vor der Sonne zugezogen, und Laura schlief in dem großen Doppelbett. Einen Augenblick lang beobachtete er sie, und Zärtlichkeit und Liebe überwältigten ihn. Seine Ehe mit ihr war das Wichtigste in seinem Leben, und der Gedanke, sie zu verlieren, aus welchem Grund auch immer, erfüllte ihn mit Qual. Vielleicht hatten sie beide Fehler gemacht, waren zu zurückhaltend gewesen, hatten die Privatsphäre des anderen zu sehr respektiert, aber er versprach sich, daß sie von nun an alles teilen würden, was das Schicksal ihnen brachte, Gutes oder Böses.

Ihr Gesicht war im Schlaf sorglos und unschuldig, so daß sie viel jünger aussah, als sie war. Und da ging ihm auf, mit einer Art verblüffter Dankbarkeit, daß sie unschuldig war.

Sie war die einzige von ihnen, die nichts von den bösartigen Briefen wußte. Sie wußte nicht, daß Lucy vergiftet worden war. Es war wichtig, daß sie das nie erfuhr, aber das war das letzte, was Alec vor ihr geheimhalten würde. Sie regte sich, wachte aber nicht auf. Er ging leise hinaus und machte die Tür hinter sich zu.

Eve und Gerald waren nirgends im Haus. Auf der Suche nach ihnen ging Alec durch die verlassene Küche und auf den Hof hinaus. Dort sah er, daß Drusilla und ihr Freund von ihrem Ausflug zurückgekehrt waren. Das Auto des Freundes, das stark einer Nähmaschine auf Rädern ähnelte, parkte im Hof, offenbar nur noch von verknoteten Schnüren und Drahtstücken zusammengehalten. Der Freund saß in einem Schaukelstuhl vor dem Cottage, sah aus wie ein alter Prophet, und Joshua hockte zu seinen Füßen. Drusilla saß auf der Schwelle und spielte Flöte.

Alec blieb stehen, schaute sich die bezaubernde Szene an und hörte zu. Drusillas Musik durchdrang die Luft so klar und rein wie Wasser, das in einen Brunnen tropft. Er erkannte «The Lark in the Clear Air», ein altes Volkslied aus dem Norden, das sie vermutlich seit ihrer Kindheit mit sich herumtrug. Es war die vollkommene Musik für einen Sommerabend. Ihr Freund schaukelte sacht im Stuhl und sah ihr zu. Joshua, gelangweilt vom Spielen auf dem Boden, kam plötzlich auf die Beine und zog sich an den Knien des Mannes hoch. Der beugte sich vor, hob das Kind auf seinen Schoß, mitsamt dem nackten Hinterteil, und hielt es in der massigen Armbeuge.

Vielleicht hatte sich Ivan also geirrt. Vielleicht hatten Drusilla und ihr Freund mehr miteinander vor, als wunderschön zu musizieren. Er sah aus, als wäre er ein netter Kerl, und Alec wünschte ihnen stillschweigend alles Gute.

Der letzte Ton verhallte. Drusilla setzte die Flöte ab, schaute auf und sah Alec.

«Gut gemacht. Das war schön», rief er ihr zu.

«Suchen Sie Eve?»

«Ja.»

«Sie ist oben im Garten und pflückt Himbeeren.»

Er spürte, daß ihn die kleine Episode getröstet hatte. Tremenheere hatte seinen Zauber nicht verloren und nichts von der Gabe eingebüßt, den Geist beruhigen zu können. Aber als er durch das Gartentor und den Pfad zwischen den Buchshecken entlangging, war sein Herz trotzdem so schwer wie das eines Mannes, der die Nachricht von einem tragischen Verlust in der Familie überbringen muß. Es schien eine Ewigkeit her zu sein, seit Alec die beiden zum letztenmal gesehen hatte, und doch brauchte er nur einen kurzen Moment, um ihnen die finsteren Einzelheiten des Nachmittags zu berichten. Sie standen dort, in der Sonne, in dem friedlichen, duftenden ummauerten Garten, und alles wurde in wenigen knappen, schmerzlichen Sätzen erzählt. Es war vorbei. Sie waren noch beieinander. Ihre Beziehungen zueinander hatten unbeschadet überlebt. Alec kam es wie ein Wunder vor.

Aber Eve, weil sie nun einmal Eve war, konnte nur an Silvia denken.

«... ein Notarztwagen? Eine Schwester? Lieber Himmel, Alec, was werden sie mit ihr machen?»

«Ich glaube, sie bringen sie ins Krankenhaus. Sie braucht Pflege, Eve.»

«Aber ich muß zu ihr... ich muß.»

«Mein Liebling.» Gerald legte ihr die Hand auf den Arm. «Laß es. Laß es für den Augenblick. Du kannst nichts tun.»

«Aber wir dürfen sie nicht im Stich lassen. Was sie auch getan hat, sie hat niemanden außer uns. Wir dürfen sie nicht im Stich lassen.»

«Wir werden sie nicht im Stich lassen.»

Sie wandte sich Alec zu und appellierte an ihn. Er aber sagte eindringlich: «Sie ist krank, Eve.» Sie verstand immer noch nicht. «Sie hatte einen Nervenzusammenbruch.»

«Aber...»

Gerald ließ alle milden Umschreibungen fahren. «Mein Liebling, sie hat den Verstand verloren.»

«Aber das ist grauenhaft… tragisch…»

«Du mußt es akzeptieren. Es ist besser für dich, wenn du es akzeptierst. Wenn du es nicht tust, hast du nur eine Alternative, und die ist unendlich viel schlimmer. Wir haben Drusilla und May verdächtigt; wir hätten zwei völlig unschuldigen Frauen die Schuld an etwas geben können, von dem sie nichts wußten. Und das hat Silvia gewollt. Sie wollte nicht nur die Ehe von Alec und Laura zerstören, sondern auch May…»

«Oh, Gerald –» Sie fuhr sich mit der Hand über den Mund. Ihre blauen Augen füllten sich mit Tränen. «May… meine geliebte May…»

Sie stellte den Korb mit Beeren ab, drehte sich um und lief den Pfad entlang auf das Haus zu. Das kam so unvermittelt, daß Alec ihr nachgehen wollte, aber Gerald streckte die Hand aus und hielt ihn auf.

«Laß sie. Sie kommt zurecht.»

May saß an ihrem Tisch und klebte Bilder in ihr Album. Es war schön gewesen, wie Drusilla die hübsche Melodie gespielt hatte. Ein seltsames Mädchen. Es sah danach aus, als hätte sie einen neuen Verehrer. Sie hatte in den Sonntagszeitungen ein paar hübsche Bilder gefunden. Eins von der Königinmutter mit einem blauen Chiffonhut. Sie hatte schon immer ein reizendes Lächeln gehabt. Und ein lustiges Bild von einem Kätzchen in einem Krug, eine Schleife um den Hals. Was für ein Jammer, das mit Mrs. Alecs kleinem Hund. Nettes kleines Tier, obwohl es sich auf dem Teppich übergeben hatte.

Weil sie schwerhörig war, hörte sie Eve nicht den Flur entlangkommen, und sie merkte erst etwas, als die Tür aufflog und Eve hereinkam. Sie bekam einen solchen Schreck, daß sie ziemlich verärgert war und wütend über den Brillenrand hinwegschaute, aber ehe sie ein Wort sagen konnte, war Eve neben ihr auf den Knien.

«Oh, May...»

Sie war in Tränen aufgelöst. Ihre Arme legten sich um Mays Taille, sie vergrub das Gesicht an Mays magerem Busen.

«Oh, May, Liebling...»

«Was soll denn das?» fragte May in dem Ton, in dem sie mit Eve gesprochen hatte, als sie noch ein kleines Kind gewesen war, wenn sie sich das Knie aufgeschlagen oder ihre Puppe kaputtgemacht hatte. «Liebe Zeit, worüber hast du dich denn so aufgeregt? So viele Tränen. Und wegen nichts, das würde mich nicht wundern. Na, na.» Ihre knotige arthritische Hand streichelte Eves Hinterkopf. So hübsch blond war sie einmal gewesen, und jetzt war sie fast weiß. «Ist ja gut.» Na ja, dachte May, wir werden alle nicht jünger. «Ist ja gut. Kein Grund zum Weinen. May ist ja da.»

Sie hatte keine Ahnung, worum es bei dem ganzen Theater ging. Sie sollte es nie erfahren. Sie fragte nie, und es wurde ihr nie erzählt.

9

Heimkehr

Laura war allein in ihrem Zimmer, packte die letzten Sachen, leerte Schubladen, überprüfte den Schrank und versuchte sich daran zu erinnern, wohin sie einen roten Ledergürtel gelegt hatte. Sie hatte Alec und Gabriel am Frühstückstisch zurückgelassen, bei der letzten Scheibe Toast und der zweiten Tasse Kaffee. Das Auto wartete vor der Haustür. Die Zeit in Tremenheere war fast vorbei.

Sie war im Bad, holte ihren Schwamm, ihre Zahnbürste und Alecs Rasierzeug, als es an der Zimmertür klopfte.

«Hallo?»

Sie hörte, daß die Tür aufging. «Laura.» Es war Gabriel. Laura kam aus dem Bad.

«Oh, Liebling, ich bin gleich fertig. Wird Alec ungeduldig? Ich muß nur noch die Sachen hier wegpacken, dann bin ich soweit. Ist deine Reisetasche schon im Auto? Und irgendwo steht ein Tiegel Elizabeth Arden... oder habe ich den schon eingepackt?»

«Laura.»

Laura sah sie an. Gabriel lächelte. «Hör mir zu.»

«Liebling, ich höre dir zu.» Sie legte die Sachen auf das Bett. «Was ist denn?»

«Es ist nur... würde es dir schrecklich viel ausmachen, wenn ich nicht mit euch zurückfahre? Wenn ich hierbleibe...?»

Laura war erschrocken, tat aber ihr Bestes, es sich nicht anmerken zu lassen. «Natürlich nicht. Ich meine, es hat keine Eile. Wenn du noch eine Weile bleiben möchtest, warum denn nicht? Es ist eine gute Idee. Ich hätte selbst darauf kommen sollen. Du kannst später nachkommen.»

«So ist es nicht, Laura. Ich versuche, dir zu sagen, daß ... Ich glaube, ich komme jetzt doch nicht nach London. Jetzt doch nicht», fügte sie überflüssigerweise hinzu.

«Du kommst nicht... ?» Die Gedanken flogen wirr durcheinander. «Aber was ist mit dem Baby?»

«Vermutlich bekomme ich das Baby hier.»

«Du meinst, du willst hier bei Eve bleiben?»

«Nein.» Gabriel lachte bedauernd. «Laura, du bist furchtbar begriffsstutzig. Du machst es mir kein bißchen leicht. Ich bleibe bei Ivan.»

«Bei I– » Laura bekam urplötzlich ganz weiche Knie und mußte sich auf den Bettrand setzen. Zu ihrer Überraschung sah sie, daß Gabriel errötete.

«Gabriel!»

«Bist du entsetzt?»

«Nein, natürlich bin ich nicht entsetzt. Aber es kommt ein bißchen überraschend... Du hast ihn erst kennengelernt. Du kennst ihn kaum.»

«Deshalb bleibe ich ja bei ihm. Damit wir uns richtig kennenlernen können.»

«Bist du dir sicher, daß du das willst?»

«Ja, ich bin mir sicher. Und er ist sich auch sicher.»

Als Laura nichts erwiderte, rollte sich Gabriel neben ihr auf dem Bett zusammen. «Wir haben uns verliebt, Laura. Jedenfalls glaube ich, daß es so ist. Ich weiß es nicht sicher, weil mir das noch nie zuvor passiert ist. Ich habe nie richtig daran geglaubt. Und was Liebe auf den ersten Blick anlangt, habe ich das immer für sentimentalen Schwachsinn gehalten.»

«Das stimmt nicht», sagte Laura. «Ich weiß das, weil ich mich auf den ersten Blick in deinen Vater verliebt habe. Bevor ich auch nur wußte, wer er ist.»

«Dann verstehst du es. Du glaubst nicht, daß ich mich wie ein Idiot benehme. Du glaubst nicht, das ist nur eine wilde Ausgeburt meiner Phantasie oder hat etwas mit Hormonen oder der Schwangerschaft zu tun.»

«Nein, das glaube ich nicht.»

«Ich bin so glücklich, Laura.»

«Glaubst du, du wirst ihn heiraten?»

«Ich glaube schon. Eines Tages. Vermutlich gehen wir zur Dorfkirche, nur wir beide, und kommen als Mann und Frau zurück. Das würde dich nicht stören, nicht wahr? Es würde dir nichts ausmachen, wenn das ganze Trara einer Familienhochzeit ausfällt?»

«Ich glaube, das solltest du nicht mich fragen. Ich glaube, das solltest du Alec fragen.»

«Ivan ist jetzt unten und sagt ihm, was ich dir sage. Wir haben gedacht, so ist es leichter. Für alle.»

«Weiß er das mit dem Kind?»

«Selbstverständlich.»

«Und es macht ihm nichts aus?»

«Nein. Er sagt, es ist seltsam, aber es bestärkt ihn noch darin, daß er es so will.»

«Oh, Gabriel.» Sie legte die Arme um ihre Stieftochter, und zum erstenmal umarmten sie sich, hielten sich fest und küßten sich mit echter, zärtlicher Zuneigung. «Er ist ein ganz besonderer Mensch. Fast so etwas Besonderes wie du. Ihr beide habt alles Glück der Welt verdient.»

Gabriel löste sich von ihr. «Wenn ich das Kind bekomme, kommst du dann nach Tremenheere? Ich möchte dich bei mir haben, wenn es geboren wird.»

«Keine zehn Pferde könnten mich davon abhalten.»

«Und du regst dich nicht darüber auf, daß ich jetzt doch nicht mit euch nach London komme?»

«Es ist dein Leben. Du mußt es auf deine Weise leben. Aber denk daran, daß dein Vater immer da ist, wenn du ihn brauchst. Du hast das früher nicht begriffen, aber so ist es immer gewesen.»

Gabriel grinste. «Muß wohl so sein», sagte sie.

Laura blieb oben im Zimmer und packte gedankenverloren weiter. Als Alec hereinkam, richtete sich Laura vom Koffer auf, eine Haarbürste in der einen und den vermißten Tiegel Elizabeth Arden in der anderen Hand. Einen langen Moment schauten sie sich quer durch das Zimmer an, schweigend, nicht weil sie sich nichts zu sagen hatten, sondern weil Worte überflüssig waren. Er machte die Tür zu, etwas heftig. Seine Miene war ernst, fast grimmig, und die Mundwinkel zeigten nach unten, aber seine Augen, strahlend vor Heiterkeit, verrieten ihn. Und Laura wußte, daß er lachte, nicht über Ivan und Gabriel, sondern über sie beide.

Es war er, der das Schweigen brach. «Wir sehen aus», sagte er zu Laura, «wie das Inbild leidgeprüfter Eltern, die versuchen, sich mit der verrückten Unberechenbarkeit der jüngeren Generation abzufinden.»

Sie brach in Gelächter aus. «Liebling, wieviel Mühe du dir auch gibst, du wirst nie klingen wie ein viktorianischer Vater.»

«Ich wollte dich davon überzeugen, daß ich wütend bin.»

«Das ist dir nicht gelungen. Hast du etwas dagegen?»

«Ob ich etwas dagegen habe? Das ist die Untertreibung des Jahres. Ich bin am Boden zerstört vor lauter Schlägen, die meisten unter der Gürtellinie. Ivan und Gabriel.» Er zog eine Augenbraue hoch. «Was hältst du davon?»

«Ich glaube», sagte Laura, verstaute den Tiegel und die Haarbürste und machte den Koffer zu, «ich glaube, sie brauchen sich.» Sie ließ die Schlösser zuschnappen. «Ich glaube, sie sind verliebt, aber ich glaube, außerdem mögen sie sich.»

«Sie kennen sich nicht.»

«O doch, sie kennen sich. Sie haben sich sofort angefreundet und waren in den letzten beiden Tagen ständig zusammen. Er ist ein sehr liebevoller Mann, und Gabriel, so abgebrüht sie sich gibt, braucht das. Vor allem jetzt, da das Baby unterwegs ist.»

«Das ist die zweite Riesenüberraschung. Es schert ihn überhaupt nicht, daß ein Baby unterwegs ist. Das bestärkt ihn nur in seiner Sicherheit, daß er den Rest seines Lebens mit ihr verbringen will.»

«Alec, er liebt sie.»

Darüber mußte er kopfschüttelnd lächeln. «Laura, mein Liebling, du bist eine Romantikerin.»

«Ich glaube, Gabriel ist vermutlich auch eine Romantikerin, auch wenn sie es nicht zugeben will.»

Er dachte darüber nach. «Ein Gutes hat die ganze Geschichte. Wenn sie hierbleibt, muß ich mich nicht auf die Suche nach einem größeren Haus machen.»

«Verlaß dich nicht darauf.»

«Was soll das heißen?»

«Ich komme nach Tremenheere zurück, wenn Gabriel ihr Kind bekommt. Bis dahin sind es noch acht Monate.

Vielleicht bin ich dann auch schwanger. Man kann nie wissen.»

Alec lächelte wieder, die Augen voller Liebe. «Stimmt», sagte er, «man kann nie wissen.» Er küßte sie. «So, bist du jetzt fertig? Denn sie lauern alle unten in der Diele und warten darauf, sich von uns zu verabschieden. Mein Vater hat immer gesagt, wenn ihr gehen wollt, dann ab mit euch. Lassen wir sie nicht warten.»

Sie machte den letzten Koffer zu, und er nahm das Gepäck und ging zur Tür. Laura sah sich ein letztes Mal um. Lucys Körbchen war fort, weil Gerald es verbrannt hatte. Und Lucy war hier begraben, in Tremenheere, im Garten. Gerald hatte sich erboten, einen kleinen Grabstein meißeln zu lassen, aber das wirkte nicht ganz passend, und deshalb hatte Eve statt dessen versprochen, auf der Stelle, wo Lucy lag, eine Rose zu pflanzen. Eine altmodische Rose. *Perpétué et félicité*, vielleicht. Hübsche kleine blaßrosa Blüten. Genau das richtige für Lucy.

Perpétué et félicité. Sie dachte an Lucy, wie sie über den Rasen auf sie zugerannt war, mit leuchtenden Augen und fliegenden Ohren, vor Freude mit dem Schwanz wedelnd. Es war gut, sich so an sie zu erinnern, und *félicité* bedeutete Glück. Lauras Augen füllten sich mit Tränen – es war unmöglich, ohne Tränen an Lucy zu denken –, aber sie wischte sie schnell weg, drehte sich um und ging hinter ihrem Mann her hinaus.

Hinter ihnen lag das verlassene Zimmer leer und still da, bis auf einen Vorhang, der in der Brise des Sommermorgens wehte.

WUNDERLICH
TASCHENBUCH

3-3 26044-1 26045-X

eden Monat neu als Wunderlich Taschenbuch.

Frauenromane voller Leidenschaft und Power.

Vir wünschen gute Unterhaltung!

5036/1